W0053358

Gerhard Stadelmaier *Traumtheater*

Die Andere Bibliothek
Herausgegeben
von *Hans Magnus Enzensberger*

Gerhard
Stadelmaier

Traum-
theater

Vierundvierzig
Lieblingsstücke

Eichborn Verlag
Frankfurt am Main 1997

ISBN 3-8218-4148-6
Copyright © Vito von Eichborn GmbH & Co. Verlag KG,
Frankfurt am Main 1997.

Für meine Söhne Philipp und Felix

*Ich zimmere in meiner Einbildung
ein ungeheures Theater, auf dem
Schauspiele alter und neuer Zeiten
vor meinem Auge vorbeiziehen sollen.*

Frei nach den »Anmerkungen übers Theater«
von Jakob Michael Reinhold Lenz, 1774.

I.

Wer nicht hören will,
muß sehen

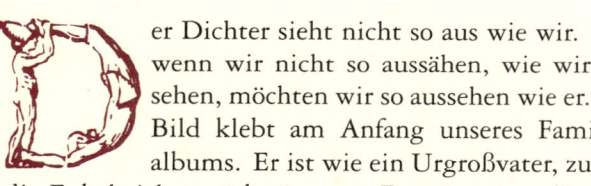er Dichter sieht nicht so aus wie wir. Aber wenn wir nicht so aussähen, wie wir aussehen, möchten wir so aussehen wie er. Sein Bild klebt am Anfang unseres Familienalbums. Er ist wie ein Urgroßvater, zu dem die Enkel sich zurückträumen. Er trägt einen Zwicker vor seinen ironischen, fröhlichen Augen, einen weichen Stehkragen, steife Manschetten, ausladende Plastronkrawatten, eine schwere goldene Uhrkette über der Weste, gut geschnittene Maßanzüge. Auch die Menschen, die er auf der Bühne vorstellt, tragen jene Kleider, die unsere Urgroßeltern trugen, wenn sie viel Geld hatten. Da aber des Dichters Figuren kein Geld haben, trotzdem aber herrliche Hüte, duftige Blusen, spitzenbesetzte Roben, Samt und Seide tragen und dazu Worte seufzen und sagen, die wir alle nicht mehr sagen und seufzen, aber gerne seufzen und sagen würden, wenn wir uns nicht dauernd sagen müßten, daß wir weiter gekommen sein könnten als diese Alten, aber uns insgeheim gestehen, daß wir uns kaum glänzender ausdrücken und uns auf jeden Fall viel schlechter fühlen, obwohl es uns besser geht, schmiegen wir uns ihnen gerne an.

Eigentlich dürfte es sie gar nicht mehr geben. Es gibt sie noch, weil es unsere unausrottbare Sehnsucht nach ihnen gibt. Zumal der Dichter die Menschen, die er für uns erfindet, sich ganz lustig-kritisch vom Leib hält, er sie sich scharf und unbarmherzig anschaut, sie um und um dreht, manchmal so, daß ihnen schwindelig wird, aber sie dann doch wieder fest und sicher hält, voller Liebe für ihr wildes und seliges, voller Verachtung für ihr falsches und ausgetrocknetes Leben. Unter Tränen, unter Gelächter. Wir können uns da immer nie entscheiden, ob wir ihn jetzt weinen oder lachen sehen. Auf jeden Fall ist es komisch, auch wenn es traurig ist. Und umgekehrt.

Der Dichter Anton Tschechow hat den Tod vor Augen. Er weiß, daß sein Leben vorbei ist, auch wenn die Ärzte glauben, mit Fasten, Ruhe und Kur alles noch wenden zu können. Der Dichter ist selber Arzt. Er weiß Bescheid, daß seine Kollegen nicht Bescheid wissen. Und er empfindet seine Situation auch als einen Witz. Das Kino war zu seiner Zeit gerade erst erfunden; es zeigte schnell und ruckartig ablaufende Bilder. Wenn man stirbt, heißt es, laufe der Lebensfilm im Kopf rückwärts, rasend schnell. Man nehme in Sekundenschnelle oder in Stundenlänge als alter Mensch in seinem Kinderzimmer Platz und erlebe Glück und Unglück, Wahnsinn und Sehnsucht, Verbrechen und Strafen noch einmal. Ob die Sekunden so lange wie Stunden, ob die Stunden so kurz wie Sekunden sind – wer wollte das genau entscheiden und unterscheiden, wenn es um das ganze Leben geht?

Tschechow stirbt. Seit Jahren. Sein Magen ist fast zerstört. Die Lunge kaputt. Er schreibt unter Fiebern und Krämpfen und Husten sein letztes Stück. In allen seinen anderen Stücken, *Iwanow, Platonow, Die Möwe, Onkel Wanja, Drei Schwestern,* ging es um die Frage: »Wie sollen wir leben?« oder: »Wenn man nur wüßte?!« (nämlich, was man machen solle, wenn man es tun könnte).

Und die Menschen in seinen Stücken verbringen viel
Zeit damit, einfach die Zeit verstreichen zu lassen. Weil
sie das nicht aushalten, hat sich der eine oder andere
am Ende erschossen oder erschießen lassen. Auch das
war schon immer so traurig wie komisch. Denn daß es
eigentlich die Zeit ist, die schießt, ist schon auch eine
Vorstellung zum Lachen.

Jetzt, in seinem letzten Stück, hat der Dramatiker
keine Vorstellung mehr von Sein und Zeit. Er wartet
darauf, zu sterben und weiß noch nicht, daß man seinen
Sarg in einem Kühlwagen, der normalerweise für den
Transport von Austern vorgesehen war, aus Deutschland
nach Rußland transportieren wird. Aber wenn er es gewußt hätte, hätte ihn das erheitert. »Du fragst, was ist
das Leben? Das ist, als wollte man fragen: was ist eine
Mohrrübe? Eine Mohrrübe ist eine Mohrrübe, mehr ist
dazu nicht zu sagen«, schreibt er am 20. April 1904 an
seine Frau. Am 2. Juli 1904 ist er tot.

Im *Kirschgarten* (»Der erste Akt wird lustig, das ganze
Stück ist ja auch lustig, leichtsinnig... Im ganzen Stück
fällt kein einziger Schuß, nebenbei bemerkt«) sind alle
Fragen längst gestellt, ist alle Zeit vergangen, sind alle
Leben gelebt. Jetzt besteht der Dramatiker, der auf den
Tod wartet, darauf, die Dinge rückwärts laufen zu las-
sen, obwohl so viele Vorwärts!-Worte fallen in den vier
Akten. Diese Worte sind nicht die wichtigsten. Sie sind
da und fallen in die Zeit. Wichtiger ist das, was nicht da
ist. *Der Kirschgarten* ist ein Stück um ein Phantom.

Tschechow möchte, daß man gleich im ersten Akt auf
der Bühne nichts erkennen kann. Er schlägt »Morgendämmerung« vor, gibt an, »bald geht die Sonne auf«,
was noch Dunkelheit, wohlige Gräue verspricht, und er
macht das Glück und die Geborgenheit vollkommen,
die ein von der Außenwelt abgeschnittener Raum, eine

kuschelige Höhle, ein Zimmer, das sozusagen die Bett-
decke über die Ohren gezogen hat, garantieren, wenn
er versichert: »Die Fensterläden sind geschlossen«.
Niemand, so scheint es, kann hinaus, niemand herein.
Außer den Kirschbäumen. »Die Kirschbäume blühen«,
stellt er fest, und was er feststellt, sollte man auf der
Bühne sehen dürfen, die ja zuerst das Theater im Kopf
des Dramatikers gewesen ist, also »die Kirschbäume
blühen, doch im Garten ist es kalt, Nachtfrost«. Wie
kann man durch geschlossene Fensterläden blühende
Kirschbäume sehen, wie den Nachtfrost, wie die Kälte?
Nur dann, wenn dieses Zimmer, »das noch immer das
Kinderzimmer genannt wird«, schon der Kirschgarten
ist.

Kinderzimmer können, wenn Kinder das wollen, zu
Pirateninseln, Bärenhöhlen, Eichhörnchenkobeln, India-
nerprärien, Fuchsgängen, Gebirgen, Kontinenten, Vul-
kanen, Luftschiffen werden. Also auch zu Kirschgärten.
Vom Kirschgarten ist im *Kirschgarten* unaufhörlich die
Rede, ohne daß man ihn eigentlich sieht. Keiner weiß,
ob es ihn überhaupt gibt. Er sei der berühmteste Kirschgarten im ganzen Distrikt, werde sogar in einem Lexi-
kon erwähnt. Sagen die Kinder. Man müsse ihn verkaufen, ihn abholzen, sonst seien seine Besitzer ruiniert;
aus dem Grund und Boden müsse man Parzellen für
Sommerhäuser machen, die sich gewinnbringend an
Städter und Sommerfrischler veräußern ließen. So sagen
die Erwachsenen und meinen einen ganz anderen Kirschgarten, der in der Erwachsenenwelt stattfindet. »Das
ist doch, verzeihen Sie, vollkommener Quatsch!«, sagen
die alten Kinder und meinen den Kirschgarten, der im
Kinderzimmer stattfindet. In ihren Köpfen. Da die
Kinder, die das Kinderzimmer betreten und dort auf
Kinderstühlchen und an Kindertischchen Platz nehmen,

schon ziemlich alt sind und selber schon wieder fast erwachsene Kinder haben, ist es wunderbar komisch, wenn
ihre Köpfe etwas anderes wollen als das, was da ist.

Das ist kein Drama. Das ist eine Komödie. »Warum
wird mein Stück auf Plakaten und in Zeitungsankündi-
gungen so hartnäckig ›Drama‹ genannt?«, fragt Anton
Tschechow in einem Brief am 10. April 1904 an seine
Frau, die Schauspielerin Olga Knipper, verstört. Und er
vermutet, der Regisseur der Uraufführung am Moskauer
Künstlertheater, Konstantin Sergejewitsch Alexejew,
der sich mit Künstlernamen Stanislawskij nannte, habe
sein Stück nicht richtig gelesen, während Stanislawskij
von »sehr eintönigen Proben« berichtet. »Es war not-
wendig, die Langeweile des Nichtstuns so darzustellen,
daß es interessant wurde. Und das mißlang.« Weil
Stanislawskij das, was die alten Kinder im Kirschgarten
tun, mit Nichtstun verwechselte. Es ist aber harte,
ehrliche, herrliche Arbeit. Man könnte sie auch als
Lust am Unglücklichsein beschreiben. Wer unglücklich
sein möchte, muß der Vernunft und dem Glück viele
Schnippchen schlagen – so wie das Kind, das sich gerne
die Hände erfriert, nur weil es sich nicht die Handschuhe anziehen lassen will, die der Vater ihm auf-
drängt.

Tschechow, ein Kind von einundvierzig Jahren, das
über Handschuhe so gut wie über Mohrrüben oder das
Leben nur noch lächelt, läßt alte Kinder im Kinderzimmer Platz nehmen, in dem die Kirschbäume und die
Nachtfröste blühen, und in dem nur diejenigen etwas
sehen können, die nicht hören wollen.

Lopachin heißt der, auf den sie hören sollten. Ein
Kaufmann, der genau weiß, daß der Kirschgarten zer-
sägt, zerstört und umgegraben werden muß, damit die
Leute, die bisher von ihm gelebt hatten, so weiterleben

können, wie sie zu leben gewohnt waren: mit Geld, Billard, Bonbons, Liebhabern, Leichtsinn. Die Ranjewskaja aber, eine schöne Frau in ihren besten Jahren, von Liebhabern verlassen, von Schulden zerfressen, kehrt, empfangen von ihrem Bruder Gajew, der sein ganzes Vermögen in Bonbons angelegt hat, auf ihr Gut, in ihr Kinderzimmer, in ihren Kirschgarten zurück und weint: »Und jetzt bin ich wieder wie ein kleines Kind«. Das bedeutet: Ihr Leben fängt wieder von vorne an. Es wird nicht fortgesetzt, gleichgültig unter welchen Möglichkeiten, die sie in Form von betrügerischen Liebhabern, überhitzten Affären, überheizten Salons, übersteigerten Schulden und öden Fluchten von Stadt zu Stadt alle ausprobiert hat. Ihr Leben ist von jetzt an eine retrospektive Kindsköpfigkeit. Und der Kirschgarten ihr süßer Spleen und ihr tolles Ideal.

Hört man ihr zu, spricht die große Unvernunft, das überwältigende Kind, der Salonteufel als Gartenengel: »Oh, meine Kindheit, meine reine Kindheit! In diesem Kinderzimmer habe ich geschlafen, von hier aus schaute ich in den Garten, jeden Morgen erwachte mit mir zusammen das Glück, er war damals genauso wie jetzt, nichts hat sich verändert.« Sie lacht vor Freude. »Ganz, ganz weiß! Oh, mein Garten! Nach dem dunklen, verregneten Herbst und dem kalten Winter bist du wieder jung, voller Glück, die Engel im Himmel haben dich nicht verlassen.«

Um sie herum sind lauter Töne, Geräusche, Warnzeichen, die Musik des Untergangs. Es knarzen die Stiefel des Buchhalters Jepichodow. Warja, die Pflegetochter der Ranjewskaja, klappert mit den Hausschlüsseln, mit denen sie kaum noch Küche und Keller abzuschließen braucht, weil Küche und Keller kaum noch etwas Wertvolles bergen. Der Gutsnachbar Simeonjow-

Pischtschik fällt, wenn er nicht gerade die Ranjewskaja um die Rubel anpumpt, die sie gar nicht mehr hat, stehend schlafend in ein irrsinniges Dauerschnarchen. Der Hund der Gouvernante Charlotta Iwanowna knackt dauernd Nüsse, die Gouvernante zaubert mit Karten und schießt so gerne mit ihrer Flinte. Aus weiter Ferne dringt ein geheimnisvoll hoher, komisch schriller Ton in die Ruhe der Spaziergänger, als sei irgendwo in einem Bergwerk ein Seil gerissen. Ein jüdisches Orchester spielt, der Bahnhofsvorstand zitiert Oden. Ein junger Mann, der Lehrer des im Fluß ertrunkenen Söhnchens der Ranjewskaja, ewiger Student, lungenkrank, schlägt hohe, schwärmerische, unangenehme Zukunftstöne an von Arbeit und Gerechtigkeit und jubelt blutspuckend zusammen mit der Tochter der Ranjewskaja am Ende, als alles verloren ist: »Auf Wiedersehen, altes Leben! Willkommen, neues Leben!« – Arie in hoher Tonlage. Lopachin tanzt stampfend laut und reißt, nachdem er den Kirschgarten ersteigert hat, lärmend und brüllend im Triumph des kommenden kaufmännisch-erwachsenen Mannes Kronleuchter von den Decken und Lampen von den Wänden: »Ich kann das alles bezahlen!« – Rüpelsong in tiefer Lage.

Aus allen Nebenzimmern klingt das Klackern und Klicken der Billardkugeln, und einmal singt Gajew, »der Mann der achtziger Jahre«, Bruder der Ranjewskaja, den Schrank im Kinderzimmer an: »Lieber, hochverehrter Schrank! Ich begrüße dein Dasein, das schon mehr als einhundert Jahre den lichten Idealen des Guten und der Gerechtigkeit geweiht ist« – Rezitativ im alten Ton. Der alte Diener Firs schlurft und wird, alleingelassen im aufgelassenen Haus, sterben. Der junge Diener Jascha schlägt die Gitarre, entkorkt Flaschen und pfeift durch die Zähne, wenn er »Paris« hört. Und alle diese

Geräusche des Abschieds und des Aufstands, der Albernheit und der Vernunft und der Zukunft und des Lebens
und des Todes hört die Ranjewskaja nicht. Seit sie die
Bühne betreten hat, sind ihr die Ohren kindlich zugefallen.

Sie sieht nur ein paar tausend schneeweiß blühende
Zweige, die ihr Gehirn, ihr Fühlen und Denken durchziehen wie feine, aber alles andere aus- und abschlie
ßende Nervenstränge, Ganglien des schönsten, hellen
Wahnsinns. Dafür gibt sie alles hin: für diese eine reine
Nervensache namens Kirschgarten, für diesen Luxus
an Eigensinn, an glücklichstem Unglücklichsein. Das
Haus, das Kinderzimmer, der Schrank, der Garten, die
Bäume sind verspielt, verloren, vergeigt. Auf Koffern
und Kisten und neben Hutschachteln sitzen die Ranjewskaja und ihr Bruder in Reiseplaids: »Oh, mein lieber,
mein zärtlicher, wunderschöner Garten! . . . Mein Leben,
meine Jugend, mein Glück, leb wohl!«

Draußen heulen die Sägen, krachen die Äxte. Natürlich wissen wir, daß wir Lopachins Nachfahren sind,
schon weil es sehr beruhigend ist, »bezahlen« zu können. In unserem Kinderalbum aber hat Lopachin nichts
verloren, wir überkleben dort sein Bild mit dem der
Ranjewskaja. Wir sind wunderbare Fälscher. Da aber
sowieso niemand weiß, ob es den Kirschgarten nicht
bloß im Kopf der Ranjewskaja gegeben hat, heulen die
Sägen und krachen die Äxte ja vielleicht ganz umsonst.
Dann gibt es keinen Ausweg aus dem Kirschgarten.
Alle Tore verschlossen. Und wir sind glücklich wie nie.

Fritz von Herzmanovsky-Orlando *Baby Wallenstein*
oder Prinz Hamlet der Osterhase oder ›Selawie‹

II.

Wer nicht leben kann,
muß spielen

us dem Kirschgarten gibt es keinen Aus-
weg. Es sei denn, daß man die wilde, von
Orchideengestrüpp und Zitronenblüten-
wucherungen überzogene Haltestelle der
Wien–Meraner Stadtbahn entdeckt, die
hinter alten verfaulten Zäunen liegt. Der Zug besteht
im wesentlichen aus morschem Goldglanzpapier und
wird durch zuckrige Spinnweben elegant zusammengehalten. Billetts gibt es nur für die weitere enge Ver-
wandtschaft der Ranjewskaja. Man muß seine absolute
Nutzlosigkeit und Überflüssigkeit eindrucksvoll bewiesen haben, um einsteigen zu dürfen, dann aber ohne
Umschweife: vom Garten, der im Kopf liegt, hinein in
den komischen Traumzug.

Hinter beschlagenen Scheiben kann man einen edlen,
komischen Herrn sitzen sehen, einen Dichter und Dramatiker, der einen Dackel und manchmal einen Mops
auf seinem Schoß hält, die »Hundezeitung für den österreichischen Adel« liest, in den Taschen zierliche Tusche-
und Bleistiftzeichnungen stecken hat, auf denen grazile
nackte Genien und spindeldürre Hofräte, zierliche
Schranzen und antike Götter einhertänzeln, die ausschauen, als möchten sie sich in der Wiener k.u.k-Hof-
konditorei Demel in Marzipan gießen lassen. So was
zeichnet er gerne in seiner Freizeit.

Der Herr trägt tadellosen Frack, mit blütenweißer Hemdbrust, glänzendem Zylinder, schwarzen Lackschuhen, gepflegtem Schnurrbart, glattem, leicht melancholischem, leicht zynischem, leicht strahlendem Gesicht – als habe er sich gerade aus einer Operette heraus, wo er noch eben die Damen vom »Maxim« besang, in den Ewigkeitszug hineingerettet. In richtigen Zügen fühlt er sich nicht wohl: zu viele Ausländer, zu viel »G'schwerl«, zu viele einfache Leute. Dann schimpft er auf das »umsonst mitfahrende Gesindel«, wird ausfällig gegen Juden, »wällisches und britisches Ungeziefer«, propagiert die »Ausrottung des Kötertums im Volke«, wettert zum Fenster hinaus gegen die »Verhätschelung des Kloakenfüllers« und die »undeutsche Operette« und hat in der rechten Gesäßtasche eine peinlich zusammengefaltete Zeitung namens »Ostara« stecken, die er hie und da hochhält, und in der die Überlegenheit der germanischen, blonden Bestien-Rasse über alles untermenschenhaft Jüdische besungen wird.

Hitler, auch ein Abonnent, hat aus ihr abgeschrieben und, schlimmer noch, danach gehandelt – was am Ende fünfundfünfzig Millionen Kriegstote kostete. Aber in der linken Außentasche des Herrn im Frack steckt als kleiner Trost und Ausgleich eine der von ihm aufgeschriebenen bösesten, aber leider auch billigsten Anti-Hitler-Anekdoten, in der Klein Adolf Schickelgruber, befragt vom Schulinspektor, zwar nicht weiß, was zwei und zwei ist, aber auf die Frage, was er einmal werden wolle, antwortet: »Fiehrer des teitschen Volkes!« (Titel: »Unser Dümmster«).

Fritz von Herzmanovsky-Orlando (FHO), geboren 1877 in Wien, gestorben 1954 in Meran, Sproß deutsch-österreichischen, mährischen und italienisch-byzantinischen Adels, war ästhetisch betrachtet ein abstruses

Traum- und Wundertier, politisch betrachtet ein un-
sicherer, weicher Widerling, aber als Widerling ja Gott
sei Dank auch hübsch unwirklich. Er wußte: Eigentlich
gibt es mich gar nicht. Wie es seine Klasse, den österreichischen Adel, eigentlich auch nicht mehr gab. Trotzdem gab es ihn immer noch. Sein Leben war wie ein
Theater. Denn im Theater ist alles nicht wahr. Wenn
dort ein Prinz oder ein König oder ein Bettler stirbt,
dann stirbt in Wirklichkeit natürlich kein Prinz, kein
König, kein Bettler. Der tote Prinz, König, Bettler verbeugt sich, trinkt in der Kantine ein Bier und fährt nach
der Vorstellung mit der Straßenbahn nach Hause. Aber
es wird wirklich gezeigt, wie ein Prinz, König, Bettler
stirbt. Und dieser Unterschied zwischen »wirklich« und
»nicht in Wirklichkeit« ist das Schöne am Theater.

Wirklich war FHO nur als Spätling, der zu spät kam,
um irgendwo anzukommen. Er lebte und schrieb nach
der Devise: Was tatsächlich geschieht, ist nicht von
Belang. So konnte und durfte er alles, was geschah, mit
allem möglichen anderen verwechseln, sah, wo andere
nur Tische oder Stühle sahen, schon Gespenster. So
rückte er denn auch gerne Tische und Stühle, nahm an
spiritistischen Sitzungen teil, an denen man versuchte,
mit längst Verstorbenen in geistige Verbindung zu
treten, weil er selbst durch das, was er aufschrieb, mit
allem Verstorbenen und Abgestorbenen grinsend und
fiebernd auf gutem Fuße stand und selbst ja eigentlich
auch zu Lebzeiten schon zu den Abgestorbenen gehörte
– was ihn trotzdem gut leben ließ.

Er war lungenkrank, gab bald das Entwerfen und Pla-
nen von Häusern und ganzen Wiener Stadtteilen auf,
wandte sich den Bauplänen von Dramen und Erzählungen zu, denen er Namen gab wie *Der Gaulschreck im
Rosennetz* oder *Apoll von Nichts* oder *Exzellenzen ausstopfen* –

Ein Unfug oder *Cavaliere Huscher oder Die sonderbare Meerfahrt des Herrn von Yb*. Und immer war da ein »oder« im Spiel, er war ein großer »Oder«-Meister: denn nichts war ihm so, daß es nicht auch noch etwas anderes hätte sein oder bedeuten können. Wenn er zum Zugfenster hinaussah, sah er die Welt vorüberfliegen, wobei sich in das Bild des Vorüberfliegenden auf der einen Fensterscheibe das Spiegelbild, das die ihr gegenüberliegende Zugfensterscheibe zurückwarf, hineinmischte. Und weil da draußen sowieso nicht die wirkliche Welt lag, sondern wiederum nur alte Bilder, Bücher, Mythen, Märchen, verstaubte Kostüme aus längst untergegangenen Schlössern, entstanden in seinem Kopf, der die Bilder dann zu Stücken und Komödien verarbeitete, sozusagen Bilder von Bildern von Bildern.

Jetzt sehen wir, wie er sich ein bißchen aus den Polstern erhebt, den Mops zur Seite rückt, in die linke Gesäßtasche greift, dort eine Shakespeare-Ausgabe hervorholt, kurz nach draußen schaut – und dort einen weißen Osterhasen hoppeln sieht, und er sagt sich »oder Hamlet«. Der Hase ist Hamlet. Denn im Shakespeare, im *Hamlet,* steht hie und da »Ei, wohl« oder »Ei, was«. Und weil Ei mit Ostern zu tun hat, muß Hamlet, der ja im Shakespeare auch ein Suchender ist, ein ostereiersuchender Osterhase sein. Weil das aber völlig verrückt ist, sieht er am anderen Zugfenster gerade das Schloß Humpoletz vorüberfliegen, das es wahrscheinlich gar nicht gibt. Ein Schloß, auf dem sich, man schreibt das Jahr 1937, die »feinsten Kreise Böhmens und Mährens« treffen, Kreise, die völlig unwirklich und unmöglich sind und deshalb auch eine ganz unmögliche und unwirkliche *Hamlet*-Aufführung zum Zeitvertreib veranstalten, woraus sich dann Geld- und Liebeshändel ergeben.

Jetzt setzt sich FHO wieder, lächelt, nimmt den Mops wieder auf den Schoß, steckt sich eine orientalische Zigarette an, legt die »Hundezeitung für den österreichischen Adel« beiseite, schließt genießerisch die Augen und stellt sich vor: Zdenko Graf Wallenstein, Herzog von Prschelautz, seine Gemahlin Barbara Eusebia, Prinzessin von Gonzaga, dann noch Thekla, beider Tochter, zudem Graf Terzky, Viscount Teddy Buttler, Professor Dr. Seni, Onkel Töhötöm Gróf Üllö und Elemer Gróf Iszolany spielen *Hamlet* oder schauen zu, wie ihresgleichen *Hamlet* spielt. Leute, die man zwar nicht in dieser ungarischen, aber in ähnlicher Namensform aus Schillers *Wallenstein* kennt. Mit dem *Wallenstein* und Schiller haben sie nichts zu tun, außer daß FHO zum Fenster hinausträumt, wo eben auch Schillers Werke, husch, husch, vorüberziehen. Es ergibt sich so das Stück *Baby Wallenstein oder Prinz Hamlet der Osterhase oder ›Selawie‹*.

Onkel Üllö singt grauenvolle ungarische Lieder, Papa Wallenstein drückt die Sätze in perfekter Trottelhaftigkeit und in Vokalform fast ganz ohne Konsonanten durch die Nasenlöcher. Gräfin Wallenstein will ob einer ihr obszön erscheinenden Stelle in *Hamlet* ans englische Königshaus schreiben und bitten, den Shakespeare zu verbieten. Irgendwoher ertönt immer eine »Jesischmarja!«-Stimme. Es herrscht eine Atmosphäre, als zappelten alle wie unter Elektroschocks an feinen, mit Grünspan überzogenen Drähten, schwachsinnige Puppen aus längst vergangener Zeit, die in die Gegenwart von 1937 verrutscht sind. Denn es ist die Rede vom »Haxelkreuz« (Hakenkreuz), von »Folter«. Es ist eigentlich die Rede von ganz furchtbaren Dingen. Aber diese sind tief versteckt. Niemand lebt. Alle spielen nur.

Keine dieser vorüberhuschenden Papier-Puppen hat auch nur das geringste Lebensrecht, nicht einmal das Recht, am seidenen Faden zu hängen. Sie haben nur ein Recht, ihr Spiel zu versuchen, ganz aus Spinnweb, ganz aus Schein und Kruste. Schaut man ihnen aber durch ihre Glasaugen hindurch in ihre Hirnkästen hinein, entdeckt man, wie dort sich alte Stoffe und Substanzen unter Dämpfen und Explosionen vermischen. Lauter theatralische Urknälle, pro Sekunde mindestens zwei. Die Theatergesellschaft verpufft unter Dauergelächter. Sie ist sich selber nur wiehernd geheuer. Sie ist ein einziger Spaß.

Die Rolle des Puff- und Plüschhasen Hamlet auf Schloß Humpoletz soll und will Rudi Lallmayer übernehmen, angehender Mime und Aspirant für das Burgtheater, der aber vom »Mostrichhasen« in den »Omeletto« hinüberlallt und sprachlich von allen guten Steckenpferden stürzt, dem die alten Worte aus den alten Klassikern wie verrückt gewordene Kegel im Kopf durcheinander purzeln. Er trägt seinen Namen zurecht. Er besteht nur aus Zitaten, sein Herz ist Papier, sein Hirn Druckerschwärze, sein Mund ein Klassiker-Trichter. Er lallt und mayert sich durch die Sprache. Ungefähr so: »Nicht ohne Schaudern greift des Mannes Hund in des Geschicksels geheimnisvolle Urne ... Hinausgetreten in des Lebens Fremde, gehört sie jenen türkischen Mächten an, die keines Menschen Kunst erträglich macht ... Wo die Olympier werden mit Vergnügen vespern. Von Alabasterwaden wird Euch dort serviert, knalldicker Heben ... Eigahantalich wollte sie mich als Lodengrien sehen ... Da bist du ja, mein Koffer! Du Bringer bitterer Schmerzen ... Ihr naht Euch ... Guckbleich ... nein! ... puckgleich kommt Ihr durchs Geäst geschlichen, das die Ahnenbilder pflanzten.«

Kein Mime und Aspirant fürs Burgtheater lallt so. Und Rudi kommt ja nicht nur vom Burgtheater, er liebt auch Thekla, die vom polnischen Grafen Jaroschinsky begehrt wird, der ihrem Vater im Falschspiel alle Güter und Häuser abnimmt, aber den Familienbesitz nicht antasten will, wenn man ihm Thekla zur Frau gibt, die er aber dann doch verschmäht, während Rudi auf einer Bank im Wiener Stadtpark sich mittels einer Marinemine aus Liebeskummer in die Luft sprengen will, was im letzten Moment durch das Hinzutreten einer »unermeßlich reichen Witwe« verhindert wird, obwohl durch die Unachtsamkeit eines seine Zigarre wegschnippenden Spaziergängers die Mine explodiert und daraufhin etliche Parkbänke, Kiesmassen und entwurzelte Bäume durch die Luft wirbeln. Wenn Rudi im Theater auf dem Theater, das mit dem Theater hold schwachsinnig ein Theaterspiel treibt, die Verkörperung des Theaters ist, dann sprengt hier das Theater die Wirklichkeit und sich selber in die Luft. Das ist ein so lustiger wie grausiger Gedanke.

Rudi wird von der Polizei befragt: »Was sind Sie?«, und antwortet: »Tragöde!« Er landet im Gefängnis, wird dort als Terrorist zum Tode verurteilt, mimt sofort das Gretchen aus Goethes *Faust* (Kerkerszene!), wird von den Wallensteins aufgesucht, die ihm berichten, sie hätten den polnischen Grafen in ihr Privatgefängnis gesteckt, wo er durch das Absingen ungarischer Lieder von Onkel Üllö gefoltert wird (»Der Huszar von Kecskemét / ist gerne gegen Damen nett. / Sind Damen aber, bitte, schiach, / dann wird der Huszar, bitte, Viech«). Thekla ist sofort bereit, durch die »Liebe einer reinen Jungfrau« den Delinquenten Rudi vor dem Tode zu erretten, worauf sich eine Zigeunerin meldet, die berichtet, Rudi einst als Baby gestohlen zu haben, was beweist,

daß Rudi eigentlich ein Adeliger (von Lobkowitz!) ist.
Also steht nun einer Ehe zwischen ihm und Thekla
auch standesgemäß nichts mehr im Wege. Onkel Üllö
schluchzt: »Selawie«. Es klingt wie: »Sellerie!«. Schluß.
Aus. Finis. Genug. Es ist ein Wahnsinn. Wir können
nicht mehr vor lauter Lachen.

Die herrlich rasende Fahrt durch das Rühr- und
Schauerstück, durch den Kitsch, die Liebestragödie und
die Gesellschaftskomödie, durch Operette und Larifari,
durch schöne Phantastik und holden Blödsinn ist zu
Ende. Der Mops ist vor Erschöpfung auf dem Schoße
seines Herrn eingeschlafen. Der Herr, der ein Dichter
ist, windet sich sehr ernsthaft wiehernd in Zwerchfell-
krämpfen und traut sich kaum noch, durchs Fenster
hinauszuschauen, denn jeder neue Blick brächte neue
Eindrücke, und jeder neue Eindruck von den alten
Sachen da draußen, jeder Witz, jedes vorbeihuschende
»oder«, jedes Bild, jedes antike Requisit würde jetzt das
Zwerchfell zerreißen. Er fällt in einen unruhigen Traum,
in dem er zusammen mit dem Mops in einem von
Rosenschimmeln gezogenen Wagen über ein Schlachtfeld fährt, wo sie gerade einem jungen Mann ein schwarzes Tuch vor die Augen binden. Gerne hätte er ihm
etwas zugerufen. Aber der junge Mann, ein Prinz aus
altem Geschlecht, spielt nicht mit.

III.

Wer nicht mitspielen will, muß träumen

as Schlachtfeld liegt bei Fehrbellin, wo 1675 die Preußen die Schweden schlugen. Schlachtfeld klingt blutig. Schlachtfeld läßt an Tote denken, an Verkrüppelte, Verwundete, an Schreiende, Brüllende, Fiebernde. An ungeheuren Lärm, den kein Mensch aushält. Der Prinz aber dort drunten mit der schwarzen Binde um die Augen ist ganz ruhig. Er hört auch nichts. Nicht nur, weil die Schlacht für ein paar Tage Ruhe hat, und man den Prinzen in den Schloßgarten von Fehrbellin geführt hat, wo er jetzt gleich erschossen werden soll. Er ist ganz ruhig, weil er nicht nur jetzt, wie bei Leuten üblich, die man gleich erschießt, eine Binde um die Augen trägt – und nicht nur um die Augen. Er trägt sie eigentlich schon sein ganzes Leben lang – und auch gleich um die Ohren. Er spielt nicht mit in der Welt, er hört nur auf sich selbst.

Er hört weder das, was auf einem Schlachtfeld, noch das, was in einem Salon, ja wohl nicht einmal das, was in einem Bett gesagt, geschrien, geseufzt, befohlen wird. Er hört inwendig: nicht das, was die Welt draußen ihm vorsagt, nur das, was die Instrumente in seinem Kopf ihm vorsingen und vorsagen. Und er sieht inwendig: nicht das, was die Welt zeigt an Blumen, Blut, Himmeln, Frauen, Männern und Höllen, nur das, was an Bildern, an geflügelten Wesen, Engeln, Siegeswagen,

Mädchen, Prinzessinnen, Lorbeerkränzen bei ihm wie auf einer inneren Augenleinwand eins ins andere hinüberspielt, als seien es rasend ineinander verschwimmende Aquarelle. Er sieht nicht das, was er sieht. Er sieht, was er sehen will. Er ist von der Welt getrennt, obwohl er selig die ganze Welt zu umfassen glaubt. Wenn die Welt sich bei ihm meldet, ihm einmal sich so zeigt, wie sie ist, ist es für ihn, als träfen seine Augen grelle, schneidende Blitze. Und deshalb sieht er natürlich auch dann nicht richtig.

Es gab einen Moment, da ihm die Augenbinde weggerissen schien: als er verhaftet, vor ein Kriegsgericht gestellt und zum Tode verurteilt wurde, als er das Grab sah, das man schon für ihn aushub, und als er plötzlich sehen konnte, was war, glaubte er der Welt erst erklären zu müssen, daß er Augen habe. Er zeigt seine Augen, seinen Körper der Umwelt vor, als lägen sie wie auf einem Tablett vor ihm, als beuge er sich über solche eigenen Dinge wie ein Fremder, der in rasende Angst gerät. Er hat immer in sein Inneres hineingeschaut wie auf ein innig geliebtes Theater hinab, jetzt sieht er sich in die Welt gezerrt, die sich ihr eigenes Schauspiel mit ihm macht: »Sieh, diese Augen, Tante, die dich anschauen, / Will man mit Nacht umschatten, diesen Busen / Mit mörderischen Kugeln mir durchbohren. Bestellt sind auf dem Markte schon die Fenster, / Die auf das öde Schauspiel niedergehn.«

Merkwürdig, der Prinz, der Hunderte von Reitern in Schlachten wirft, dort mit Begeisterung zuschaut, wie sie sich »knickend niederlegen«, der den Kugelregen liebt, dem es auf zwei, drei Schwadronen Tote mehr oder weniger nicht ankommt, der den Tod als etwas kampfgemäß Alltägliches ansehen müßte – der tut jetzt so, als sei der Tod ein nie gesehenes, unerhörtes Theater, das

nur für ihn errichtet werde. Das kommt daher, daß er
nie den Tod der anderen gesehen, daß er nie ihre Todes-
schreie gehört hat. Und das kommt daher, daß der Prinz
von Homburg ein Märchenprinz ist, der seinem Dichter und Erfinder Heinrich von Kleist beisteht wie ein
standhafter Zinnsoldat: Der Prinz soll der Königlichen
Hoheit, der Prinzessin Amalie Marie Anne, Gemahlin
des Prinzen Wilhelm von Preußen, Bruder Sr. Majestät
des Königs, geborene Prinzessin von Hessen-Homburg,
der das Stück — es ist ein Wink mit dem Namens-
Zaunpfahl — gewidmet ist, ja nicht vor Augen halten,
wie schrecklich es ist, wenn Schwadronen von Reitern
sterben, sondern wie schrecklich es ist, wenn Träumer
erschossen werden. Es ist ein trauriges Märchen. Ein
Hilfeschrei des armen Kleist. Unter der Widmungszeile
steht noch vor dem Personenverzeichnis des Dramas das
Widmungsgedicht: »Gen Himmel schauend greift, im
Volksgedränge, / Der Barde fromm in seine Saiten ein. /
Jetzt trösten, jetzt verletzen seine Klänge, / Und solcher
Antwort kann er sich nicht freun. / Doch eine denkt er
in dem Kreis der Menge, / Der die Gefühle seiner Brust
sich weihn: / Sie hält den Preis in Händen, der ihm falle, /
Und krönt ihn die, so krönen sie ihn alle.«

Man kann es sich ungefähr so in einem kitschigen,
gleichnishaften Bild vorstellen: Kleist, vierunddreißig
Jahre alt, aus alter, adliger Familie, ein junger, erfolg-
loser Dichter und Dramatiker, der keines seiner Stücke
je auf einer Bühne gesehen hat, steht bei seinem letzten
Versuch, anerkannt, geliebt, geehrt, gespielt zu werden,
im Winter 1810/11 auf dem eiskalten Berliner Schloß-
platz, von dem man sich das »Volksgedränge« weg-
denken muß, und streckt als »Barde« das Manuskript
des *Prinzen Friedrich von Homburg* hinauf zu einem erleuchteten Fenster, hinter dem die Prinzessin Amalie

Marie Anne sitzt und stickt und Kakao trinkt. Und der kleine standhafte Zinnsoldat vom Titelblatt redet und schreit zu ihr hinauf und redet vom Tod und vom Erschossenwerden, und die Prinzessin hört gar nicht zu. Wenig später hat der Dichter, Mörder und Selbstmörder Heinrich von Kleist an einem sonnigen Novembertag am Berliner Wannsee zuerst seine krebskranke Todesfreundin Henriette Vogel und dann sich selbst erschossen. Er hat wahrgemacht, wovor der Prinz von Homburg so sehr Angst hatte und wovor der Prinz angstgepeinigt diejenigen warnte, die ihn so lieben müßten, wie Kleist geliebt werden wollte. Dem Prinzen konnte im Tode geholfen werden. Kleist erschoß sich, »weil mir im Leben nicht zu helfen war«. Was dasselbe ist. Der Zinnsoldat trägt nicht nur eine Augenbinde, der Zinnsoldat trägt auch Kleists Gesichtszüge.

Nach Kleists Tod wird die Prinzessin hinter dem Fenster im Berliner Schloß das Manuskript ein bißchen lesen und ein bißchen sehr angewidert sein. Denn ein preußischer Prinz hat keine Angst vor dem Tode, windet sich nicht auf Schößen von Kurfürstinnen. Denn das tut er in Kleists Stück ausführlich. Er wirft sich seiner Tante, der Kurfürstin von Brandenburg, auf den Schoß, wimmert, fleht um Gnade und ums Leben. Das Mädchen, dem er zuvor noch glühend gestattete, daß es sich »um seine Brust winden« dürfe, drückt er jetzt weg von sich: Er verzichte auf Natalie, man könne sie, wenn man wolle, gerne an die Schweden verheiraten, er wolle nur noch, schenke man ihm das Leben, »auf meine Güter gehn am Rhein, / Da will ich bauen, will ich niederreißen, / Daß mir der Schweiß herabtrieft, säen, ernten, / Als wärs für Weib und Kind, allein genießen, / Und, wenn ich erntete, von neuem säen, / Und in den Kreis herum das Leben jagen, / Bis es am Abend niedersinkt und stirbt.« Er hat den Tod verdient und sieht es nicht. Würde man ihm die Rückkehr ins Leben gestatten, wäre es auch so eine Art Tod-Leben, ohne Gesellschaft, leerlaufend nur um ihn als Leerstelle herum, ohne Sinn: »Bis es am Abend niedersinkt und stirbt« – und immer so weiter. Auch dem Prinzen von Homburg wäre im Leben nicht zu helfen gewesen.

Denn der Prinz ist ja doch ein Verbrecher. Vor Leuten wie dem Prinzen muß man das Leben der anderen, muß man Familien, Firmen, Staaten, Armeen schützen. Zwar hat er einen Sieg erfochten, aber einen Sieg, der den Krieg verlängert, nicht beendet. Er hatte nicht richtig mitgespielt, hatte bei der Befehlsausgabe nicht richtig zugehört, an Damenhandschuhen geschnuppert, später seine Männer zu Tausenden in die Schlacht von Fehrbellin geworfen, als sei ihm das nur eine Laune, eine Schwärmerei wert, als befinde er sich noch in einem Traum. Worauf seine »Reuterschar / Wie eine Saat sich knickend niederlegt«. Einen der Männer, die sich nicht so schnell »knickend niederlegen« wollten und vorher vielleicht gerne gefragt worden wären, ob sie für des Prinzen Laune gerne sterben möchten, fauchte er an: »Den Mund noch öffnest –?« Er aber, »o Caesar divus«, sieht sich in der Traumrolle des »Engels mit dem Flammenschwert«, der ganz allein die Mark Brandenburg von den Schweden befreit. Deshalb kam er vor ein Kriegsgericht. Verbrecher werden zum Tode verurteilt. Verbrecher muß man hassen.

Aber der Prinz ist auch ein Dichter. Dichter muß man lieben, Dichter muß man begnadigen. Und da er von der preußischen Prinzessin verstoßen wurde, drücken wir ihn an unser Herz, wo er uns schier verrückt macht mit seinen verdichteten Verbrechen und seinen verbrecherischen Versen. Ein Monstrum. Ein Kind. Ein

27

Kämpfer. Ein Träumer. Ein Abstoßender. Ein Liebling. Wer diesen Zerrissenen liebt, wird auch ein wenig von ihm zerrissen. Aber schönere Risse gibt es kaum.

Der Prinz als Dichter trägt kein Gesetzbuch unterm Arm. Er trägt Nacht. »Es ist Nacht« steht in der Anweisung zur ersten Szene, die sofort ganz dem Prinzen gehört. Atemlos kommt er aus der Schlacht, hat seine Schwadronen angetrieben, Todwunde vom Pferd gestoßen, hat geschlachtet und gemordet. Jetzt sitzt er halb schlafend, halb wachend unter einer Eiche im Schloßgarten zu Fehrbellin, vom Tage abgewandt, als trage er jetzt schon die schwarze Binde um die Augen, als wolle er sie sein Leben lang nicht wieder ablegen, riecht an herrlichen Blumen, stammelt süße Worte, Mädchennamen, windet sich einen Kranz aus Lorbeer. Auch ganz nüchterne Tag-Leute wie zum Beispiel der Kurfürst, die Kurfürstin, deren Nichte Natalie, ein paar Offiziere, schleichen sozusagen auf Zehenspitzen in diesen Nacht-Raum von der Rampe des Schlosses im Hintergrund herab, um ein bißchen von der Nacht, der Trance und dem Traum des Prinzen von Homburg zu schnuppern, ihn ein bißchen zu necken, ihn ein bißchen zu belauschen und ein bißchen über ihn zu erschrecken. Man bestaunt den Nicht-Mitspieler wie ein exotisches Tier. Da ist der Prinz ganz bei sich. Dann ist er erst wieder zum Schluß ganz bei sich, als er nach Angst und Gewinsel den Tod vor Augen hat, den er nun liebt und akzeptiert. Er sagt furchtbare, furchtbar grausame und furchtbar schöne Sätze. Der Kurfürst, der ihn vor ein Kriegsgericht stellen ließ, schreibt an den Prinzen, nachdem er von dessen Angst und dessen Gewinsel und dessen Sichwinden auf Kurfürstinnenschößen hörte, er, der Kurfürst, meinte »nichts, als meine Pflicht zu tun; / Auf Euren eignen Beifall rechnet ich. Meint Ihr, ein

Unrecht sei Euch widerfahren, / So bitt ich, sagts mir
mit zwei Worten – / Und gleich den Degen schick ich
Euch zurück.« Er wolle den Prinzen also begnadigen,
wenn der Prinz meinen könnte, es sei nicht Recht
gesprochen worden. Der Prinz aber lernt: Er sieht das
Recht als Recht und akzeptiert das Todesurteil, auch
wenn seine Offiziere fast einen Aufstand seinetwegen
wagen. Er will das »heilige Gesetz des Kriegs, / Das ich
verletzt', / im Angesicht des Heers, / Durch einen freien
Tod verherrlichen!«

Diese furchtbaren Sätze sind natürlich Zinnsoldaten-
sätze aus einem preußischen Märchen, laut vorgetragen
unterm Fenster der preußischen Prinzessin in ihrem
Berliner Schloß, Sätze umsonst, Sätze, die den Träumer
dem Staat opfern. Aber natürlich sind es auch schöne,
gerechte Sätze, die das Verbrechen des Träumers sühnen.
Der Verbrecher sieht seine Verbrechen ein. Wenigstens
für einen Moment. Es ist das erste Mal, daß er durch
die Augenbinde hindurchsieht, wenigstens in schwarzen
Schemen die Welt wahrnimmt.

Jetzt aber, allein wieder im Schloßgarten, ist der Verbrecher und Held wieder ganz Dichter und Träumer und
ganz sein eigener Liebling. Es ist seine letzte Chance.
Fest verbunkert hinter seiner Augenbinde, flirtet er mit
dem Tod, den er wie als einen Bräutigam anschwärmt.
Nie redet er schöner, zarter, poetischer, nie selbstgewis-
ser, nie auch so schön zu sich gekehrt wie hier, was
man schon daran erkennen kann, daß er das »mir!« dort
wiederholt, wo es um der Grammatik und des Satz- oder
Versbaus willen gar nicht wiederholt werden müßte. Er
ist nun aber seine eigene Grammatik, seine eigene
Ordnung, in der er mit der Welt, dem Himmel, mit
sich selber redet – das alles hat diese Binde um seine
Augen getan, die ihm jeden Traumzug ersetzt: »Nun, o

Unsterblichkeit, bist du ganz mein! / Du strahlst mir, durch die Binde meiner Augen, / Mir Glanz der tausendfachen Sonne zu!« Er fühlt Flügel an seinen Schultern wachsen, auch seine Worte scheinen zu fliegen, als seien sie Gespinste: »Und wie ein Schiff, vom Hauch des Winds entführt, / Die muntre Hafenstadt versinken sieht, / So geht mir dämmernd alles Leben unter: / Jetzt unterscheid ich Farben noch und Formen, / Und jetzt liegt Nebel alles unter mir.«

Der Kurfürst, die Generale, die Obersten, die Offiziere, die Kurfürstin, ihre Nichte Prinzessin Natalie von Oranien, alle tun so, als werde der Prinz jetzt gleich erschossen (»In der Ferne hört man Trommeln des Totenmarsches«, steht in der Regieanweisung). Aber dann darf, dann muß er weiterleben. Das mit dem Erschießen war nur ein blutiger, pädagogischer Staatsscherz, eine Lehre für den Prinzen. Denn er wird als General der Märkischen Reiterei weiter für den Krieg gegen die Schweden gebraucht, den Preußen 1675 führt (»Zum Sieg! Zum Sieg! In Staub mit allen Feinden Brandenburgs!«). »Nein, sagt! Ist es ein Traum?«, fragt der Prinz erstaunt, verletzt, als man ihm die Augenbinde abnimmt. »Ein Traum, was sonst?«, antwortet der alte Kottwitz, der immer so treuherzig die Hacken zusammennimmt und beim Kurfürsten für den Prinzen gutredet. Aber Kottwitz lügt. Es ist vorbei. Kein Traum mehr.

Der Dichter Heinrich von Kleist erschießt sich. Der Prinz von Homburg lebt weiter. Die wahre, vernünftige Schlacht beginnt. Preußen gewinnt. Der Traum ist aus. Die Augenbinde fehlt dem Prinzen von nun an. Er muß die Augen aufmachen. Sie tun unendlich weh. Er muß sehen. Er sieht jetzt, wie gestorben, gemordet, wie gefällt und wie gefallen wird. Er sieht die Visagen der Macht,

der Angst, der Feigheit, des Hochmuts, der Intrige.
Jeder Hinterhalt bringt die Rettung. Verstellung ist die
Maske des Todes. Wer zuerst zieht, hat schon verloren.
Und statt in Gesichter blickt er in lauter Steckbriefe.

IV.

Steckbrief eines Nicht-schwimmers

ilder Süden. Nacht. In den Gassen von Genua heult der Sturm. Die Fenster im Palast von Fiesco, des Grafen von Lavagna, sind hell erleuchtet, man hört »rauschendes Allegro«, Gelächter, anzügliche Witze. Im interessantesten Salon der Stadt tanzt man auf dem Vulkan. Doch das Motto, unter dem die Stadt steht, lautet: »Wanted!« An den Wänden kleben lauter Steckbriefe. Auf ihnen sieht man Gesichter abgebildet, in kurzen, wilden Strichen verzerrt wie Gespenster. Die dazu passenden Personenbeschreibungen knapp und übertrieben. Der Sheriff, der sie als junger Dramatiker da ausgehängt hat, wird keinen Pardon geben. Jeder Halunke ist in diesem Stück Friedrich Schillers ein eigenes Drama.

Auf dem ersten Steckbrief: »Andreas Doria, Doge von Genua. Ehrwürdiger Greis von achtzig Jahren. Spuren von Feuer. Ein Hauptzug: Gewicht und strenge, befehlende Kürze.« Mit »ehrwürdigen Greisen« schießt man sich nicht, vor allem wenn sie verbrecherische Neffen haben, die an allem schuld sind. Andrea Doria wird den fünften Akt überleben. Er ist und bleibt der Chef, auch wenn er ein bißchen viel schläft, die Dinge laufen und den Staat sich selbst und seinem Neffen überläßt, einem Schuft, der die Macht liebt. Die Leute, die ihn und den Neffen stürzen wollten, werden am Ende zu ihm über-

laufen. Das Gute siegt nicht. Das Gute bleibt einfach
da. »Ich geh zum Andreas«, ist das letzte Wort im Stück.
Der Sturm kann seinem Bild nichts anhaben.

Auf dem zweiten Steckbrief: »Gianettino Doria, Neffe
des Vorigen, Prätendent. Mann von sechsundzwanzig
Jahren. Rauh und anstößig in Sprache, Gang und
Manieren. Bäuerisch-stolz, die Bildung zerrissen. Beide
Doria tragen Scharlach.« Der Neffe mietet einen »kon-
fiszierten Mohrenkopf«, einen Mörder, Killer und Dieb
namens Muley Hassan (»die Physiognomie eine ori-
ginelle Mischung von Spitzbüberei und Laune«), um
Nebenbuhler und Konkurrenten und Rivalen um die
Macht aus dem Weg zu räumen: »Das wird Gurgeln
kosten«, rechnet der Mohr, denn im Spiel um die Macht
ist alles Berechnung. Gianettino Doria schändet ein
Bürgermädchen, Tochter eines Senators, wobei ihm die
Schändung zugleich Spaßlust macht und die Bürger als
Senatoren ärgert, die er gegen sich aufbringen will, damit er mit noch größerer Politlust ihre Ermordung pla-
nen kann. Er haßt seinen alten Onkel. Er ist noch so jung.
Er will hinauf. Also wird er im fünften Akt über die
Klinge springen und dabei seinen scharlachroten Mantel
verlieren. Der Mantel des Ermordeten wird danach noch
eine verhängnisvolle Rolle spielen: Er bringt einer Frau
den Tod. Der Sturm heult jetzt schon höhnisch.

Auf dem dritten Steckbrief: »Fiesco, Graf von Lavagna.
Haupt der Verschwörung. Junger, schlanker, blühend-
schöner Mann von dreiundzwanzig Jahren — stolz mit
Anstand — freundlich mit Majestät — höfisch-geschmei-
dig, und ebenso tückisch.« Daß er das Haupt der Verschwörung ist, wissen die Verschwörer lange nicht. Fiesco
spielt mit ihnen Katz und Maus. Ein Spiel mit Krallen
und Schnurren. Es gehorcht nicht der Logik. Es gehorcht
der Lust.

33

Fiesco flirtet mit der Schwester von Gianettino Doria,
steckt ihr das Medaillon mit dem Bild seiner Frau ins
Dekolleté, tanzt schwülstig mit ihr »in rascher Bewegung«. Er tut so, als stehe er gut mit den Tyrannen und
deren Weibern, düpiert seine engelgleiche Gattin, die
sich vor Eifersucht und Scham windet. Er schmeichelt
elegant den Herrschenden, läßt aber heimlich Truppen
ausheben, eine Flotte ausrüsten, steht in Kontakt mit
dem Papst. Er mietet den Mohren, der ihn im Auftrage
Gianettino Dorias erstechen soll, für mehr Geld, als
dieser von Doria erhielt, denn Geld kann selbst Mohren
bleichen: »Du bist ein hartgesottener Sünder. Einen
solchen vermißte ich längst.« Er läßt den schwarzen
Galgenvogel Gerüchte ausstreuen, die »Witterung des
Staats«, das »verworrene Gesumse« aufnehmen, »auf
Kundschaft« sich legen, die Leute ihm zutreiben, denn
heute abend ist Prokuratorwahl, und es wird dabei
nicht mit rechten Dingen zugehen: Gianettino Doria
will die Senatoren übergehen, der »Staat gaukelt auf
einer Nadelspitze«. Der Mohr wird den Fiesco und dessen Umsturzpläne verraten und zum Doria überlaufen,
im fünften Akt wird er gehenkt. Gleichviel. Wenn Fiesco
mit ihm zusammen ist, dann schaut er in die schwarze
Seele des Kerls wie in einen Spiegel: Und er sieht drin
die Fratze dessen, der nur sich selbst regiert, nur seinen
eigenen Launen folgt, nur seinen Lüsten gehorcht, nur
sein eigenes Drama lebt. Ihn schaudert. Und er ist fasziniert.

Jetzt steht er und schaut gierig von seinem Balkon
aus auf Genua hinunter. Der Sheriff könnte ihn da im
Abend- und Nachtlicht leicht abschießen und fertigmachen. Aber der Sheriff ist fasziniert vom Helden und
Schurken, genießt es erst noch, wie Fiesco sich windet,
sich aufteilt in zwei Fiescos, dann sich wieder zusam-

menfügt. Der Sheriff, auf der Suche nach dem besten Kampf, dem besten Duell, hat sich fast ein bißchen zu sehr verguckt in diesen Fiesco, den er sofort ein Duell mit sich selber ausfechten läßt: Es ist die Hohe Schule des Kampfes.

Einerseits schleichen sich in und bei Fiesco »die üppigen Phantomen an meiner Seele vorbei ... Uralte Buhlerei! Engel küßten an deinem Halse den Himmel hinweg, und der Tod sprang aus deinem kreißenden Bauche«. Und in der Regieanweisung heißt es: »Sich schaudernd schüttelnd« oder »sanft geschmolzen«. (Das genießt der Sheriff sehr.) Und dann verzichtet Fiesco großmütig auf die Stadt, die ihm entgegenatmet und die er sich zu nehmen dachte wie eine Frau: »Ein Diadem erkämpfen, ist groß, es wegwerfen, ist göttlich. Geh unter, Tyrann! Sei frei, Genua, und ich dein glücklichster Bürger!« Wie schön, wie edel, wie toll. Hier rast einer vor Gutmütigkeit.

Gleich wieder aber kommen ihm in quälender Gier »all die kochenden Begierden« in den Sinn, »all die nimmersatten Wünsche in diesem grundlosen Ozean unterzutauchen«, und dann berauscht er sich peu à peu an der »Menschlichkeit reißenden Strudel«, am »Geländer der Majestät«, an »stampfenden Rossen«, am »schöpferischen Fürstenstab« – »ha! welche Vorstellung!« – am »Mark des Daseins«, und wie in einem alles lösenden Lustschrei stöhnt er der Stadt entgegen: »Ich bin entschlossen!« Wie wüst, wie unedel, wie toll. Hier rast einer vor schweinischer Gier. Aber man spürt, daß, gleichgültig, wovon er jetzt gerade so oder so rast, er glücklich rast, daß er nichts als sein Glück sucht, daß es ihm nur um sich selber geht, daß er sich selber genießt, auch wenn er sich doppelt sieht, wenn er in den Spiegel schaut.

Der Sheriff, der diesen Kampf im Jahr 1782 inszeniert und alle diese Steckbriefe aushängt, möchte, daß das alles im Jahr 1547 stattfindet, aber im Jahr 1782 ist er dreiundzwanzig Jahre alt, so alt, wie Fiesco 1547 war. Es sind brüderliche Gefühle im Spiel, pubertäre, tolle Phantasien. Soeben hat der junge Dramatiker nach der Uraufführung der *Räuber* in Mannheim einen umwerfenden Erfolg gehabt, zu der er ohne Erlaubnis seines Herzogs reiste, von dem er als junger Regimentsarzt abhängig war. Er war gezwungen, auf Rechnung seines Herrn zu leben. Weil er ein zweites Mal ohne Urlaub sich in Mannheim aufhielt, wurde er vom Herzog in Arrest gesteckt. Bei Nacht und Nebel fuhren am 22. September 1782 ein Dr. Ritter und ein Dr. Wolf mit der Kutsche aus Stuttgart hinaus: Es waren Schiller und sein Freund Andreas Streicher auf der Flucht. Im Gepäck Schillers *Fiesco*: das Drama, das vom Leben auf eigene Rechnung träumt. Seine anderen, kommenden Stücke sind große, wüste Konstruktionen, in denen der Bau sich unter den Tritten der Handelnden oft biegt, nie aber bricht. Der *Fiesco* ist ein einziger, großer, wüster Traum ohne Balken und Boden. Der Traum hat kein Ende. Er wälzt sich immer weiter. Man kann sich nichts dabei denken: Der eine Tyrann stirbt, der nächste Tyrann, der den ersten Tyrannen gestürzt hat, stirbt auch. Es wurde Schillers größter Mißerfolg. Der Mannheimer Theaterdirektor Dalberg verlangte einen Schluß des Stücks, der ein Ende macht: Fiesco verzichtet auf die Macht und findet das Glück darin, Bürger zu bleiben. Das ist kein Drama. Das ist eine Moral.

In fast allen anderen, früheren und späteren Showdowns, Duellen und Schlachten, die Schiller arrangiert, in den *Räubern*, in *Kabale und Liebe*, in *Don Carlos, Maria Stuart, Wallenstein* haben die Helden und die Schurken

(die Helden mehr als die Schurken) eine ungemein große
Lust am Unglücklichsein. Sie sind geradezu versessen
darauf, Briefe zu verlegen, Zufälle zu erzwingen, Eide
zu schwören, Limonade zu trinken, Schlüssel zu verlieren, falsche Worte zum falschen Zeitpunkt auszustoßen,
richtige Gefühle an die Falschen zu verschwenden, überhaupt das Falsche mit innigem Fleiß, ja fast mit rasender
Andacht zu tun, um auch garantiert unterzugehen und
um am großen, richtigen Gesetz der Welt, des Kosmos,
der Sitte, der Liebe, der Politik zu scheitern. So erfüllen
sie sich ihre Moral: Daß sie für sich recht haben, daß
aber die Welt um sie herum auch für sich recht hat.
Wenn die beiden »für Sichs« zusammenstoßen, muß
eines weichen. Es ist immer, als rennten Zwerge gegen
eine Riesendampfwalze an: In Stuttgart, in Ludwigs-
burg, in Wien und Eger, in London, in Madrid, in Mes-
sina, Reims und Domremy herrschen eiserner Zwang
und vergebliche Liebesmüh'.

Nur in Genua herrscht Freiheit, Lust, Anarchie. Der
Fiesco ist die große Ausnahme. Hier ist jeder allein eine
Dampfwalze. Hier allein gilt für die Helden wie für
die Schurken, und sie sind voneinander weder in ihren
Lüsten noch in ihren Fehlern zu unterscheiden: Das
Gesetz bin ich. Nie mehr rasen sie so frei, nie mehr reden
sie so toll, nie mehr toben sie so schön, nie mehr beneh-
men sie sich so sehr auf eigene Rechnung wie hier. Der
Fiesco ist Schillers einziges Traum-Lust-Drama.

Die anderen kann man schätzen. In dieses hier muß
man sich verlieben – oder wie der Kritiker Alfred Kerr
aufschreien: »So kindlich die Charakteristik« (eben,
lieber Kerr, so kindlich!); »alle so ganz unzergliedert«
(gerade, lieber Kerr, so unzergliedert, zergliedert wären
sie furchtbar!); »Fiesco vollends, der Überlegene, kramt
vor dem Mohren seinen Plan aus; jagt ihn weg vor der

Entscheidung; wo der Kerl alles verraten kann; ... Schiller, es geht nicht. Man kann nicht einen tückisch klugen Helden zeichnen, der so ein Blödian ist. Und die Gattin, die er aus Versehn ersticht ... Schiller, es geht nicht.« Eben, »weil es nicht geht«, geht's ganz wunderbar. Denn es geht bei diesen Schurkenhelden und diesen Heldenschurken nicht nach Logik.

Es schwebt nichts über ihnen, kein Kosmos, keine Welt, keine Sitte, kein Gesetz – ausgenommen der Traum, einmal etwas ganz anderes zu sein. Das kann auch den zynischen Grund haben, daß es vorteilhaft ist, sich den Umsturz zu wünschen: Calcagno zum Beispiel und Sacco, der eine laut Steckbrief »hagerer Wollüstling«, der andere »gewöhnlicher Mensch«, unterhalten sich gleich zu Beginn darüber, daß Sacco seine Schulden nicht loswürde, wenn »die itzige Verfassung nicht übern Haufen fällt«, Calcagno der Frau des Fiesco gerne geil den Hof machen würde, was er besser könne, wenn Fiesco mit dem Umsturz beschäftigt wäre. Sie schauen auf den wirtschaftlichen und den erotischen Profit. Sie pfeifen aufs republikanische Ideal. Jeder pfeift eigentlich darauf. Und – man höre genau zu – der Sheriff pfeift mit.

Jede Melodie kann auf ganz verschiedene Texte angewandt werden, jeder Text zu ganz verschiedenen Melodien gesungen werden. Wie zum Beispiel Fiesco singt! Zu den Frauen, zu seiner Gattin Leonore, »Dame von achtzehn Jahren, blaß und schmächtig, fein und empfindsam, sehr anziehend, aber weniger blendend«, und zu Julia, Gräfin Imperiali, der Schwester Dorias, »Dame von fünfundzwanzig Jahren, groß und voll, stolze Kokette, Schönheit verdorben durch Bizarrerie«, singt er kühl, redet er taktisch, als spräche er im Parlament, das man mal so, mal so belügt. Er wird Julia zur

Raserei treiben: »Fiesco, ich bete dich an!« – und sie dann einsperren, denn sie hat Gift geschickt, um Leonore aus dem Weg zu räumen. Er wird Leonore fast in den Wahnsinn treiben, die sich vorstellt, mit einem Stadttyrannen verheiratet zu sein: »Ja, der großäugige Verdacht steckte zuletzt auch die häusliche Eintracht an – wenn deine Leonore dir itzt einen Labetrank brächte, würdest du den Kelch mit Verzuckungen wegstoßen und die Zärtlichkeit eine Giftmischerin schelten. Selten steigen Engel auf den Thron, seltner herunter. Wer keinen Menschen zu fürchten braucht, wird er sich eines Menschen erbarmen?... Komm zurück! Ermann dich! Entsage! Die Liebe soll dich entschädigen!« Ihn aber entschädigt die Stadt, der Umsturz, der Aufstand, das Verschwörer-Tun mit Fackeln in der Nacht, mit geheimen Zusammenkünften, mit Tricks und Vorspiegelungen. Denn Fiesco liebt nicht die Liebe, er liebt die Macht. Auf deren Reize reagiert er sofort. Zum Beispiel auf die Farbe Rot.

Wenn es Nacht ist in Genua, und die Stadt brennt, und die Soldaten und Matrosen des Fiesco die Passagen besetzt halten und der Dogen-Neffe, dessen Senatoren-Mord-Pläne kurz zuvor ruchbar geworden sind, abgestochen auf der Straße liegt in seinem Mantel, und Leonore, Fiescos Gattin, schwärmend durch die Straßen irrt und keine Bedenken mehr hat, mit einem zukünftigen Tyrannen, nur noch die irre Lust spürt, mit einem »Brutus«, einem Freiheitshelden, verheiratet zu sein, sich den roten Dogen-Neffen-Mantel greift und umwirft – dann muß Fiesco ja einfach zustechen. Und er muß glauben, den Tyrannen erledigt zu haben. Dabei hat er jetzt seine Frau getötet, die Machtlose, die mit der Maske der Macht, dem roten Mantel, spazieren taumelte. Um diese Maske an sich zu bringen, darf dem

Fiesco kein Mittel zu gering sein, auch nicht der zu-
fällige Tod seiner Frau. Es ist dann auch kein Zufall,
es ist Notwendigkeit. Vorsehung. Fiescos Art von Freiheit. In der Regieanweisung heißt es, mit »schröck-
lichem Nachdruck« sage er »Ich – ermorde – mein
Weib!« und »beißend lächelnd« sage er: »Das ist das
Meisterstück!«

Denn die Stadt wartet schon auf ihn: »Itzt fürcht ich
weder Qual noch Entzücken mehr. Kommt! ... Ich will
Genua einen Fürsten schenken, wie ihn noch kein Euro-
päer sah!« Da denkt er wohl an Asien, an Despoten auf
Pfauenthronen, schwärmt von Totenfeiern und davon,
»daß das Leben seine Anbeter verlieren und die Verwesung wie eine Braut glänzen soll!« Zur Stadt redet er
selbst noch in Todesphantasien wie zu einer Geliebten,
als schwärmte er mit ihr im Bett, in dem man sich
ihr mal toll zuwendet und dann wieder toll von ihr
abwendet, und schließlich wieder übereinander herfällt.
Es ist das Spiel der lüsternen Katze. Fiesco, »der Löwe«,
stürzt den alten Tyrannen und will ein neuer Tyrann
werden. Die Raubkatze will die Mäuse nicht mehr aus
den Krallen lassen. Doch die Mäuse haben das Wasser
auf ihrer Seite. Und Katzen mögen kein Wasser.

Auf dem vierten Steckbrief steht nur: »Verrina, ver-
schworener Republikaner. Mann von sechzig Jahren.
Schwer, ernst und düster«. Er wird Fiesco brauchen, um
den Tyrannen wegzukriegen, aber er nimmt sich bald
vor: »Fiesco muß sterben!« Denn »den Tyrannen wird
Fiesco stürzen, das ist gewiß! Fiesco wird Genuas ge-
fährlichster Tyrann werden, das ist gewisser!« Während
noch Fiesco dem Verrina, der sogar vor ihm kniet, nicht
schwören mag, die Krone, den Purpur, den Mantel
abzulegen, fällt dem Fiesco der Purpurmantel vom Steg
ins Meer. »Nun, wenn der Purpur fällt, muß auch der

Herzog nach!«, stöhnt Verrina und stößt den Fiesco ins Meer. Fiesco kann nicht schwimmen. Sein Traum geht unter in lauter Luftblasen. Kurz bevor er das Bewußtsein verliert, sieht er um sich herum tanzende rote Punkte. Erst denkt er, es seien lauter Sonnen, dann aber sieht er lauter Blutwurstscheiben. Und stirbt.

V.

Königsdrama einer Schwimmerin

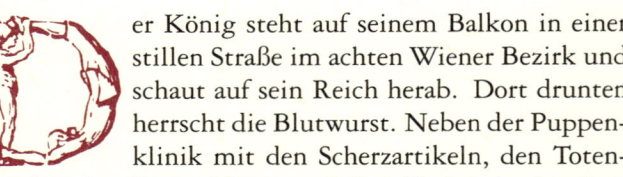er König steht auf seinem Balkon in einer stillen Straße im achten Wiener Bezirk und schaut auf sein Reich herab. Dort drunten herrscht die Blutwurst. Neben der Puppenklinik mit den Scherzartikeln, den Totenköpfen, den Zinnsoldaten und dem Skelett in der Auslage, die dem König gehört, liegt das Fleischergeschäft. Ein Rittmeister kommt herbei, nimmt diskret die Hacken zusammen und schwärmt: »Also das muß ich schon sagen: die gestrige Blutwurst – Kompliment! First class!« Und der Metzger antwortet stolz und leise: »Zart, nicht?« Und der Rittmeister bestätigt: »Ein Gedicht!« So zärtlich, so poetisch wie über die Blutwurst wird über die Menschen nie gesprochen in diesem Reich. Außer wenn die Menschen tot sind. Über das Mutterl des Metzgers zum Beispiel wird ganz lieb und rührend geredet, denn es ist schon ein Jahr lang tot. Man rüstet just an diesem Tag, als der König auf sein Reich herabschaut, zur Jubiläumsseelenmesse. Die Toten haben es gut.

Es ist zur Blutwurst und zur Totenseelenmesse auch ein Klingen und Singen in der Luft, als hänge irgendwo wieder der Walzer »Geschichten aus dem Wiener Wald« von Johann Strauß im Himmel. Ginge es nach der Musik, müßte dem König sein, als könne er fliegen, schweben. Es ist ihm aber, als klebe er mit den Füßen am Balkon. Er hat den Staatsrock an, der ein Schlafrock ist. Aber seine Füße sind nackt. Der König ist barfuß, denn er vermißt die wichtigsten Reichsinsignien: seine rosa Sockenhalter. Ohne Sockenhalter keine Socken. Sein Reich ist in Gefahr: Die große Stille, die es zusammenhält, wird durchschnitten durch des Königs Schrei nach seinen Sockenhaltern.

Er nennt sich Zauberkönig, weil er Zauberartikel und Spielzeug verkauft in seinem Laden. Das ist eine Täuschung. In Wirklichkeit ist er ein Wassermannskönig. Die einzige Aufgabe eines Wassermannskönigs ist es, darauf zu achten, daß jeder in seinem Element bleibt, vor allem die kleinen Seejungfrauen, die in der scharfen Luft dort droben, in Freiheit, umkämen. Denn wer das schwere Wasser des achten Bezirks verließe und hinaufstiege zu anderer Sphäre, würde ersticken. Seejungfrauen, die Prinzessinnen sind, sind besonders gefährdet. Und Marianne, des Königs Tochter, kann zudem dessen Sockenhalter nicht finden, bis sie diese in der Schmutzwäsche auftreibt. Dafür bekommt sie vom Metzger, des Königs Kronprinzen, der die Prinzessin heiraten soll, ein Bussi vor der Totenseelenmesse, wobei der Metzger die Marianne beißt, so daß sie fragt: »Was ist Liebe?«

Wer so fragt, der lebt gefährlich. Man schreibt das Jahr 1931. Die alte Welt, in der die Rittmeister Könige waren, ist zerbrochen, lebt aber in eisernen Brocken fort. Die neue Welt, in der die Metzger Könige sein werden, dräut schon am Horizont und glüht von daher und wirft einen kleinen blutigen Schein auf die Brocken. Da wäre es gut, im Reich des Wassermannskönigs stille zu halten, sich an Totenseelenmessen zu freuen, Skelette abzustauben und nicht zu fragen: »Was ist Liebe?« Wer so fragt, der fängt an, sich abzustoßen, nach oben zu schwimmen. Und erstickt vielleicht.

Da ist ja auch schon das Seepferdchen Alfred aufgetaucht, dort drunten, im Reich der Stille. Marianne
hat Alfred gesehen in seinem gestreiften Jackett, seinem
Borsalino und den weißen Gamaschen: als komme er
aus einer anderen Welt, Alfred, der Rennplatz-Spekulant
und Wett-Strizzi, der seiner Großmutter draußen in
der Wachau die Sauermilch wegfrißt und sich von der
Trafikantin Valerie aushalten läßt, die dem Rittmeister
immer die Lottolose verkauft. Dabei kommt er exakt aus
ihrer Welt. Nur daß es so ausschaut, als tänzele Alfred
über alle Brocken hinweg. Und Alfred hat Marianne
gesehen, das Mädchen, das dem Wassermannskönig
die tote Frau ersetzt, die ihm den Laden schmeißt, das
Skelett abstaubt, die Zinnsoldaten verkauft, nach den
Sockenhaltern sucht, sich vom Metzger beißen und
vom Rittmeister loben läßt: »Immer fleißig, Fräulein
Marianne! Immer fleißig!« Als hafte sie in einer anderen, ordentlicheren Welt fest, nach der er sich heimlich
sehnt. Dabei ist es auch nur seine Welt, nur daß es
so ausschaut, als putze Marianne immer die schweren
Brocken sauber. Es ist sehr komisch, wie diese beiden
Blicke, die sich so suchen, so gar nicht finden können:
Man schielt aneinander vorbei. Alfred hält Marianne für
ein »schöngewachsenes Fräulein« und redet von »der
Tücke des Objekts«. Das zeigt schon, daß Alfred zu
jeder Blutwurst mehr einfallen würde als zu Marianne.
Valerie, die er auszahlt, nennt ihn (»leise«) »Luder.
Mistvieh. Zuhälter. Bestie.« Das tragisch Dumme liegt
darin, daß Marianne nach der »Liebe« gefragt hat. So
kommt alles ins Schwimmen.

Marianne ist wie alle Prinzessinnen, die den Aufstand
wagen, so kühn, daß sie draußen, im Wiener Wald, am
Ufer der schönen blauen Donau, anfängt, sich abzustoßen, wegzuschwimmen, nach oben zu rudern. Dort,

wo sich alle Untertanen im Reich des wassermännischen
Zauberkönigs in der Sommerhitze zum Schwimmen,
zum Grammophonhören, zum Fotografiertwerden und
zur Feier der Verlobung zwischen Marianne und dem
Metzger treffen, wobei der Metzger vor den herzig
applaudierenden Tanten demonstriert, daß er Marianne
mit einem Jiu-Jitsu-Griff aufs Kreuz legen kann. Dort,
wo der Zauberkönig am abgelegten Korsett der Trafikantin schnuppert und sich in einem Anfall von Altherren-
hormonstau gierig auf sie wirft (»Bin ich schlimm? Bin
ich schlimm?«). Dort, wo sein preußischer Neffe Erich,
stud. jur., zackige Schießübungen macht und Valerie
küßt. Dort, wo die Gemütlichkeit und die Geilheit ein
Einerlei sind, und die Worte höhere Masken tragen,
um niedere Sachen zu kaschieren: »Was wißt ihr Manns-
bilder schon von der Tragödie des Weibes?«

Dort auch, wo Marianne »Ich hab's gewußt, ich hab's
gewußt –« stammelt, in Alfreds Armen, nach dem ersten
Kuß zwischen ihnen, aber gleich fragt: »Liebst du mich,
wie du solltest –?«, was bedeutet, daß sie schon wieder
nach dem Soll der Liebe fragt, als sei die Liebe eine
Ordnungsmacht, obwohl Marianne so seufzt, als sei die
Liebe eine Himmelsmacht. Dazwischen liegt sowieso
die Hölle. Der Kuß ist eine Art Teufelspakt, in dem alles
beschlossen liegt, vor allem die Katastrophe. So küßt
Anna, eine der dramatischen Schwestern Mariannes, in
Ödön von Horváths späterem Stück *Der jüngste Tag* den
Stationsvorstand Hudetz in dem Moment, wo er das
Signal für den durchfahrenden Zug stellen sollte, was
er überm Kuß vergißt. Es gibt Hunderte von Toten. In
den *Geschichten aus dem Wiener Wald* ist der Tod exklu-
siver. Am Ende stirbt nur Mariannes kleines Kind.

Die Prinzessin wirft ihr kommendes Königreich weg:
die Verlobung mit dem Metzger platzt im Kuß mit

Alfred, und der Metzger sagt: »Mariann, ich wünsch dir nie, daß du das durchmachen sollst, was jetzt in mir vorgeht – und ich werde dich auch noch weiter lieben, du entgehst mir nicht.« Wenn Marianne gut zugehört hätte, hätte sie hier die Antwort auf ihre Frage »Was ist Liebe?« gefunden: Liebe ist die größte Drohung. Hätte Marianne aber zugehört, ginge das Drama nicht weiter. Die besten Dramen leben davon, daß ihre Figuren nicht aufeinander hören.

Marianne sagt, die Liebe und Alfred hätten »wie ein Blitz in mich eingeschlagen«, aber sie sagt auch: »Du hast mich gespalten«. Die eine Hälfte von Marianne geht »direkt aus mir heraus« und schaut sich selber nach, »jetzt, siehst du, jetzt bin ich schon ganz weit fort von mir – ganz dort hinten, ich kann mich kaum mehr sehen«. Marianne wählt ein Bild, zu dem sie sich mit einem ganz einfachen Flügelschlag aufschwingt und von dem aus sie auf sich herabblickt. Es ist wunderschön: als flöge dort oben ein Zeppelin, zu dem auch Karoline, eine andere dramatische Schwester der Marianne, träumerisch hinaufschaut, in *Kasimir und Karoline,* einem anderen Stück Horváths, in dem auch der gemütlichste Platz, das Münchner Oktoberfest, die ungemütlichsten Katastrophen freigibt.

Das Bild, das Marianne träumt, ist wunderschön verlogen. Und sehr komisch. Denn sie sitzt auf dem Boden, hat einen nassen Badeanzug an, Alfred hat ihr höchstens ein Handtuch untergelegt. Die andere Hälfte von Marianne wirft dem Metzger den Verlobungsring ins Gesicht und schreit in einem Ausbruch höchster Not, einer dreifachen Verwünschung, als müsse sie einerseits den Teufel bannen: »Nein, ich heirat dich nicht, ich heirat dich nicht, ich heirat dich nicht.« Als möchte sie andererseits einfach einmal nur ein bitterböses, kleines, pampiges Mädchen sein: »Meinetwegen soll unsere Puppenklinik verrecken, eher heut als morgen!« Darauf erwidert der Zauberkönig: »Das einzige Kind! Das werd ich mir merken!« Als habe man ihm gerade nur mal ein Bein gestellt oder ihn beim Kartenspielen betrogen. Und ein wenig später: »Ich habe keine Tochter mehr.« Als sei gleich das ganze Universum leergewischt.

Marianne wünscht sich von Alfred nur noch eines: »Von dir möcht ich ein Kind haben –«. Und: »Du machst mich so groß und weit.« Aber auch: »Laß mich aus dir einen Menschen machen.« Was Königskinder sich in Königsdramen wünschen, geht meistens in Erfüllung. Und dann: Gute Nacht!

Die Worte falsch, die Gefühle echt. Nichts geht zusammen. Die Menschen müßten eigentlich, zerrissen zu höhnischen Fetzen, auf einer Geisterbahn paradieren. Aber alles paßt. Man muß sie alle verachten – und sie alle mögen (selbst den Metzger, denn er hat außer der Blutwurst nur die Liebe). Denn sie alle haben nur eine furchtbare Angst: daß die festen Brocken, aus denen ihr Leben besteht und auf denen sie unsicher ruhen, unter ihnen zerbröseln oder in einem Knall zerbersten könnten. Es ist eine Todesangst. Deshalb auch fallen sie zwischen den Szenen, auch zwischen den Sätzen, ja manchmal sogar zwischen den Wörtern in eine »Stille«. Dann erzittert das Reich. Und der Zauberkönig, der ein Wassermannskönig ist, wird von einem seiner kleinen Schlaganfälle heimgesucht. »Stille« ist gefährlich. »Stille« herrscht auch zwischen den Fetzen der Musik von Johann Strauß, die über der Szene in der Luft hängt wie ein schwerer Schleier. »Stille« auch zwischen der Klaviermusik, die man im achten Bezirk aus dem ersten Stock im Nachbarhaus der Puppenklinik von den Händen einer Klavierschülerin hört, und die durch das

Grauen sich schlängelt wie eine süße Tonspur und ein gräßlicher Trost. »Stille« ist das Zauberwort des Stücks. In die »Stille« fallen die Menschen. Die »Stille« läßt sie fast zerbrechen.

Zusammengehalten werden sie, weil sie einer ganz still und komisch anschaut. Es ist nicht der böse Blick, der sie verbannt. Es ist der fremde Blick, der sie bannt. Der scharfe, neugierige, von etlicher Verblüffung gezeichnete Blick eines dicklichen, kleinen Herrn, der 1931 dreißig Jahre alt war, für die *Geschichten aus dem Wiener Wald* den Kleist-Preis erhielt und dem die Theaterkritiker völkischer Zeitungen vorwarfen, »Ödön« heiße auf Deutsch »Edmund« und »Horváth« bedeute eigentlich »Kroate«. Die »Berliner illustrierte Nachtausgabe« vom 3. November 1931: »Horváth ist kein Deutscher, sondern, wie er selbst bekennt, ein Vaterlandsloser, ein Ungar, der sich schämt, dies zu sein. Er beherrscht... nur mangelhaft die deutsche Sprache.« Geboren wurde er als Sohn eines Ungarn im kroatischen Bezirk der italienischen Enklave Fiume an der Adria, fühlte sich als eine Mischung aus »madjarischen, kroatischen, deutschen und tschechischen« Elementen, lebte in Venedig, auf dem Balkan, in Budapest, machte in Wien sein Abitur, studierte Germanistik in München und ließ sich in Berlin nieder, mußte Deutschland 1933 verlassen, hauste in Salzburg und Wien und starb am 1. Juli 1938 in Paris, gegen 19 Uhr 30, als ein Ast eines hohlen Baumes gegenüber dem Théâtre Marigny bei einem Gewittersturm auf ihn niederstürzte. (Horváth hatte immer gesagt, er habe keine Angst vor den Nazis, er habe Angst, von einem Auto überfahren zu werden.)

Überall, wo er hinkam zwischen Fiume und Paris, wirkte er wie ein Trabant, der nirgends dazugehörte, aber um alles herumkreiste. Er gehörte nie zum Volk,

das er beschrieb. Deshalb konnte er so abgründig über
das Volk staunen. Er erlebte es, als vegetiere das ihm
fremde Volk, das so komisch redete, unter Glas: merkwürdige Amphibien mit der Lust zum Vogelflug, dem
urkomischen Drang zum Höheren. Deshalb schrieb er
so wunderbare Volksstücke aus der Glaskastenperspek-
tive. Der Trabant Horváth kreiste um einen Mann der
schwarzen Reichswehr, der es hinnimmt, daß man seine
Geliebte ermordet und sich fragt, wo der Mensch bleibt,
wenn er für das Ganze geopfert wird (*Sladek, der schwarze
Reichswehrmann*, 1929) und aus vielen falschen Worten
zum einzig richtigen Satz findet: »Ich bitte, mich
als Menschen zu betrachten und nicht als Zeit.« Diese
Bitte haben alle Figuren Horváths auf den Lippen. Es
ist der einzige Satz, in dem das Äußere und das Innere
zusammenstimmen. Der Trabant Horváth kreiste um
die Sozialdemokraten, die eine Saalschlacht gegen die
Nationalsozialisten von ihren Frauen und Bräuten aus-
tragen und gewinnen lassen (»Wird sich der Ödön noch
wundern!«, schäumte Goebbels 1931 über *Die italie-
nische Nacht*). Er kreiste um einen Arbeitslosen und sein
Mädchen und darum, daß der Arbeitslose nicht glauben kann, daß das Mädchen ihn trotzdem liebt, wobei
alles auseinandergeht (*Kasimir und Karoline*, 1932). Und
Karoline sagt: »Ich habe es mir halt eingebildet, daß
ich mir einen rosigeren Blick in die Zukunft erringen
könnte – und einige Momente habe ich mit allerhand
Gedanken gespielt. Aber ich müßt so tief unter mich
hinunter, damit ich höher hinauf kann.« Diese Bewegung hinauf, die tief hinab geht, ist die Bewegung aller
Figuren von Horváth. Karoline weiß, was Marianne
noch nicht einmal ahnt, aber viel intensiver erlebt als
Karoline. Der Trabant kreiste um ein Fräulein, das seinen Körper der Anatomie vermachen will, damit es das

Geld für einen Wandergewerbeschein zusammenkriegt, aber von seinem liebsten Menschen, einem Polizisten, verlassen wird, weil der uniformierte Mensch es nicht überwinden kann, daß das Fräulein vorbestraft ist, weshalb das Fräulein ins Wasser geht (*Glaube Liebe Hoffnung,* 1936). Horváth kreiste um den unsagbaren Kitsch dieses Volks, um die unsägliche Angst dieses Volks, um die unglaubliche Sehnsucht dieses Volks. Jeder sagt irgendwann einmal: »Man hat halt so eine Sehnsucht.« Und das entschuldigt alles. Aus alldem wurde große Poesie. Horváth sah alles, verstand viel. Dichtete schonungslos. Verachtete nichts. Dann flog der Trabant weiter.

Wo er hinkam, wunderte er sich: Wie dumm die Menschen sind. Überall erfuhr er: »Nichts gibt so sehr das Gefühl der Unendlichkeit als wie die Dummheit«. Er sah lauter unendliche Menschen. Da er ihre Sprache als Fremd-Sprache erfuhr, hörte er genauer zu. Hinter jedem Wort, das er ihnen in seinen Stücken in den Mund legte, war eine falsche Erfahrung und ein richtiges Gefühl. Deshalb reden sie auch keinen Dialekt. Den würden sie sicher reden, wenn Horváth ihr Nachbar gewesen wäre. Er aber war ihr Fremdling. Also reden sie eine Hochsprache, die das Hohe, das sie fühlen wollen, und das Niedere, das sie erleben müssen, zu einem ernsten Witz kurzschließt.

Wie jetzt zum Beispiel, in diesem großen, lächerlichen Moment, wo Marianne zu Alfred sagt: »Laß mich aus dir einen Menschen machen –«. Da brennt die Erfahrung mit dem Gefühl urkomisch durch. Denn Marianne kriegt ja alles in den Schoß geworfen. Alle ihre Wünsche erfüllen sich. Das ist ihre Tragik. Sie bekommt ihr Kind und sie bekommt ihren Alfred und sie bekommt ihn: als einen Menschen. Nur daß Alfred sich als Mensch furchtbar langweilt, lieber wieder Renn-

plätze heimsuchen würde. Nur daß das Kind hustet
und zur Erholung hinauskommt in die schöne Wachau,
wo die liebe Mutter und die böse Großmutter vom
Alfred das Baby Leopold an einer Lungenentzündung
vorsätzlich verrecken lassen. Nur daß Marianne als
Nacktänzerin im »Maxim« auftreten muß und dort von
ihrem Vater, der sturzbetrunken vom Heurigenbesuch
im Nachtlokal aufkreuzt, erkannt wird (und dann ist
»Totenstille«). Nur daß Marianne ein wenig im Gefängnis landet, weil sie einem Nachtclubkunden das
Portemonnaie gestohlen haben soll. Nur daß Alfred
wieder sich Valerie zuneigt und mit dem Metzger verabredet, daß der Fleischverarbeiter die Marianne wieder
zurücknimmt, daß sich der Zauberkönig mit Marianne
versöhnt, und der Metzger sagt: »Ich hab dir mal gesagt, Mariann, du wirst meiner Liebe nicht entgehen.«
Das Wort »wirst« spricht er fast aus wie »Wurst«. Es
schmeckt nach Blut, Ordnung und Gemütlichkeit.

Marianne, die sich abgestoßen hatte, um nach oben
zu schwimmen, dorthin, wo sie zu wissen glaubte, was
Liebe ist, kehrt erstickt an ihren Ausgangspunkt zurück
in einem Rondo, in dem es immer weniger zu atmen
gibt. Der achte Bezirk ist wieder so unheimlich heime-
lig still, der Rittmeister schaut nach den Losnummern,
das Skelett im Schaufenster der Puppenklinik glänzt wie
neu. Marianne sagt zwar: »Ich kann nicht mehr. Jetzt
kann ich nicht mehr –« aber in dem Gedankenstrich,
den Horváth an den Satz-Enden immer gerne macht,
steckt der furchtbare Gedanke, daß es weitergeht, obwohl es nicht mehr weitergeht. Der Zauberkönig, jeder
Zoll ein Wassermann, hängt seine an der Höhenluft er-
stickte Tochter dem Metzger an den Arm, rasselt mit der
Babyrassel, die er dem Enkel Leopold schenken wollte,
wäre der Kleine nicht im zugigen, kalten Zimmer der

Großmutter draußen, in der schönen Wachau, gestorben. Der König als sein erster Narr hat sein Reich wieder in Ordnung. Die Brocken werden noch eine kleine Weile in der Totenstille halten.

Marianne, nur noch eine Puppe, wirkt, als habe sie von nun an Sägmehl in den Adern, wie sie am Arm vom Metzger zur Hochzeit geführt wird, die zugleich ein Tauffest hätte sein sollen, denn der Metzger hätte großmütig über den Bankert hinweggesehen. Zum Hauptgang gibt es Blutwurst (»Zart, nicht?«). Zum Hors d'œuvre aber Gurkenbrötchen. Und es ist ein Klingen und Singen in der Luft. Man hört Klavierspiel.

VI.

Komödie
der Hütchenspieler

ie Gurkenbrötchen liegen auf einem silbernen Tablett im Morgenzimmer einer Junggesellenwohnung in der Half-Moon-Street, London W. Morgenlicht flutet durch kostbare Vorhänge, obwohl alles für den Nachmittagstee vorbereitet ist. Tages- oder Nacht- oder Nachmittagszeiten spielen keine Rolle, wenn man in der Straße unterm halben Mond wohnt. Im Mondlicht sind alle Uhren silbern. Es könnte sein, daß ein paar Straßen weiter sich ein ehrbarer, lieber Arzt namens Dr. Jekyll in ein blutrünstiges, menschenverachtendes Monster Hyde verwandelt; daß ein paar Länder weiter ein Mädchen der Liebe eines Metzgers nicht entgeht; daß ein paar Kontinente weiter Neger erschossen oder Glühbirnen fabriziert werden; daß es regnet oder schneit oder die Erde bebt. Es hätte nichts zu bedeuten. Denn »Mädchen« oder »Metzger« oder »Neger« oder »Gurkenbrötchen« oder »Morde« oder »Erdbeben« oder auch »Sodomiten« sind hier keine Wirklichkeiten, jedenfalls keine solchen, die weh tun. Es sind nur Worte.

Es hat auch nichts zu bedeuten, daß drunten vor der Half-Moon-Street Gouvernanten aus guten Häusern mit Kinderwägen spazieren gehen, in denen sie Babys transportieren und dazu noch rotkarierte Reisetaschen, die dreihundertseitige Romanmanuskripte enthalten, die aus den Federn der literatursüchtigen Gouvernanten

53

stammen. Im Bahnhof um die Ecke, wo der Zug nach
Worthing abfährt, verwechseln die Gouvernanten, die
nur den Roman im Kopf haben, das Baby mit dem
Roman. Was eine witzig verheerende Folge des ver-
fehlten Prinzips ist, daß die Kunst das Leben nachahmt,
weil es dann in Gouvernantenromanen so zugeht wie
im Gouvernantenleben. Das Baby kommt in die Tasche
und in die Gepäckaufbewahrung des Bahnhofs, das
Romanmanuskript auf den Platz des Babys. Das Baby,
ein Findelkind, aufgezogen von wohlhabenden Leuten,
erhält nach dem Abfahrtsgleis den Namen Jack Worthing. So geht ein ganzes Leben im Namen einer Zug-
station auf. Es ist keine Katastrophe, die hier passiert, es
wird nur eine Pointe vorbereitet. Man darf Pointen nie
mit dem Leben verwechseln.

Der sehr elegante Herr, der so untersetzt ist, daß man
sein Untersetztsein kaum merkt, weil die Rose (eine
Maréchal Nié) im Knopfloch des Fracks alle Blicke auf
sich zieht, der wunderbar gekleidete Herr also, der ein
paar Squares weiter in einem weich gefederten Einspän-
ner sitzt, sich in die weichen Polster zurücklehnt und
einen merkwürdig herausgeputzten, heimlich häßlichen
Jungen neben sich streichelt, den er zärtlich »Bosie«
nennt, während er die Asche seiner Zigarette mit einer
zierlichen, langfingrigen Bewegung der linken Hand
abschüttelt, dieser leichtfüßige Herr, der gerade »Bosie«
ins Ohr flüstert: »Mein Schmetterling« (denn Schmet-
terlinge sind seine Lieblingstiere) und dem scharlachrot
gekleideten Kutscher ein Bonmot wie ein Trinkgeld
hinwirft: »Die Kunst ahmt nicht das Leben nach, das
Leben ahmt die Kunst nach«, dieser witzige Herr, der
nur an Worte denkt, mit denen er das Leben und die Gesellschaft übertrumpfen und auf den Punkt (die Pointe)
bringen kann, wohin er sie spielerisch haben möchte, ist

im Begriff, einen verhängnisvollen Fehler zu begehen.
In seiner Westentasche steckt eine kleine, ihm öffentlich
dedizierte Visitenkarte von »Bosies« Vater, einem Lord
Douglas, auf der »Somdomit« geschrieben steht, womit
Lord Douglas ausgedrückt haben möchte, daß sein Sohn
es mit einem Dramatiker treibe.

Vielleicht nur, weil es falsch geschrieben ist, die
falsche Form hat, nimmt der Dramatiker Oscar Wilde,
gerade vierzig geworden, auf dem Gipfel seines Mittel-
alters, das Wort nicht als Wort, die schlechte Pointe
nicht für eine schlechte Pointe, sondern als Wirklichkeit. Er läßt nicht erst vor seinem Club, er läßt schon
vor der Kanzlei seiner Rechtsanwälte halten. Es ist das
Frühjahr 1895. Sein Kunst-Stück, in dem eine Reisetasche, ein Roman und ein Baby als Witz die Gesellschaft erschüttern, ist gerade triumphal uraufgeführt
worden. Er aber wird einen Prozeß gegen »Bosies« Vater
anstrengen. Er wird ihn verlieren. Er wird zwei Jahre
im Zuchthaus sitzen. Das Wort-Spiel aber in der Half-
Moon-Street geht weiter. Ohne ihn.

Es ist ein Klingen in der Luft. Schon den ganzen
Morgen über oder tagelang oder nächtelang oder erst ein
paar Minuten (Zeit spielt keine Rolle) übt Algernon
Moncrieff in einem Nebenzimmer Klavier, vielleicht
eine Etüde von Chopin, bei der er mit der rechten Hand
auf jeden Taktschlag sechs Sechzehntel, mit der linken
Hand aber vier Sechzehntel unterbringen muß. Es
könnte furchtbar, aber irgendwie innig klingen. Es ist
gleichgültig, wie es klingt. Denn eigentlich hört man es
nicht. »Haben Sie gehört, was ich gespielt habe, Lane?«,
fragt Algernon seinen Butler. »Ich hielt es für unhöflich
zu horchen, Sir«, antwortet dieser. Jeder würde es hier
für Unhöflichkeit halten, auf etwas anderes als auf Worte
zu horchen. »Ich spiele nicht fehlerfrei – jeder kann

fehlerfrei spielen –, aber ich spiele mit wunderbarem Ausdruck. Soweit es um das Klavierspiel geht, ist Empfindung meine starke Seite. Das Denken hebe ich mir für das Leben auf.« Und für die Gurkenbrötchen, die er so gedankenlos in sich hineinschlingt, wie er gedankenvolle Sätze aus sich herausplätschern läßt.

Glühbirnen oder Erdbeben oder Morde sind in seiner Welt genauso unwirklich wie Gurkenbrötchen oder Morgenzimmer oder Chopin-Etüden. Es sind nur Worte. Nichts, was mehr ist als ein Wort, zählt hier. Jeden Ernst verbäte man sich hier energisch. Es sei denn, es gehe um »Ernst«. Gleich wird ein junger Mann auftauchen, der behauptet, Ernst zu heißen, obwohl er eigentlich Jack Worthing heißt. Er ist das Baby aus der Reisetasche. Er trägt einen anderen Namen als den seinen, als trage er eben mal ein anderes Hütchen. Hütchenspiele, bei denen kein Mensch mehr weiß, wer unter welchem Hütchen steckt, zählen zu den verbotenen Glücksspielen. Sie sind ungeheuer reizvoll.

Jack heißt Jack auf dem Land, wo er ein sittenstrenges Leben als Friedensrichter führen und sein Mündel Cecily Cardew hüten muß. Also erfindet er einen verdorbenen, verruchten Bruder Ernst in der Stadt, um einen Vorwand zu haben, unter Verwendung des Vornamens Ernst ein fröhliches Leben zu führen. Für jeden Londoner ist ein guter Jack, der verrucht Ernst heißen muß, um in London zu leben, eine Zumutung: Solch ein Jack erzeugt die Vorstellung einer Millionenstadt von Leuten, die eigentlich nicht sie selbst sind. Und Algernon Moncrieff wird unter dem Namen Ernst dem Mündel von Jack auf dem Land den Hof machen, weil Algernon in der Stadt ein langweiliges Leben führt und, wenn es ihm zu dumm wird, einen todkranken Freund namens Bunbury erfindet, den er dringend auf dem Land aufsuchen muß, wo er dann ausgiebig »bunburysiert«. Für jeden Landbewohner ist ein Algernon, der zum Ernst oder Bunbury werden muß, um auf dem Land zu leben, eine Zumutung: Solch ein Algernon erzeugt die Vorstellung einer Millionenbevölkerung aus Land-Leuten, die eigentlich nicht sie selbst sind.

Jack und Algernon sind ein einziger Spiegeleffekt (später wird es sich herausstellen, daß sie leibliche Brüder sind), der nur ein böses, zynisches Motto in seinem Brennpunkt aufglühen läßt: Vergeßt euch! So arbeiten die beiden an der Abschaffung des Höchsten, was jeder ihrer Zuschauer als Gewißheit in der Brust und auf der Brust (in der Brieftasche) trägt: den Glauben an sich selbst. Nicht umsonst sind Hütchenspiele verboten. Nicht umsonst tragen Jack und Algernon wie ihr Dramatiker fein ondulierte Frisuren, Krawatten, Gilets, Anzüge und Knopflochblumen, die ihre Köpfe so sehr überglänzen, daß man erst darauf kommt, daß sie einen Kopf haben, wenn sie den Mund aufmachen.

Jack liebt als Ernst im Ernst in der Stadt Algernons Cousine Gwendolen Fairfax, die keinem Mann das Jawort gäbe, der nicht Ernst hieße. Ihre Liebe gilt dem Wort, nicht dem Mann. Wenn Gwendolen in den Spiegel schaut, sieht sie Cecily. Algernon verliebt sich als Ernst im Ernst auf dem Land in Jacks Mündel Cecily, die auch keinen Mann heiraten würde, der nicht Ernst hieße, wobei sie sich heimlich in den verdorbenen Bruder ihres Vormunds Jack verliebt hatte, der ja angeblich Ernst heißt, in dessen Maske Algernon bei Cecily auf dem Land in dem Moment auftaucht, in dem Jack entschlossen war, seinen erfundenen Bruder Ernst sterben zu lassen, wobei Lady Bracknell, Gwendolens Mutter, die Reisetaschen als guten gesellschaftlichen Geburtsnachweis nicht anerkennt, in Miss Prism, der Hausdame von Cecily, die

Gouvernante erkennt, die das Baby ihrer Schwester einst mit einem Romanmanuskript vertauschte, so daß sich herausstellt, daß Jack nun wirklich Ernst heißt und der Bruder ihres Neffen Algernon ist... Wer kann da noch folgen? Es ist wahnsinnig kompliziert.

Es ist wahnsinnig lächerlich. Aber alles steht auf dem Spiel. Jack: »Gwendolen, es ist schrecklich für einen Mann, wenn er plötzlich feststellen muß, daß er sein ganzes Leben lang nichts als die Wahrheit gesagt hat, kannst du mir verzeihen?« Gwendolen: »Ja, denn ich fühle, daß du dich ändern wirst.« Vor den Abgründen der Abschaffung des Individuums rettet nur das Tollhaus, die Ehe oder die Familie. Die Übergänge zwischen diesen dreien sind fließend. Vier präzis taumelnde und hüpfende erwachsene Kinder spielen Fang-den-Hut, wobei immer jeder Hut schon nicht die Farbe hat, die ihm zukommt: Jeder tut, als sei er ein anderer, bekommt aber von jedem anderen wieder einen anderen Hut aufgestülpt, der zufällig der richtige sein kann. Keiner wüßte mehr, ob er noch er selber wäre, stünden »Ernst« oder »Jack« für mehr als für Worte. Jedes Hütchen, das sie einander aufstülpen, ist ein Buchstabenhütchen, jedes Liebes-Spiel ein Wort-Spiel. Kein Wort gilt etwas, wenn es Inhalt verspricht. Jedes Wort gilt nur, wenn es ganz Form ist. Ernst ist das Leben, »Ernst« aber ist eine Kunst. Das Drama in der Half-Moon-Street trägt den Titel *Bunbury oder Ernst sein ist wichtig*. Der Titel ist die Spielregel. Sie regiert ein Kinderspiel, in dem nichts weiter auf dem Spiel steht als die Frage: »Wer bin ich?«, worauf die lachende Antwort gegeben wird: »Ich ist ein anderer.« Wobei der Witz nicht darin liegt, daß jedermann auch jeder andere sein kann, sondern daß gerade der, der anders sein will, der ist, der er ist.

Es sieht so aus, als seien es sehr glückliche, selige
Kinder, die hier Komödie spielen in ihren Fräcken, ihren
langen Kleidern, ihren glänzenden Manieren, ihren herrlichen Bosheiten: »Literaturkritik ist nicht deine Stärke,
mein Lieber. Versuch dich nicht darin. Das solltest du
Leuten überlassen, die nie auf einer Universität waren.
Sie machen das doch recht gut in den Zeitungen.« Oder:
»Es ist einfach ein Skandal, wie viele Frauen in London
mit ihren eigenen Männern flirten.« Oder: »Lane scheint
eine recht laxe Auffassung von der Ehe zu haben. Wirklich, wenn die unteren Schichten uns kein gutes Beispiel
geben, wozu sind diese dann da?« Oder: »Verwandte
sind nicht mehr als eine fade Bande von Leuten, die
nicht die leiseste Ahnung haben, wie man leben soll,
und auch nicht das geringste Gespür dafür besitzen,
wann man sterben sollte.« Oder: »Jede Frau wird so wie
ihre Mutter, das ist ihre Tragik. Kein Mann wird so wie
seine Mutter, das ist seine Tragik.«

Diesen Kindern kann nichts passieren. Weder der Tod
noch das Geschlecht, weder die Verwesung noch die
Liebe, weder das Alter noch der Gerichtsvollzieher können ihnen etwas anhaben. Denn sie flüchten sich mit
einer hübsch atemlosen, herrlich besinnungslosen Volte
vor allem, was das Leben oder das Sterben für sie bereit-
halten könnte, in die Unvergänglichkeit: Als legten sie,
die ganz aus der Gesellschaft kommen, alles Gesellschaftliche ab wie ein zu dünnes, fadenscheiniges Kleid
und schlüpften in die Masken von Subjekt, Prädikat
und Objekt, von Partizipien und Tempi und Modi, Silben und Rhythmen. Sie segeln in einem unaufhörlichen
Rausch hin zur Insel der seligen Pointen, der Witze, der
Wortspiele, der Anspielungen.

Da aber jedermann außerhalb der Half-Moon-Street,
im wirklichen Leben, so tut, als stünden alle Worte, die

man den lieben, langen Tag über spricht, wie zum Beispiel »Moral« oder »Ehre« oder »Liebe« oder »Kunst« oder »Leben« oder »Ernst« für ganz ungeheure, große Sachen, ist es ein Skandal, wenn jemand diese Worte nur nimmt, als bedeuteten sie gar nichts – oder nur sich selber. Im Zuchthaus schrieb Oscar Wilde, der Erfinder der Kinder unterm Halbmond: »Was mir das Paradoxe in der Sphäre des Denkens war, wurde mir das Perverse in der Sphäre der Leidenschaft«, womit er sich zu erklären suchte, warum ihn eine Gesellschaft, in der die Liebe älterer Herrn zu Jungs gang und gäbe war, wegen seiner Liebe zu Jungs ins Gefängnis sperrte. Wer im Zuchthaus sitzt, baut sich Eselsbrücken zu seinem Elend. Die Eselsbrücke, die der Eingesperrte sich vom Denken zum Geschlecht baute, führt unter dem Niveau seines Witzes hindurch. Selbst wenn die Liebe zu Jungens eine Perversion wäre, reichten ein paar so glänzende geschlechtslose Paradoxien des Denkens schon hin, die Gesellschaft zu stören.

Die Half-Moon-Street ist eine Provokation; von dort aus werfen spielende Kinder mit den Hülsen auf die erwachsene Gesellschaft, aus denen die erwachsene Gesellschaft besteht. Es sind sichtbare Anarchisten der Wohlerzogenheit. Eltern gehen in Deckung. Dauernd der höhnische, enervierende Ätsch!-Ruf von der Insel herüber: »Ernst sein ist wichtig!« Es war einmal die Half-Moon-Street, so beginnen alle Märchen von braven Kindern. Plötzlich ist Mamas Hund im Körbchen tot. Und die erste Kugel trifft. Es wird ernst. Die Kinder schießen scharf. Ach, Oscar, dein Märchen endet böse.

VII.

Vorsicht,
schießende Kinder

 s waren einmal zwei sehr ernste Königskinder, Prinz Leonce aus dem Reiche
Popo, und Prinzessin Lena aus dem
Reiche Pipi, die sollten in einem Stück
des Dichters Georg Büchner aus dem
Jahr 1836 miteinander verheiratet werden. Das war die
Zeit, als man in Deutschland das Gefühl hatte, man
müsse ersticken, wenn man nur den Mund aufmache.
Und wären sie deshalb nicht so tiefsinnig und so philosophisch gewesen, hätten die beiden Königskinder
mehr Witz und weniger Wehmut gehabt, hätte sie auch
Oscar Wilde erfinden können. Sie wollten nicht verheiratet werden, Prinzessin Lena nicht, weil sie lieber
Grasmücken im Traum zwitschern hören und mit der
Gouvernante tiefe Gedanken ausloten mochte, Prinz
Leonce nicht, weil er lieber sich selber auf den Kopf
sehen und sich in seinen eigenen Kopf zurückziehen
können wollte. Außerdem mußte er mit traurigen Tänzerinnen und Schauspielerinnen bei zugezogenen Vorhängen und Kerzenlicht lyrisch flirten und Küsse wie
Bisse und Tränen, ins Auge schneidend wie Diamanten,
austauschen. Was halt begabte depressive Prinzen sich so
wünschten.

Also flohen die beiden Königskinder in die Welt hinaus, jedes für sich, während der König und der Staatsrat
und die »Vivat!« schreienden Jubelgäste aus dem armen

Volk schon das Hochzeitspalais säumten, vor lauter
Warten alle in Ohnmacht fielen, und das arme Volk
die Hälse und die Nasen reckte, um wenigstens den Duft
des Hochzeitsbratens zu riechen. Und dort draußen, in
der Welt, trafen die Königskinder sich zufällig aus Vorsehung, verliebten sich ineinander und wollten nun
dringend miteinander verheiratet werden. Das wurden
sie auch und baten Gott um »Makkaroni, Melonen und
Feigen, um musikalische Kehlen, klassische Leiber und
eine commode Religion!«

Aber sie bekamen von Gott, dem Zufall und der Vor-
sehung nur »Ehrgeiz, Haß, sonst nichts« und lasen im
Voltaire, einem französischen Philosophen vor ihrer
Zeit: »...alle Bürger wurden Mörder oder Ermordete,
Henker oder Gehenkte, Erpresser oder Sklaven im
Namen Gottes oder auf der Suche nach dem Heiland.«
Da sie aber den Heiland nicht suchten, weil sie überhaupt nichts suchten, dachten sie, es gehe sie nichts
an. Aber um sie herum vier Attentatsversuche in drei
Wochen, jede Woche ein Staatsbegräbnis: »Die Welt ist
ein Sauhaufen / mein Kind / ein Sauhaufen / nichts als ein
Sauhaufen / Schweinerei / nichts als Schweinerei.« Wenn
sie in die Augen der Attentäter hätten sehen können, die
da auf sie, auf ihre Obersten, auf die Regierungspräsi-
denten und die Bankdirektoren und ihre Hunde und
überhaupt auf ihresgleichen schossen, dann hätten sie
in Gesichter geblickt, die ausschauten wie ihre Visagen,
nur viel jünger und lieblicher und böser. Es wäre gewesen, als schössen ihre alten, vor Ewigkeiten abgelegten Spiegelbilder auf sie.

Denn die Königskinder wurden sehr alt. Aus dem
Prinz wurde ein Präsident, aus der Prinzessin eine Präsidentin. Und sie wußten: »Wir wissen beide wie ein
solches Leben gemacht wird / weil wir es uns selbst ge-

macht haben.« Ihr Stück hieß jetzt nicht mehr *Leonce und Lena,* ihr Stück hieß jetzt *Der Präsident,* ihr Drama- tiker war nicht mehr Georg Büchner, ihr Dramatiker war jetzt Thomas Bernhard, ihre Zeit nicht mehr 1836, ihre Zeit war nun 1975. Es war die Zeit, als in Deutsch- land die Eltern das Gefühl hatten, ihre Kinder würden sie am liebsten erschießen, wenn sie nur das Haus ver- ließen. Es wurden viele Väter erschossen, oder auch nur Vaterfiguren: Richter, Bankiers, Politiker, Staatsanwälte, Industrielle. Es war die Zeit, in der man sich an den öffentlichen Tod gewöhnte. Und manchmal war es zum Ersticken.

Es war Thomas Bernhards Zeit, der sich schon als Kind in den dreißiger, vierziger Jahren an den ihn langsam erstickenden Tod in seinem Körper, an seine Lungenkrankheit zum Tode gewöhnen mußte, an der er 1989 starb. Er erfand wahnsinnig wunderliche, absurde, tollwütige, komische Figuren auf dem Theater, die da- gegen anredeten und anwüteten und anträumten und anerzählten, wie der Tod in Form von Käfern in den Bäu- men und in Form von Krebs im Leben nagte *(Jagdgesell- schaft)*. Oder dagegen, wie der Tod eine ganze Gesell- schaft im Augenblick des höchsten Jubels vom Balkon schubste *(Elisabeth II.)*. Oder dagegen, wie der Tod im Kopf dessen saß, der die Welt verbessern möchte da- durch, daß er sie vernichten wollte *(Der Weltverbesserer)*. Oder dagegen, daß der Tod in den Wünschen eines alten Schauspielers saß, der nie den Lear gespielt hatte und unter Schnee und Eis erstarrte *(Minetti)*. Oder dagegen, daß der Tod im Gehör derjenigen lauerte, die das Ver- nichtungsgeschrei der jubelnden Wiener Nazi-Bevölke- rung von 1938 noch Jahrzehnte später im Kopf hatten *(Heldenplatz)*. Oder dagegen, daß der Tod in den Seelen von Geschwistern Platz nahm, die sich lieben mußten, indem sie sich haßten *(Vor dem Ruhestand, Ritter, Dene, Voss)*. Oder dagegen, daß der Tod total das Theater ergriff *(Theatermacher)* oder die Artisten *(Der Schein trügt)* oder die Künstler *(Die Macht der Gewohnheit)*. Manche von ihnen überlebten den Tod dadurch, daß sie ihn unaufhörlich herbeiredeten, ewige, todtraurige Untergeher, die nicht sterben dürfen. Andere überwanden ihr Leben, das eine einzige Ablenkung vom Tode war, dadurch, daß sie gegen das Leben anredeten. Und starben ungelebt. Alle waren sie sehr komisch. Aber ein richtiges Märchen erlebten nur der Präsident und die Präsidentin. Sie kamen ja auch von weiter her als die anderen, hatten eine Reise aus einem alten, kalten, sarkastischen Stück hinter sich, wo noch Träume und Tiere den Tod begleiteten. Dieses Stück nahmen sie mit auf ihre Reise.

Aus der Grasmücke, die im Traum der Prinzessin herumzwitscherte, wurde der knurrende Hund der Präsidentin, ihr »süßer, kleiner Theaterkritiker«, ihr innigster Vertrauter, ihr absoluter Liebling, der immer so traulich und kritisch zuschaute, wenn die Mutter der Nation ihre Rollen fürs Krippenspiel probte. Das Krippenspiel, das falsche Kinderspiel für die verdorbene Jugend, veranstaltete der Kaplan. Er war der »Geistesliebhaber« der Präsidentin, der sich neben dem Hund das Bett und das Kopfinnere der Präsidentin mit dem Fleischer, dem »Körperliebhaber«, teilen mußte. In beide Figuren hatte sich sozusagen die alte Gouvernante verwandelt und aufgeteilt. Der Kaplan war die geistige, der Fleischer die körperliche Gouvernante. Der Präsident sah das und spuckte verächtlich aus: »Und steigt er auf die Berge und steht oben und schaut herunter / steigt sie mit ihm hinauf und schaut herunter / Aber zum Spion ist er zu dumm / ein kirchlicher Dummkopf / der die Weiber ver-

rückt macht / Der Fleischhauer zieht sie mit seiner ganzen Gewöhnlichkeit an / ich habe ihn einmal gesehen /
wie er durch die Hintertür / über die Diplomatenstiege
hinaus ist.« Auf diese Weise war die alte Präsidentin wie
die junge Prinzessin ständig auf der Flucht. Sie wußte
aber nicht mehr genau, wovor.

Sie ahnte, daß es der Tod war, vor dem sie floh. Sie
hatte große Angst. Ihr Herz klopfte ständig aufgeregt.
Ihr Hals war wie zugeschnürt. Dagegen mußte sie an-
reden, stundenlang. Da sie aber nichts mehr zu sagen
hatte, mußte sie das aufsagen, was ihr passiert war und
manchmal das einflechten, was sie ahnte: daß es ihr Sohn
war, ihr Kind, der zu den Anarchisten übergelaufen war,
ihr Sohn, dessen Parole war »Ernst sein ist wichtig!«,
und der nach dieser Parole lebte, seit er in Rom Archäo-
logie studierte und einem Schriftsteller verfiel, der einen
schlechten Einfluß auf ihn ausübte, ihr Sohn, der stumm
und unsichtbar auf seine Eltern schoß.

Ihr Stück begann damit, daß sie stundenlang ihrer
Zofe, der Frau Frölich, vorhielt, sie habe ihr das hoch-
geschlossene schwarze Kleid zur Beerdigung des Obersten herausgelegt, daß sie ins Nebenzimmer horchte, wo
ihr Mann im Bad plätscherte, sich massieren ließ und
über dreckige Witze lachte, daß sie ins Hundekörbchen
hineinstarrte, wo ihr Liebling immer gesessen hatte,
daß sie den Kaplan zitierte. Aber immer war in ihrem
Geschwätz diese Todesangst. Ihr ganzes Dasein schien
zwischen Hund, Kaplan und Fleischer nur eine einzige, groteske, eisigkomische Abwehr zu sein, den Tod
nicht spüren zu wollen, der in allem steckte, was sie
umgab. Manchmal, wie in einer ganz welken, zerbrö-
selnden Erinnerung an ihre herrliche Prinzessinnen-
flucht hinab nach Italien, damals, zog es sie jetzt hinaus
in den Park zum Grabmal des Unbekannten Soldaten,

wohin sie mit dem Präsidenten spazierte, der ihr einmal mit ausgestrecktem Arm eine Schwalbe zeigte, die sich, ungewöhnlich für diese Jahreszeit, auf der Spitze des Grabmals niederließ. Dieses Armrecken brachte ihn aus der Schußlinie eines Anarchisten, der den Obersten traf, der neben dem Präsidenten ging, worauf der Hund der Präsidentin vor Schreck tot umfiel und nun als Kadaver in der Leichenhalle neben der Leiche des Obersten herumlag und fürchterlich stank. Sie wußte: Es war ihr Sohn, der ihr das antat. Obwohl sie dauernd ihrer Zofe, Frau Frölich, einreden wollte, es könnte auch der Sohn der Frau Frölich gewesen sein, der da geschossen habe. Gleichviel, ein Sohn. Gleichviel, ein Prinz, der sich weigerte, Präsident zu werden.

Der Präsident erinnerte sich, bevor man ihn zu Beethovens Trauermarsch aus der »Eroica« aufbahrte und sein wächsernes Gesicht in einem Sargfenster ausstellte, hie und da an seine höchste Prinzenlust: »Nichts zu tun zu haben / mit dem / mit dem er zu tun hat / mit dem was er ist / es geht ihn alles nichts an / daß er ist wovon alle sprechen / ist ihm das Fürchterlichste / aber in den Kopf zurückziehen / aus dem er einmal herausgegangen ist / kann ein solcher nurmehr noch / die allerkürzeste Zeit.« Wenn er solche Tiraden sprach oder sang, schien ihm plötzlich, daß im Wort »Kopf« eine Rettung für ihn und vielleicht auch für seinen Sohn hätte liegen können, wobei das Wort »Kopf« nur verbarg, daß das Wort »Herz« nicht mehr vorkam in der Welt, die der Präsident für sich und seinen Sohn kaputt gemacht hatte. Da er nicht länger, wenigstens nicht länger als auf die kürzeste Zeit in seinem Kopf verschwinden konnte, fuhr er weg, stürzte sich in die Arme seiner Geliebten, einer Schauspielerin. Mit ihr floh er in den Offiziersclub im portugiesischen Estoril, zog die Vorhänge zu, knipste

das künstliche Licht an und redete vom Theater und der
Oper und den Schauspieldirektoren, denen er die Schauspielerin ausgespannt hatte, was ihn alles, wenn er sich
es so erzählte, stark an seine Jugend erinnerte.

Er sprach keine Sätze, sondern melodische Eruptionen
ohne Punkt und Komma, phrasiert nur vom Atem, der
sie ausstieß. Er konnte nur noch in Arien sprechen.
Keine Dialoge auch, nur Monologe: Selbstgesänge. Er
fing erst dann an zu reden, als die Präsidentin aufgehört
hatte zu reden. Während sie redete, lachte er nur aus
dem Badezimmer heraus zu den dreckigen Witzen des
Masseurs. Während der Präsident redete, redete die Präsidentin nicht. Sie war verschwunden. Sie hatten sich
nichts zu sagen außer hie und da mal ein »Hörst du!«
Aber keiner hörte auf den anderen. Manchmal brachte
der Präsident seine Erinnerung durcheinander und sang
selbst redend der Schauspielerin vor, wie er als armes
Kind den Hals und die Nase gereckt habe, um den Bra-
tengeruch von den Tischen der Reichen zu schnuppern.
Da hatte sich dann der ehemalige Prinz mit den ehe-
maligen Untertanen verwechselt, von denen er später
sagte: »Wenn es dem Volk zu gut geht / wird es größen-
wahnsinnig / und die Verrückten zünden den Staat an«
und: »Das Volk meine Herren / muß von der Geschichte
abgelenkt werden / damit es keine Beweise in die Hände
bekommt«. Die Sängerin liebte er, weil sie aus dem
Volke kam, sich aus einer Kochlöffelschnitzerfamilie im
Hochgebirge heraus- und in die Opernwelt hineingear-
beitet hatte. So hatte er das Volk in dieser einen Person
unter Kontrolle. Die Schauspielerin hatte nichts zu
sagen, verspielte nur immer fleißig das Geld des Präsidenten am Roulettetisch. Aber es roch nicht gut im
Casino des Offiziersclubs in Estoril, obwohl man dort
nicht vergessen hatte, daß »das Leben sehr wohl / mit der

großen Oper zu tun hat«. Es roch nicht nach Oper, Reispuder und Schminke. Es roch nach Angstschweiß.

Der Präsident roch den Tod. Er fragte sich, was in einem solchen Menschen vorgehe, und er meinte seinen Sohn, »daß er sich plötzlich vernichten will / indem er weggeht / und es ist ihm gleich wohin / er bringt sich urplötzlich um / aus Angst / oder er bringt die Eltern um / aus Angst / oder er taucht unter / um vernichtet zu werden / denn in jedem Falle wird ein solcher vernichtet / dem nicht zu helfen ist«. Da zitierte der Präsident einen todtraurigen Bruder des Prinzen, der er selbst einmal war: den Dichter Heinrich von Kleist, dem ja auch nicht auf Erden zu helfen war und der sich dann erschoß. Dann stellte der Präsident noch schnell ein tieftrauriges, aber auch hübsch komisches physikalisches dramatisches Gesetz auf: Der Sohn sei das, was der Vater nicht sei: »Wenn wir selbst alles nach und nach in den eigenen / schmerzhaften Kopf genommen haben / unser Sohn hat es nicht getan / Wenn wir selbst aufgewacht sind / unser Sohn hat nichts dazu getan.« Er begriff den Sohn als Anti-Materie zur Materie des Vaters. Wenn Materie und Anti-Materie aufeinandertreffen, vernichten sie sich gegenseitig. Eine Tragödie, naturgemäß.

Es muß irgendwann dazu gekommen sein. Das Staatsbegräbnis des Jahres. Trauermusik von Beethoven, der zweite Satz aus der »Eroica« – das Rollen und Grollen der Bässe klang ein bißchen wie dunkel rülpsender Trost. Der Präsident lag aufgebahrt. Die Präsidentin, schwarz verschleiert, kam herein, stützte sich auf den Kaplan, schaute kurz auf den Sarg, ging wieder weg und dachte an den Fleischer. Dann kam die Regierung. Dann kamen die Diplomaten. Dann kam das Volk, reckte die Hälse und die Nasen, um den Geruch des Todes zu erschnuppern. Einer der Leichendiener sagte:

»So so«, ein anderer auch: »So so«. Mehr war dazu nicht zu sagen. Der Tod, eine Komödie, naturgemäß.

Dann ist ein komisches Sirren und Schwirren und Brummen in der Luft. Ein riesiges Geschwader von Fliegen dreht suchend seine Runden. Man hört das Flattern von Krähen, Totenvögeln. Eine Kröte schreit: »Kro! Kro!« Auf der Kirchhofmauer tanzen nackte Weiber. Es stinkt nach Schwaden voller Anisschnaps. Gegrunze vom Hintergrund her. Dann das Gezerfe und Gekreisch älterer Weiber: »Da, seht ihn euch an, diesen kalten Körper! Gesicht und Hände zerfressen von den Schweinen!« Und dann ein riesiges Gelächter, Glockengebimmel, glühende Schattengestalten. Bocksgeister. Der Tod, eine Schauerposse.

VIII.

Tanz um den goldenen Krüppel

evor der schwachsinnige Laureano an einem Zuck- und Krampfanfall starb, weil man ihm zuviel Schnaps eingeflößt hatte, bevor sich das Geschwader der Mist- und Schmeißfliegen auf seinen riesigen, wabbeligen Wasserkopf niederließ, bevor die gierig grunzenden Schweine sich nagend und fressend über seinen Leichnam hermachten, bevor sein mächtiger, nackter Schwachsinnigenpimmel in sich zusammenschrumpelte, den Mari-Gaila, seine Tante, mitsamt dem übrigen, unförmigen, bewegungsunfähigen Schwachsinnigenkörper in letzter Zeit so schön auf den Jahrmärkten groß herausgebracht hatte, sah er mit schon brechenden Augen, was die trauernde Welt an ihm verlor: ein riesiges Kapital. Und eine Chance, die so schnell nicht wiederkehren würde. Er war der goldene Krüppel, der zu Lebzeiten alle zum Tanzen brachte. Sie tanzten um ihn herum. Noch in der Stunde seines Todes, unter dem sternenklaren Nachthimmel in Viana del Prior, das im spanischen Galicien liegt. Hier lagerten Bettler und Fuhrleute, schwarzbraune Schnitter, Siebhändler mit ihren Huren, Spitzenklöpplerinnen, Pilger, die in ihrem Schnappsack riesige Steine mit sich schleppten, auf die sie nachts ihren Kopf betteten, tagsüber aber schlimme Geschäfte tätigten, eine Wirtin, die in die Geldstücke prüfend hineinbiß, die man ihr reichte, ein einarmiger Soldat, der einhändig das Akkordeon spielte. Denn es war anderswo Krieg. Alle beugten sich noch kurz vorher über den Krüppel Laureano, sagten zu ihm in seinem Schweinetrog: »Mach mal die Rakete!«, und er machte folgsam »Zssssss!« und »Kwabummm!«, stellte seinen Pimmel aufrecht, wenn er Frauenfleisch witterte, während aus dem Türschlitz zum Hinterzimmer der Kneipe die weißen Waden seiner Tante Mari-Gaila herblinkten, weitgespreizt, und dazu hohe Schreie zu hören waren, grundiert von einem johlenden, stöhnenden Männerbaß.

Der Baß gehörte zu jenem Gauner, Messerstecher und Frauenverführer, der plötzlich wie ein Phantom neben seiner Tante aufgetaucht war, als diese mit dem fahrbaren Schweinetrog über die Jahrmärkte zog und gutes Geld mit ihm machte. Sie ging diesem Geschäft nach, seit Juana la Reina, die leibliche Mutter der Mißgeburt, die mit ihm vorher die Jahrmärkte abgeklappert hatte, plötzlich an der Böschung eines Straßengrabens umfiel und, von Schmerzen und »bitterem Wasser« in ihren Eingeweiden zerfressen wie von einer tollwütigen Katze, den Geist aufgab. Juana la Reina legte sich lang hin, streckte ihre wächsernen Schienbeine unter rosafarbenen Unterröcken steif hervor und gab so ihrem Bruder Pedro Gailo, dem Küster von San Clemente, Ehemann von Mari-Gaila, und ihrer Schwester Marica del Reina Gelegenheit, den Krüppel unter sich aufzuteilen. Mari-Gaila bekam ihn die eine Hälfte der Woche, Marica del Reina die andere Hälfte.

Nur nahm Marica del Reina nichts ein, wenn sie ihn ausstellte, denn sie entblößte nie sein Geschlecht. Während Mari-Gaila Unsummen Geldes einnahm, wenn sie auf Straßenfesten, Gartenpartys und Kirchweihfesten öffentlich seinen Riesenpimmel präsentierte und dann den Hut rumgehen ließ. Dabei wurde sie immer fetter und jünger. Sie riß von zu Hause aus, händigte den Wagen ihrer Schwägerin nicht mehr aus, kochte an Lagerfeuern perlmuttschuppige Sardinen ab, die sie zu trockenem Weißwein genußvoll verschlang, ließ sich von Blinden, Stromern und Pennern entlang des Pilgerweges nach Santiago de Compostella Heiratsanträge machen, ging aber eine brünstige Liaison ein mit Séptimo Miau, auch Gevatter Miau genannt, und wälzte sich mit ihm in Schilf, Busch und Kaschemme. Sie befreite sich mit Hilfe des Schweinekarrens, auf den der Schwachsinnige gebunden war, von allem, was eine Frau fesselte. Der Krüppel war so auch ein Instrument zur Emanzipation der Frau. Er war also nicht nur pures Geld wert, sondern stellte auch ein gesellschaftliches Kapital dar.

Der Küster, der die Kosten dieses Kapitals als gehörnter Ehemann zahlen mußte, griff im Schatten seiner Kirche, umschwirrt von Betschwestern, die sich unmittelbar in gräßliche Krähen verwandeln konnten, zum Messer, schwor Rache und hätte sich gerne an seiner Tochter sündig vergangen, wenn diese nicht mit kreischender Stimme überkandidelte Gebete heruntergeleiert und ihren trunkenen Papa ins einsame Ehebett gestoßen hätte, wo er sofort einschlief und gräßliche, lüsterne Albträume vom bösen Feind und dem weißen Leib seiner dicken, häßlichen Tochter hatte. Immer über allem dabei das Bimmeln der Kirchenglocken, der Geruch nach Weihrauch, Blut und Misthaufen, nach Rosenreisigfeuer und Anis. Immer dabei die Schemen und Schatten von Heiligenbildern.

Es war Laureano, als stürmten jetzt, in der Stunde seines Abnippelns, die Umrisse gieriger, ihn böse und kalt taxierender Gesichter auf ihn ein. Er träumte wüst und kurz vom geldgeilen Streicheln, das man ihm zuteil werden ließ. Ihm schoß in hübsch grellen Farben seine größte Nummer noch einmal durch den Kopf, als er in der frömmsten aller Pilgerherbergen ein kleines ätherisches Mädchen mit geschmücktem weißem Lämmlein sah und gierige Augen kriegte und unterm Gelächter aller Anwesenden gierig »Seiße! Seiße!« und »Hou! Hou!« rief, während die Wirtin »Hoch lebe der Luxus!« grölte, auf dem Tisch tanzte und zeigte, daß sie unterm Kleid nichts trug. Laureano wußte genau in seinem langsam verdämmernden Gehirn, so wie er in seiner Scheiße lag, daß er viel wert gewesen sein mußte, daß er, der Krüppel, der Schwachsinnige auf seinem Schweinekarren, der widerliche Wasserkopf, für alle Leute um ihn herum ein Glück war. Und fast lächelte er unter der spastischen Grimasse seines Wasserkopfes darüber glücklich. Während die bösen, guten, geilen Menschen ihn in Besitz hatten, bekamen sie auch alles andere: Liebe, Wahnsinn, Leidenschaften – und sie bekamen es spielerisch, leicht, wie im Rausch. Also war er auch eine Art Wunder.

Fast hätte Laureano noch vor Rührung über sich geweint hinter seinen zuckenden Augen, in denen mehr und mehr nur noch das Weiße zu sehen war, wenn er nicht geahnt hätte, daß von hoch oben, von einem Standpunkt aus, der eines grandiosen Puppenspielers würdig ist, der nicht zu den Göttern aufschaut und nicht den Menschen von gleich zu gleich gegenübertritt, sondern die alles verzerrende Perspektive liebt, Ramón del Valle-Inclán mit seinem langen Bocksbart und seiner kleinen, starken, schwarz umrandeten Brille auf den Krüppel schallend lachend herabschaute. Der Dramatiker, der sich stolz lächelnd vor einundzwanzig Jahren, also im Jahr 1899, nach einer Kneipenschlägerei den linken Arm hatte amputieren lassen müssen. Er freute sich unbändig über die Amputation, weil er von nun an einarmig sein würde wie Cervantes. Ramón del Valle-Inclán wurde 1866 geboren, starb 1936 kurz vor Francos Staatsstreich. Er war Spaniens größter dramatischer Phantast, war Klosterbruder, Soldat, Bohemien, Monarchist, Republikaner. Er führte ein hinreißend verzerrtes Leben. Also sah er alles nur im Lichte schönster Verzerrung. Auch der Krüppel im Schweinetrog war nur eine Verzerrung: Kein Mitleid! Keine Rührung! Kein Schaudern! Nur ein Schauer. Nur eine Posse. Nur eine Schauerposse.

Laureano wurde seine witzigste, erbärmlichste und reichste Gestalt: das in seinem offenen Fleisch daliegende Super-Monster von 1920, des Jahres, in dem auf den Bühnen Europas das rohe Fleisch Konjunktur hatte, das sich, frisch aus dem Krieg heimgekehrt, in den Ekstasen des Blutes, der Lust und der Anarchie suhlte. Zum Beispiel Herr *Baal* in Deutschland, den Herr Brecht aufs Papier warf. Aber keiner der Konjunkturklumpen war so roh, so empfindsam, so sanft tollwütig wie Laureano, der alles erspürte, alles mitkriegte, nichts tun konnte, alles erlitt. Ein Riese der menschlichen Absurdität, dem jetzt die Körpersäfte in den Trog rannen, trunken vom Anisschnaps, mit dem man ihn abfüllte wie ein lebendes Faß. Loreano erhitzte sich an den letzten Delirien seines Hirns, den auf- und abtauchenden farbglühenden Rädern und grell blitzenden Kringeln, die in seinem Kopf herumgeisterten. Laureano fühlte sich kurz von dem einen Arm des Dramatikers unter schaurigem Gelächter erhoben.

Der Spitzbart hielt ihn hoch, ließ ihn über Friedhofsmauern sehen, zeigte ihm die Welt nur aus Gräbern, aus denen es herauslachte. Zeigte ihm, wie in einem anderen seiner Possenstücke ein Schlawiner von einem Soldaten den *Staatsrock des Verblichenen* ausgräbt, sich mit dem Frack des Toten aus dem Grab ausstaffiert, um damit der

Tochter des Toten, die als vom Vater verstoßene Nutte arbeitet, seine Aufwartung zu machen. Zeigte ihm, wie in einer anderen Komödie *(Die Hauptmannstochter)* Generale einen Staatsstreich mit Tausenden von Toten veranstalten, um zu verbergen, daß sie eine Leiche im Keller haben. Zeigte ihm den *Glanz der Bohème*, unter dem die Blinden dichten und die Dichter blind sind, Hunde wahrsagen und Puppen Menschen und Menschen Puppen sind, der Tod aber ein ständiger, grellbunter Logiergast ist, die Wirtshäuser Gräber und die Gräber Wirtshäuser darstellen, das Licht ständig wechselt wie im Theater, niemand sicher sein kann, ob er noch Menschen, schon Marionetten oder nur Gespenster vor sich hat. Und fragte ihn: Hast du genug gesehen, Laureano? Willst du noch mehr? Willst du weiterlachen? Aber da brachen die Augen des wasserköpfigen Krüppels Laureano. Jetzt aber fing der Spaß erst an, den sich Valle-Inclán mit ihm machte.

Die Wirtin fragte noch: »Was hat er denn, der liebe Kleine? Der hat's faustdick hinter den Ohren!« Dann sah sie, was los war und befahl: »Marsch, raus mit ihm. Ich will hier keine Schererei!« Und als Mari-Gaila ankam, frisch verlegen aus dem Hinterzimmer, hoch atmend, mit rotem Kopf, glücklichen Augen und gerafften Röcken, und der wahrsagende Hund von Séptimo Miau auch nicht mehr weiterwußte, schaffte man den Krüppel, tot und stinkend und belagert von Fliegenschwärmen, vors Haus der anderen Karrenteilhaberin, die schon lange nichts mehr von ihm gesehen hatte und morgens, als sie erwachte, die Schweine überm Schweinetrog grunzen hörte und sah, wie diese das Gesicht des Krüppels schon halb zerfressen hatten. Der Tod mündet ins Mensch-ärgere-dich-Spiel: Wohin mit der Leiche? Worauf Marica del Reino den Karren stracks

zur Kirche, Küster und Mari-Gaila zog, die jetzt wieder
am häuslichen Herd vorübergehend wirkte, mit ihrem
Mann zerfte, Liebesbrieflein von Séptimo Miau zum
Stelldichein im Schilf empfing, Leichendecken rasch
zusammennähte, über den toten Krüppel hängte und
darauf wartete, daß der Tote das Geld einspielte, das der
Lebende einst abwarf.

Aber als Laureano tot war, waren auch das Glück, der
Wahnsinn, die Liebe und die Leidenschaft aus der Welt.
Wenigstens die spielerische Variante dieses Glücks. Es
wurde jetzt bitter. Es stank den Leuten. Niemand warf
Geld in die Büchse, die man vor dem Toten aufgebaut
hatte, der jetzt vor der Kirchtür auf seinem Karren
aufgebahrt war und gewaltig roch. Und niemand bewunderte, verehrte und charmierte die unruhig vom
häuslichen Herd wieder wegstromernde Mari-Gaila, die
den Weg ins Schilf suchte. Alle jagten die Ehebrecherin,
die mit Séptimo Miau das Tier mit den zwei Rücken
machte. Bauern, Straßenjungen, Bocksgeister, Bürger
trieben die Nackte vor sich her bis vor die Kirche. Mari-
Gaila tanzte mit entblößten Brüsten und freier Scham
auf dem Heuwagen, auf den man sie geworfen hatte,
den herausfordernden, archaischen Tanz, mit dem sie
die Welt einlud, ihr den Buckel hinunterzurutschen.
Der Küster wollte sich vom Dach der Kirche in den Tod
stürzen aus Scham und Schande über das, was der nackte
Buckel seiner Frau der Welt bedeutete. Was eine Tragödie gegeben hätte. Aber er blieb unversehrt vor der
Kirchentür liegen. Weil es eine Posse war.

Der Küster sah aus wie ein gerupfter Wiedehopf, dem
man große Hörner appliziert hatte, auch er ein Ver-
zerrter, ein Irrwitztier. Er nahm die Nackte bei der
Hand, der die Steine und Glasscherben schon gefährlich
um den Kopf flogen, schrie dem allgemeinen geilen

Gewieher und bösem »Juchhuu!«-Geschrei der wild-gewordenen Bürger und ihrem Stampftanz, der ein Opfer forderte, ein paar ausgesuchte lateinische Worte entgegen. Wunderworte. Göttliche Worte. *(Divinas pala-bras)*. Und die Bürger, die eben noch dabei waren, die Nackte zu Tode zu steinigen, gingen erst in die Knie, dann in sich und schließlich auseinander.

Von oben sah der Dichter herab, brüllte vor Lachen, spielte Gott mit Spitzbart und gab unter großem Gewieher sich folgendem Regieeinfall hin: »Die Gold-fluten des Sonnenuntergangs ziehen über den Kirchhof hin. Mari-Gaila, nackt, voller Anmut, geht barfuß über die Steinplatten der Grabstätten und vernimmt, durch einen Tränenschleier, den Rhythmus des Lebens. Wie sie in den Schatten der Vorhalle tritt, erscheint ihr der riesige, mit Kamelien bekränzte Kopf des Schwachsinni-gen als der Kopf eines Engels. Geführt von der Hand des ihr angetrauten Mannes, sucht die Ehebrecherin Zu-flucht unter dem Obdach der Kirche, umschimmert von dem güldenen Glaubensnimbus...« Während auf dem von Fliegen nun fast vollkommen schwarz übersäten und von Schweinen zerfressenen Gesicht des toten Engels Laureano ein wissendes Lächeln aufzutauchen schien, wurde klar, daß in einer verrückten, von Gott bekannt-lich verlassenen Welt nur noch das göttliche, unbe-kannte Latein hilft: *Qui sine peccato est vestrum, primus in illam lapidem mittat.* (Wer von euch ohne Sünde ist, der werfe den ersten Stein.)

Es war wie ein sehr guter Witz. Denn den ersten Stein wirft natürlich Gott. Einer muß ja mal damit anfangen.

IX.

Götter sind Mörder

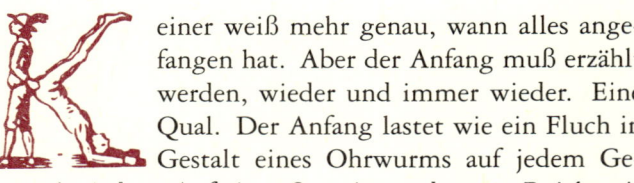

einer weiß mehr genau, wann alles angefangen hat. Aber der Anfang muß erzählt werden, wieder und immer wieder. Eine Qual. Der Anfang lastet wie ein Fluch in Gestalt eines Ohrwurms auf jedem Gespräch, jedem Auftritt. Sagt jemand nur: »Reich mir den Becher mit Wein!« oder »Ich kann nicht schlafen«, dann dreht sich gleich das ewig gleiche Rad, worauf die Marter-Geschichte geflochten ist, die alles, jede Lebensregung des Alltags, des Liebes- und des Familienlebens bestimmt. Und das Rad leiert so: »Der selige von Zeus, so heißt's, erzeugte Tantalos, / Bang vor dem Fels, der überm Haupt ihm hängt, / Schwebt in der Luft und büßet so den Frevel, / Wie ich vernahm, daß er als Mensch von Göttern / Zum Tischverein als gleicher zugelassen, / Der Schmähsucht häßlich Laster nicht bezwang . . .« Es ist mühselig, den alten Text aufzusagen, wie eine Schulaufgabe, die man auswendig gelernt, aber nicht verstanden hat.

Das Mädchen, das unterm bleiernen Himmel von Mykene steht, der aussieht wie eine dunkle Schultafel, auf die man mit nichts anderem als mit Blutkreide rote Zeichen schreiben kann, leiert diese alte Textlast herunter mit böse verzogenem Mund, aufsässig, gelangweilt, empört, entnervt. Sie beginnt patzig: »Kein Schrecknis gibt's, ich wag' es zu behaupten, / Kein Leid, kein Mißgeschick, von Gott verhängt, / Dess Last der

Mensch zu heben nicht vermöchte« – wobei sie höhnisch zum Himmel hinaufstarrt und noch nicht weiß, ob sie dabei mehr an die Kraft der Menschen oder das Verhängnis der Götter denken soll. Sie changiert zynisch-frivol und noch ein bißchen unwissend in ihrem pampigen Ton. Während eines langen Monologs können einem viele Gedanken kommen, auch gefährliche darunter.

Das gefällt den Leuten nicht. Die ersten Pfiffe ertönen. Es ist das Jahr 408 vor Christus, Athen hat den längsten und grausamsten Krieg seiner Geschichte hinter sich mit marodierenden und ausgebluteten Heeren; die Pest hatte gewütet. Es war gleichgültig, an was man starb, durchs Schwert oder an den blaugeschwollenen Beulen unter der Achselhöhle und in der Leistengegend. Man sieht auf den Straßen Krüppel mit zerhackten Gliedern, Bettler, hungernde Frauen und Kinder. Wer gewonnen hat oder verloren, will keiner mehr wissen. Nur im Theater herrscht eine Bombenstimmung. Man erwartet eine Vision vom Schaugewerbe, einen Trost, gute, gerechte Götter, die, gehalten an wunderbaren Theatermaschinen, die gute und gerechte Sache in der Welt einrichten. Aber Euripides, jetzt schon über siebzig Jahre alt, der alte Effekthascher und Übertreiber, der Dramatiker, der den Menschen alles zutraut und wenig von den Göttern hält, stellt ein Mädchen auf die Szene, von der er möchte, daß sie Mykene sei, der blutigste, der unheimlichste Ort, von dem sich in Griechenland erzählen läßt. Eine Qual. Eine Provokation.

Und die kleine Elektra quält die Leute gerne. Sie zeichnet mit dem Zeigefinger brav und sarkastisch einen Stammbaum in die schwüle Luft, skandiert dazu bei jeder Verzweigung des Stammbaums im Eiltempo, denn »unsagbar ist's (wozu dabei verweilen?)«, den jeweils neuen, uralten Trieb des Blut-und-Fluch-Sermons: Es

war ein sündiger, schuldiger Gott, der den ersten Stein
warf, es war Zeus, der einen Menschen zeugte, den Tantalos. So, das hätten wir. Dann, rasch weiter im Text, ließ
der Gott seinen Menschensohn mitessen am Göttertisch,
ertrug dessen freche Reden nicht, wieso, das weiß kein
Mensch, schikanierte ihn mit dem Felsen überm Haupt,
ließ ihn trotzdem später den Pelops zeugen, dessen
Söhne wiederum, Artreus und Thyest, sich bekriegten.
Jetzt kommt die Geschichte näher zur Gegenwart, aber
schnell weiter, denn sie ist tausendmal erzählt, in allen
Gassen ausgeschrien, in jeder Kaschemme, jedem Feld-
lager durchgekaut, in jeder Mädchenkammer zu jeder
Nacht heruntergebetet worden: das große Familien-
fressen, der kannibalistische Karneval im Atridenhause,
als Artreus die Kinder des Thyest zu Pastete verarbeitete
und dem Bruder hohnlachend zum Nachtmahl vorsetzte.
Und immer irgendwie, irgendwo ein Gott oder eine
Göttin im Spiel. Worauf Agamemnon, Sohn des Artreus,
der wiederum vier Kinder zeugte, nämlich Chrysothe-
mis, Iphigenie, Elektra und Orest, seinem Bruder Menelaos helfen mußte, die Frau wiederzukriegen, die ihm
Paris, der Trojerfürst, geraubt hatte. Irgendwie hat sich
der Fluch jetzt schon um ein paar Ecken herum verlau-
fen, Elektra hastet ihm im Leierton hinterher. Zynisch
nimmt sie den Faden im Kopf wieder auf, verschweigt,
was eh alle wissen und zum Blabla der Vorgeschichte
gehört: Wie auf dem Weg nach Troja Agamemnon, weil
der Fluch halt weitergehen muß, auf der Insel Aulis mit
der Flotte in eine Flaute geriet, weil er eine Hirschkuh,
das heilige Tier der Göttin Artemis (immer diese Götter!), erlegte, was den Fluch wieder auf Trab bringt; wie
er auf Geheiß der Göttin die Tochter Iphigenie opfern
mußte, die er mitsamt ihrer Mutter Klytaimnestra nach
Aulis lockte, was ihm Klytaimnestra nie verzieh, auch

weil sie nicht wissen konnte, daß Iphigenie heimlich von
der Göttin vom Opferalter gerettet und nach Tauris entführt wurde. Also auch hier: Götter im Spiel. Götter,
die immer irgend etwas »verhängen«, sich einmischen
ins Spiel der Menschen. Was hier vorgetragen wird, ist
eine Lästerung der heiligsten Erzählgüter der Nation.
Die Pfiffe werden lauter.

Aber auch Elektra hebt die Stimme. Sie läuft zu
großem Ton auf im Prestissimo des auswendig gelernten
Vortrags: Klytaimnestra, die »frevle Mutter«, hielt den
Haß auf den Gatten warm bis zu dessen Heimkehr,
brachte Agamemnon um, indem sie ein Netz über den
Krieger warf, der gerade ein Bad nahm, und zusammen
mit ihrem Liebhaber Aigisth das Beil auf den Schädel
Agamemnons niedersausen ließ, bis dieser still im Blut
lag, das sich mit dem Badewasser mischte und dieses
eindickte wie einen Quark, wie jeder weiß. Noch jetzt
sieht man Blutflecken im Schloßhof der Argiverburg in
Mykene, wohin das Wasser aus dem Bad hinausfloß.
Und dann, so erzählt Elektra, sei ein Gott gekommen,
Phoibos Apollon, Sohn des Zeus wie der Urahn Tantalos,
und habe zu seinem Ururneffen Orest gesagt: Bring
deine Mutter um. Damit tust du recht. Es ist Götterpflicht. Genau so wie es für Klytaimnestra Götterpflicht
war, den Gatten umzubringen, und für Artreus Götterpflicht war, die Neffen zum Abendessen herzurichten,
und für Zeus Götterpflicht war, den Tantalos zu zeugen.
Und Orest, so berichtet Elektra, und sie wird langsamer
im Vortrag und leiser im Ton, denn die Vorgeschichte
ist jetzt ganz in die Gegenwart geschlüpft wie in eine
Gummihaut, die sie ausbeult – Orest nun also habe
zusammen mit ihr und seinem Freund Pylades zum
Messer gegriffen. Habe seine Mutter abgestochen und
deren Liebhaber gleich mit. Es sei gerade sechs Tage her.

Diese sechs Tage scheinen so lang oder so kurz wie die
Jahre und Jahrzehnte, seit alles anfing, als Zeus, der
Gott... Seit sechs Tagen habe Orest nichts mehr ge-
gessen, nicht mehr gebadet, »vergoss'nes Mutterblut
reißt ihn in Wirbel des Wahns«. Die Tat peinige ihn.
Nun ist Ruhe im Theater.

Da hält Elektra kurz inne im Stakkato ihrer Rede, als
stolpere sie über einen Abgrund, über den nachzudenken
und nachzufühlen lohnen würde. Denn wenn die Tat ihn
peinigt, dann wäre er der erste in diesem ganzen Fluch-
stammbaum, dem eine Tat naheginge. Wenn er sich ein
Gewissen daraus machte, dann büßte er, und wenn er
büßte, dann nähme er ja die Tat auf sich; und wenn er
eine Tat auf sich nähme – brauchte er dann noch einen
Gott? So könnte Elektra ganz kurz gedacht haben,
bevor sie zum Ende kommt und erzählt, Orest werde
gehetzt in Traum und Albtraum von den Eumeniden,
schlangenköpfigen Rachegöttinnen in Hundskörpern.
Wenn ihn die Krankheit in Ruhe lasse, weine er; dann
halte es ihn wieder nicht auf der Ruhepritsche, auf der er
vor Elektra im Hof der Königsburg liegt, wo man überall Blutspritzer, Blutflecken, getrocknete Blutlachen
sieht. Dann springe Orest auf, erzählt zärtlich und wie
unter Schauern zugleich Elektra, und hüpfe umher wie
ein entsprung'nes Füllen, verfange sich aber bald wieder
in den Netzen des Wahns. Jetzt aber liegt er da, ganz
ruhig, wie tot. Das Volk der Argiver hat eine Versamm-
lung einberufen, auf der darüber beschlossen wird, was
mit den Muttermördern geschehen soll. Die allgemeine
Meinung geht dahin, Elektra und Orest zu Tode zu
steinigen, sie hätten nur noch wenige Tage zu leben,
Brüderlein und Schwesterlein, die sich in Liebe und
Wahn aneinander klammern. Sie haben keine Chance
mehr. Und wo sind jetzt die Götter? Der Himmel über

den Kindern bleibt leer, obwohl sie alles für die Götter getan haben, sagen sie.

Plötzlich wacht Orest auf, ein junger Mann mit leeren, ernsten Augen, die so aussehen, als könne durch sie die ganze Welt bis in die Seele des Jungen hinunterstürzen und dort zerbrochen liegenbleiben. Was jetzt geschieht, geht rasend schnell, kaum daß die Frauen, die am Rande stehen und sich das Ganze singend und seufzend im Chor kommentierend zurechtbiegen, noch nachkommen. Und was jetzt geschieht, hat keine Ordnung, keine Logik mehr. Es folgt nicht dem Gesetz, es folgt der Willkür. Man könnte auch sagen: Es folgt den Göttern – obwohl oder gerade weil nichts von ihnen zu sehen ist. Orest schreit gerade noch: »Der Schuld'ge war Apoll. / Er blies den Mut mir zum Verbrechen ein. / Sein Wort schien gut, die Sache war es nicht. / Mein Vater, hätt' ich selbst ihn Aug' in Auge / Befragt, ob ich die Mutter töten soll, / Er hätte mich inbrünstig angefleht, / Niemals zum Muttermord das Schwert zu ziehn, / Da ihm die Tat kein neues Leben schenken / Und mir so große Leiden bringen würde.« Da sieht man schon, wie er nach dem Stein greift, der nach ihm geworfen wurde. Sein Gesichtsausdruck deutet an: Von jetzt an wird zurückgeworfen. Unruhe im Theater. Die Athener rücken auf ihren Plätzen hin und her. Gemurmel.

Zwei Herren betreten die Bühne, die aussehen, als kämen sie mitten aus dem Zuschauerraum, vernünftige, biedere, rechtschaffene Gestalten, die auf der Bühne kaum zu Wort kommen, mit flatterndem Atem in ein Duell mit Orest gerissen werden, als fordere er mit ihnen die ganze Gesellschaft heraus. Da ist Menelaos, Orests Onkel, Mann der Helena, die er aus Troja wieder mitgebracht hat. Rasend rasch wird Menelaos befragt, ob er helfen wolle, ob er dem Volk der Argiver entgegen-

treten, wider das Todesurteil reden und handeln wolle,
ob er an den Kindern seines toten Bruders den Dienst
entgelten wolle, den Agamemnon ihm in zehnjährigem
Krieg in Troja (um einen Weiberrock! um Helena!)
geleistet habe. Menelaos weicht weich aus, schlägt sich
feige auf die Seite der Mehrheit. Die Diskussion, ob
der Muttermord gerechtfertigt sei, ob die Götter oder
Orest Schuld trage, geht unter in kleinlicher Taktik und
großer Strategie. Menelaos möchte selber gerne König
werden und kann kein Volk gebrauchen, das er gegen
sich aufgebracht hat. Dann ist da Tyndareos, der Vater
Helenas und Klytaimnestras, der Großvater Orests, der
seine Töchter verflucht, seinen Enkel aber auch, Muttermord ganz unverzeihlich findet, Gattenmord schon ver-
zeihlicher. Zwei Bürokraten, der eine starr, der andere
sich windend, zweifacher matter Abglanz der Welt der
Vaterfiguren, von denen niemand mehr irgend etwas
erwarten darf. Es ist eiskalt geworden. Die ersten Leute
verlassen empört das Theater.

Orest wirft sich noch kurz in die harten Arme von
Pylades und in die weichen Arme von Elektra, erlebt,
wie in der Volksversammlung ihm gnädig gestattet
wird, nicht gesteinigt zu werden, sondern sich durchs
eigene Schwert selbst entleiben zu dürfen. Er sieht die
getrockneten Blutflecken und -lachen um sich herum,
starrt in Elektras verzweifelte, verweinte Augen, hört
noch einmal das komische Flüstern und Raunen des
Gottes, das nun auch schon wieder über sechs Tage her
ist, hört den Befehl zum Muttermord, schreit noch einmal: »Der Schuld'ge ist Apoll!«, schaut über Elektras
Kopf in einen kleinen Spiegel, der an der Mauer von
Mykene hängt, blickt in das Gesicht einer Bestie und
staunt: Das bin ja ich. Und traut sich von nun alles zu –
auch das, was er schon getan hat. Dann lächelt er und

flüstert schnell mit Pylades und hört auf Elektra. Sie
sind die letzten Glieder einer Kette, in der alles von
den Göttern verhängt schien. Nun reißen sie die Kette
entzwei. Sie selber brauchen zum Morden keine Götter
mehr, nur den Willen zum Mord in sich. Sehr viel später
(1835 nach Christus) wird es in einem Drama des jungen
Georg Büchner einen jungen, dicken Herrn Danton
geben, der während der französischen Revolution viel
in Blut gewatet und ganz erschöpft vom vielen Terror ist
und sich nun fragt, was in ihm (in uns) hurt, stiehlt,
mordet. Danton fühlt schon, es sei das Nichts. Orest
weiß noch: Es sind die Götter. Es läuft aufs Gleiche
hinaus.

Drei Kinder toben unter götterlosem, bleiernem
mykenischen Himmel in die bleierne Freiheit, die auch
nur das eine Gesetz kennt, das zuvor schon ihre bleierne
Unfreiheit kannte: Blut, Vernichtung und Tod. Sie sind
nun ihre eigenen Götter. Die beiden Jungen rennen ins
Haus von Menelaos, verprügeln und würgen die zarten
phrygischen Diener, frisch importiert aus Troja, die dort
mit Palmenfächern und losen Liedern der verwöhnten
Dame des Hauses Kühlung zufächeln, sperren sie in
Nebengelasse, setzen der Helena das Schwert an den
Hals, den sie rasch zu durchschneiden denken. Elektra
hält derweil Hermione auf, die kleine Tochter des
Menelaos und der Helena, die gerade für ihre öffentlich-
keitsscheue Mutter die Segensspenden am Grab ihrer
Tante Klytaimnestra niedergelegt hat, lockt sie unter
einem Vorwand ins Haus, wo sie von Pylades und Orest
gepackt und aufs Dach geschleppt und dem entsetzt
herbeigeeilten Menelaos präsentiert wird: Er werde entweder sofort für freien Abzug, Schonung und Rehabili-
tation der Muttermörder sorgen – oder sein einziges
Kind als Leiche wiedersehen. Zur Bekräftigung ihrer

Forderung zünden sie das Dach des Hauses an. Nichts hält mehr. Alles stürzt.

Terror, Geiselnahme, Brandstiftung, Abbruch aller Brücken zu Sitte, Moral, Gesetz, Himmeln, Göttern – drei autonome, freie Menschen als drei autonome, freie Verbrecher, autonome, freie Verzweifelte mit dem Rücken zur Wand und dem Rücken zur Geschichte, von der sie sich mit exakt den Mitteln befreien möchten, durch die sie von der Geschichte gequält wurden: Mord, Tod, Irrsinn. Schnell lernende Meisterschüler der Geschichte, ganz moderne Leute – in ruhigstem, sachlichstem Ton. Keine Schreie mehr, keine Krankheit, dafür Vernunft, Kalkül, Abschätzen der Risiken. Es geht kühl her in der Hitze des Gefechts. Kalt wird dem Menelaos da drunten vom Dach herab entgegnet: Wer anderen nicht hilft, dem ist selbst nicht zu helfen – die neue griechische Maxime der Nächstenliebe, mit Blut und Feuer aufgeschrieben.

Auf einmal fliegt ein graues, kleines Männchen durch die Luft, geschnallt in einen Apparat, der an Seilen vom Himmel hängt. Das Männchen sagt: Ich bin Apollon. Ruhe da drunten. Auch hält das Männchen, das Apollon sein will, Helena unterm Arm wie ein himmlisches Paket. Er sagt, er habe sie vorm Mordmesser Orests gerettet, werde sie nun in den Himmel entführen und dort als Sternbild installieren; den Orest bitte er, für eine gewissen Zeit von Mykene sich zu entfernen, sich mit den Eumeniden, den Racheweibern, auszusöhnen, dann zurückzukehren und Hermione, die Tochter des Menelaos, zu heiraten, während ja Pylades gut Elektra ehelichen könne, Menelaos König in Sparta, Orest König in Argos werden solle. Im übrigen: »Nun geh ein jeder hin, wie ich's befohlen. / Versöhnet euch!« – »Dem müssen wir gehorchen!«, flüstert Menelaos in dem Moment, als Orest, Elektra und Pylades in schallendes Gelächter ausbrechen. Erleichterung im Publikum. Ende gut, alles gut. Wenn das Theater in Ordnung ist, ist die Welt in Ordnung.

Das wird der Beginn einer wunderbaren Freundschaft, denkt Orest noch, als er sieht, wie das kleine graue Männchen in seinem Apparat, gezogen von einer ächzenden Seilwinde, unsicher im Himmel verschwindet und beinahe Helena hätte fallen lassen. Dann war da nur noch ein großer, ganz und gar weißer Fleck, ein Meter sechzig auf ein Meter zwanzig im Himmel und auf Erden. Aber wahre Freundschaft kann nicht wanken.

X.

Wer Farbe bekennt,
verschwindet im Bild

ls Gott die Welt verließ, hinterließ er nicht
nichts. Bevor die Welt sich dazu entschloß,
auf Gott zu verzichten, nahm irgendwer
den vom Zeigefinger abgespreizten Daumen der linken Hand, führte ihn zum vom
Zeigefinger abgespreizten Daumen der rechten Hand
und bildete mit den vier gespreizten Fingern vor den
Augen ein Rechteck, das man zusammen mit den Augen
gen Himmel richtete, dorthin, wo ungefähr der Gott
entschwunden war. Und in dieses Rechteck zwischen
Mensch und Himmel hinein dachte der Mensch sich
die Kunst: eine Unmenge von Bildern. Und jedes natürlich göttlich. Denn wenn der Mensch sich ein Bild von
der Welt machte, war er wie Gott. So wurde die Kunst
der beste Freund des Menschen. In ihr erhob er sich zu
Besserem.

Jedes seiner Bilder hinterließ nun wiederum ein Loch
in der Welt. Denn statt der Welt waren nun die Bilder
von der Welt da. Und niemand mußte darüber reden.
Denn die Bilder sprachen für die Welt. Irgendwann
war die Welt so von Bildern durchlöchert, daß sie ganz
leer schien. Weiß. Vielleicht noch mit Struktur, mit ein
paar dünnen, grauen Streifen darin, aber halt doch weiß.
Ein Meter sechzig auf ein Meter zwanzig – so groß wie
der Fleck, den der entschwundene Gott im Himmel
hinterließ. Jetzt schien es, als schlüge er zurück, als sei

er zurückgekommen. Und seine Strafe war der Diskurs (das ist das, worüber die Leute reden müssen). Das Bild sagte nichts mehr über die Welt. Es zwang nun die Welt, über das Bild zu reden.

Als Gott noch lebte und auf seinen Maschinenwagen den Himmel bevölkerte und die Menschen mal quälte, mal beglückte, gab es einen Menschen da drunten, der so litt wie kein anderer, den Gott so prüfte wie keinen anderen: Hiob. Und irgendwann, als Hiob es nicht mehr aushielt, schrie er. Er schrie, wie vor ihm und nach ihm kein Mensch mehr schrie, höchstens vielleicht noch jener Mensch am Kreuz, der noch näher bei Gott war als Hiob. Und Hiob konnte schreien, wie er wollte – er mußte seinen Schrei nicht kommentieren. Der Schrei galt. Dafür stand Gott ein. Nun, da Gott aus der Welt verschwunden war, galt der Schrei nichts mehr, der Kommentar zum Schrei ersetzte den Schrei. Und als dann die Welt durch die Bilder verschwunden war, galt das Bild nichts mehr, der Kommentar zum Bild ersetzte das Bild. Und der Mensch verlor seinen besten Freund, die Kunst. Für den Kommentar zum Bild, für den Diskurs, brauchte er Freunde.

Es war an einem jener klimalosen Tage der frühen neunziger Jahre des zwanzigsten Jahrhunderts; man hätte meinen können, man friere, wenn man schwitzte. Und man schwitzte oft; die Sommer waren sehr heiß. An jenem Tag veränderte eine junge Frau, Jahrgang 1957, vielleicht aber auch schon Jahrgang 1955, ihren Standpunkt. Yasmina Reza, Tochter eines iranischen Ingenieurs und einer ungarischen Mutter, hatte in ihren Theaterstücken *Reise in den Winter* (1989) oder *Gespräche nach einer Beerdigung* (1987) oder *Jascha* (1992) immer so getan, als höre sie Leuten zu, die in Landhäusern, Küchen, Hotels oder einfach auf Terrassen herumsitzen und unendlich viel Schönes und hübsch Belangloses über die Welt und den Alltag, den Sex und die Karotten erzählen, dabei aber das verschweigen, wovon sie eigentlich reden wollten oder sollten oder müßten: die Leere, das verpaßte Leben, die verpaßte Liebe. Ihre Kunst bestand darin, die Leere zu verschweigen. In *Kunst* (1993) ändert Yasmina Reza die Technik. Nun liegt die Leere offen da: ein Bild, ein Meter sechzig auf ein Meter zwanzig, ganz in Weiß.

Bisher war sie eine junge, sehr elegante Dramatikerin, die Theaterwissenschaften studiert und ein bißchen am Theater mitgearbeitet, Dramaturgie und ein klein wenig Regie gemacht hatte. Sie war durch die Szene in Paris auf Stöckelschuhen stolziert wie ein kostbarer schwarzer Pfau, der um die Geheimnisse im Hühnerhof Bescheid wußte. Wobei Hühnerhof als Gelaß verstanden werden kann, das in der Nähe des Boulevards liegt, in Café- oder in Salonform. Es ist das Gegacker der Zivilisation, der Sound des kleinen Lebens, bei dem man genauer hinhören muß als bei den Trompeten und Posaunen der großen Themen. Yasmina Reza hat diesen Sound in köstlichen Andeutungen und Wehmutsorchestrierung zart-schrill und amüsiert nachgepiffen zur Melodie: »Dort ist alles leer«. Jetzt aber hörte sie nur einfach der Leere einmal zu, hörte, wie die Leere die Leute zum Reden brachte. Und es wurde sehr komisch. Denn niemand denkt, daß die Leere redet.

Die Leerstelle war das weiße Bild. Es brachte die Leute nicht nur zum Reden. Es hätte scheinen können, als ob wenig dazu genügte, daß die Leute sozusagen durch dieses Bild wie durch einen blendenden Schacht hinunterstürzten ins Bodenlose, wo der Wahnsinn, Nervenzusammenbrüche, eine fast geplatzte Hochzeit, weinende, prügelnde Männer und Salven von Gelächter

lauern. Dieses Bild war eine wunderbare Gefahr. Es veränderte die Welt, zu der es gar nichts mehr sagen wollte.
Und es ging alles wie in einem Hui. Und es wurde desto
komischer, je schneller sich die Stürze ereigneten.

»Teuer?«, fragte Marc, ein Luftfahrtingenieur. »Zweihunderttausend«, antwortete Serge, ein Hautarzt. »Hast
du für diese Scheiße wirklich zweihunderttausend Francs
bezahlt?«, fragte Marc nach. Und dann lachte er böse.
Das waren schon mal drei Stürze. Daß Marc gleich nach
Geld und Preis fragt, wenn er ein weißes Bild anschaut,
stürzt Serge in den Verdacht, er denke nur an den Geld-
und Prestige-, nicht an den Innerlichkeitswert, wenn er
Kunst kaufe. Daß Serge ohne zu zögern und geradezu
stolz »Zweihunderttausend« antwortet, stürzt Marc in
den Verdacht, nur aus Neid gefragt zu haben. Daß Marc
mit »Scheiße« antwortet, stürzt beide in den Umstand,
sich von nun an für Freunde halten zu müssen.

Bisher hatten sie sich unregelmäßig getroffen, getrun-
ken, gegessen, Kinofilme angeguckt, über nichts beson-
deres geredet. Jetzt sagt plötzlich der eine über den
anderen: »Mein Freund« – und es ist, als sei es ein Wort,
das er zum ersten Mal höre. Als Freund war der andere
ihm vorher gar nicht aufgefallen. Die Dramatikerin
zwingt unter leisem, perlendem Gelächter jeden der
beiden, mitten in einer Szene, in der sie sich gerade noch
miteinander unterhalten hatten, auf einmal »allein« zu
sein und somit zu erfahren, wie es ist, ohne den anderen
zu sein, das heißt, den anderen zu brauchen, damit man
sich selbst sein kann. Da sie vorher ohne den anderen
allein waren, wenn sie allein waren, waren sie ohne
Schwierigkeiten allein. Jetzt müssen sie Wunder was
denken. Überhaupt wird das Denken noch zu ihrem
komischsten Problem. Serge denkt leise oder auch laut,
wenn er »allein« ist, obwohl der andere noch anwesend

ist oder ihm zumindestens im Kopf steckt, daß Marc
»keine Zärtlichkeit in seinem Verhalten« habe. »Zärtlichkeit« – was für ein Wort für eine Bildbetrachtung.
Und Marc fühlt, wenn er »allein« ist, »unbestimmte
Ängste« – was für ein Gefühl vor einem weißen Bild.
Vorher waren sie hie und da zusammen. Jetzt kommen
sie nicht mehr voneinander los. Das weiße Bild entwickelt Zauberkräfte: Es läßt sie Dinge denken, sagen,
fühlen und tun, die sie sonst nie gedacht, gesagt, gefühlt, getan hätten.

Es geht in *Kunst* nicht um Kunst. Es geht um den
komischen Wahnsinn der Freundschaft. Freundschaft
ist, wenn der eine vom anderen glaubt, daß dieser an
ihn glaube. Wahnsinnige Freundschaft ist, wenn etwas
Drittes diesen Glauben ersetzen soll, in diesem Fall das
Bild. Komisch wahnsinnige Freundschaft ist, wenn dieses Dritte ein Viertes ist, denn außer Marc und Serge
ist noch Yvan im Spiel, ein Textilvertreter, auch wie
die beiden anderen leicht über vierzig, der jetzt in den
Papiergroßhandel des Onkels seiner Verlobten einsteigt.
Er wird demnächst heiraten. Von ihm als dem wahren
Dritten wird erwartet, daß er glaubt, daß der Erste an
den Zweiten glaubt. An Yvan wird nicht geglaubt. Er
wird benutzt. Er wird zwischen den beiden hin- und
hergeschubst wie ein Punchingball. Und er muß auf-
passen, daß er nicht auf das Bild tritt, von dem Marc
glaubt, daß es Yvan nicht berühre. Yvan tut aber so, als
lasse er sich berühren, um Serge eine Freude zu machen.
Worüber sich Marc erregt. Darüber erregt sich nun wieder Serge: daß nämlich Marc es Yvan nicht zutraue, gerührt zu sein von einem weißen Bild, ein Meter sechzig
auf ein Meter zwanzig. Es ist, als zerlegten sie sich in
Stücke, die nicht mehr zueinander passen wollen, obwohl
sie gerade von diesen Stücken wie verrückt behaupten,

sie müßten doch exakt passen. Das kommt daher, daß die Stücke, schon bevor sie nicht mehr passen, auseinandergedacht sind.

In den alten Dramen ist es oft gefährlich, ein Wort auszusprechen. Weil dann das Wort oft gleich zur Tat wird und sich gräßliche Masken aufsetzt und in blutige Kostüme schlüpft. Der Witz bei Marc, Serge und Yvan liegt darin, daß irgend etwas nur gedacht zu werden braucht – schon wird es zur Tat. Und Taten sind hier Worte. Serge faßt mit weißen Handschuhen, vorsichtig wie ein Chirurg, das Bild an, stellt es einmal hier, einmal dort ab, trägt es mal hinaus, mal wieder herein. Und während dieser Tätigkeiten, die ihn nur vom Denken abhalten sollen, denkt er trotzdem ständig. Er denkt böse, daß Marc eine runzelige, gesundheitsnärrische und krankheitsängstliche Frau hat, die immer den Zigarettenrauch von anderen mit enervierenden Bewegungen verscheucht. Marc denkt verächtlich, daß Serge immer »Dekonstruktion« sage, wenn er moderne Kunst meine, und ihm Seneca zur Lektüre empfehle, als sei Seneca der letzte Schrei. Und dazu denkt Marc immer wieder »Scheiße, Scheiße, Scheiße«. Yvan denkt sanft und verzweifelt an die Katastrophe, die entstanden ist, weil seine gehaßte Stiefmutter auf den Hochzeitseinladungskarten namentlich erscheinen möchte. Serge und Marc denken gemeinsam, daß Yvan eine hysterische Zicke heirate. Dies alles sind unscharfe Gedanken, die aber scharfe Messer mit sich herumtragen. Spricht man sie aus, verletzen sie. Und sie sprechen sie alle aus. Als könnten sie gar nicht genug davon kriegen, mit Messern zu fuchteln. Nur Yvans Messer schneiden ins eigene Fleisch. Früher blieben die Messer im Sack. Jetzt schlägt Serge zu, Marc schlägt zu. Beide treffen Yvan. Es kommt zur Schlacht und zu einem beinah geplatzten Trommelfell.

Die Stücke, in die sie sich zerlegt haben, fangen an zu tanzen, ineinander und miteinander zu schlittern, zu toben, sich zu drehen, zu stürzen. Früher hatten die drei sich selber, sie hatten kein Zentrum. Drei von allem Sinn verlassene glückliche Menschen. Sie lebten in einer Zeit, in der, Boulevard auf, Boulevard ab, an jeder Ecke jeder zu jeder Tageszeit hektisch nach Sinn schrie und so tat, als könne er ohne Sinn nicht leben, als nähmen ihm die vielen flackernden Bildschirme, die vielen erleuchteten Schaufenster, der Lärm, das Leben, das Getue ringsum jeden Sinn – aber ganz froh war, wenn gerade kein Sinn vorbeikam. Jetzt haben sie auf einmal ein Zentrum, das ihnen Sinn gibt: ein Meter sechzig auf ein Meter zwanzig. Und es hätte sie fast vernichtet. Es gibt nichts Schlimmeres, als wenn Menschen einen Sinn finden.

Yvan stürzt hinaus, kommt wieder und sagt, was sein Psychiater immer sagt: »Wenn ich ich bin, weil ich ich bin, und wenn du du bist, weil du du bist, bin ich ich und du bist du. Wenn ich hingegen ich bin, weil du du bist, und du du bist, weil ich ich bin, dann bin ich nicht ich und du bist nicht du.« Dafür hat Yvan vierhundert Franc bezahlt. Gut investiertes Geld in eine gemeinsame Beichte. Marc offenbart, daß er immer nur ich sein kann, wenn der andere nicht ich ist, wenn er dessen Ich bilden, bestimmen, zu sich emporziehen kann: Ein Freundschaftsdiktator. Serge bekennt, daß er fühle, daß Marc eifersüchtig auf das Bild sei, weil er mit dem Bild lebe und nicht mit Marc. Jeder der beiden: ein Du-Vernichter. Und Yvan fühlt, daß er nur ich ist, wenn er die anderen ich sein läßt: ein Du-Liebhaber, der die anderen Dus immer zur Erholung von seinen Ich-Katastrophen braucht, vor lauter Erschöpfung in all den Ich-und-Du-Kämpfen kraftlos Olivenkerne von sich spuckt.

Ein weicher Fels in der Brandung. Aber dann sagt auch er »Scheiße«, damit Ruhe ist. Auch Serge ist drauf und dran, zu sich und seinem Bild »Scheiße« zu sagen. Sie haben alle Farbe bekannt. Keiner weiß, welche Farbe stimmt. Weiß hebt sowieso alle Farben auf. Sie lachen alle drei. Aber es ist das Lachen wie unterm letzten Abendschein ihrer Freundschaft. Es ist, als habe das weiße Bild sie alle drei verschluckt, als seien sie völlig in ihm verschwunden. Dann wird es dunkel.

Wenn es wieder hell wird, links und rechts am Boulevard der Dämmerung, sieht man nur den ausgestreckten Arm von Serge. Er ist ungefähr so ausgestreckt wie er es am Anfang war, als Serge mit einer fragenden, bittenden, flehenden Wie-findest-du-es?-Geste Marc einlud, sein Bild zu betrachten. Jetzt hat Serge einen blauen Filzstift in der Hand. Marc darf das weiße Bild, das zweihunderttausend Franc wert ist, bemalen, schänden und vernichten, und Marc bemalt es mit einem Mann in Zipfelmütze, der auf Skiern einen Berg hinunterrast. Damit sind die drei Freunde allesamt im weißen Bild verschwunden, sozusagen durch es hindurchgegangen. Sie haben Farbe bekannt. Der Ort, an dem sie jetzt angekommen sind, ist eine Karikatur, ein Witz. Es wird wieder dunkel.

Wenn es zum letzten Mal hell wird, sieht man, wie Marc und Serge mittels einer Rindergallseife den blauen Filzstift vom weißen Bild wieder abwaschen. Yvan kommen Tränen der Rührung. Die Hochzeit hat auch stattgefunden, Marc und Serge waren Trauzeugen, seine Braut hat ihren Brautstrauß auf dem Grab ihrer Mutter niedergelegt, Yvan mußte weinen und weint unaufhörlich weiter. Jetzt ist alles wieder gut. Serge hat bewiesen, daß ihm mehr an Marc lag als an dem Bild. Aber Serge wußte auch, daß die Farbe dieses Filzstifts abwaschbar war. Wahre Freundschaft braucht die Lüge. Die Lüge wäscht sie weiß. Die Wahrheit ist grün. Eine giftige Farbe. Wenn Yvan, Serge und Marc nicht gestorben sind, leben sie noch heute. Nur müssen sie sich vor dem Kartenspiel und dem deutschen Wald hüten. Denn im Kartenspiel und im deutschen Wald kann grün Trumpf sein. Grün ist der Tod. Rot ist nur die Revolution.

XI.

Wahn im Wald

n der großen schönen Stadt ist im März 1849 alles rot. Die Bürger machen Revolution und gehen auch hin. Überall Blut. Die Barrikaden triefen davon. Es wird scharf geschossen. Es fliegen Dachlatten und Nachttöpfe gegen die anrückenden Truppen der Regierungen. Es wird viel gestorben, aber auch viel gedichtet und gesungen, geschrien und gepredigt, komponiert und dirigiert. Alles für die Revolution. Der Kapellmeister Richard Wagner, der sich das ganze Sterben, Stürmen, Schießen und Kämpfen vom Kirchturm aus angeschaut hat, wozu er verminderte Septakkorde und chromatische Skalen brummte, ist vorsichtshalber schon mal geflohen. Sein Steckbrief hängt schon aus. Noch halten in den Hinterzimmern der Wirtshäuser und Versammlungslokale (»Freiheit oder Tod!«) Pfarrer und Professoren scharfe, aufrührerische Reden, zitieren die Bibel: Alles sei jetzt erlaubt, die Vornehmen seien die Spitzbuben, in den Zuchthäusern säßen verehrungswürdige Dulder, und »das Volk ist ehrlich an und für sich, weil's das Volk ist«. Und dann singen sie zum Bier: »Allen die da widersprechen, wollen wir den Hals zerbrechen«, und die dritte Strophe vom »Bürgerlied« von 1841, in der es heißt: »Erst, wenn das Volk steht auf, / Throne wirft über'n Hauf, / Schlägt auf die Pfaffen d'rauf, / Dann erst wird's grün.« Woran man schon sieht, wie Rot und Grün zusammenhängen. Einen Schnaps zwischendurch.

Dann die vierte Strophe: »Darum, ihr lieben Herrn /
Mit Ordensband und Stern, / Nehmt euch in Acht! /
Rachetag bricht einst an, / Dann zieht der Bauersmann, /
Wie auch der Handwerksmann / Muthig zur Schlacht.«
Es riecht nach Tod und Proletariat. Manchem Bürger
wird es ein wenig mulmig. Deshalb schnell noch einen
Schnaps. Dann die fünfte Strophe, weil es so schön ist
und man in Deutschland, ob als Revolutionär oder als
Soldat, freudiger stirbt und kämpft, wenn man vorher
gesungen hat: »Keiner giebt euch Pardon, / Tod nur
allein ist Lohn / Für jeden Schuft. / Ihr habt uns stets ver-
acht, / Darum wird auch gelacht. / Wenn ihr am Galgen
macht / Sprüng' in die Luft.« Das meinen sie nicht so,
das singen sie nur so. Aber dann trotzdem hinaus in die
bleihaltige Luft und froh gestorben, Bürgerwehr gegen
Militär, Nachttöpfe gegen Kartätschen. Schädelbasis-
brüche unter Zipfelmützen. Anschließend werden die
Gefallenen in der Kirche aufgebahrt.

Ganz in der Ecke des verrauchten Hinterzimmers des
Dresdner Revolutionslokals »Zum grünen Baum« sitzt
unter Stimmengewirr und Geschrei und Gesinge Otto
Ludwig, ein schmaler Herr im Gehrock. Er hat halb-
lange, fettige Haare auf seinem mächtigen Schädel, trägt
einen wild wuchernden Backen- und Kinnbart, den der
Schnauzbart wie in Balkonform derart überwölbt, daß es
scheint, als habe dieser ausschließlich die Aufgabe, den
Mund zu verstecken. Der Mann spricht ja auch nicht.
Er ist ganz ruhig, aber seine dunkel glühenden Augen
unter den buschigen schwarzen Brauen wirken so, als
schreie etwas aus ihm heraus. Der Mann hat die Taschen
voller Manuskripte, Shakespeare-Drucke, in die er nervöse Blicke wirft, bevor er zum Fenster hinausstarrt und
den revoltierenden Bürgern beim Sterben zusieht. Ihm
ist, als müsse er mit Shakespeares wilder Kraft, mit der

ein einzelner eine ganze Welt in Atem halten kann, ideal
und gleichzeitig real, jeden einzelnen der Kämpfenden,
Tötenden, Revoltierenden festhalten. Aber sie laufen
ihm real und unideal alle davon. Er ist 1813 in Eisfeld
an der Werra geboren, hat Musik studiert bei Mendels-
sohn in Leipzig, hat komponiert, auch Bilder gemalt. Er
wußte nie, was er wollte, glaubte aber immer das, was er
tat, tun zu müssen. Jetzt schreibt er. Er hat zu niemandem Kontakt gefunden, weder zu einer Stadt, noch zu
einzelnen Menschen, noch zu Gruppen. Er bleibt mit
sich allein. So allein, daß er irgendwann verrückt wird.
Wie ein Kind, mit dem nie jemand spricht, das nie
jemand streichelt, auch verrückt wird. Er kommt aus
einer bleiernen Zeit, die vor der Revolution war, wird
in eine moderne Zeit nach der Revolution gehen – und
in keiner Zeit angekommen sein, Erzählungen schreiben
und eine Pension des bayerischen Königs erhalten, bevor
er, jahrelang umnachtet, mit zweiundfünfzig stirbt. Er
hat das, was man »Gesichte« nennt. Das heißt, es arbeitet unaufhörlich in ihm. Er sieht, was andere nicht
sehen, wenn sie das sehen, was um sie herum ist.

   Andere sehen die Stadt, die Revolution, den Tod, den
Kampf, das Rot, hören das Geschrei. Otto Ludwig aber,
mitten drin, sieht: den Wald, das Grün. Und es scheint
ihm, als müsse er den überlebenden Bürgern, die zwei
oder drei Jahre später bei Bier und Käs' auf Holzbänken
unter Eichen und vor Türmen sitzen, die einmal Bismarckeichen und Bismarcktürme heißen, und davon
schaudernd schwärmen, wie wild und schön die Kugeln
gepfiffen haben, damals 1849, im Frühling – als müsse
er denen jetzt schon den wahreren, den tollwütigeren,
den besseren Kampf, die wahnsinnigere Revolution, den
schöneren Tod vorphantasieren. Und mit diesem schöneren Tod könnten sie sich, wenn die wirkliche Revolu-

tion gescheitert sein wird (das sieht er klar), gut trösten und das Ganze besser verdauen. Er wird ihnen den Hering zum Katzenjammer servieren. Mitten im Revolutionslärm des Hinterzimmers läßt er Bäume wachsen. Bis das Zimmer, das Wirtshaus, die Stadt, die Barrikaden, die Kämpfe völlig zugewachsen sind. Die Politik wird Wald, der Wald Politik. Das rote Drama ist zu Ende, das grüne beginnt.

Der Erbförster ist das erste Drama, in dem der Wald die Hauptrolle spielt. In Shakespeares *Sommernachtstraum* ist er Kulisse, in der sich Liebende und Hassende so sehr verirren, daß sie nicht mehr wissen, ob sich Liebende hassen und Hassende lieben, ob sie träumen, wachen, Esel oder Mensch oder Gott sind. In Shakespeares *Macbeth* bringen Soldaten, die vorrückend unter tarnenden Zweigen und Wedeln so tun, als seien sie der Wald von Birnam, den Mörderkönig Macbeth dazu zu glauben, eine alte Prophezeiung werde wahr und er müsse nun sterben. Beim Shakespeare-Liebhaber Ludwig täuscht und wandert der Wald nicht. Er sitzt den Leuten im Kopf. Bäume sind wichtiger als Menschen. Ein deutsches Drama. Es ist, als hörte man, wenn der Vorhang über den Bäumen aufgeht, gleich Schüsse. Aber die scharfen, kurzen, bellenden Töne rühren daher, daß Spielkarten mit harten Knöcheln auf den Tisch gehauen werden. Im grünen Wald sitzen zwei Freunde beim Kartenspiel, der Förster und der Mann, von dem er nicht loskommt, der Grundherr, dem der grüne Wald gehört. Der Förster ist der Erbförster. Er heißt so, weil schon sein Großvater und sein Vater unter grünen Tannen begraben sind: der Wald, ein Ehrengrab für Förster. Der Wald, eine hohe Totengruft für Freunde. Mit kantigem Schlag hauen sie das Blatt auf den Tisch. »Hab ich denn einen Trumpf?«, faucht der Grundherr. »Zwanzig in grün«, posaunt der Förster. Auf ihren Gesichtern spielen grünglühende, durchs Blätterdach draußen gefilterte Sonnenflecken, die durchs Fenster flirren. Und auch in ihren Köpfen und Hirnen ist alles grün. Um sie herum stehen ihre Kinder, Marie, die Tochter des Erbförsters, Robert, der Sohn des Grundherrn. Sie möchten sich verloben; die Frau richtet den Verlobungstisch; der Pastor ist avisiert; die Musikanten spielen einen Walzer. Es riecht auch hier nach Tod. Denn der Grundherr will Bäume sterben lassen, das heißt den Wald durchforsten, damit Neues wächst. Der Erbförster will jeden Baum im Wald erhalten, weil sonst Wind und Sturm den Rest des Waldes angriffen und ihn in Bruch und Schutt legten. Es geht ums Prinzip. Auch Prinzipien können töten. Noch wird nur Karten gespielt.

Zwar besitzt der Grundherr außer dem Wald noch einen Hochofen, gebietet über Arbeiterscharen, läßt Eisen gießen und beliefert die Industrie. Aber dann rennt er, als jagten ihn Gespenster, aus seiner Herrschaftsvilla wie wild in den Wald, klopft hart an den Fensterladen des Forsthauses. Wieder klingt es, als sei sein Klopfen ein Schuß gewesen. Dann ruft's von drinnen: »Gleich!« und die zwei kleben zusammen und denken, reden, fühlen ausschließlich grün. Der Wald ist ihre Rettung. Und ihr Prinzip. Und für Prinzipien kann man auch sterben. Der Kampf beginnt. Eigensinn gegen Eigensinn. Kopf gegen Kopf. Baum um Baum. Natur um Natur.

Ein Walddrama ist wie ein Revolutionsdrama auch nur ein Wahnsinnsdrama. Manchmal ist es dem Erbförster, als sei er ein grauer, böser Wolf, und es schießen ihm Aufruhr und Beißlust durchs Hirn, so, als könne er das ganze übrige Rudel in den Abgrund hinabjagen — und er allein steht oben, gerechtfertigt vor der ganzen

Welt. So müssen in Revolutionshinterzimmern die Förster phantasiert werden, die den Revolutionären schmeicheln. Er befolgt die Anordnungen seines Herrn nicht,
der sein bester Freund ist, spielt die Trümpfe und den
Trotz noch vor der Verlobungssuppe aus und wird am
Verlobungstag seiner Tochter aus Amt und Würden entlassen. Er, der seinem künftigen Schwiegersohn, dem
Kind seines ärgsten Freundes, eine liebevolle Vorlesung
hielt, daß ein Mann einer Frau so gut wie einem Hirsch
auf der Pirsch nie zeigen dürfe, wie er zu ihr stehe; er, der
nie jemand anderen reden läßt, es sei denn, er hätte ihn
zum Reden aufgefordert; er, der weder Gefühle zeigt
noch Widerspruch duldet, ein Gott unter Bäumen, ein
Herrscher im Haus, ein Wolf ohne Anhang, nur mit
einem anderen Wolf als Freund und Herrn – er fängt
nun an, sich selbst zu zerfleischen. Als fräßen sich Haß,
Wehleid, Wut wie Gift durch sein wundes Seelenfleisch
und legten es bloß. Und er würfe Stücke davon der Welt
zum Fraß vor. Doch die will nichts davon.

Er aber will nur sein Recht. Er ist der rechtschaffenste
und der schrecklichste Mensch zugleich. Er will, daß
das Recht und das Gericht, das er im Herzen hat, auch
vor der Justiz gelte. Als ihm die Justiz bedeutet, daß sein
Herr und nicht sein Herz recht habe, schreit er danach,
daß das Gericht im Wald Recht sprechen müsse, daß
der Wald, das Grün sein Gericht sei, daß die Bäume ihm
Anwälte und Richter sein sollten. Um ihn herum sind
Leute, Buchhalter, Gehilfen, seine Ehefrau, deren reicher
Vetter, ein Bauer, die vernünftig sprechen, in einer All-
tagssprache ihm gut zureden. Er aber führt die Shake-
speare-Sprache. Er holt die Revolution in den Wald.
Die anderen reden immer von »Wenn« und »Aber«. Er
aber will kein Wenn, kein Aber, immer nur ein Entweder oder ein Oder. Und genau wie die Professoren und

die Pastoren in den Hinterzimmern der roten Revolution zitiert der Erbförster im vom Wald überwucherten Hinterzimmer der grünen Revolution das eherne Gesetz der Natur: Auge um Auge, Zahn um Zahn. Es ist das Prinzip, das ihn am Ende töten wird.

Vielleicht hätte der Wald ihn geheilt, wie Shakespeares Wald hätte heilen können, wenn der Erbförster seine Tochter, seinen Engel, dem er kaum Gute Nacht! zu sagen sich traut, um nicht in vermaledeite Tränen auszubrechen, nicht schon einmal im »heimlichen Grund«, dem finstersten Stück im Düsterwalde, gefunden hätte, damals, als sie noch ein Kind war. Schon damals Geister, Ungutes, Vorbedeutendes, Geheimnisvolles. Damals hatte sich Marie verirrt und einen Tag und eine Nacht im Wald geschlafen und ihm erzählt, ein »lichtes Kind« habe sie gerettet. Jetzt, als Braut, träumt Marie von roten Rosen, die ihr auf der Brust wachsen, was großes Glück oder aber auch Einschußlöcher bedeuten kann. Wer so träumt, lebt nicht mehr lang. Und sein Sohn Andres, der ein Gewehr mit gelbem Riemen trägt, fällt immer in Schwermut, in halben Wahnsinn und in Schlaf. Andres hat Gesichte. Jeder hat Gesichte im Wald. Jeder ist ein Dramatiker im Wald. Denn im Wald sieht man Gespenster, wo nur Blätter zittern. Man hört Schüsse, wo nur Karten gespielt wird. Man sieht Tote, wo Lebende, und Lebende, wo Tote sind. Shakespeares Wald ist ein Wunder. Ludwigs Wald ist ein großer Wahnsinn. Dem schlafenden, sich unruhig am Wirtshaustisch wälzenden Andres wird ein Wilddieb, der aus einer Revolutionsversammlung direkt in den Wald kommt, das Gewehr stehlen und damit den Buchjäger ermorden, den der Grundherr als Nachfolger des Erbförsters eingesetzt hat, wobei der Buchjäger aber vor seinem Verröcheln gerade noch flüstern kann: »Der Andres war's!« Denn auch der Sterbende hat im Wald das gesehen, was nicht war.

Das hört Robert, der Sohn des Grundherrn, der im »heimlichen Grund« auf Marie wartet. Daraufhin fällt noch ein Schuß hinter einem Baum hervor. Weil im Wald nichts so aussieht, wie es ist, wird dem Grundherrn berichtet, Andres habe nicht nur den Buchjäger, sondern auch den Robert erschossen. Der Erbförster aber erhält die Nachricht, Robert habe Andres erschossen. Es ist ein Albtraum der Botenberichte und des Durcheinanders, als wanderten »Gesichte« von Kopf zu Kopf. Der Wald macht besoffen. Und der Grundherr, der schon nachgeben wollte mit dem Durchforsten und drauf und dran war, den Erbförster wieder einzusetzten, damit Vernunft wieder einkehre im Wald, will die »Mordbande« im Försterhaus nun von Soldaten jagen lassen. Das Verhängnis ist ein Wahnsinn. Aber der Wahnsinn ist tödlich. Denn der Wahnsinn ist nichts anderes als die Revolution: die Folge der Auflehnung gegen das, was ist. Als der Grundherr dem Erbförster vorwirft, er sei wohl wahnsinnig, antwortet dieser: »Wahnsinnig? Gott gebe, daß ich's bin.« Der Wahnsinn ist auch die letzte Rettung.

In den Hirnen der Wilddiebe in der Waldschänke gilt der Erbförster als Revolutionär, dem eine Barrikade gebühre. Unter der Kopfhaut des Erbförsters gilt der Grundherr als Revolutionär, dem eine kaputte Welt, das heißt: ein kaputter Wald gebühre. So rasen zwei eng befreundete Verhängnismaschinen aneinander vorbei. Der Wahn bekommt Methode. Der Erbförster schießt auf Robert im »heimlichen Grund«, hat aber ein »Gesicht«, als habe er vor Robert eine Gestalt gesehen, die seiner Tochter ähnelte. Noch während er Wein trinkt und Dinge sieht, die nicht sind, und davon schwärmt, aus dem Wald, den er »bis hinter die Friedhofmauer« mit eigenem Geld und eigener Liebe aufgepäppelt hat, einen einzigen Stock herauszuschneiden und in die Welt zu gehen, tritt Andres herein. Der Grund für die Rache an Robert entfällt. Und bald tritt auch Robert herein. Der, von dem der Erbförster geglaubt hatte, er habe ihn erschossen, läßt eine Bahre hinter sich hertragen, auf der die tote Marie liegt. Der Rosentraum hat sich erfüllt. »Meine Marie war ein lebendiges Märchen«, sagt der Erbförster.

Maries Rendezvous mit Robert war ein Rendezvous mit dem Tod. Sie hatte sich der Kugel ihres Vaters entgegengeworfen, die ihrem Liebsten galt. Der Wald, die Revolution, der Wahnsinn und der Vater haben ihr schönes, großes, bleiches Opfer. Der Vater und seine von ihm gemordete Tochter: eine uralte Geschichte, ein altes Drama. Der Höhepunkt des Wahnsinns und des Kalküls in Gotthold Ephraim Lessings *Emilia Galotti* zum Beispiel, wo Odoardo seine Tochter ersticht, damit der Prinz sie nicht kriegt. Danach kann nichts mehr kommen, nur noch der »höhere Richter«: Gott. Hier aber kommt mitten im Wahnsinn die blanke, nette, liebe Vernunft zu Wort, die helfende Stimme des Pastors, die freundliche Stimme des Grundherrn, die begütigende Stimme der Frau und Mutter, die bittende Stimme des Bräutigams. Alle reden auf den Mördervater ein, er solle das tragische Versehen nicht so tragisch nehmen, Gott wolle seine Schuld nicht – und so weiter. Er solle nach Amerika fliehen, man gebe ihm Geld. Aber der Erbförster heult: »Was tröstet ihr meinen Kopf? Tröstet mein Herz, wenn ihr könnt!« Gott lebt im Wald nicht mehr. Danach kommt nur noch: das Überdrama.

Sein Vorschlag, mit diesem Überdrama fertig zu werden, kleidet er in eine theatralische Sendung, in ein

wutheulendes, hohnschnaubendes, tränenersticktes Bild,
das er von sich entwirft und im Gesicht seiner Frau auf-
scheinen sieht. Sein Sohn Andres solle nur mit seiner
Mutter, »der alten Frau«, über die Jahrmärkte ziehen:
»So malt euch kein Maler die Geschichte, wie sie auf
ihrem Gesicht geschrieben steht.« Die Geschichte des
schönen Kindes und des alten Mordkerls, und über beiden ein »Wasserfall von Tränen«. Sein Seufzen und sein
Weinen und seine Regieanweisung: »Das wäre ein Herz,
wie's der alte Mordkerl hatte, der's erschoß, das die Geschichte hörte und euch nicht mit klappernden Zähnen
den letzten Pfennig gäb, und hätt's zehn verhungernde
Kinder zu Haus, und nicht zu Gott betete für das Kind
und dem alten Mordkerl fluchte, der's erschoß.« So
stellt er es sich vor: die subventionierte Moritat. Und
wünscht sich, man solle ihn als Wolf malen: »Sagt nicht,
sein Bart war weiß, wie er's tat, sonst gibt euch niemand
was. Das glaubt euch niemand, daß einer so alt sein
kann und doch so ein Bösewicht.« Das Verhängnis läßt
sich erzählen. Bild um Bild, hintereinander weg. Man
kann mit dem Zeigstock auf jedes Bild deuten und dazu
singen und sagen. Es ist ein guter Stoff für eine wilde,
trostreiche Unterhaltung unter gewesenen Revolutionären. Dann geht der Erbförster hinaus, der Vorhang fällt,
und es fällt ein Schuß. Der Erbförster hat sich mit dem
Gewehr durch den Mund in den Kopf geschossen.

Den Bürgern freilich, die beim Bier unter Eichen
sitzen, die man irgendwann später Bismarckeichen nennen wird, rieseln schöne Schauer über den Rücken, wenn
sie hören, wie man ihnen den Erbförster aus dem Jahr
malt, als sie Revolte machten: »Da sitzt er wimmernd
die Mitternächte hindurch mit seinen glühenden Augen
und seinem weißen Bart; und da kühlt kein Lüftchen
und da fällt kein Tau und kein Regen; da wachsen giftige

Blumen, das ist verflucht, wie er selbst. Und das Tier, das sich hin verirrt, brüllt vor Angst und den Menschen rüttelt's wie ein Fieber.« Dann fliegen die Taler haufenweise in den schwarzen Hut, den die alte, düstere Frau und ihr abgerissener, schlaftrunkener Sohn herumreichen. Von der Geschichte der Revolution bleibt: ein grünes Gespenst. Die Bürger sind wie besoffen. Als sie wieder zu sich kommen und aufschauen, ist der Wald verschwunden. Nur ein dürres, kleines Bäumchen blieb übrig. Abend. Jemand sitzt vor dem Baum auf der Erde und versucht, seinen Schuh auszuziehen. Ein anderer tritt hinzu. Das erste Wort ist: »Nichts zu machen.«

XII.

Bis zum Äußersten gehen,
dann wird Lachen entstehen

ller Lärm, alle Musik sind verschwunden. Vom Jahrmarkt der Geschichte, von den Schießbudenfiguren der Väter, der Kinder, der Förster, der Mütter, der Buchhalter, der Mörder, der Lüstlinge, der Täter, der Opfer bleiben nur noch die toten Stimmen. Die beiden Herrn unterm dürren, einsamen Bäumchen, vielleicht die letzten Menschen auf der Erde, vielleicht aber auch die ersten Clowns im leeren Universalzirkus, müssen unaufhörlich miteinander reden, gelbe Rüben essen, pissen gehen, auf Godot warten, um nicht denken zu müssen, denn wer denkt, müßte an die Welt denken, und da die Welt verschwunden ist, würde er wahnsinnig. Auch um nicht hören zu müssen. Denn wer hört, hörte die toten Stimmen, die »rauschen wie Flügel, wie Blätter, wie Sand«, die durcheinander sprechen, jede für sich, flüstern, murmeln, rauschen, über ihr Leben sprechen, das ihnen nicht genügt, über ihr Totsein, das ihnen auch nicht genügt. Es wäre wie ein Rauschen von »Federn, Blättern, Asche«. Es wären Stimmen wie aus einem Drama des neunzehnten Jahrhunderts, wie zum Beispiel aus dem *Erbförster* von 1850, in dem man noch daran glaubte, man könne und müsse in Worten eine Welt fühlen. Es ist aber ungefähr hundert Jahre später, 1953. Die Welt und die Worte haben sich auseinandergelebt.

»Meinen wir Liebe beim Wort Liebe? Seele beim Wort Seele?«, fragt Samuel Beckett, der 1953 sieben-undvierzig Jahre alt war, fast schon ein alter Mann, der sich den wunderbaren Scherz erlaubte, zu behaupten, er sei am 13. April 1906 in Dublin geboren, einem Kar-freitag, obwohl er wahrscheinlich erst am 13. Mai 1906 zur Welt kam, deren Sünden der irische Katholik, der seine Romane auf englisch, seine Dramen auf französisch schrieb, in seinen Romanen und Theaterstücken auf sich nahm. Er tat dies dadurch, daß er mit der Erbsünde des Menschen: geboren zu sein, seinen wunderbaren Scherz trieb. Dieser Scherz kreist in allen seinen Stücken, die so herrliche Titel tragen wie *Endspiel* oder *Glückliche Tage* oder *Das letzte Band,* um eigentlich einen Satz, Becketts Lieblingssatz: »Sie gebären rittlings über dem Grabe, der Tag erglänzt einen Augenblick und dann von neuem die Nacht«, und »aus der Tiefe der Grube legt der Toten-gräber träumerisch die Zangen an.« Wenn es anfängt, ist es zu Ende. Zwischen Grubenrand und Nacht sitzt viel-leicht ein gut versteckter Gott.

Wenn ein Bäumchen übrigbleibt von der Welt, ist es natürlich eine Trauerweide. »Wo sind die Blätter?«, fragt der eine. »Sie wird abgestorben sein«, antwortet der andere. »Ausgetrauert«, kalauert der eine. Wo alles zu Ende ist, beginnt auch das Gelächter. Keine Bilder mehr, keine Stadt mehr, in der etwas umstürzen könnte. Kein Wald mehr, der irgend etwas überwuchern müßte. Keine Bürger mehr, die sich nach irgend etwas sehnen könnten. Und die Förster sind sowieso tot. Von ihnen bleibt nur noch ein höhnischer Klang, ein Ton in der Luft, schrillster Laut eines Duetts, das zwei komische Gestalten in zerlumpten Hosen, unmöglich und eng sitzenden Schuhen, steife Melonenhüte auf den Köpfen, sich vor einem kleinen, dürren Bäumchen zusingen:

»Streithammel!« – »Querulant!« – »Stinkstiefel!« – »Giftnickel!« – »Brechmittel!« – »Pestbeule!« – »Parasit!« – »Ober...forstinspektor!« Der eine der beiden ist dick, der andere dünn, der eine leidet an Blasenschwäche, der andere an Blasen an den Füßen, der eine ist Wladimir, der andere Estragon. Der eine schlägt vor, sich umzubringen, der andere gibt zu bedenken, daß die Äste des Bäumchens zu dünn und zu brüchig seien, um sich daran aufzuhängen. Wobei sie sich im klaren darüber sind, daß es ein wenig spät sei, mit dem Aufhören anzufangen. »Man hätte vor einer Ewigkeit daran denken sollen, so um 1900.« (Also vor zwei Weltkriegen und vor ein paar Menschheitsvernichtungsmaschinerien. Doch zu spät.) Kann sein, daß sie damals beide um die zwanzig waren, jetzt sind sie etwas über siebzig, im Jahr 1953, in dem sie zum ersten Mal die Welt betreten, in der sie schon seit Ewigkeiten verdammt sind, zu Hause zu sein.

Die beiden sind am Ende, also stehen sie ganz am Anfang: Alle Katastrophen sind erlebt, alle Kriege erlitten, alle Revolutionen erledigt, alle Schüsse gefallen, alle Vernichtungen durchrast. Übrig ist nur noch ein Baum, eine Sonnenscheibe, eine Mondsichel, zwei Menschen. Die Welt – eine tote Hose im leeren Zirkus des Universums, dessen Zelt der Abendhimmel ist. Wladimir und Estragon sind darin die Clowns. Der eine stinkt aus dem Mund nach Knoblauch, der andere riecht stark von den Füßen. Es wird furchtbar komisch, mit anzusehen, wie sie versuchen, zu zweit in die tote Hose zu steigen und so tun, als sei's das erste Mal. Tusch!

Schon ihre Hauptbeschäftigung ist ein Jux, über den die Leute, wenn es sie denn gäbe im menschenleeren Zirkus, sich ausschütten würden vor Lachen. Ihre Hauptbeschäftigung ist das Warten. Sie warten auf Godot. Er hat sie zur Stelle bestellt, auf der das Bäumchen noch vegetiert. Zweimal in Jahrhunderten, die wie Tage sind, gestern oder heute, kommt ein kleiner Junge zu Wladimir und Estragon und teilt ihnen mit, daß Herr Godot leider nicht kommen könne. Herr Godot trägt vielleicht einen weißen Bart, schlägt den Bruder des kleinen Jungen, gibt den beiden aber genug zu essen. Jedes Mal, wenn der Junge da war, kann er sich nicht daran erinnern, schon mal hier gewesen zu sein, will auch nichts gesehen haben. Es ist wie in einem Thriller. Der große Unbekannte bleibt im Hintergrund. Vielleicht ist Godot Gott, vielleicht auch nur der Zirkusdirektor. Würden Wladimir und Estragon den Rand der Manege überschreiten, der sowieso im Dunkeln liegt, würden sie ins Nichts fallen. Die Arena ist ihr Käfig, dem sie nie entkommen werden. Der Zirkus ist ihre Hölle, ihr Himmel, ihr Fegefeuer. Es ist gleichgültig, wer diesen Käfig geschaffen hat.

Manchmal, mindestens aber zweimal in den paar Jahrhunderten oder den paar Tagen, verschwindet Estragon, zieht sich dorthin zurück, wo die Manegenränder kein Licht durchlassen. Dann kehrt er wieder wie von einer Expedition, die ihn fast das Leben gekostet hätte. Dort im Finstern seien Leute, »mindestens« zehn, sagt er, die ihn geschlagen haben, ihn verfolgen, ihm auflauern. Es könnten Engel sein, könnten Teufel sein. Dann kriecht er wieder zu Wladimir zurück. Selbst dann, wenn Wladimir »besser pißt«, wenn Estragon nicht da ist, kommt keiner vom anderen los. Ihre Clownsnummern sind immer auch Liebesgeschichten.

Ihr erster Einstieg in die tote Hose Welt ist die Bürokratennummer: Im Ton zweier Brüder, die am Tresen stehen, besprechen sie die Aktenlage im Büro; Godot habe versprochen, ihrem Gesuch zu entsprechen nach

Lage der Akten und der Auskunft seiner Korresponden-
ten. Aber sie haben keine Rechte mehr. Sie hatten sie
verschleudert. Und ihre Köpfe sinken ihnen auf die
Brust. Ihr zweiter Einstieg ist kulinarisch. Sie teilen
sich eine gelbe Rübe. Ihr dritter Einstieg ist theologisch
und mathematisch, man sieht, wie sie sich verrenken,
wozu die Lämpchen in den Logen höhnisch flackern,
wenn die beiden ausrechnen, zu wieviel Prozent Erlösung in der Welt sei, und sie eine Gleichung verwenden, deren große Unbekannte auf Golgatha gekreuzigt
wurde: »Einer von den Schächern wurde erlöst. Das ist
ein guter Prozentsatz.« Ihr vierter Einstieg ist die große
Spiegelnummer, der Gipfel ihrer Spiel- und Illusions-
kunst, ihrer komischen Phantasterei: wenn plötzlich ein
Schrei, ein Peitschenknall ertönt und Pozzo herein-
stürmt, der an einem langen Seil Lucky führt, der ihm
einen Handkoffer, einen Vorratskorb und den Mantel
trägt, Lucky, der auf Kommando tanzt, denkt, stille-
steht, sich niederlegt, den Mantel reicht, den Vorratskorb öffnet, das Hühnerbein und den Wein apportiert,
Lucky, der dem Estragon, der vor Mitleid über Luckys
Geschick fast in Tränen ausbrechen wollte, wüst gegen
das Schienbein haut, daß es blutet, Lucky, der Jahr-
hunderte alt ist und unter der Melone langes, weißes
Haar zeigt, Lucky, der keine Wünsche mehr hat, Lucky,
der seinen Herrn terrorisiert, dadurch, daß er ihm dient.
Zweimal in Jahrhunderten, die wie ein Tag sind, gestern
wie heute, karriolieren Pozzo und Lucky herein (wie
überhaupt alles in diesem Zirkus zweimal passiert).
Das erste Mal läßt Pozzo sich bedienen, einschließlich
des Zündholzes für seinen »Rotzkocher«, seine Tabaks-
pfeife also. Das zweite Mal ist Pozzo blind. Und kein
Mal kann er sich erinnern, jemals schon hier gewesen zu
sein.

Pozzo und Lucky, Herr und Knecht, Diktator und
Untertan, Abhängiger vom Abhängigen, kommen vom
einen dunklen Rand der Manege und lassen sich vom
anderen dunklen Manegenrand wieder verschlucken. Sie
sind das bittere, geschärfte Kontrastprogramm zur großen Liebesnummer von Wladimir und Estragon. Pozzo
und Lucky sind eine Ausgeburt der Vorgeschichte der
Welt, der Bilder, der Geräusche, des Lärms, der Schmerzen und der Katastrophen, an die Wladimir und Estragon sich nicht mehr erinnern, die ihnen wie in einem
Wahnbild durch die Sinne und die Manege purzeln.
Wladimir und Estragon können sich darin nicht erkennen, aber sie können damit spielen. Es macht ihnen
Angst, es macht ihnen Lust, es macht ihnen Spaß. Sie
gehen um Pozzo und Lucky herum in ihren schlottern-
den Hosen, schnüffeln, stecken die Nasen in deren An-
gelegenheiten, stürzen sich wie wild auf Lucky, »hauen
ihm eine in die Fresse«, als Lucky eine wirre, irre Rede
hält über die aus den Forschungen von »Poincon und
Wattmann sich ergebende Existenz eines persönlichen
Gottes kwakwakwakwa«, als brächten sie ein krähendes
Riesenbaby zur Ruhe. Das sind Dinge, die man in jeder
Clownsschule lernt, genauso wie die Nummer mit dem
Hut: Lucky hat seinen Hut zurückgelassen. Wladimir
probiert Luckys Hut auf, setzt zuvor seinen Hut ab,
gibt ihn Estragon, der seinen Hut absetzt, um Wladi-
mirs Hut aufzusetzen, wieder abzusetzen, aus Wladimirs
Hand Luckys Hut entgegenzunehmen, während Wladi-
mir Estragons Hut aufsetzt, Estragon Luckys Hut auf-
setzt und so weiter. Oder die Nummer mit der Uhr:
Beide horchen angestrengt an Pozzos Bauch, ob er nicht
eine Repetieruhr verschluckt habe, und lutschen den
Hühnerknochen ab, den er hinter sich warf. Oder die
Nummer mit der Scheidung. Plötzlich fragt sich Estra-

gon, ob »wir nicht besser allein geblieben wären, jeder
für sich«. Schon nach dieser Stelle bräche wieder Gelächter los, wenn es Leute im Zirkus gäbe, denn wie soll
jemand in der Manege allein bleiben, die keinen Ausgang und keinen Eingang hat, wenn ein zweiter auch
noch da ist? Estragon kartet nach: »Wir waren nicht für
denselben Weg gemacht«. Wladimir kontert: »Das ist
nicht sicher.« Und Estragon zieht den Schluß: »Nein,
nichts ist sicher.« Dann der Spaß hinterher: »Wir können noch auseinandergehen, wenn du meinst, daß es
besser wäre.« – »Jetzt lohnt es sich nicht mehr.« –
»Nein, jetzt lohnt es sich nicht mehr.« (Und immer
dazwischen »Schweigen« als Regieanweisung.) – »Also,
wir gehen?« – »Gehen wir!« Sie bleiben.

Es ist ein wunderschönes Spiel voll der Überraschung,
daß es keine Überraschungen geben kann. Man erwartet
von Clowns, daß sie das Gegenteil von dem tun, was
sie sagen. Im Drama des neunzehnten Jahrhunderts, im
Erbförster zum Beispiel, glaubt man noch, eine Welt in
Worte fassen zu können, die es noch gibt. Im Drama des
zwanzigsten Jahrhunderts, und *Warten auf Godot* ist das
Drama des zwanzigsten Jahrhunderts, ist die Welt, wenn
sie noch gemacht ist, aus Worten gemacht. Die Worte
sind die Welt. »Alles, was geschieht, sind Worte«, sagt
Samuel Beckett in einem Gedicht, das nur aus diesen
paar Worten besteht. Wenn Wladimir und Estragon
nicht reden, geschieht nichts.

Oft stolpern sie, oft fallen sie auf die Nase. Manchmal
fällt Estragon in tiefen Schlaf. Und dann entdecken sie,
daß das Bäumchen plötzlich Blätter gekriegt hat. Kann
sein, daß Frühling über Nacht kam oder daß schon ein
Jahr vergangen ist oder ein Jahrhundert: Clowns kennen
keine Zeit, Clowns kennen nur die Liebe zum Spiel.
Ihr Spiel hier hat keinen Anfang, kein Ende. Es spielt

sich immer an der Grenze ab, am Äußersten. Mehr können Clowns nicht tun, mehr nicht aushalten. Und das
Warten ist ihre größte Kunst. Einmal sagt Wladimir
ganz stolz: »Wir sind Zauberer.« Das ist nicht zu hoch
gegriffen. Manchmal verzaubern sie sich, wenn sie Geschichten erfinden, in denen sie auftauchen, als hätte es
sie wirklich gegeben, damals bei der Weinlese im Breis-
gau »oder im Scheißgau«, oder damals, als Estragon in
den Rhein fiel. »Weinlese« deutet schon darauf hin, daß
es auch wie ein Rausch sein kann, im Zirkus aufzutreten,
daß Blasenschmerzen an den Füßen und schmerzhaft auf
jede Erschütterung reagierende Blasenverhaltungen im
Bauch (»man getraut sich nicht einmal mehr zu lachen«)
leicht auszuhalten sind vor der großen Laune, virtuos
in einem Satz vom Himmel durchs Fegefeuer in den
Manegensand zu stürzen.

Ungefähr zweimal in Jahrhunderten, die wie Tage
sind, gestern wie heute, wollen Wladimir und Estragon
einfach »gehen«, sagen »Gehen wir!«. Aber sie bleiben.
Das Tolle an ihnen ist, daß sie sich nie abschminken
dürfen. Ihr Zirkus hat keinen Ausgang, nur einen
Namen: »Godot«. Und sie sind die einzige Attraktion.
Sie beide sind die freiesten der Menschen. Sie haben
kein Unbewußtes in sich, kein Unterbewußtsein, kennen weder Vater noch Mutter. Ihr Gestern ist erst heute,
ihr Heute schon gestern. Sie haben nichts zu bewältigen
außer der Zeit, die keine Spuren hinterläßt. Es ist ein
bißchen wie im Paradies. Aber im Gegensatz zu Adam
und Eva haben Wladimir und Estragon nicht einmal
die Chance, sich aus diesem Paradies zu vertreiben. Ihr
Bäumchen, die Trauerweide, ist kein Bäumchen der Erkenntnis. Es ist der Ort ihres selbstvergessenen Spiels.

Es ist müßig, sich auszudenken, wer Godot ist, obwohl alle Welt, nachdem *Warten auf Godot* 1953 in Paris

triumphal uraufgeführt wurde und Beckett weltberühmt machte, sich für nichts anderes interessierte als für die Enthüllung Godots. Beckett sagte nur: »Wüßte ich, wer Godot ist, hätte ich es gesagt.« Wäre Godot ein Zirkusdirektor, er brauchte sich keine Sorgen zu machen: Der Laden liefe auch ohne ihn wie geschmiert. Wäre Godot Gott, könnte er von Glück sagen, daß er nur in den Worten und in den Köpfen der beiden Clowns existierte und nicht persönlich zu erscheinen brauchte. Ein Gott, der mitspielt, hat es unendlich schwer. Er muß sich an die Welt halten, die er gemacht hat. Alles, was er ist, ist er nur durch Verträge. Auch wenn er ein Auge dafür hergibt. Und dann immer diese schrille Frauenstimme: »Wotan, Gemahl!« Wie schön war es im Zirkus. Und wie hübsch schien doch die Trauerweide. Die Esche, die an ihrer Stelle wächst, sieht viel trauriger aus.

XIII.

Endspiel.
Göttliche Komödie

och aber ist selige Ruhe und eine ganz
leise, schwindelmachend schöne Musik
im großen, unendlichen Raum. Tief, ganz
tief. Nur immer drei Töne: Es, G, B, auf-
steigend, absteigend, wallend, wiegend,
sechs Viertel pro Takt. Die Musik ist so rein, daß jeder
Clown durch sie hindurchspringen könnte, ohne daß
sie davon auch nur im mindesten ins Zittern geraten
würde, 136 Takte lang. Die Musik erzählt vom Warten,
vom ewigen Warten. Ein Märchen aus goldenen Zeiten.
Lichtwellen brechen sich an den Zirkuswänden, Bilder
von den Leibern dreier nackter Mädchen, die wie im
Äther schweben. So fängt ein Drama an, bevor noch ein
Drama geboren wurde.

Es ist der Traum davon, daß es kein Drama mehr
geben müsse. Es ist wie der Nachklang zum Traum
im Schlaf von Wladimir und Estragon, wenn sie gehen
und zugleich bleiben, weil jedes Gehen und jedes Bleiben ihr Recht verloren haben. Denn Drama ist immer
dann, wenn zwei Recht behalten wollen. Und der kleine
schwarze Herr, der struppige, schmutzige Zwerg, der
plötzlich hervorkriecht und nach den nackten Mädchen
im Äther hascht, denen er erst mal nur zuschauen wollte,
die ihn dann aber fallen lassen, abweisen und verhöhnen,
will Recht behalten. Alberich, der unter dem Sand der
Manege in Grüften und Grotten lebt als Angehöriger

eines Knechtsvolks, verflucht die Liebe und greift zum
Schatz, den die nackten Mädchen hüten, dem Rheingold. Es gibt dem, der es schmiedet, »maßlose Macht«
und »der Welt Erbe«. Dafür muß er der Liebe entsagen.
Er verschwindet wieder unter der Erde. Das schöne Licht
erlischt, die Mädchenbilder verblassen, die Musik wird
schmutzig, düster. Das Drama beginnt mit einem Raub.
Es geht weiter als Komödie.

Der Zirkus schließt. Die Clowns sind längst weg.
Das Gelächter aber geht weiter. Denn Godot ist tatsächlich gekommen. Er nennt sich Wotan. Und er ist Gott.
Seinesgleichen gehört die Szene jetzt allein. Er trägt
eine schwarze Augenklappe. Einseitig blickt er auf die
Welt, die er jetzt schafft und in der er von nun an
mitspielt. Sie liegt jenseits der Manege, irgendwo in
Richtung Abgrund. Warten kann er nicht. »Nichts zu
machen« gibt es für ihn nicht. Am Bäumchen, das jetzt
die Weltesche spielt, fehlt ein Ast. Aus dem Ast hat der
Gott sich einen Speer, in den Speer Runen und Zeichen
geschnitzt, von denen jedes eine Regel, einen Vertrag,
eine Abmachung bedeutet. Und sobald der Gott das
Messer absetzt und die Späne vom Schaft bläst, hat er
sich selber vom Zeichen im Holz auch abhängig gemacht. Da wird sein eines Auge ganz trübe. Der Gott
hängt am Stecken. Es ist die Krücke des Mächtigen.
Schon das ist sehr komisch. Gott ist ein Krüppel.

Gott kann stolpern. In jeder seiner Bewegungen liegt
ein Witz und natürlich auch eine Katastrophe. Der
Blick, der hier auf ihn fällt, ist der Blick des revolutionären dramatischen Kapellmeisters vom Dresdner Kirch-
turm von 1849, von dem aus Richard Wagner zusah, wie
der preußische »Kartätschenprinz«, der spätere deutsche
Kaiser Wilhelm I., die sächsischen Aufständischen zu-
sammenschoß. Wäre die Revolution geglückt, müßte

kein Erbförster auf Godot warten. Aber das wahre Fegefeuer gebührt dem Herrn der Welt, dessen Welt zum
Untergang verurteilt ist. Zwar nur auf der Bühne. Aber
im größten Feuerzauber der Geschichte. Später, in der
Walküre, in *Siegfried* und *Götterdämmerung* kommen Menschen und Tiere dazu, und irgendwann verschwindet der
Gott aus der Szene, als sein Enkel Siegfried ihn kastriert
und ihm den Speer zerschlägt.

Es ist sehr tragisch, wie sich alles fortsetzt. Es ist
wahnsinnig komisch, wie alles anfing. Nur mit Göttern. Es geht um Geld, Liebe, Macht und Verbrechen.
Und um eine Abrechnung mit dem Kartätschenprinzen.
Es ist eine hübsche Ironie, daß Kaiser Wilhelm I. im
Jahr 1876, als der *Ring des Nibelungen* zum ersten Mal
als Bühnenfestspiel-Einheit aus einem »Vorabend«, dem
Rheingold, und »drei Tagen«, der *Walküre,* dem *Siegfried*
und der *Götterdämmerung* gegeben wurde, im Parkett des
neu erbauten Festspielhauses von Bayreuth saß. Wotan
schaute sich selber zu.

Wo hat er sein Auge gelassen? Er behauptet, er »setzt'
es werbend daran«, als er Fricka, seine Frau, zum Weib
sich gewinnen wollte: ein böser Witz. Die Nornen, die
an den Schicksalsfäden der Welt weben, als seien die
Fäden Seile, an denen man im Theater die Kulissen auf
und nieder fahren lassen kann, Frauen, die viel vom
Theater und der Welt gesehen haben, erzählen sehr viel
später, an der Weltesche sei ein Quell entsprungen,
»Weisheit raunend rann sein Gewell'; / da sang ich
heil'gen Sinn. / Ein kühner Gott / trat zum Trunk an den
Quell; / seiner Augen eines / zahlt er als ewigen Zoll«;
nachdem Wotan den Ast von der Esche gebrochen
habe, um daraus den Speer mit den Weltregeln zu
schnitzen, »zehrte die Wunde den Wald; / halb fielen
die Blätter, / dürr darbte der Baum, / traurig versiegte

des Quelles Trank«: eine Katastrophe. Wofür Wotan ein
Auge opferte, für die Ehe oder den Speer oder den Speer
in der Ehe – es ist eine göttliche Komödie. Was der Gott
anfaßt, geht zugrunde.

Der Gott heiratet und hat kein Heim. Der Welten-
herrscher begeht einen bürgerlichen Fauxpas. Fricka ist
der Urgrund seines Schmerzes. Sie quält ihn so lange,
bis er ein Haus baut, schon damit er zu Hause bleibt
und nicht dauernd anderen Frauen hinterherläuft. Zum
Hausbau braucht er Arbeitskräfte. Er engagiert die
Riesen Fafner und Fasolt, mit denen er vertraglich (mit
der Hand am Speer!) ausbedingt, daß er ihnen als Honorar für ihre Mühen Freia, Frickas Schwester, zugesteht.
Freia, die Göttin der Jugend, besitzt die goldenen Äpfel,
die von den Göttern täglich verzehrt werden müssen,
damit sie nicht abgezehrt und krank und welk dahin-
altern. Die ewige Frau wird zum zeitlichen Tausch-
objekt für Besitz von fremder Hand, der ihrer keifenden
Schwester zu Willen geschaffen wurde. Wer solche Geschäfte abschließt, hat seine Macht schon verspielt, der
kann zwar von »Mannes Ehre« schwärmen, von »ewiger
Macht«, die »ragen zu endlosem Ruhm«, wenn er aufblickt zu Walhall, der Burg. Aber er hat einen Vertrag
geschlossen, den er nicht einhalten kann, ohne selbst
dabei zugrunde zu gehen. Er hat seine Unschuld verloren. Er lügt, taktiert, stellt sich dumm, bietet den
Riesen dies oder das an, nur nicht Freia, benimmt sich
wie ein Bankrotteur. Ein Gott der leeren Taschen. Ein
Pleitier, der zum Verbrechen Zuflucht nimmt. Schon
haben die Riesen Freia fürs erste Mal mitgenommen,
schon ziehen sich Runzeln und Runen durch die vormals frischen Gesichter der Götter, die nun aussehen
wie Sozialrentner. Der Hausbau erweist sich als Pfusch,
die Hypothek als unbezahlbar. Götternot als Klein-

bürgergroteske. Von nun an herrscht die Dramaturgie
des Pfusches. Für jedes Loch, das Wotan nun stopft, tun
sich mehrere andere auf. Er gerät in Hast. Hastige Götter wirken zum Lachen. *Das Rheingold* ist das Lachen
zum Endspiel.

Wotan raubt dem Räuber Alberich einfach das Rheingold. Eine Idee, rasch geboren, unüberlegt. Der Gott
gerät ins Schwitzen. Er steigt hinab unter den Boden
ins Erdreich, begleitet von Loge, dem Feuergott, den er
einstens bändigte, der ihn umhuscht, ihm brennende
Worte zuwirft, Überlegungen, mal so, mal so, listiges,
kritisches, unverschämtes Zeugs. Loge, Hofnarr und
Erster Kritiker im Hause Wotans, der alles beobachtet,
an nichts beteiligt ist, mit allem spielt, für nichts Ver-
antwortung trägt, alles rezensiert, nichts schöpft – außer
Flammen. Ein Mann, zu Hause in allen Theatern der
Welt, bekannt mit allen Bühnentricks: Wie er dem
stolzen Nibelung Alberich, der sein Knechtsvolk nun
als Diktator beherrscht, schmeichelt, er solle sich doch
mal, da er nun aus dem Rheingold einen Ring und eine
Tarnkappe geschmiedet habe, die ihn unbesiegbar, unsichtbar, unüberwindbar, ihn ja auch absolut verwandel-
bar machten, geschwind in einen riesigen Lindwurm
verwandeln. Alberich tut's. Ob er sich auch zutraue,
sich in eine kleine Kröte zu verwandeln? Nichts leichter
als das. Loge schnappt zu, entwindet Alberich die Tarnkappe, zwingt ihn, das ganze Gold nach Walhall zu
schaffen, wo die Riesen damit ausbezahlt werden. Mit
riesigem Getön' hauen sie ihre Pfähle neben Freia in den
Sand, wollen mit dem Gold Freia und die Pfähle be-
decken: Die Frau wird mit Gold aufgewogen, bis eine
Ritze übrigbleibt, die mit der Tarnkappe gestopft wird.
Noch eine kleine Ritze wird mit dem Ring verschlossen, auf den Wotan scharf war, da er ihm ewige Macht

und Herrschaft garantiert hätte – die Weltherrschaft, das todsichere Kommando gegen alle Barrikaden, alle Aufstände, alle Ansprüche, alle Revolutionen.

Kaum ist das letzte Loch verstopft, schlagen sich die Riesen um die Aufteilung des Schatzes. Fafner ermordet Fasolt. Und Alberich, der zuvor noch den Ring, den man ihm raubte, verflucht hatte, behält nun recht: »Nun zeug' sein Zauber Tod dem, der ihn trägt! / Kein Froher soll seiner sich freun; / keinem Glücklichen lache sein lichter Glanz! / Wer ihn besitzt, den sehre die Sorge, / und wer ihn nicht hat, den nage der Neid! / Jeder giere nach seinem Gut, / doch keiner genieße mit Nutzen sein! / Ohne Wucher hüt' ihn sein Herr, / doch den Würger zieh' er ihm zu! / Dem Tode verfallen, fessle den Feigen die Furcht; / so lang er lebt, sterb er lechzend dahin, / des Ringes Herr als des Ringes Knecht: / bis in meiner Hand den geraubten wieder ich halte! / So segnet in höchster Not / der Nibelung seinen Ring! / Behalt ihn nun, hüte ihn wohl, / meinen Fluch fliehest du nicht.«

Wotan hatte den Ring nur kurz am Finger. Von den Riesen, denen er ihn auslieferte, ist einer bereits tot. Es ist nur ein Vorspiel. Aber der Fluch wirkt. Macht bringt Tod, Gold den Untergang. Die Komödie *Das Rheingold* ist wie jede gute Komödie mit dem Tode zu Ende. Die Farce der Pfuscherei geht weiter. Das tragische Löcherstopfen und Löcheraufreißen beginnt: mit Vergewaltigung, Brautraub, Inzest, Erpressung, Nötigung, Mord, Meuchelmord, Zaubertränken, Tränken des Vergessens, Tränken der Erinnerung, Drachenblut, Vogelstimmen, Betrug, ja, und wahnsinniger, bewußtloser Liebe. Die Musik rast dazu, keine Ruhe mehr, immer nur höchste Erregung, ein »Pfuhl von Schrecknissen und Hoheiten«, wie Wagner das selbst sah. Am Ende Flammen und ein Weltbrand. Die ganze alte Gesellschaft, ihre

Kartätschenprinzen, Könige, Helden und Götter gehen in Rauch und Feuer auf. Ein neuer Mensch ist nicht in Sicht.

Doch vorerst schreiten auf einer herrlichen Regenbogenbrücke die Götter hinüber ins Haus, dessen erste Hypothek nun abbezahlt ist, ohne daß die Grundschuld je getilgt werden könnte. Im Haus, hinterm Salon, ein Theater. Auf dem Vorhang erscheint: »Gott ist tot. Nietzsche.« Nach fünf Sekunden erscheint: »Nietzsche ist tot. Gott.« Wotan lacht sich tot.

XIV.

Heimspiel.
Göttliche Posse

ang trieb er sich herum, in Himmeln, Höllen, Grüften, Schächten, Fegefeuern, auf Barrikaden, im Wald und im Zirkus. Jetzt endlich ist Gott zu Hause, daheim, im Urbeginn aller Welt: Denn im Anfange schuf Gott das Theater. Und er sah, daß es schlecht war. Falsches Licht. Falscher Ton. Mieses Bühnenbild. Die Schauspieler, die Teufel, meuternd und meckernd in der Kantine. Die Kritiker, die gefallenen Engel, zähnebleckend, hohnlachend und mit gezücktem Leuchtkugelschreiber im Parkett. Aber Gott sprach zornig und stolz: »Ich bin, der ich bin!« Und er schuf den Regisseur, nach seinem Bilde schuf er ihn: weißer Sieben-Tage-Bart; lange, lockige Wuschelhaare; weißer Anzug; langer Seidenschal; blaue Schuhe mit weißen Kappen; eine lange, dicke, kalte Zigarre zwischen den Lippen. Aber der erste Regieeinfall des Regisseurs war, Gott abzuschaffen und sich selber an dessen Stelle zu setzen, so daß niemand mehr zwischen Gott und Regisseur unterscheiden kann. So wurde aus dem Theater das Paradies. Und der Regisseur kann jeden Abend bei Adam und Eva beginnen. Sein Lieblingsregiespruch lautet: »Noch einmal von vorne.« Zu den Proben wird er durch Sandstürme mit dem Hubschrauber eingeflogen. Wenn er die Szene betritt, tut sich die Hinterbühne auf, und ein bißchen Himmel ist zu sehen: »Was für ein Auftritt!«,

höhnt sein Regieassistent. »Was für eine Rolle!«, gibt
Gott zurück. Wenn er mit den Proben beginnt und die
erste Szene durchnimmt, deren Text lautet: »Es werde
Licht«, versagen die Leute in der Technik, der Mond
scheint überm Tag, die Sonne über der Nacht. Er for-
dert seinen Assistenten auf, »diese Naziböcke von Tech-
nikern an die Heilige Schrift« zu erinnern. »Das sind
keine Nazis«, meint dieser. »Wenn sie lange genug für
mich gearbeitet haben, schon.« Es sei eine der sichersten
Arten, Selbstmord zu begehen, wenn man mit Gott
arbeite, meint sein Assistent.

Gott als Regisseur nennt sich Mr. Jay, was stark
nach »Jahve« klingt, und sagt, als lauere er auf Widerspruch: »Das Theater ist tot.« Sein Regieassistent namens Goldberg antwortet: »Und heilig.« und Mr. Jay
zieht den Schluß: »Wie die Hölle.« Goldberg aber weiß:
»Es verwandelt Brot in Fleisch und Wein in Blut.«
Woran man sieht, daß der Regisseur aus dem Alten,
der Regieassistent aus dem Neuen Testament kommt.
Die Theaterkrise wird am Kreuz entschieden: Kein Tod
am Kreuz ohne vorherige Verwandlung, kein Golgatha
ohne Gethsemane, keine Auferstehung ohne Abendmahl. Die Kreuzigung wird zum Zweikampf. Wer
macht das bessere Theater: Gott oder Gottes Sohn? Ein
Familiendrama. »Aber was tut ein netter jüdischer Junge
am Kreuz?«, fragt Mr. Jay. »Es ist nie zu spät, den Beruf
zu wechseln«, rät Goldberg seinem Regisseur. Wir sind
im Stadttheater von Jerusalem. Auf dem Regiepult liegt
die Bibel. Die Bühne ist leer. Die Welt ist eine Posse.
Sie muß neu erschaffen werden.

Das kann nur ein jüdischer Gott. Und Mr. Jay ähnelt
in seinen Witzen, seiner Verzweiflung, seinen verzweifelten Frauengeschichten (»Oh, Herr, das Pimmelreich
ist nahe«, »Laßt uns durch die Schenkel wandern«) dem

Regisseur, Dramatiker und Theaterversucher George Tabori, der 1914 in Budapest geboren wurde, in Berlin mit dem Aschenbecherputzen in Hotels wie dem »Adlon« anfing, Artikel schrieb, nach England emigrierte, vielleicht im vorderen Orient für den britischen Geheimdienst tätig war, dann in Hollywood Drehbücher und Stücke schrieb, wieder nach England zurückkehrte, seit 1971 in Deutschland oder Wien als ungarischer Jude mit englischem Paß versucht, Welten auf dem Theater auferstehen zu lassen, die nach der Welt noch möglich sind, in der sein Vater und der größte Teil seiner Familie in den Konzentrationslagern der Nazis umkamen, seine Mutter aber von einem deutschen SS-Offizier vor der Deportation nach Auschwitz gerettet wurde. Taboris Stücke spielen nach der Katastrophe. Sie haben keine Moral. Sie haben nur den Schrecken, der sich als Witz erzählen läßt. Wie sein Vater, »ein bescheidener Esser«, im KZ sich weigert, einen Mithäftling aufzuessen *(Kannibalen)* und sich, bevor die Gaskammertür sich vor ihm auftut, höflich verbeugt: »Nach Ihnen, Herr Mandelbaum«. Wie seine Mutter mit »nassem Höschen« und klopfendem Herzen nach der Verhaftung, der Beinahedeportation, der Freilassung zu einer Partie Bridge bei Freunden erscheint und sechs Pengö gewinnt *(My Mother's Courage,* 1979). Wie das Unerledigte, die Tabus, das Verdrängte als Sketche, als Anekdoten, als Farcen zwischen Kalau und KZ, Freud und Kafka, Pointen und Pestbeulen, Unterbewußtsein und Unterleib wieder auftauchen: Hitler, der als Maler, Künstler und Mutterschoßneurotiker von einem jüdischen Freund aufs Leben und die Politik vorbereitet wird *(Mein Kampf,* 1987); der jüdische Spion, der seine Geliebte an die Nazis verriet, die ihr die Zunge herausschnitten, weshalb sie ihm jetzt keinen Zungenkuß mehr

geben kann (*Requiem für einen Spion*, 1993); gefolterte
Dichter, gedichtfressende Hunde, ein jüdischer Vampir,
der Jeanne d'Arc beißt, ein Ödipus, der weiter mit seiner
Mama schläft, Juden, die aus ihren Gräbern hervor-
kommen und einen antisemitischen Sprayer töten, Hera
und Leda, die Gott töten (*Babylon Blues,* 1991): »Gott
ist tot!« — »Ich wußte gar nicht, daß er krank war!« —
»Heute sterben eben Leute, die früher nicht gestorben
wären!« Im *Babylon Blues* wollen die Menschen, von
Ödipus bis Stalin, glücklich sein — und überleben deshalb alle Katastrophen. In den *Goldberg-Variationen* von
1991 lieben alle Menschen, von Kain und Abel bis Jesus,
ihre Katastrophen, auch wenn sie unglücklich sind. Es
ist eine Komödie der Masochisten.

Der zweitgrößte Masochist ist Gott. Er liebt Mrs.
Mopp, die Theaterputzfrau, die Bühnenbildnerin Erne-
stina van Veen und Teresa Tormentina Superstar, die
Darstellerin der Eva. Allen will er »in die Schlüpfer
kriechen«, bei keiner kann er landen. Gott liebt die
Menschen (Frauen), wird aber nicht wiedergeliebt. Er
muß seinen ganzen Eros auf das Theater werfen: »Das
Zölibat ist gut für die Kirche und gut für das Theater!«
Deshalb läßt er das Theater sein Zölibat bitter büßen.
Wenn er mit »tropfendem Schlauch« vor dem Bett
steht, über dem das Plakat »Paradies« angebracht ist,
und in dem Teresa, der Darsteller der Schlange und der
Darsteller des Adam, dessen Feigenblatt zu klein ist,
es wirklich miteinander treiben, und Gott hilflos und
wutentbrannt zuschauen muß, fragt er sich: »Die Ver-
treibung aus dem Paradies, wer wird vertrieben, der Ver-
treiber oder der Vertriebene?« Die Schauspieler haben
nicht gespielt, sie haben ernst gemacht. Das Leben hat
sich ins Theater geschlichen. Aus dem Text wurde nicht
Sinn, es wurde Fleisch. Gott zertrümmert das Bett. »Es

gibt keine Entschuldigungen, wenn man aus dem Nichts
etwas macht. Wenn man aus dem Nichts etwas macht,
muß man ins Nichts hinabsteigen und sich dort zu
Hause fühlen. Ich habe von Perfektion geträumt. Und
siehst du dieses Chaos?«

Das Schöpfungstheater überfordert den Schöpfungs-
regisseur. Die Erschöpfung der Welt ist eine zu große
Farce für Mr. Jay. Gerne würde er alles hinschmeißen,
seinen Geschöpfen die Freiheit geben: Seht zu, wie alles
erlaubt ist, wenn es mich nicht gibt. Dann aber kehrt er
resigniert zurück: »Eine leere Kantine ist eine einsame
Stätte, Goldberg.« Auch Improvisationen retten niemanden. Die Genesis endet in Katastrophen. Der Darsteller des Abel duckt sich zu langsam, bekommt von
der Steinzeitkeule des Darstellers des Kain etwas zuviel
ab. Blutüberströmt liegt er am Boden, während der
Darsteller des Opferfeuers mit seinem grauen Mantel
fleißig den Rauch mimt, der zum Himmel aufsteigt.
Isaak, die Nervensäge und Elternplage, wird unter dem
Messer Gottes wirklich verletzt. Er blutet am Hals,
obwohl oder gerade weil das im Regiebuch, in der Bibel,
nicht vorgesehen war.

Immer mal wieder tröpfelt Musik von Bach, die fünf-
undzwanzigste, langsamste und ätherischste aller Goldberg-Variationen, in die Szene herab, ein g-Moll, als
habe Bach hier schon die Engel singen hören, während
der größte Masochist seine Himmelfahrt vorbereitet:
Goldberg, der demütige, auserwählte Jude, der sich
gegen Gott und die Regie auflehnt, nur um ihr noch
demütiger gehorchen zu können. Er bekommt alle Prü-
gel ab. Er läßt sich schikanieren und genießt die Schi-
kanen. Er liebt Gott, seinen Peiniger und Vater, bis in
den Tod, den er am Kreuz auf sich nimmt, er duckt sich
unter der biblischen Geschichte hinweg, weil er weiß:

Sie wird mich auch erheben. Er ist sich für keine Rolle, keine Maske, kein Scheitern zu schade. Weil er weiß: Der letzte Auftritt gehört mir!

Er ging im Auftrag Mr. Jays, erzählt er nachher stolz und demütig der Putzfrau, nach Ninive, nachdem er sich gewehrt und gesträubt, sich sogar in einem Walfischbauch versteckt hat, und predigt den Leuten von Ninive Pech und Schwefel und Höllenfeuer für ihre Sünden – aber Gott straft sie nicht am 41. Tag. Goldberg ist in der Jona-Rolle vor den Ninive-Leuten desavouiert. »Ich habe so eben die Gnade erfunden«, rechtfertigt sich Mr. Jay für diesen dramaturgischen Coup. Auch zieht sich Goldberg die Moses-Maske über und läßt sich von den Jerusalem-Hell's-Angels, einer jüdischen Rockerbande, verprügeln, denen er die zehn Gebote verkündet, die niemand halten kann. Und diejenigen, die sie halten, werden gehaßt. So hat Gott auf einen Schlag die Sünde und den Antisemitismus erfunden. Die Menschen wollen glücklich sein: mit Schweinebraten, Orgien und Sex. Gott will, daß sie gut sind: ohne Schweinebraten, ohne Orgien, ohne Sex. Also leiden die Menschen unter ihrem Gott. Also erfindet das Theater den Regisseur und Gott täglich neu. Sonst hätte es niemanden, unter dem es leiden könnte. Es ist eine Pleite – aber eine Lust. Nichts klappt, aber alles strömt dem Höhepunkt zu.

Die Bühne ist gedreht. Man blickt von der Hinterbühne aus über die Rampe hinweg in den Zuschauerraum. Der Showdown läuft. Das Paradies verwandelt sich in die Hölle. Gott hat nach allen Pleiten mit Adam und Eva, Kain und Abel, Jakob und Isaak, Moses und Aron nur noch Lust auf ein Horrorstück: Mr. Jay inszeniert »Die neunte Stunde« oder »Karfreitag und so!« Und Goldberg markiert auf der Probe nur so zum Spaß den jüdischen Jungen, der Unruhe gestiftet hat. Weil er aus dem einen Gott »eine ganze Mischpoke« (Mutter Gottes, Vater, Sohn und Heiliger Geist) machte. Weil er mit Zuhältern, Zeloten, Schwulen und Hausbesetzern sich einließ. Weil er immer, wenn die Clowns kamen, den Zirkus verließ. Weil er Quacksalber, Guru, Wanderprediger wurde. Weil er von seiner Mutter nichts wissen wollte (»Weib, was habe ich mit dir zu schaffen?«). Weil er Sachen sagte wie »Sünde macht krank!« und »Liebe deinen Nächsten wie dich selbst!« Weil er Mr. Jays Parole »Liebe deine Kritiker, wie die sich selbst lieben« nichts abgewinnen konnte. Weil er aus dem Grabe auferstand und zurückkam und »uns verwirrt« und deshalb »im Ofen verbrennen« muß, weil er »uns erinnert, wie wir gescheitert sind«. Das ist natürlich Ideologie, bittere Schwärmerei, Rechtfertigungsquark. So etwas steht im Programmheft des Stadttheaters von Jerusalem.

Auf der Bühne brilliert die »zweite Besetzung«, die besser ist als der Star. Goldberg, zur Probe am Kreuz, ist allererste Klasse. Und während Johann Sebastian Bach auf Glenn Goulds Flügel immer noch die Engel singen hört, stirbt Goldberg auf der ersten Durchlaufprobe von »Karfreitag oder so« formvollendet mit Haschischschwamm und »Eli, Eli!«-Rufen und einer riesigen, tödlichen Wunde, weil aus Versehen vergessen wurde, das Bajonett oben an der römischen Lanze einzuziehen. Die Kreuzigung Jesu zelebriert Mr. Jay böse kichernd, aggressiv schnaubend als leisen, hinterhältigen Regieeinfall, der als Probenunfall getarnt wird, wie er im Stadttheater schon einmal vorkommen kann: ein absolut alttestamentarischer Einfall von urbiblischer Rächer-Wucht, verbrecherischer Bosheit und kühlem Witz. Aber der Jude Jesus, gemimt vom Juden Goldberg, stirbt als gelernter Masochist gerne am Kreuz. Er steht wieder auf, küßt seinen erstaunten und empörten

Vater Gott und Regisseur: »Ich habe soeben die Nächstenliebe erfunden!« Jesus bleibt Sieger. Der alte Gott
hat abgedankt. »Mein Platz ist hier, alter Mann«, sagt
Goldberg zu Mr. Jay, »dein Platz ist hinter der Bühne.
Schwitzen sollst du da bis ans Ende des Abends und
beten, daß nichts schiefgeht. Hörst du das zweite Zeichen? Geh, hau ab, verschwinde.«

Die Schau, die jetzt beginnt, findet schon ohne den
Alten statt. Die »Goldberg-Variationen« sind zu Ende.
Das Stück geht weiter, seit zweitausend Jahren bis in
Ewigkeit. Man kann nicht über es, man muß mit ihm
lachen: Geheimnis des Glaubens, Witz des Theaters. Der
Jude Tabori begreift die triumphale Niederlage des
Juden Jesus am Kreuz als wunderbar komische Geburt
der Religion aus dem Geist des Theaters. Gott führt
Regie. Aber Jesus rettet die Premiere. Wer aber geht in
die Repertoire-Vorstellung?

XV.

Das Repertoire der Menschenfresser

evor der Spätnachmittagsdampfer aus Stockholm auf der kleinen Schäreninsel anlegt, die man die »Kleine Hölle« nennt, dreht er eine Kurve von der Mole weg, fährt in Richtung der Nordspitze des Eilands und drosselt in gebührendem Abstand von der felsigen schroffen Küste die Maschinen. Die Passagiere versammeln sich dann regelmäßig an Deck, schauen nach Backbord hoch zum schwarzen Felsen, wo sich der Festungsturm drohend gegen das heraufziehende, dunkle Abendgewölk abhebt. Nun ist fast nur noch das Brausen des Windes, das Rauschen und Brechen der Wellen zu hören. Die Leute stehen mit hochgeschlagenen Mantelkrägen an der Reling und blicken hoch zu einem größeren Fenster, das neben vielen Schießscharten in die dicken Mauern des Festungsturms eingelassen ist. Zwei Schatten wie Scherenschnitte tauchen hinter den Scheiben auf, die Umrisse eines Frauen- und eines Männerkopfes, komisch verzerrt vom Schein einer offenbar unruhigen Lichtquelle. Es sieht so aus, als kämen zwei gespenstische schwarze Vögel in Hack- und Krallstellung voneinander nicht los. Dann vier Schreie, zwei schrille, zwei dunkle, abwechselnd. »Was soll ich spielen?«: ein Diskant. »Was du willst«: ein Baß. »Du liebst mein Repertoire nicht«: Diskant. »Und du nicht meines«: Baß. Fast hätten die Leute an der Reling des Dampfers drunten auf See

Beifall geklatscht, aber die zwei da droben im Turm hätten sie nicht gehört. Das Schiff fährt weiter, dreht bei, legt an. Der Kapitän hat seinen Passagieren gratis die Attraktion der Insel vorgeführt: Edgar und Alice, der Festungskommandant und seine Frau, seit fünfundzwanzig Jahren dort oben eingesperrt; jedes der beiden hält den Schlüssel zur Ausgangstür ihres Gefängnisses vor dem anderen versteckt. Keines der beiden würde ihn auch finden wollen. Ihr Gefängnis ist die Ehe. Ihr Leben ist ein Schaukampf, ihre endlose Lust ist der Liebeshaß, »der aus dem Abgrund kommt«.

Fünfundzwanzig Jahre sind eine hübsche hohe Zahl, die natürlich »auf ewig« meint. Es gibt keinen Gott mehr, der für die beiden am Kreuz sterben könnte und ihre Sünden auf sich nehmen könnte. Keine Nächstenliebe, keine Gnade ist für sie erfunden. Sie kreuzigen sich gegenseitig von nun an bis ans Ende der Zeiten ohne Aussicht auf Erlösung, seit sie zur letzten Jahrhundertwende 1909 im Stockholmer »Intima Teatern« (vorher, 1905, im »Kölner Residenztheater«) zum ersten Mal gegenseitig ihre Seelen und Körper zerfleischten: Ehe-Geschöpfe des schwedischen Dichters August Strindberg (1849–1912), der dreimal verheiratet, dreimal geschieden war, sich ständig verfolgt fühlte von Frauen, von den Regierungen, von Wahnvorstellungen, von Erlösungs- und Vernichtungsideen, der am Leben litt, die Frauen haßte und das Höchste von ihnen erwartete, den Männern alles zutraute und das Niederste sie erleben ließ, panische Angst vor Frauen hatte und sich zu ihnen drängte, die Menschen in seinen Stücken durch Bilder jagte, die nur der Traum, die Lust oder der Wahnsinn, nicht die Wirklichkeit ihnen malen konnte. Sein Lieblingsgedanke, den er schon in einem Stück namens *Baumeister Solness* des einundzwanzig Jahre älteren norwegischen Kollegen Henrik Ibsen vorfand: daß man sich etwas wünschen könne – und dann gehe es in Erfüllung. Es ist bei Ibsen der schöne Gedanke, daß man anderen die verrückte Liebe wünschen könne, auch wenn sie dann in den Tod stürzen, bei Strindberg der häßliche Gedanke, daß man den anderen den Tod wünschen könne, auch wenn sie dann wieder auferstehen.

In Strindbergs Stück *Rausch* wünscht der Vater in den Armen seiner Geliebten, daß seine Tochter, die ihn an die Frau bindet, der er die Ehe versprach, sterben möge – sie stirbt tatsächlich, er gerät unter Mordverdacht. Strindbergs Menschen fahren Dampfer, Eisenbahn, benutzen Telefon und Telegrafenapparate, sie kommen von A nach B mit dem Fahrplan. Aber ihre Seelen scheinen, in Fetzen zerrissen, zu jeder vollen Stunde zu spuken: als kämen sie, versehen mit Wolfsfratzen und Teufelsmasken, aus Vorzeiten und Urhöllen. Als müßten sie Gesetzen, Reizen und Impulsen folgen, von denen sie nichts verstehen. Wie Kinder, die urplötzlich einer Grille ganz gemütlich ein Beinchen ausreißen, so reißen sie Wunden in ihr und anderer Leben, das sie dann gegenseitig vernichten, ja förmlich verschlingen. Strindbergs Show ist die Show der Menschenfresser, die brillanteste Show ist die Show von Edgar und Alice. Ihr intimes Theater ist vorbildlich, ja unerreicht im zwanzigsten Jahrhundert: Ganze Scharen von Dramatikern, amerikanische vor allem, sind auf ihre Insel gefahren und haben ihren Kampf studiert, für ihre Stücke und Fernsehspiele und Filme verwendet.

Der intime Kampf ist öffentlich. Die halbe Insel hat aus Distanz zugeschaut, wie einmal Edgar bei einem Strandspaziergang versuchte, Alice ins Meer zu stoßen. Die Dienstmädchen, die es kaum länger als zwei, drei Tage bei den beiden da droben aushalten, erzählen im

Casino und in der Gesindestube des Medizinalrates, daß im Turm Küche und Keller leer seien, daß Edgar ein Abendessen befehle, daß Alice nach den Mädchen läute, die den beiden Geld vorstrecken müßten, um ein Brot zu kaufen, aber Whisky sei immer da. Und Zigarren auch. Es rieche wie nach »giftigen Tapeten« im Turm, als sei eine »Leiche unter dem Teppich versteckt«, kein Luftzug komme herein, keine Sonne. Dauernd sei da oben Herbst, »drinnen wie draußen«. Die ganze Insel erlebte, wie zwei der Kinder von Edgar und Alice immer bleicher und blasser und dünner wurden, als würde ihnen vorsätzlich Sonne und Luft entzogen, und dann starben; wie die zwei anderen in die Stadt aufs Festland zogen. In den Buchhandlungen der Insel liegt die »Schießlehre« des Artilleristen Edgar, der sich für einen »berühmten Schriftsteller« hält, unverkäuflich und verstaubt in den Regalen. Die Wachsoldaten, die um die Galerie des Turmes herum Patrouille gehen, können an ihrem geschulterten Gewehr vorbei ins Innere schielen, wo Edgar sich im Schein der blakenden Petroleumlampe manchmal den obersten Knopf seiner Uniform aufreißt, den knallrot angelaufenen Kopf wie im Krampf nach hinten kippen lassen muß und mit weit aufgerissenen, starren Augen stocksteif neben das Tischchen fällt, auf dem stets eine angebrochene Whiskyflasche steht, während Alice mit flatternden Gebärden freudig zum Telegrafenapparat im Hintergrund hüpft und irgend etwas eintickert. Dann brummen die Unteroffiziere »Eins zu Null« oder »Zwei zu Zwei«, je nachdem, wie der Kampf gerade steht.

Der Kampf ist ein Spiel. Das Spiel geht um Leben oder Tod. Ein Vernichtungsskat. Es kann auf zweierlei Art gereizt werden: ohne den Dritten und mit dem Dritten. Ohne den Dritten bedeutet, daß Edgar und

Alice allein sind. Sie müssen ihren Appetit auf Men-
schenfleisch zügeln, denn sich selber haben sie schon
genug abgenagt. Also reden sie beiläufig von einer ge-
backenen Makrele zu weißem Burgunder, für die kein
Geld da ist (und das fehlende Geld ist ein Gifttropfen
im Plaudercocktail). Sie schwätzen über die Dienstmädchen, die kein Abendessen machen können, weil
kein Geld da ist (mehr Gift), und immer auf gepackten
Koffern fluchtbereit im Korridor sitzen (ganz viel Gift:
Bei dir – mir?, doch wohl dir! – hält's niemand auch nur
zwei Tage aus). Sie plappern übers Tanzen, das Edgar
wie anfallartig immer überfällt, wenn Alice den »Einzug
der Bojaren«, ein wildes, schwermütig stampfendes
Bummsmusikstück von Johan Halvorsen (1864–1935),
auf dem Klavier klimpern möchte. Sie verreißen sich ein
wenig die Mäuler über »das Pack« auf der Insel, das
sind: alle anderen, mit denen sie sich schroff verfeindet
haben »da drunten«, die anderen, Glücklichen, die Feste
feiern, Diners geben, Walzer tanzen, Bälle veranstalten,
deren Musik leicht, hell und beschwingt in Edgars und
Alices dunklen, schweren Festungsturm heraufweht.

Ein Paar, das mit sich unglücklich ist, findet komisch
kuscheligen Trost darin, daß es andere, Glücklichere,
verachtet und findet sich selbst in solchen klitzekleinen
schäbigen Momenten stolz und pervers glücklich im
selbstverschuldeten Unglück. Kurze Erinnerung an eine
Hochzeitsreise, an blitzende Bartresen in Kopenhagen,
an Drinks im Tivoli, an Tage, wo man selig war oder
es wenigstens zu sein glaubte. Auch Menschenfresser
haben ihr Paradies, aus dem sie nicht vertrieben werden
können: ihre sentimentalen Erinnerungen. Ein unent-
schiedenes Spiel bis jetzt. Man gähnt, man raunzt ein
wenig über die Kinder, zerft um ein paar Flaschen
Champagner, die noch im Keller liegen. Das Spiel plät-

schert, bis Alice ganz nebenbei einwirft, Edgar sei ein
Tyrann, der vor seinen Untergebenen kusche, während er
ein bißchen böse in alten Wunden stochert: Man habe
ja wohl alles ausprobiert, um miteinander auszukom-
men, habe Freunde des jeweils anderen auf den Turm
eingeladen, »sobald ein Besuch ins Haus kam, wurden
wir so glücklich ... wenigstens anfangs«. Der Dritte
ist erstmal im Sprach-Spiel. Dann kommt er wirklich.
Kurt tritt auf, Alices Vetter, neuer Quarantänemeister
der Insel. Quarantänemeister sind dazu da, Seuchen,
Epidemien fernzuhalten. Kurt dagegen steigert die
Seuchen, bringt Gift und Eiter erst zum Ausbruch. Mit
dem Dritten wird das Spiel bis aufs Blut gereizt.

Kurt würden am liebsten die Augen zufallen; vor seinem eigenen Leben hat er sie längst gütig verschlossen:
vor zehn Jahren von seiner Frau geschieden; das Sorge-
recht für seine Kinder hat man ihm abgesprochen; er war
lange in Amerika. Er will über sein Leben nicht reden.
Nicht reden heißt für ihn: nicht leiden. Was nicht gesagt
ist, das gibt es auch nicht. Die Welt sieht er hinter geschlossenen Augenlidern; er hat sich eine Art unsichtbare, gütige Augenbinde verordnet. Man kann annehmen, daß es sanft schimmernde Schemen sind, die er
dort gewöhnlich wahrnimmt. Nun aber faucht ihn Alice
an: »Du darfst unser nicht müde werden, Kurt!« Ihm ist
der Schlaf von nun an verboten. Es ist, als ob ihm die
Augenlider gewaltsam hochgezogen werden. Es ist eine
Folge von grellen Blitzen und Szenen, die er im Zustand
erregter Schlaflosigkeit Schlag auf Schlag nun wahrnimmt und einsteckt. Es geht ihm alles viel zu schnell.
Kaum daß er sich umblickt und einmal auch an sich
herunterschaut, sieht er, wie Edgar und Alice anfangen,
ihn zu zerreißen, sich von ihm und seiner Seele zu
ernähren, diese erst einspeicheln, aussaugen und dann

verdauen. Die große Vorstellung der Vampire und Menschenfresser vollzieht sich in einem Wahnsinnstempo. Der erste Angriff: Edgar hat Kurts Frau ihrem Mann entfremdet, sie dazu gebracht, daß man ihm die Kinder wegnahm, hat sich das Erziehungsrecht für einen Sohn Kurts gesichert. »Kurt, du warst immer liederlich, aber ich verzeihe dir« – der erste, kleine große Gipfel der Gemeinheit. Kurt kann nicht antworten, weil er neu schauen lernen muß. Die anderen liefern die Bilder für seine Augen, die sie manipulieren. Kurt begreift nichts, erleidet alles. Er ist der Märtyrer der Ehe der anderen.

Sein Martyrium ist eine Bilderflut: Edgar mit knallrotem Kopf, starren Augen, zusammengeklappt in einem Schlaganfall, krallt seine Hände in Kurts Arme, weint, bittet ihn um Hilfe, um die Sorge für seine Kinder. Alice, die heimlich telegrafiert, zieht Kurt zu sich hinüber, zwingt ihn, sie in die Schulter zu beißen, auch einmal den Vampir zu spielen, damit er sich wohler fühle, worauf er gleich noch ihre Schuhe küßt, denn Alice will Edgar eine Unterschlagung anhängen, hat die Polizei kontaktiert und tanzt vor Freude und Bosheit. Vor Kurts Augen verschwimmt alles: Edgar in weißer Ausgehuniform, wie er, gerade heimgekehrt aus der Stadt, erzählt, er habe Kurts Sohn, einen jungen Artilleristen, hierher befohlen, was Kurt peinigt, und außerdem habe er Alice enterbt, was Alice zur Weißglut treibt. Und jede dieser Mitteilung skandiert er, mit der Zunge provokant zwischen den Zähnen zutzelnd, mit einem: »So, das wäre das!«, als spräche er Weltgerichtsurteile. Gott Vater im Federbusch der schwedischen Artillerie, wie er sich weidet am offenen Fleisch und den Schwären der Sünder. Und dann wirft er alte Briefe, alte Akten, alte Blumen, alte Kränze aus dem Turmfenster und zündet alle Kerzen an: Tabula rasa, Kapitulation, Alice wird

des Turmes verwiesen, die Hitze steigt auf den Siede-
punkt, die Wachen draußen haben viel zu erzählen, die
Leute auf dem Dampfer drunten bekommen eine Ge-
nickstarre vom vielen Gucken. So schön war die Ehehölle noch nie.

Wieder ein Schlaganfall, wieder dieses Geklammere,
die weißen, teigigen Hände Edgars, die an Kurts Hals
fummeln, bitten und betteln: Laß mich nicht im Stich,
auch wenn ich dich vernichte, alles gar nicht wahr mit
der Enterbung; alles gar nicht wahr mit der Unterschlagung; wieder Alices weißer Hals, wieder ihr Mund, ihr
höhnisches Lachen, ihre Lippen, die sich vor Edgars
Augen auf Kurts Lippen pressen, Edgars Säbel, der
auf Alice niedersausen will, noch'n Schlaganfall, ganz
kurz, Alices Schrei: »Hurra, er stirbt!«. Und Riesen-
beifall draußen von den Unteroffizieren. So eine schöne
Schlacht haben sie in Schweden, das seit hundertsiebzig
Jahren keinen Krieg mehr geführt hat, noch nie gehabt.
Ein Land, das keine großen Schlachten mehr kennt, muß
sich auf Eheschlachten verlegen. Schlecht für die Ehen,
aber gut für die Soldaten.

Gerade, als Edgars Säbel die Möbel und nicht Alice
trifft, rast Kurt mit fallenden Lidern hinaus. Er nimmt
gerade noch wahr, wie Alice Edgar stützt, die beiden
zusammen lachen, sich trösten, wie Edgar die Parole
ihrer Eheschlacht brüllt: »Durchstreichen und weitergehen!« Und die sportlichen Unteroffiziere kommentieren das auf dem Wachumgang: »Zwei zu null« und
meinen die Null Kurt. Dieser ist nun schon ganz dünn.
Die beiden haben schon viel von ihm verbraucht, ihn
abgenagt. Der Rest ist ein Albtraum, ein wirbelnder
Spiralnebel voller Wahn und Tücke und Intrige.

Wie unter Fieberschauern nimmt Kurt wahr, wie sein
Sohn auf die Insel kommt, wie Edgar sich diesen Sohn

krallt, wie er ihn mit seiner Tochter Judith zusammen-
bringt, die er aber mit einem sechzigjährigen Obersten verheiraten will, der ihn protegiert, so daß er alle
Freunde Kurts abspenstig machen, ihm die Quarantäne-
meisterei wegnehmen, Kurts Reichstagskandidatur tor-
pedieren kann, dadurch, daß Edgar unter Honoratioren
eine Bettelliste herumgehen läßt, auf der für Spenden
für Kurts Sohn gebeten wird, was Kurt unmöglich
macht in der Gesellschaft, so daß Kurt ausziehen muß
aus dem schönen Quarantänemeisterhaus. Das Spiel auf
dem Turm droben war das Vorspiel der Menschenfresser-
kunst. Jetzt führt Edgar die Hohe Schule, das Festspiel
dieser Kunst vor, er zieht alle Register, horcht Kurt aus
über Quarantänemethoden in Portugal und veröffent-
licht dann Aufsätze über Quarantänemethoden in Portugal. Er nimmt Kurt: einen Sohn, ein Amt, eine Existenz, ein Leben.

Edgar selbst hat keine Interessen, keine Persönlichkeit, keine Initiative, nicht einmal eine besondere Bosheit oder Schlechtigkeit. Es ist wie der Tanz einer bril-
lanten toten Seele, die sich an lebenden Seelen nun
wiederum mit Leben vollsaugt, wobei Alice, die andere
tote Seele, nur auf ihre Art mitsaugt. Das Saugtempo
ist hoch, zu hoch für ein Blut- und Seelenreservoir
wie Kurt, der auf dem Recht eines jeden Menschen be-
harrt, »unglücklich zu sein«. Das treibt das Publikum
auf der Insel, das treibt die vielen Zuschauer und die
vielen amerikanischen Dramatiker, die aus der Ferne
mit scharfen Sichtgeräten dem Kampf und dem Spiel
zuschauen, die Verachtungsröte ins Gesicht. Sie beginnen zu pfeifen, sie werden sie sich merken: Die Kurts,
die Schwächlinge, die Dulder, die Märtyrer, werden
vor allem im amerikanischen Süden, in großen, weiß-
prangenden Farmhäusern oder windschiefen Hütten ihr

dramatisches Dasein fristen. Zusammen mit Edgar und Alice gehört er zu Schwedens beständigsten Export- artikeln.

Knapp sechzig Jahre später, 1962, betritt er in Ge- stalt des Nick die amerikanische College-Wohnung von Martha und George in Edwards Albees *Wer hat Angst vor Virginia Woolf,* wo in einer Nacht unter Strömen von Whisky das durchgespielt wird, wozu Edgar und Alice fünfundzwanzig Jahre Zeit hatten: Am Ende tötet Ge- orge das Kind, das er und Martha nie hatten. Nick und seine junge, dummchenblonde Frau Baby werden im Windschatten von Marthas und Georges Geschlechter- kampf kleingemacht: Nick hat sie nur geheiratet, weil er auf ihre Scheinschwangerschaft hereinfiel. Strindbergs Paare haben noch Kinder, um ihnen Gift und Mitgift zu vererben. Ihre amerikanischen Nachkommen sind steril – sie sind um so furchtbarer, weil sie unfruchtbar sind. Die Ermordung des imaginären Kindes, die ge- waltsame Austreibung der Lüge von der Fruchtbarkeit, ist schlimmer als der Kampf um die wirklichen Kin- der. In Albees Whisky wirkt Strindbergs Gift wie ein Rausch- und Katzenjammerverdoppler.

Noch aber ist Kurt zu Hause und erlebt den sport- lichen Ausreißer im Ehekampf, den Hürdenlauf der Jugend: Allan, sein Sohn, und Judith, Edgars Tochter, lieben sich und fliehen sich und suchen sich und quälen sich und nehmen zwischen Tennisplatz und Fahrradtour, Hausaufgaben und Lebensstellung, görenhafter Finesse und herrenhafter Romantik schon mal einen Aperitiv in Sachen Liebes- und Ehekrieg. Die beiden werden die viel raffinierteren, kühleren, schlagkräftigeren Edgars und Alices der Zukunft sein. Vorerst müssen sie sich tren- nen, Edgar hat Allan nach Nordschweden abkomman- dieren lassen. Die Jungen schwören sich unter jubelnden

Umarmungen ewige Treue (und ein bißchen ewigen Haß), und Judith liefert ihr erstes Meisterstück: Sie telegrafiert frech dem Oberst, so daß dieser zur Heirat mit ihr keine Lust mehr hat.

Einmal hat Edgar nach einem seiner Anfälle seiner Frau ganz zärtlich und still gestanden, es sei ihm gewesen, als ob seine Seele fortfliege und sich in Rauch auflöse und: »Als ich zum ersten Mal hinfiel, war ich ein Stück auf der anderen Seite des Grabes. Was ich da sah, habe ich vergessen, aber der Eindruck blieb zurück.« Es war, als müsse er den Eindruck »von drüben« wegwischen, indem er sich auf andere Leben stürzt: Menschenfresser und Seelensauger sind gemein aus Todesangst. Jetzt wird es ernst, der Blick nach drüben kehrt sich nicht mehr um, ihn trifft der letzte Schlag. Nun wirkt das Gesetz der kommunizierenden Röhren. In diesem Moment fühlt Alice, daß auch sie beginnt, »der Vernichtung entgegenzugehen«.

Der neue, junge Supervampir, der noch tollere Menschenfresser, wird eine Frau sein, die junge Frau, unabhängig von alten Bindungen, ohne Sentimentalität, aufgewachsen und gestählt im Ehekampf der Alten. Die starke Tochter. Als sie hört, ihr Vater sei auf den Tod krank, schnappt sie kurz nach dem Boten dieser Nachricht und faucht: »Was kümmere ich mich darum!« Der Dramatiker weidet sich an Judiths Triumph, und er schaudert davor. Er genießt es und haßt es. Strindberg läßt in seinem früheren Stück *Der Vater* (1887) den Ehemann in der Zwangsjacke der Irrenanstalt enden, in die seine Frau ihn dadurch hineintreibt, daß sie Zweifel in ihm weckt, ob er der Vater ihrer Tochter sei, um deren Erziehung und Zukunft der Ehekampf im *Vater* geht. Er kostet auch im *Todestanz* die feminine Gemeinheit fast genauso aus wie den maskulinen Untergang: in Härte bei Edgar, in Schlaffheit bei Kurt. Das Schlachtfest ist total, und über ihm die strahlenden, höhnischen Trompeten der Zukunftsmusik, geblasen von einer jungen Frau. Der Dramatiker läßt sie blasen und hält sich gleichzeitig die Ohren zu.

Die alten Untoten haben ihren Spaß gehabt. Die Schlacht der Menschenfresser und Blutsauger ist zu Ende. Jetzt ist Friede im Haus, der wunderbare Friede des Todes. Riesenapplaus an der Reling des Ausflugsdampfers. Das Schauspiel war superb. Es waren viele Journalisten unter den Ausflüglern. Ihre Rezensionen des Dramas werden eine gute Wirkung tun. Es muß alle Weiber Europas bezaubern, wenn sie lesen, daß Edgar mit den Worten gestorben ist: »Vergib ihnen, denn sie wissen nicht, was sie tun«. Das sind Christi Worte am Kreuz. Jedes Ehedrama ist auch ein Mysterienspiel, denn die Liebe ist so gut ein Mysterium, wie es der Haß ist. Auch daß Alice gesagt haben soll: »Ich muß diesen Mann geliebt haben«, macht einen herrlichen Effekt. Denn niemand weiß, was er tut, wenn er liebt. Und haßt. Wüßte er es, tanzte der Tod nicht mit. Vor allem nicht der Tod, der nach Bratkartoffeln riecht.

XVI.

Der Tanz der Eisheiligen

un, da er Marie im offenen Sarg liegen sieht, das Gesichtchen dünn, die Nase spitz, die geschlossenen Augen blauschwarz umrandet, das dünne Haar wirr und süß ums Antlitz drapiert, jetzt, wo das Käuzchen schreit über den engen Hinterhöfen von Madrid und der Trauertrompeter für ein paar Groschen ein trauriges Lied bläst, jetzt, wo jener komische ernste Mensch, ihr Bruder, den Degen gezogen hat und ihn wahrscheinlich gleich töten wird, steigt Clavigo ein merkwürdiger Duft wie von fernher in die Sinne. Jetzt, wo er gerade noch die Taschen voller Manuskripte hat, die in die Druckerei müssen, Blätter, »die eine gute Wirkung tun« und alle »Weiber bezaubern«, Glossen, Rezensionen, Leitartikel aus seiner Feder, des »Archivarius des Königs«, Artikel, die Minister machen und Sekretäre stürzen können, jetzt, wo aber alles aus ist und der Tod auf ihn wartet, riecht, schnuppert Clavigo den Geruch von Bratkartoffeln. Es ist der Geruch, der zu Marie gehört. Ein warmer, würziger Geruch.

Damals, als er von den Kanarischen Inseln nach Madrid kam, ausgehungert und ausgekühlt, unbekannt und namenlos, verschlang er im Speisezimmer der Familie Beaumarchais viele Teller Bratkartoffeln, die jene zugewanderten französischen Geschäfts- und Kaufleute mit viel Zwiebeln und Kümmel zubereiteten. Außerdem brachten sie ihm bei, wie man ein Messer hält und

eine Gabel führt und sich das Halstuch schicklich bindet
und daß man nicht in der Nase bohrt. Es war wunderbar, es füllte seinen Magen, korrigierte seine Haltung,
verbesserte seine Krawatten – aber es machte ihn nicht
warm. Und jetzt, wo der Trompeter gerade eine besonders süße Melodie spielt, erinnert er sich an den merkwürdigen Klotz in seiner Brust, jenes brillante Gebilde
aus Kälte, das da in der Minute ganz exakt zweiund-
siebzig Mal das Blut ansaugt und abstößt. Und nie warm
wurde. Als er nach dem dritten oder vierten Teller Bratkartoffeln auch die Tochter des Hauses verschlang (mit
den Augen), geschah es, weil er glaubte, er müsse es. Es
wurde ihm ganz weh im Bauch, er hielt es für Liebe.
Aber es wurde ihm nicht warm ums Herz.

Er stürmte, er schwärmte, er schrieb ihr Briefe, er
legte ihr sein Herz zu Füßen, verschwieg aber, daß es kalt
blieb. Aber er war in Maries Umarmungen und unter
ihren Küssen glücklich, ja selig (und behielt trotzdem
ein ganz kaltes Herz), während Maries Schwester Sophie
Kapern und Krabben unter die Bratkartoffeln mischte,
Sophies Mann einen trockenen weißen Bordeaux entkorkte, Marie ein bißchen hustete, aber strahlte, als sei
sie von der Liebe erhitzt und nicht von einem Fieber,
das ihr die Wangen ganz wunderhübsch rotmalte. Und
Clavigo fühlte damals, das spürt er jetzt noch nach,
als der Degen von Maries Bruder seinem kalten Herzen rasch näherkommt, eine merkwürdige Bewegung in
sich: als habe er in jenen ersten Bratkartoffeltagen einen
Fuß entschieden und entschlossen und mit charmantem
Schwung vorgesetzt, auf daß er den anderen nachziehe –
es war der Beginn eines Tanzes, dessen Schritte er tat und
trippelte, ohne daß er eigentlich tanzen wollte.

Einmal, als Maries Schwester über ihrem Stickrahmen
kurz eingenickt war, Maries Schwager über Bilanzen

gebeugt saß und nicht herschaute, streichelte er Maries
Brust kühn und kurz, spürte er es darin pochen und
beben, aber es war auch bei ihr ein kaltes Beben und
Pochen, ihre Brüste hatten eine eisige Haut. Kann sein,
daß er ihr bei einer solchen Gelegenheit die Ehe versprach. Und er dachte noch, als er, um die Verlegenheit
nach seinem Übergriff zu überspielen, die Errötende
hochzog und mit ihr ein Tänzchen wagte zur Musik, die
draußen von der Straße her zu hören war: Wir sind wie
zwei Eisheilige. Wir lieben uns heiß unter gefrorenen
Blüten im Frühling – aber das war nur so eine glänzende
Formulierung, in der Marie eigentlich schon gar nicht
mehr vorkam, weil er jetzt lauter solche Formulierungen
machte, die er für seine Artikel verwendete. Er schrieb
sie für einen Carlos, den er im Vorzimmer des Ministers
kennengelernt hatte, für den die Beaumarchais ihm ein
Empfehlungsschreiben besorgt hatten.

Carlos leitete die beste Wochenzeitung Madrids, und
Clavigo war auf Bratkartoffeln bald nicht mehr angewie-
sen. Er vergaß Marie nicht, aber sein Tanzbein wies in
eine andere Richtung: »Hinauf! Hinauf!«, wie Carlos
liebevoll zu spotten pflegte, wenn er ihn mit Petit fours
fütterte, damit er die Arbeit an seinen Artikeln nicht
unterbrechen mußte, wenn er ihm vorschwärmte, welche
reichen und hochgestellten und blühenden und heißen
Witwen auf Clavigo warteten, wie er sich in die Sphäre
des Hofes hinauf- und hineinschreiben könne, ja müsse,
wie sie Politik machten mit ihrer Zeitung, und wie ihn
die »graue Maus« Marie dabei nur hindere.

Jetzt, da er die tote Marie blaß und wächsern im
Sarg liegen sieht, kann er sich gar nicht daran erinnern,
daß er sich je an sie erinnern konnte. Aber auch vergessen konnte er sie nicht, denn vergessen kann man nur,
was man be- oder gehalten hat. Er war damals plötzlich

einfach weitergekommen, trug teurere Krawatten, aß
Austern. Damen, die ihm mit ihren Fächern auf die
Finger schlugen, schaute er tief ins Dekolleté, und alle
fanden das geistreich und amüsant. Aber sein Herz blieb
auch hier ganz kalt. Als nach einem ausgiebigen Frühstück, Carlos war eben auf dem Weg zum Umbruch in
der Druckerei, bei Clavigo der Bruder Maries herein-
schneite, ihn bloßzustellen drohte, ihn an sein gebroche-
nes Eheversprechen erinnerte, ihn zum Duell forderte,
ihn unter Toben und Schnauben und »Mein Herr!«-
Geschrei ein Schuldgeständnis unterschreiben ließ, da
plötzlich zuckte es wieder in Clavigos rechtem Fuß.
Und er drehte sein kaltes Herz um, und der Tanz ging
wieder, als sei nichts gewesen, in die alte Richtung.
Flehen und Bitten und um Vergebung winseln und
Schwärmerei, ein Mädchen, das einen solchen Bruder
habe, ja, das müsse man einfach lieben!, und sich Marie
zu Füßen werfen und um die sofortige Heirat nun nach-
suchen – das war eins (worauf der Bruder, der starre,
rechtschaffene Kerl, das von Clavigo unterschriebene
Schuldgeständnis zerriß). Marie, hustend und schwind-
süchtig und hohl und blaß, hing an seinem Hals: »Ich
habe ihn wieder« – aber sie spürte sein kaltes Herz,
er spürte nur ihre heißen Wangen, sah ihre glühenden
Augen und den roten Speichelfaden in ihrem Mund-
winkel.

Im selben Moment, als er noch »Wie können Sie mich
hassen, da ich nie aufgehört habe, Sie zu lieben?« log oder
vom »Taumel«, vom »verführerischen Gesang der Eitelkeit und des Stolzes« kritisch erzählte und dem Mädchen
»das Glück des Lebens« ausmalte, das »Glück auf ewig«
und »Marie!, kennst du meine Stimme nicht mehr?«
schrie, und Marie »O Clavigo!« stammelte – dachte er
bei sich: Was wird Carlos sagen, der gute, der fürsorg-

liche, der vernünftige Carlos? Carlos schrieb dann einen Brief an die Polizei, in dem er Beaumarchais der Erpressung und der falschen Anschuldigung anklagte, und beim Schreiben dieses Briefes stellte er Clavigo vor Augen, was der Hof, was die reichen Witwen, was der Minister, was der König sagen würden, wenn Clavigo mit einer schwindsüchtigen, spitznäsigen, graumäusigen Französin in Madrid auf- und abpromeniere. Clavigos kaltes Herz lief sofort wieder zu Carlos über, der ein warmes Herz besaß, das wußte, was es wollte; Carlos war wie Clavigos Bruder, dessen zweites, stärkeres Ich. Aber dieses Stärkere rettete ihn nicht, obwohl es ihm den Ausweg wies: weg von Marie, »Hinauf! Hinauf!«.

Als er gerade dort hinauf wollte, zu Hofe, in die Antichambre der Macht, um vielleicht übermorgen schon vom Redakteur zum Kolonialminister zu avancieren und Indien zu beherrschen (auch das würde, merkwürdig, sein Herz ganz kalt, aber seine Brust vor Stolz schwellen lassen), gerade, als er auf dem Fluchtweg von Marie war, traf er sie nun wieder: tot im Sarg. Ihr kaltes Herz war vollends vereist, ihr Mund hatte noch einmal nach Luft! Luft! geschrien, ihre Lunge erbrach zum letzten Mal Blut, als sie die Nachricht von Clavigos zweitem Verrat erhielt und vom Brief hörte, der ihren Bruder ins Gefängnis bringen konnte. Bevor der Degen des Bruders in Clavigos Herz eindringt, bevor sich ihm alles dreht und die Sinne schwinden, denkt er noch: Es ist alles so gleichgültig. Und er greift im Sterben die Hand der Toten und drückt seinen Mund, aus dem die ersten, kleinen Blutbäche rieseln, auf den blutleeren Mund der Toten und seufzt »Ich habe ihre Hand! Ihre kalte Totenhand! Du bist die Meinige... Und noch diesen Bräutigamskuß. Ah!« Was hätte er auch sonst noch sagen können?

Wäre Marie am Leben geblieben, hätte ihr Bruder Clavigo nicht erstochen, dann wäre Clavigo immer wieder zu Marie zurück- und dann wieder von ihr weg- geflohen, in einer unaufhörlichen Tanzbewegung. Der Tod machte diesem Tanz derjenigen, die nicht wußten, warum sie sich liebten, ein Ende. Der Bruder der Marie im Leben, nicht der Marie im Drama, Pierre Augustin Caron, geboren 1732 als Sohn eines Uhrmachers, der sich später den Adelstitel »de Beaumarchais« kaufte und als Agent, Spekulant, Hochstapler, Finanzmann, Flot- tenausrüster und Dramatiker (*Figaros Hochzeit,* 1784) reüssierte, schrieb das Madrider Ehren- und Eheverrats- Abenteuer seiner Schwester mit dem Archivar Don Joseph Clavigo y Faxardo auf — wobei im Leben weder die wahre Marie noch der wahre Clavigo sterben muß- ten. Beide verheirateten sich anderwärts. Der fünfund- zwanzigjährige Goethe, der immer erstaunt in sein küh- les Herz hineinhorchte und die Mädchen wunderschön andichtete, die er nicht lieben konnte, machte 1774 aus dem alten Stoff, den Beaumarchais ihm lieferte, das moderne, unsterbliche Drama von Menschen, die nicht wissen, was sie tun, und so lange mit erkaltetem Herzen Liebe und Empfindung spielen, bis daß der Tod sie scheidet.

Der Rest gehört in den Nekrolog. Und Nachrufe sind eine Königsdisziplin des Journalismus. Am königlich- sten sind Nachrufe von Journalisten auf Journalisten. Clavigo ist tot. Carlos schreibt den Nekrolog. »Tut uns allen leid. Auch in der Druckerei unten. Mit einer so leserlichen Schrift — Herr Doktor werden schon ent- schuldigen — kommt keiner wieder.« Das wahre Jour- nalistendrama spielt nicht im Herzen. Es spielt in der Redaktion.

XVII.

Ich will sehen, wer stärker ist: Ich oder Ich

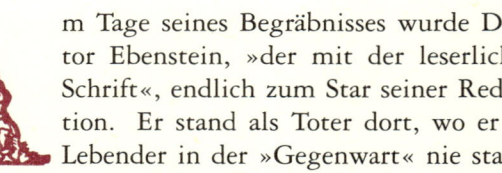m Tage seines Begräbnisses wurde Doktor Ebenstein, »der mit der leserlichen Schrift«, endlich zum Star seiner Redaktion. Er stand als Toter dort, wo er als Lebender in der »Gegenwart« nie stand: gleich nach dem Leitartikel. Der Chefredakteur persönlich schreibt den Nachruf, der Feuilletonchef hält die Grabrede, die in großen Lettern neben dem Nekrolog gedruckt wird (»Na ja, wie's einem halt vom Herzen kommt«), der Witwe sind vom Verlag 3000 Gulden Jahrespension ausgesetzt worden. Vielleicht ist Ebenstein an gebrochenem Herzen gestorben, vielleicht auch an einer Intrige des Chefredakteurs, der Ebensteins Artikel immer total umschrieb und Ebenstein haßte. Nur der tote Journalist ist ein guter Journalist. Dann erst ruht er in sich selber.

Deshalb ist es die größte Tragik des Journalisten, daß er, wie zum Beispiel der freie Mitarbeiter Kajetan, fünfunddreißig Nachrufe in petto, das heißt in der Tasche hat (»Mit denen zwischen sechzig und siebzig bin ich fertig«) und schon heute vom Hausarzt des Ministers weiß, daß der Minister den morgigen Tag nicht überleben wird (»sechseinhalb Prozent Zucker«), den Nekrolog auf sich selber nicht schreiben und naturgemäß auch nicht lesen kann. Dann erst wäre er ganz bei sich. Im Leben ist er ein Zerrissener. Denn der Journalismus ist eine tägliche Schlacht. »Der Journalist ist wie der Soldat. Er hat eben nur Zeit, dem gefallenen Freund die Hand zu drücken – und dann wieder hinein ins Schlachtgetümmel«, seufzt der Chefredakteur, der den schönen Namen Leuchter trägt und jeden Tag auf Verlustmeldungen gefaßt ist. »Im vorigen Jahr Breitner, vor drei Jahren Wagenstein« – Journalisten leben nicht lang. Sie werden aufgerieben. Denn die Zeitungen sind die Fronten in der Schlacht. Und Fronten können wechseln.

Der Theaterkritiker der »Gegenwart« zum Beispiel, Herr Abendstern, der Resignierte, kommt in Frack und Cape aus der Uraufführungspremiere des neuen Stücks von Kajetan, der neben Nachrufen und Texten für »Lebende Bilder« im Garten der Fürstin Priska Wendolin-Ratzeburg auch noch Theaterstücke schreibt. Abendstern ist mit Kajetan zwar per du, setzt sich aber wutschnaubend zu einem Verriß an seinem Schreibtisch nieder (»Ein Wort genügt: Gehirnschwund«). Aber Abendstern zuckt auch mit keiner Wimper und verfaßt sofort eine Hymne auf Kajetan, nachdem der Chefredakteur, ein alter Spezi des Dramatikers, dem Verreißer barsch-herrscherlich zugeredet hatte.

Füllmann, der Erregte, Chef der politischen Redaktion, will scharf auf einen Artikel in der »Eleganten Welt« reagieren, in dem Graf Niederhof belobigt wurde, der es im Parlament begrüßte, daß der Staat und seine bewaffnete Macht über streikenden egoistischen Arbeitern in den Kohlegruben stünden, und wo gehobelt würde, da fielen halt auch Schüsse. Nach der abwiegelnden Intervention des Chefs schreibt Füllmann lieber über Albanien. Aber wie es so geht: Füllmann darf nicht einmal über Albanien schreiben, denn der Platz wird für den Artikel eines jungen freien Mitarbeiters gebraucht,

Fliederbusch mit Namen. Fliederbusch wird in diesem
»Gegenwart«-Artikel genau das gegen die »Elegante
Welt« schreiben, was Füllmann auch geschrieben hätte,
nur schärfer, gemeiner, persönlicher: Er nennt den Adel
verderbt, menschenverachtend, den unadeligen Schrei-
ber des Artikels einen »würdelosen Snob«, der sich »ge-
bärdet, als wenn er dazu gehörte«. Und darüber ist der
Chef entzückt. Immer wenn die Tür zum Zimmer des
Chefredakteurs auf- oder zugeht, oder immer gerade
wenn der Metteur Hanauschek ins Zimmer tritt, um
Druckfahnen abzuholen oder abzuliefern, ist irgend eine
Front gewechselt worden. Man kann gar nicht so schnell
schauen, wie hier die Meinungen zwischen Lokalchef
Frühbeck, Feuilletonchef Obendorf und Politikchef
Füllmann geändert werden. Der Theaterkritiker, früher
bekannt und berüchtigt als der »blutige Abendstern«,
schreibt unterdessen unverdrossen sein »Referat« um:
»Wer kann auf die Dauer blutig bleiben in einem Blatt,
wo man mit allen Leuten gut ist, die Karriere gemacht
haben?«.

Nur der Dramatiker Kajetan ist noch mieser als sein
Kritiker: Er steckt Bücher zur Rezension ein, die auf
Kroatisch oder Slowenisch geschrieben sind, was er beides nicht versteht, aber lachend quittiert. Er wird's,
eh egal, rezensieren. Doch das sind hübsche Geplänkel,
harmlose Scharmützel, boshafte Witze über Frontbegra-
digungen im Rückgratbereich von Redakteuren. Wer
als Dramatiker so unter Zeitungen gelitten hat wie
Arthur Schnitzler, darf so wunderbar ungerecht gegen
Zeitungen recht behalten und im ersten Akt grandios
Dampf ablassen.

Sein Stück *Fink und Fliederbusch* jedoch handelt von
einem besonderen Frontwechsel: Er geht mitten durch
einen Kopf. Der Kopf gehört dem jungen Fliederbusch.

Arthur Schnitzler schrieb daran von 1901 bis 1916. Die Uraufführung war am 14. November 1917 im Deutschen Volkstheater in Wien. Es war Krieg. Mit Fronten kannte man sich bestens aus, vor allem mit solchen, die wechselten, und auch mit gespaltenen Köpfen, vor allem mit solchen, die so normal schienen. Und der Tod war so massenhaft draußen, im Feld, daß er im Theater nur noch in Form von Nachruf-Witzen wetterleuchtet und hereinblitzt. Der Tod als ernste Person hat Pause an diesem Tag. Niemand stirbt im Stück. Die Toten der Redaktion der »Gegenwart«, von denen die Rede ist (Dr. Ebenstein, Breitner, Wagenstein) sind gestorben, bevor das Stück beginnt, ebenso der kleine vierzehnjährige Junge, der beim Streik in den Kohlegruben von Strakonitz von österreichischem Militär erschossen wurde und Anlaß für Leitartikel gibt. Auch die Liebe und das Herz kommen nicht vor. Es ist ein unblutiges, aber auch unsentimentales Stück.

Keine Wehmut unter Fabrikanten, Rentiers, Musikern, Fähnrichen, keine verfehlte Liebe unter süßen Mädeln, keine Unbeständigkeit des Herzens unter Offizieren, kein Sterben für die Liebe und kein Zugrundegehen für die *Liebelei,* keine Morde *(Der Schleier der Beatrice),* Selbstmorde, Wasserleichen *(Der einsame Weg),* keine Abgründe der Seele. Kein Zuviel auch an Leben, an Zumutungen der Gefühle, wo sonst Schnitzlers Menschen diesem Zuviel immer so hilflos ausgeliefert sind und an ihm scheitern. Was Dr. med. Arthur Schnitzler, 1862 in Wien geboren und 1931 in Wien gestorben, der als Dramatiker ein Arzt und als Arzt ein Menschenkenner war, ruhig und liebevoll diagnostizierte. Er litt nicht mit seinen Figuren, er hörte ihnen zu. Er verschrieb ihnen nichts, er schrieb auf, was er ihnen nachfühlte: Seine Bühne war die Couch. Dort lagen, wenn

ein Mensch darauf lag, immer die Liebe und der Tod
neben ihm. Von allen Dreien erzählte dann Dr. Schnitzler und machte daraus Komödien, Spiele des Unter-
gehens, Vergehens, Verwehens, die in einer Gesellschaft
von vor 1914 sich ereignen, in der alles seinen festen
Platz hatte, aber alle festen Plätze ins Rutschen und
Beben gerieten. Was die Erdbebenforscher sehr viel später merkten als die Dramatiker und Ärzte. »So vieles hat
zugleich Raum in uns«, heißt es in Schnitzlers Tragi-
komödie *Das weite Land,* wo Treue und Treulosigkeit,
Leben und Sterben, Lust und Laune, »Anbetung für die
eine und Verlangen nach der andern oder nach mehre-
ren« konstatiert werden, als sei's eine Modekrankheit.
»Wir versuchen wohl, Ordnung in uns zu schaffen, so
gut es geht, aber diese Ordnung ist doch nur etwas
Künstliches. Das Natürliche ist das Chaos.« Weil die
Seele ein weites Land ist.

In *Fink und Fliederbusch* ist die Seele nur eine Medaille.
Jede Medaille hat zwei Seiten. Jede Seite ist hier eine
Zeitung. Und eine Kopfhälfte. Hie »Die Gegenwart«,
liberal-demokratisch, dort »Die elegante Welt«, kon-
servativ-reaktionär. Auf der Couch von Dr. Schnitzler
liegt also ein Haufen Papier. Unterm Papier sieht man
eine komische, hochinteressante Ausbuchtung: Herrn
Fliederbusch. Für die »Gegenwart« attackiert er im
grauen Straßenanzug die reaktionären Ansichten der
»Eleganten Welt« und deren Handlangerdienste für die
Interessen der verkommenen Feudalen. Für die »Elegante Welt«, die von Herrn Satan geleitet und von einem
Mann namens Styx redigiert wird, attackiert Fliederbusch in elegantem Tuch und mit Monokel im Auge
unter dem Namen Fink die modernistischen Ansichten
im Leitartikel der »Gegenwart«, wettert gegen die »Intellektuellen«, die »Emporkömmlinge«, die den Wert

der Feudalen, von Vaterland, Religion und Herrscherhaus verachteten. Als Fink schreibt er gegen Fliederbusch, als Fliederbusch gegen Fink.

Er ist nicht der Meinung, er ist der Meinungen.
Wenn er allein und unbehelligt von Kollegen am Re-
daktionstisch der »Eleganten Welt« überlegt, wie er
dem »feigen Kerl« von der »Gegenwart« eines aus-
wischen kann, dann tobt er: »Na warte! Dir soll gehörig
heimgeleuchtet werden!« Und da Fliederbusch in der
»Gegenwart« nicht unter vollem Namen, sondern, den
Sitten des Blattes entsprechend, anonym publiziert,
weiß Fink »nicht einmal, wie der Kerl heißt. Kümmert
mich auch nicht.« Er ist zu sich selber übergelaufen,
ohne daß die eine Hälfte seines Wesens von der anderen
etwas anderes weiß, als daß da »ein Kerl« ist, der ihn
stört. Die anderen um ihn herum sind Karikaturen,
hübsche Schemen. Fink/Fliederbusch überspringt die
Lücke, die der Mensch zwischen Karikatur und Verzerrung läßt, und landet hinter der Verzerrung in der
fröhlichen Wahrheit der Moderne: daß nur noch gilt,
daß nichts mehr gilt.

Der böse Hyde, den der Schriftsteller Robert Louis
Stevenson im neunzehnten Jahrhundert (1886) vom
guten Dr. Jekyll abspaltete, ging noch zugrunde in
Nacht und Grauen seiner zerrissenen Persönlichkeit.
Fliederbusch/Fink lebt glänzend auf. Er drückt sich auf
Dr. Schnitzlers Couch durch das Papier der Zeitungen
und erhebt sein kurioses Haupt, in dem zwei Hirne
kreisen: Ich und Ich. »Bin ich ein Fliederbusch, den es
gelegentlich juckt, einen Fink zu spielen? Oder ein ge-
borener Fink, der nur durch einen Irrtum des Schicksals
als ein Fliederbusch auf die Welt gekommen ist?« Dies
ist keine Gewissensfrage, dies ist eine Frage der Technik
und der Tagesform.

»Was ist ein Name?«, fragt Herr Styx, ein angeekeltes, durch eine Ehrenaffäre derangiertes Mitglied des Adelsstands, herabgesunken zum namenlosen Redakteur der »Eleganten Welt«. Er ist hinter Fliederbuschs Doppelexistenz gekommen und will nun dessen Stelle bei der »Gegenwart« einnehmen: denn was bei Fliederbusch nur Technik und Tagesform ist, das ist bei Styx wahres Gewissen — er haßt den Stand, dem er entstammt, er »weiß Sachen«, Skandale, er hat eine Mission, er will die wahren, heißen Brandartikel schreiben.

»Was sind schon Grundsätze?«, fragt Graf Niederhof, der seine Parlamentsrede und seine politischen Ansichten als »Sport« betrachtet hat. Denn Fink/Fliederbusch pocht ihm gegenüber auf »Grundsätze«. Aber auch dieses Pochen ist Sache der Tagesform.

Weil er wissen will, wer stärker ist: Ich oder Ich, muß er sich mit sich selber duellieren, Fink sich dem Ehrenhandel mit Fliederbusch stellen. Den »würdelosen Snob« läßt die »Elegante Welt« nicht auf sich sitzen. Das Duell wird im Prater stattfinden, rechtzeitig vor dem Pferderennen, so daß zwischen Schußwechsel und Start zur Steeple-Chase noch Gelegenheit zu einem Frühstück im Lustgarten ist. Die Sekundanten und der Arzt sind erschienen, dessen 117. Duell dies ist. Die eine Partei vermißt Fliederbusch, die andere Fink. Das Ich steht in der Mitte und tut so, als lege es auf sich selber an. Der Graf, Styx, die Fürstin Wendolin, die beiden Chefredakteure und etliche Redakteure eilen herbei.

Während noch der Duell-Unfug und überhaupt »Ehre«, für die man sich schießt, ad absurdum vorgeführt wird; während Empörung und Gelächter sich die Waage halten, die beiden Chefredakteure sich gegenseitig darin überbieten, Fliederbusch (oder Fink) für viel Geld zu engagieren, der Graf aber mit ihm schon längst

Chefredakteurspläne hat für eine eigene, neue Zeitung; während also Fink (oder Fliederbusch) hämisch und triumphal zum Typ des kommenden, neuen Journalisten ausgerufen wird (»Auf eine Überzeugung kann ich mich nicht festlegen«) und der zeitungsgeschädigte Dramatiker Schnitzler noch einmal kurz sein Mütchen an der Zunft kühlt; während der Graf alle zum Frühstück bittet und die liberalen Redakteure die Einladung zum feudalen Dejeuner unter Windungen annehmen (»Frühstücken kann man immer«), Kajetan seine vorbereiteten Nachrufe auf Fink und Fliederbusch zerreißt, Fliederbusch (oder Fink) eben zum empörten Kollegen Füllmann (»Und damit halten Sie die Angelegenheit für erledigt?«) noch sagen kann: »Bin ich auf die Welt gekommen, um etwas zu erledigen?« – beugt sich doch noch der Arzt Dr. Schnitzler zu dem »Kerl« auf seiner Couch hinunter und fragt ihn leise ins Ohr: »Wer bist du nun wirklich?« Bevor der Vorhang über der Gesellschaft fällt, die einen Fink als einen Fliederbusch gebiert, und draußen vor dem Theater wieder der Tod umgeht, kann der »Kerl« gerade noch flüstern: »Was ihr wollt«. Dr. Schnitzler wendet sich mit Grausen und einem Lächeln.

XVIII.

Ich ist nicht, was ich bin

ie Überfahrt würde gefährlich werden. Man hatte sie gewarnt. Sturm komme auf. Das Meer sei unruhig. Und von da drüben, aus Illyrien, dem Eiland, das gleißend in der See schimmert und wo der Herzog Orsino herrscht, ist noch nie jemand wieder zurückgekehrt, den man kannte. Und die zurückkehrten, kannte man nicht wieder: Frauen fühlten sich als Männer, Männer als Frauen. Illyrien verschluckt die Menschen, es raubt ihnen ihr Gesicht, ihr Geschlecht oder nur die Masken, die sie vor beidem tragen. Manchmal treibt der Wind die verwehten Schnipsel eines Konfettiregens von drüben her und die Fetzen einer hohen, vibrierenden Musik, helle Streicher, die auf cis anfangen zu trillern und dann dies cis umspielen und nach chromatischem Hin und Her auf a landen, dort »so hinsterben«, ohne auszuruhen, weiterhasten, als lasse sich das Gefühl, die Lust, die eine solche Melodie ausdrücke, weder erhaschen noch befriedigen, als dränge auch die Musik danach, Masken abzustreifen, ohne je bis zur Maske vorzudringen. Sie changiert zwischen A-Dur und fis-Moll, und manchmal hört man wilde, scharf schmetternde Trompeten, als seien alle Herolde los. Dort drüben ist immer heiliger Karneval, herrscht die angehaltene Zeit, stehen die Uhren still im ewigen Mummenschanz der letzten der Rauhnächte nach Weihnachten, der Nacht vor dem Erscheinungsfest, dem Dreikönigstag: Was dort erscheint

am Erscheinungstag, davor kann es den Menschen grausen, dem können sie aber auch verfallen. Musiker, die
vom Festland aus hinüberhorchen, ohne sich hinüber-
zutrauen, haben diese Melodie »L'isle joyeuse« (Insel der
Seligen) getauft. Selige können aber auch Verrückte,
Wahnsinnige sein. Man munkelt von Fällen von Raserei
auf der Insel der Seligen. Es steckt so viel Faszination wie
Angst in diesem Namen.

Viola von Metelin, knapp über vierzehn Jahre alt, und
ihr Zwillingsbruder Sebastian, der ihr so gleicht, daß,
wenn sie ihn sieht, sich in einem Spiegel zu betrachten
glaubt, achteten auf keine Warnung. Kaum daß sie auf
See waren, vergaßen sie das Festland. Und sie vergaßen
sich. Als Viola nach Sebastian sah, dachte sie noch: Was
soll der große Spiegel an Bord? Dann kam eine groß
gepeitschte Welle und spülte sie beide von Deck.

Als Viola wieder zu sich kam, nachdem der Schiffshauptmann sie auf den Strand von Illyrien gezogen
hatte, wollte sie kein Mädchen mehr sein. Sie bat und
bettelte so lange, bis der Schiffshauptmann, ein gut-
mütiger Kerl, sie in Jungenkleider steckte, in Pump-
hosen, Kniestrümpfe, Kragenkrause, gepufftes Wams,
die Mode von 1600. Nun erst begann ihr Stück, die
verrückteste, die schönste, die zarteste, die bitterste
Komödie William Shakespeares, der vorher sehr hübsche
Schwänke geschrieben hatte, in denen Zwillinge verwechselt werden *(Komödie der Irrungen),* jemand das liebt,
was er nicht lieben will *(Der Widerspenstigen Zähmung)*
und das trotzdem liebt, was er haßt *(Viel Lärm um nichts)*
oder das nicht mehr liebt, was er zu lieben glaubte *(Ein
Sommernachtstraum).* Es gab dort Zufälle, Götter, Zauber-
tränke, Tricks, Intrigen, Technik: Die Gefühle wurden
von außen gelenkt. Jetzt, in *Zwölfte Nacht oder Was ihr
wollt,* horchen die Gefühle auf den Ton von innen, der

sie in einen Strudel zieht. Es herrscht ein musikalisches
Chaos. Und dort, wo Shakespeare sein Theater unter-
nahm, in London, an der South Bank nahe der Themse,
im Globe Theatre, als Teilhaber und Kommanditist der
Lord Chamberlain's Men, dort spielten Knaben die
Frauenrollen. Frauen auf der Bühne waren unüblich,
verboten. Wenn der Darsteller der Viola sich in einen
Jungen verwandelt, dann spielt ein Junge ein Mädchen,
das einen Jungen spielt.

Das Chaos der Maskerade des Geschlechts dreht sich
eine wunderbare Wahnsinnsspirale weiter: »Verhehle,
wer ich bin, und steh mir bei, / Mich zu verkleiden, wie
es etwa taugt zu meinem Plan. Ich will dem Herzog
dienen, / Du sollst als einen Hämling mich empfehlen. /
Es lohnt dir wohl die Müh', denn ich kann singen / Und
ihn mit allerlei Musik ergötzen.« Ein Hämling ist ein
Eunuch, ein Eunuch ein Mann, dessen Geschlecht ab-
geschnitten wurde. Eine Vorsichtsmaßnahme. Viola, das
Mädchen, in der schon ein Junge steckt, wählt die Maske
der männlichen Geschlechtslosigkeit. Aus Furcht vor zu
viel Karneval. Vorsicht ist vergebens in Illyrien.

Kaum steht Viola vor dem Herzog, der auf einem
Diwan ruht und den Musikern im Hintergrund zuseufzt
und ganz gierig ist auf die Stelle, wo es nach cis geht,
»Spielt weiter! gebt mir volles Maß! daß so / Die über-
satte Lust erkrank' und sterbe. – / Die Weise noch
einmal! – sie starb so hin«, als Viola sich unter ihrer
Eunuchenmaske in den Herzog Orsino zu verlieben beginnt. Die Geschlechtslosigkeit spielt »ihr« oder »ihm«
den ersten tollen Streich. Dies um so mehr, als der Herzog rast: wie ein kleines, großes Kind, das alles will,
nach allem jagt, und dem es einen besonderen Kitzel
verschafft, wenn es um etwas kämpfen muß, das man
ihm nicht geben will. Die Gräfin Olivia will ihm ihre

Liebe nicht geben, also hetzt er sie, schickt ihr Tag für Tag Boten ins Haus, Diener, die wissen wollen: Fräulein, lieben Sie unseren Herrn? und die der Gräfin sozusagen die Liebe ihres Herren vorspielen, vorsingen, darstellen in Tiraden, Reden und Gedichten. Käme er selber, wäre es eine schale Alltagstragödie aus lauter Nein-Sagerei, unwürdig des Karnevals. Schickt er andere, ist es ein erregendes Masken- und Liebesspiel: Das heiße Warten auf die Botschaft der kühlen Spröden ersetzt ihm fast schon deren Liebe.

Einmal verrät er sich, als er prunkt: »Nein, keines Weibes Brust / Erträgt der Liebe Andrang, wie sie klopft / In meinem Herzen; keines Weibes Herz / Umfaßt so viel; sie können nicht beharren. / Ach, deren Liebe kann Gelüst nur heißen / (Nicht Regung ihres Herzens, nur des Gaums), / Die Sattheit, Ekel, Überdruß erleiden, / Doch meine ist so hungrig wie die See, / Und kann gleich viel verdaun.« Der Herzog scheint weniger in die Gräfin verliebt als vielmehr in die Liebe. Und die Liebe der Frauen scheint ihm Angst zu machen, Furcht einzujagen. »Gelüst« und »Gaumen« und die Körper, die dahinter oder davor dräuen, peinigen ihn eher, als daß sie ihn erregten. Was ihn anmacht, ist das Spiel mit der Liebe. Und wenn er seinem Pagen Cesario ins weiche, mädchenhafte Antlitz schaut, hinter dem die Seele und der Körper von Viola stecken, dann verrutscht ihm dieses Spiel leicht: Er blickt in ein Männergesicht und entdeckt dort auch eine Bühne, eine neue Maske für sein Spiel – aber nur für einen uneingestandenen Augenblick. Dann schickt er den weichen, liebenswürdigen jungen Mann, in dem eine junge Frau steckt, die auf Shakespeares Bühne von einem jungen Mann gespielt wird, zur Gräfin Olivia: Versuch' du es, sing du ihr meine Liebe vor, überbring' ihr mein Sehnen, berenn' ihr sprödes Herz –

und dann lauscht er schon wieder auf dieses komische, wilde, wirre Melodiengeflecht, dieses Getrillere und überläßt sich dem Strudel der Musik.

Olivia zeigt dem Herzog einen »Marmorbusen«, ein kaltes Herz, außerdem trauert sie um einen toten Bruder. Sie versteckt sich hinter schwarzen Schleiern. Diese verbergen ihren Körper, ihre Sinne, ihr Geschlecht. Ihre Maskerade ist das Versteckspiel der geschlechtslosen »grausamen Schönheit«. Sie spielt die unnahbare, unberührbare Statue im Karneval der Insel. (Auch in ihr steckt in Shakespeares Theater ein Junge.) Sobald sie Viola sieht, die als Cesario verkleidet ist, wirft sie den Schleier ab, zeigt ihr Herz und windet sich vor Sehnsucht. Olivia hat sich in den Pagen des Herzogs verliebt, schickt ihm Ringe hinterher, läßt ihn zu sich bitten, fleht, schwärmt, bietet sich ihm an, streicht die Segel, zeigt ihre Seele nackt, maskenlos. Und unter ihrer Maske seufzt Viola: »Verkleidung! Du bist eine Schalkheit, seh ich, / Worin der list'ge Feind gar mächtig ist. / Wie leicht wird's hübschen Gleisnern nicht, ihr Bild / Der Weiber weichen Herzen einzuprägen! Nicht wir sind schuld, ach! unsre Schwäch' allein: / Wie wir gemacht sind, müssen wir ja sein.« Doch als was sind »wir gemacht«: Männlein oder Weiblein? Und was müssen wir sein? Männlein als Weiblein und Weiblein als Männlein? Es scheint, daß Gleisnerei, Maskerade, Verkleidung fürs erste in der Verwirrung hilft, sie nicht erst schafft.

Es schließt sich nun ein sich immer schneller drehender, in sich wirbelnder Kreis von lauter falschen Anschlüssen: Orsino liebt Olivia, Olivia liebt Viola als Cesario, Cesario liebt als Viola den Orsino. Ein Mädchen, das sich als Knabe verkleidet hat, liebt einen Mann, der eine Frau liebt, die einen Knaben liebt, der eine Frau

ist. Viola? Cesario? Namen, Worte. Ein Name sei auch
nur ein Wort, sagt der Narr zu Viola. Der Narr steht in
Olivias Diensten und reißt auch beim Herzog für viel
Geld hie und da seine kostbaren melancholischen Witze.
Worte aber, höhnt der Narr, seien »rechte Hundsfötter,
seit Verschreibungen sie zuschanden gemacht haben ...
Worte sind so falsch geworden, daß ich keine Gründe
darauf bauen mag.« Können Menschen mehr aushalten
– daß sie nur ein Wort sind, unter dem sich verbergen
kann, was will?

»Wie soll das gehn? Orsino liebt sie zärtlich; / Ich
armes Ding bin gleich verliebt in ihn, / Und sie, Be-
trogne, scheint in mich vergafft. / Was soll draus werden?
Wenn ich Mann bin, muß / Ich an der Liebe meines
Herrn verzweifeln; / Und wenn ich Weib bin: lieber
Himmel, ach! / Wie fruchtlos wird Olivia seufzen müssen!« Wie gesagt: »wenn«. Jedes »dann« erlöst normalerweise ein »wenn«, jeder Grund führt zu einer Folge.
Auf der Insel der Seligen, in Illyrien, bauen nicht nur
Narren nicht mehr auf Gründe. Die »wenn« hängen in
der Luft. Der sich drehende Kreis der Unmöglichkeiten
entwickelt nicht nur eine innere Geschwindigkeit, wird
auch von außen her angetrieben von vorbeitreibenden,
ihn streifenden, umherrasenden Körpern, aber bricht bis
zuletzt nicht auf, kommt nicht zur Ruhe. Wird nicht
erlöst, aufgelöst. Wenigstens nicht ganz. *Was ihr wollt* ist
eine Komödie der Unruhe, die bleibt.

Die Körper, die wie Meteore von außen auf den Kreis
treffen, ihn streifen und treiben, gehören dem tollwütigen Universum an: Junker Tobias von Rülp, der Onkel
der Olivia, der sich im Haus der Gräfin eingenistet hat,
wo er, wie er rülpsend sagt, immer spät ins Bett geht,
weil er dann immer noch früh auf ist (aus solchen Späßen
und Wortspielen besteht fast sein ganzes Leben), viel

säuft, viel frißt, noch mehr säuft, noch mehr frißt, brüllt, singt, rauft, tanzt und sich Junker Christoph von Bleichenwang als Finanzier seiner Saufereien, Fressereien, Raufereien hält. Rülp stellt Bleichenwang eine Hochzeit mit Olivia in Aussicht: so fesselt er ihn und dessen Geldbeutel ans Haus. Aber der Mensch lebt auf Illyrien nicht von Wein und Rindfleisch allein. Auch die trunkenen Trabanten müssen spielen. Weil sie an sich selber nur schlauchartige Bäuche und rot angelaufene Nasen als Mummenzier entdecken und zu mehr als Magen- und Leberübungen keine Lust verspüren, spielen sie ihr Spiel mit anderen. Mit dem Haushofmeister Malvolio, in dem sie durch ein gefälschtes Briefchen, das Olivias Kammermädchen Maria verfertigt, den Verdacht und den Hochmut nähren, er werde heimlich von seiner Herrin Olivia bis zum Wahnsinn geliebt, er solle sich gelbe Strümpfe anziehen und den Knieriemen kreuzweis binden – das schätze Olivia an ihm, das mache sie toll vor Zuneigung. Malvolio fängt prompt an zu rasen vor Liebe, auch wenn ihm die Knieriemen das Blut abschnüren und er in den gelben Strümpfen ausschaut wie ein Papagei im Kartoffelsalat. Als er sich auf Olivia stürzt, ihr in ähnlichen heißen Worten seine Liebe gesteht, seine Seele nackt präsentiert, in denen Olivia dem Pagen Cesario ihre Liebe gestand, hält Olivia, die von der Intrige nichts weiß, ihn für verrückt: Malvolio wird im Keller eingesperrt, vom Pfarrer, unter dessen Maske der Narr steckt, exorziert, gefoppt, gequält. Der einzige, der wirklich wissen könnte, was er ist und will, wird in Illyrien bitter bestraft. Nur wer verborgen bleibt, hat eine Chance.

Zum Beispiel Viola, die nun von Tobias Rülp und Bleichenwang zum Duell gefordert wird, weil sie im vermeintlichen Cesario einen Nebenbuhler in der Gunst der Gräfin erblicken. Viola, naturgemäß zu schwach für alle Raufhändel, wird vom Kapitän Antonio gerettet, der Rülp und Bleichenwang in die Flucht schlägt. Antonio hatte Violas Zwillingsbruder Sebastian nach dem Sturm aus der See gezogen, sich in den Jungen verliebt, ihm Geld gegeben, war ihm aber nicht in die Stadt gefolgt, weil er dort als Pirat gesucht wurde. Nun hielt er es ohne Sebastian nicht aus, dem er »mit Lust, geschärft wie blanker Stahl« gefolgt war, und hielt die bedrängte Viola in Männerkleidern für Sebastian, wird von zufällig vorbeikommenden Polizisten des Herzogs erkannt und verhaftet, erbittet von Viola das Geld zurück, das er Sebastian lieh. Viola weiß von keinem Geld. Antonio verflucht den »Ungetreuen«, Junker Tobias und Bleichenwang stimmen in die Flüche mit ein. Als sie bei nächster Gelegenheit auf eine Gestalt treffen, die so ausschaut wie Viola, fallen sie über sie her, bekommen aber gewaltige Ohrfeigen verpaßt, denn es ist Sebastian, Violas Zwillingsbruder, den sie antrafen, und den jetzt die Gräfin Olivia den Rüpeln entreißt, ihm in die Arme sinkt, er sich von ihr gerne umarmen läßt, gar nicht weiß, wie ihm geschieht, auch Ja und Amen nickt, als Olivia nach dem Priester ruft und innerhalb von einer halben Stunde mit Sebastian, den sie für Cesario hält, die Ehe eingeht, so schnell, daß der Priester gar nicht nach dem Namen fragt, und Sebastian sich auch keine Gedanken darüber macht, daß die wunderbare Schöne, deren Lippen so süß und wie verdurstend an seinen saugen, ihn immer »Cesario« nennt. In Illyrien fragt man nicht nach Gründen. Und Namen sind Worte wie andere Worte auch.

Auch der Tod ist so ein Wort. Wo die Liebe ist, ist er nicht weit. Der Herzog hat seinen Diwan verlassen, läßt die Musiker hinter sich die Straßen entlang schreiten

und schön auf ihre cis-Triller achten. An der linken
Hand führt er Viola als Cesario, deren Puls bei dieser
Berührung ziemlich schnell geht, in der rechten Hand
hält er einen scharf geschliffenen sarazenischen Dolch.
Vor dem Haus der Olivia trifft er Antonio, der ihm drei
Schiffe ausgeraubt hatte und jetzt den Jungen an des
Herzogs Seite der Treulosigkeit beschuldigt, was den
Herzog nicht interessiert, denn er zeigt der herbeieilen-
den Olivia, was er mit Cesario zu tun gedenke, um die
»marmorbusige Tyrannin« zu treffen. Orsino hat gespürt, daß Cesario ihm den Rang bei Olivia ablief. Er
setzt das Messer an Violas Kehle und will sein »zart-
geliebtes Lamm entseelen, um einer Taube Rabenherz zu
quälen«. Wobei das »zartgeliebte Lamm« mehr sind als
Worte, es ist ein Liebesgeständnis: Jeder tötet, was er
liebt. Und da der Herzog die Liebe liebt, tötet er, wenn
er Viola tötet, die Liebe, durch die hindurch er in ein
Jungenherz schaut, wovor er Angst hat – und was ihn
(vielleicht) fasziniert. Und Viola will den Tod gern erleiden: für ihn. Doch Olivia pariert kurz und stolz: Ihr
Gemahl werde nicht so einfach ermordet. Gemahl? Der
Priester kommt, bestätigt, daß Viola vor ein paar Stunden erst Olivia vor dem Altar das Jawort gegeben habe.
Da tritt Sebastian auf im Gefolge der Rüpel Rülp und
Bleichenwang, die er ziemlich zugerichtet hat, und die
nun zusammen mit Malvolio aus dem Spiel verschwinden: Rülp und Bleichenwang sind körperlich, Malvolio
ist seelisch zerschunden. Der Spaß ist für sie vorbei. Für
die anderen beginnt der Wahnsinn.

Alle schauen geblendet und verwirrt in den Spiegel,
in den Viola schaut, wenn sie Sebastian ansieht: »Gesicht, Ton, Kleidung eins, doch zwei Personen: / Ein wah-
rer Gaukelschein, der ist und nicht ist.« Es ist, als sei
Viola in zwei Teile gespalten. Der eine Teil fällt Olivia

zu, die zu diesem Teil »Sebastian« sagt. Aber Namen sind auch nur Worte, wie wir wissen. Der andere Teil fällt dem Herzog zu, der das Messer einsteckt und den Jungen, den er in Viola geliebt hat, »für die getanen Dienste« entläßt und nun das Mädchen, das er im Jungen entdeckt, engagiert: »Ganz streitend mit der Schüchternheit des Weibes, / Tief unter der gewohnten zarten Pflege, / Und weil Ihr mich so lange Herr genannt, / Nehmt meine Hand hier und von jetzo an seid Euers Herrn Herr«, wobei er eigentlich sagen wollte »Herrin«. Aber ob »Herrin« oder »Herr« – am Wort liegt's nicht.

Die Frau, die einen Jungen geliebt hat, der ein Mädchen ist, bekommt einen Jungen, der genau so aussieht wie das Mädchen, das sie hinter der Jungenmaske entdecken konnte. Und das Mädchen, das sich, als Junge verkleidet, in einen Mann verliebte, bekommt einen Mann, der im Jungen, den er liebgewann, ein Mädchen entdecken durfte, mußte, konnte. Wer weiß, wen er da im Arm hält? Sturm kommt auf über Illyrien. Doch der Karneval geht ewig weiter. Was ist Maske? Was ist Geschlecht? Wer bin ich? Und wo kommen dann die kleinen Kinder her? Und warum fehlt ihnen ein Kopf?

XIX.
Kinder ohne Kopf

anchmal träumt der kleine Moritz, wenn er nicht griechische Vokabeln paukt, an den lateinischen Aufsatz und seine gefährdete Versetzung in die nächste Klasse denkt, von einer Königin. Schön wie die Sonne. Schöner als alle Mädchen im Land. Nur war sie leider ohne Kopf auf die Welt gekommen. Sie konnte nicht essen, nicht trinken, konnte nicht sehen, nicht lachen und – da errötet Moritz immer leicht – auch nicht küssen. Sie vermochte sich mit ihrem Hofstaat nur durch ihre kleine weiche Hand zu verständigen. (Und auch bei »kleine weiche Hand« bekommt Moritz merkwürdige Gefühle; Moritz ist vierzehn.) Mit den zierlichen Füßen strampelte sie Kriegserklärungen und Todesurteile. Da wurde sie eines Tages von einem Könige besiegt, der zufällig zwei Köpfe hatte, die sich das ganze Jahr in den Haaren lagen und dabei so aufgeregt disputierten, daß keiner den andern zu Wort kommen ließ. Der Oberhofzauberer nahm nun den kleineren der beiden und setzte ihn der Königin auf. Und siehe, er stand ihr vortrefflich. Darauf heiratete der König die Königin, und die beiden lagen einander nun nicht mehr in den Haaren, sondern küßten einander auf Stirn, auf Wangen und Mund und lebten noch lange Jahre glücklich und in Freuden.

Das Märchen von der kopflosen Königin sitzt Moritz Stiefel so sehr im Kopf, daß er immer, wenn er ein schönes Mädchen sieht, es ohne Kopf sieht, und er sieht in allen Mädchen lauter wunderschöne Mädchen, weil er von Mädchen nichts weiß und auch nichts wissen darf – »und erscheine mir dann plötzlich selber als kopflose Königin ... Möglich, daß mir noch mal einer aufgesetzt wird.« Erst im Tode, wenig später, bekommt Moritz Stiefel einen Kopf aufgesetzt. Vorher aber mußte er ihn sich mit einer Pistole derart wegpusten, daß sein Gehirn über alle Königskerzen im Wiesengrund verspritzt war. Moritz Stiefel hat sich umgebracht, weil er nicht in die nächst höhere Klasse versetzt wurde und seinen Eltern mit dieser Nachricht nicht unter die Augen treten wollte, aus Furcht, sie grämten sich zu Tode. Lieber also selber sterben. Beim Begräbnis schreit sein Vater ins offene Grab hinunter: »Der Junge war nicht von mir.« Und die Lehrer wissen als Trost nur: Wir hätten ihn sowieso nicht promoviert. Da kann er also seinen Kopf jetzt ruhig kokett unterm Arm tragen, ihn ab- und aufsetzen, wenn er mag beim Klettern über Friedhofmauern oder beim Spuken zur Geisterstunde. Wir sind in einer »Kindertragödie«. Eine Kindertragödie ist immer auch ein Schauerdrama. Erst als schauriges Gespenst ist das Kind Moritz vollständig, wenn auch grau und kalt und leblos, aber immerhin mit Kopf. Ein Kind im Winter.

Im Frühling aber, im Leben, waren Mortiz Stiefel, waren seine Schulkameraden Melchior Gabor, Hänschen Rilow, Ernst Röbel, waren die Mädchen Ilse und Thea, Martha und Wendla immer wie kopflose Könige und Königinnen. Es wurde ihnen der Körperteil verweigert, mit dem man nicht nur fühlt, sondern auch Gefühle ausdrückt, über sie redet, nach ihnen fragt, sie bewältigt, ihnen nachgibt, sie genießt. Denn auch die Geilheit, die Lust, die Sexualität, das ganze Leben, die Sinne sitzen zuerst im Kopf. So kam es, daß diese Kinder mit dem, was man ihnen statt des Kopfes gelassen hatte, mit jener empfindsamen, von allen Seiten eingeschnürten Denkrübe an nichts anderes dachten als an das, an das sie gar nicht denken durften: das große Verbotene, das Geschlecht, das »Ding«. Es beherrschte noch ihre harmlosesten Verrichtungen. Hinter jeder Schulaufgabe, jeder Lektüre, jedem Spaziergang, jedem Lufthauch, jedem bewegten Blatt: immer nur »das eine« – ohne es erkennen zu können oder zu dürfen.

Ihre Eltern und Lehrer achteten mit grotesker Mühe darauf, daß die Kinder genau so lebten wie sie selbst: als Körper, die mit Händen und Füßen, mit ungefähren, großspurigen Zeichen sich verständigten, nicht das Richtige sagten, sondern das Falsche lebten, da sie nicht nur in der Schule, da sie auch in sich selber sitzen bleiben mußten, nie promoviert wurden, nie aus sich heraus durften. Schon die verschämte Frage nach ihrer Herkunft, danach, wo die kleinen Kinder herkommen, wird ihnen als Unverschämtheit ausgelegt. So bleiben sie mit ihren Körpern allein, erleben, was die Körper wollen, wie sie sich entwickeln und regen. Und das einzige, was ihnen dazu einfallen darf, ist allenfalls: »Hast du sie schon empfunden?« – »Was?« – »Wie sagtest du?« – »Männliche Regungen?« Dann aber lesen Moritz Stiefel und sein Freund Melchior Gabor lieber weiter in Goethes *Faust* ohne sich allerdings bei der unanständigen »Geschichte mit Gretchen« aufzuhalten. Vor lauter Nicht-Fragen- und Nicht-Wissen-Dürfen peitschen und schlagen sie sich hie und da. Dann ist Gewalt nicht der Ausdruck, sondern der Ersatz für die Lust. Wendla Bergmann, deren Mutter ihr das kurze Kleid längermachen will, weil sie um die schönen Beine ihrer Tochter fürchtet, bittet Melchior, sie doch einmal zu peitschen, und kreischt ganz naiv und entzückt vor Freude, als er ihr wie in einem Anfall die nackten Schenkel mit der bloßen Hand versohlt. Melchior flieht entsetzt. Vor allem durften sie nie jemanden suchen und gar finden, der auch noch auf oder zu ihrem Körper gepaßt, ihnen einen Kopf und also Lust und Leben und alles übrige Lebenswerte geschenkt hätte.

Also sind die Kinder in *Frühlings Erwachen* sehr komische Kinder, auch wenn sie die traurigste Sache der Welt erleben: nicht sich selber sein zu dürfen, unvollständig bleiben zu müssen, geteilt zu sein und nicht einmal richtig zu wissen, wovon eigentlich geteilt. Da sie aber ständig nach ihrem anderen Teil, einem Kopf, einer Lust, einem Leben suchen, das zu ihnen paßt, muß man sehr über sie lachen, obwohl man über sie weinen möchte. Ein Abenteuer. Es war 1890, als *Frühlings Erwachen* erschien, ein unmögliches Abenteuer.

Der sechsundzwanzigjährige Frank Wedekind, Sohn eines wohlhabenden einstmaligen Deputierten im Parlament der Frankfurter Paulskirche und einer Schauspielerin am Deutschen Theater in San Francisco, hatte Reklame für die Gewürzfirma »Maggi« gemacht, Artikel für die »Neue Zürcher Zeitung« geschrieben, war als Sekretär mit einem Zirkus gereist und mit einem »Feuermaler« auf Tournee durch Südfrankreich und England gegangen. Er betrat als Dramatiker die Szene, als dort in den Stücken der Naturalisten meist eine alte, nie vergangene Schuld die gegenwärtigen Gefühle der Protagonisten schwer belastete. Wenn Wedekind, der in jeder Hinsicht von außen kam, ins Theater ging, sah er Familien sich zerfleischen, ohne daß diese Familien Fleisch hatten. Er nun warf gleich in *Frühlings Erwachen* alle Schuld und Sühne weg und zeigte nur Fleisch: nacktes, bloßes Fleisch, in Kümmernis nicht wegen eines gesellschaftlichen Verhängnisses, sondern wegen

einer verhängten Moral. Später war es Frauenfleisch
(Lulu, Musik), hier, in *Frühlings Erwachen,* ist es Kinder-
fleisch. Wedekind zeigt keine Schicksale, nichts, was
aus- und aufeinander folgt: Wedekind zeigt in seinen
Dramen, was passiert, wenn Leidenschaften losgelassen
werden, wenn Kopf und Unterleib in Konfusion miteinander stehen. Meistens endet es tödlich. Wedekinds
Begleiter war und blieb deshalb die Zensur, bis er fast
schon weltberühmt 1918 nach ein paar provisorischen
Blinddarmoperationen an einer Bruchoperation in München starb. *Frühlings Erwachen* wurde erst 1906 von Max
Reinhardt am Deutschen Theater in Berlin uraufgeführt.
Da fand schon fast niemand mehr etwas dabei, danach
zu fragen, woher die kleinen Kinder kommen. Doch die
Suche nach den fehlenden Köpfen ging weiter.

Hänschen Rilow zum Beispiel vernichtet die Königinnen im Abort, die ihm gleisnerisch und scheinbar
ihre Köpfe anbieten, wenn auch nur auf Kunstpost-
karten: Venus von Palma Vecchio, (»Du siehst mir nicht
nach Vaterunser aus, Holde«), Psycho von Thumann,
Io von Corregio, Galathea von Lossow, Amor von Bou-
guereau, Ada von J. van Beers, Leda von Makart – alles
künstlerisch wertvolle Wichsvorlagen, eine jede so un-
befriedigend wie die nächste; der Kopf einer jeden sinkt
sofort in ihren Körper zurück, verschwimmt mit ihm.
Es war nichts. Es war nur rührend, komisch, verzweifelt.
Hänschen Rilow: der Göttinnenmörder. Wenn Wendla
Bergmann ihre Mutter danach fragt, ob der Storch die
kleinen Kinder bringe, und Frau Bergmann nur etwas
davon stammelt, man müsse halt »den Mann – mit dem
man verheiratet ist ... lieben – lieben sag' ich dir – wie
man nur einen Mann lieben kann! Man muß ihn so
sehr von ganzem Herzen lieben, wie – wie sich's nicht
sagen läßt!«, dann schickt die gute Mutter ihre kopflos

gelassene Tochter in ein Leben, in dem Heuschober darauf warten, daß Melchior und Wendla in Gewitterschwüle ihre Körper aneinander reiben, diese sich vereinigen lassen, ohne daß sie davon etwas wissen. Weshalb Wendla auch daran stirbt, daß man ihr den kleinen Körper, der in ihrem Körper heranwächst, abtötet, von dem sie auch nichts weiß. Die Abtreibungsmittel von Frau Schmidt sind gründlich. Auf Wendlas Grabstein steht »Wendla Bergmann, geboren am 5. Mai 1878, gestorben an der Bleichsucht den 27. Oktober 1892. Selig sind, die reinen Herzens sind...« Nicht einmal im Tod bekommt sie den richtigen Kopf aufgesetzt.

Moritz hat es da besser. Er spukt, er trifft auf Melchior, der von der Schule geworfen wurde, weil man im Schulheft des Selbstmörders Moritz eine Abhandlung von Melchiors Hand »Über den Beischlaf« fand. Die höchste Lust und größte Verworfenheit der Jungen war, »gemütlich über die Fortpflanzung zu plaudern«. Melchiors Mutter, die über diese Abhandlung noch nachsichtig lächelte, wurde sehr böse, als sie hörte, daß ihr Sohn ein Mädchen geschwängert hatte: »Korrektionsanstalt« war da die Lösung, eine Art Jugendzuchthaus. Die Eltern, denen ihre Kinder Angst machen mit ihrer Kopflust, stoßen die Kinder von sich. Aber sie tun es, weil ihnen auch die Köpfe fehlen. Ihre Welt käme furchtbar durcheinander, hätten sie welche. Sie suchen Trost beieinander, umschlingen sich und schlafen kurz miteinander. Auch das sieht komisch aus ohne Köpfe.

Melchior floh aus der Anstalt über den Blitzableiter und ist im Friedhof neben Wendlas Grabstein gelandet, frierend und hungrig, bedrängt vom Gespenst Moritz, der virtuos mit seinem Kopf spielt und Kunststücke damit macht: das Spiel aus dem alten Märchen – aber mit einer toten Kinderkönigin, einem toten Kinder-

könig, toten Kinderküssen, toten Kinderworten. Die
Kindertragödie wird zum Gespensterstück, in dem der
Tod die Püppchen tanzen läßt. Das einzige, das noch
hülfe, wäre das Leben, wenn man es kennte. Kurz bevor
Moritz sich umbrachte, traf er auf Ilse, das Freuden-
mädchen, das allen möglichen Malern nackt Modell
steht zwischen Orgien, Festen, Räuschen. Aber Ilse erzählt davon wie von einem schmuddeligen Groschen-
roman, wo das Leben eine besinnungslose Rutschbahn
in die Gosse hinab ist, umsäumt von roten Laternen
und gerümpften Polizistennasen. Und schlechte Literatur hat noch keinen Gymnasiasten zum Leben verführt.
Ilse – die letzte raffiniert und böse vermummte Warnung des Lebens vor dem Tod. Aber Moritz setzt die
Pistole nicht an seine Schläfe, ohne den Hauptvorwurf
an sein Leben zu richten: Er sterbe nun, habe aber »es«
(und »es« meint: den Sex, den Beischlaf, die Liebe, die
Frauen) nicht kennengelernt. Das sei ungefähr so wie:
»Sie kommen aus Ägypten, mein Herr, und haben die
Pyramiden nicht gesehen?« Und träumt noch rasch wie
im Rausch von Fräulein Snandulia, die auf dem Früh-
lingsfest getanzt hat. »Ihre Seidenrobe war hinten und
vorn ausgeschnitten. Hinten bis auf den Taillengürtel
und vorne bis zur Bewußtlosigkeit.« Der Trieb ist
rührend und mächtig in ihm, aber er lebt in einer geschlechtslosen Zeit. Ausleben kann er ihn nur in Phantasien. Der Tod löst das Problem nicht. Er löscht es
nur aus.

Bevor Melchior seine Hand nach Moritz und dem Tod
ausstrecken und dieser ihn mit hinunternehmen kann,
dorthin, wo man sich »an der Verwesung wärmt«, tritt
ein Vermummter Herr herbei. Er trägt Zylinder, Stock
mit Silberknauf, Gehrock, verhüllt aber seinen Kopf.
Es ist gar nicht sicher, ob er überhaupt einen Kopf zu

bieten hat. Aber er bietet Melchior ein warmes Abendessen und ein Fortkommen an. »Nach dem, was ich ver-
schuldet, kann mir ein warmes Abendessen meine Ruhe
nicht wiedergeben!«, meint Melchior. »Es kommt auf
das Abendessen an!«, entgegnet der Vermummte Herr.
Er ist das Leben. Mehr als ein Abendessen kann das
Leben den Wedekindern vorerst nicht bieten. Der Kopf
kommt dann später. Und kommt Kopf, kommt auch
Schwanz. Aber die Not bleibt sich gleich. Und vom
Friedhof kommt man schwer los.

Noch bevor die Wedekinder in ihren vatermörde-
rischen Kragen, engen Röhrenhosen, Rüschenkleidern
und Jacketts die Friedhofsmauer erklettern, um mit dem
Vermummten Herrn das Weite in ihrer geschlechtslosen
Zeit zu suchen, fühlen sie sich schon sehr alt, ungefähr
1890 plus hundert. Als hätte man sie in eine Zeit-
maschine gesetzt und durchs Jahrhundert rasen lassen.
Über alle Kriege und Katastrophen und zwei, drei sexuelle Revolutionen hinweg. Durch die Kaschemmen des
»Blauen Engels« und aller ehrbaren und unehrbaren
Dirnen hinweg. Durch Schulstuben hindurch, in der
Sexualkunde ein Fach ist, für das es Noten gibt und in
dem das, was Melchior Gabor noch heimlich unter der
Bank weiterreichte, eine Hausaufgabe darstellt – die
weiblichen und männlichen Geschlechtsorgane im Ver-
gleich, wer kennt den Unterschied, liebe Kinder? An
Kiosken vorbei, von denen herab Brüste, Schamhaare,
feuchte Lippen auf allen Illustriertentiteln prangen.
Durch den Notausgang von Kinoschuppen, auf deren
Leinwänden für wenig Geld Penisse zu sehen sind,
wie sie in Vaginen aus- und einfahren, ganz mecha-
nisch, fast maschinell, rein technisch. Hinein in Partys
und Diskussionen, in denen locker erörtert wird, wer
einem die Abtreibung bezahlt, oder wie man sich vor

einer tödlichen Seuche schützt, die übertragen werden kann, wenn Mann und Frau Dinge tun, an die Melchior und Fritz und Wendla und Hänschen Rilow und all die anderen unaufhörlich dachten, ohne sich zu trauen, und wenn sie sich trauten, daran starben, ganz ohne Seuche, aber an einer Abtreibung, wie Wendla. Und sie bleiben starr auf ihrer Friedhofmauer sitzen und hören noch, wie der Vermummte Herr »Komm Kind!« sagt, was bedeutet, daß sie jetzt keine Kinder mehr sind, und blicken zurück, sehen ein offenes Grab, vor dem zwei Weiber sich angiften. Die eine im Unterrock mit Gummistiefeln, die andere im schwarzen Arbeitskittel.

XX.

Trieb ohne Leben

icher Mitzi«, faucht Hilde, die Frau im schwarzen Arbeitskittel, »wir leben in einer geschlechtlichen Zeit«, und schnauft schwer, »da haben Sie schon recht. Aber Gott hat ein wachsames Auge.« Dann blickt sie kurz hinauf in den Himmel und immer wieder, sagt wenig später »Du Drecksau« und stößt Mitzi, die Dame im Unterrock, ins Grab hinunter: »Jetzt bist einmal im Leb'n brav und bleibst da drin und tust, was man sagt.« Drunten stöhnt Mitzi: »I stirb«, klettert dann heraus und kotzt. Worauf Hilde betet: »Oh mein Gott, du hast mich in die Wüste geführt. Herr wisse, ich bin ihr nicht mehr böse, daß sie mir meinen Mann mit ihrem Arsch hat abspenstig machen wollen. Ich vergib ihr, vergib du ihr auch. Friede Mitzi! Ich bin nur ein armes sündiges Weib.« Und Mitzi fragt: »Und was bin ich?« Dann läßt sie der Autor »umschlungen« fortwanken. Man hört ihn förmlich lachen über die zwei Weiber, und wir lachen mit ihm über den Zusammenfall und -hall von »ihrem Arsch« und »Oh mein Gott«. Es ist, als hätte sie der Autor kurz an- und dann gleich wieder ausgeknipst, als halte er sie im Zaum und lasse sie nicht zu tief abstürzen, sondern nur auf der Stelle ausrutschen, wo der Witz aus der Katastrophe herausschaut wie ein nacktes Stück Haut aus dem zerrissenen Strumpf. Es sind beide keine tragischen, keine tiefen Weiber, keine, bei denen die Seelen dunkle Falten werfen. Es sind wahnsinnige

komische Weiber. Hätte Shakespeare sie erfunden, er
hätte sie auf einem Fischmarkt mit Pferdeäppeln aufeinander werfen lassen.

Der Autor trägt Jeans und einen Trachtenjanker,
raucht teure Pfeifen und ist 1946 geboren, trug aber auch
schon Seidenanzüge und spielte in hübschen Fernsehserien mit, schrieb Artikel für die Boulevardpresse und
war eine Zeitlang Mitglied der Deutschen Kommunistischen Partei (DKP), verkehrte in den höchsten
Kreisen und schrieb Stücke, in denen die Leute von ganz
unten vorkommen. Von allen deutschen Dramatikern,
die noch leben, ist Franz Xaver Kroetz der lebendigste.
Weil er dem Leben nachlauscht. Drum sind seine Stücke
auch danach. Er schaut in Betten, Wohnzimmer, Arbeitsstätten und Ställe und zeigt, wie die Jungen einen
Vater erschießen, weil dieser die Todesstrafe für den
Hilfsarbeiter Franz will, der die dreizehnjährige Hanni
schwängerte (*Wildwechsel,* 1971). Oder wie der Bauarbeiter Otto seine Freundin erschießt, weil er fürchtet, sie habe eine sexuelle Beziehung zu ihrem Hund
(*Männersache,* 1972). Oder wie ein Fräulein sich total
stumm tötet, während sie total stumm, einsam und
verloren ein Wunschkonzert im Radio hört (*Wunschkonzert,* 1973). Oder wie sich der alte Knecht Sepp in
die debile, zurückgebliebene Beppi verliebt und vom
Hof gejagt wird (*Stallerhof,* 1972). Oder wie Brüderlein
und Schwesterlein vom Bauernland in die Stadt fliehen, dort ihr Blut und ihre Körper verkaufen (*Bauern
sterben,* 1985). Und immer war ihre Not, sich auch
nur am untersten Rand der Gesellschaft zurechtzufinden, ihre Not, geschlechtlich zueinander zu finden,
und ihre Not, die richtigen Worte zu finden, eine einzige Not. Wer auch noch im Bett daran denken muß,
wie ihm sein Chef den Kugelschreiber weggenommen

und nicht wieder gegeben hat wie Otto in *Mensch Meier*
(1977), der kann seine Frau nicht liebhaben. Er redet
davon ganz zart derb im Dialekt, einem rührend hoch-
gestochenen, Seelen und Köpfe entlarvenden Kunst-
bayerisch.

Den Menschen von Kroetz fällt das Gestanzte vom
Maul, das ihnen vom Leben und von der Gesellschaft
übrigblieb, und je höher sie hinauswollen, desto starrer,
desto unwirklicher, verquaster reden sie miteinander.
Als erzählten sie sich in einem heimischen, gemütlichen
Ton, der ungeheuer fremd wirkt und sie sich selber
fremd macht, Märchen von sich und ihrer Sehnsucht. Sie
scheinen, auch wenn sie irgendwo landen, und sei es bei
der Erkenntis: »Mir müssen lernen«, immer irgendwo
ins Freie, Luftleere, Abgrundtiefe zu fallen. Ihre Einsamkeit verschlingt sie gerne ganz. Und nie ist da die
gute Fee, die sie auffängt. Immer aber ist auch Gott im
Spiel oder ein Kreuz, an das sich ein Arbeitsloser nageln
kann, wenn er nicht mehr weiter weiß (*Furcht und Hoffnung der BRD*, 1983), oder von dem Jesus herabsteigt
und einem Pfarrer ins Gesicht spuckt, der Asylanten aus
einer Kirche weist (*Ich bin das Volk*, 1993). Aber immer,
auch und vor allem im Kitsch, bilden Kopf, Schwanz
und Herz und Not eine Einheit. Vor allem im *Lieben
Fritz* von 1971, wo Mitzi und Hilde noch in einer Gärtnerei arbeiten, die Hildes Mann Otto gehört, der Hildes
Bruder Fritz aufnehmen muß. Fritz ist frisch aus dem
Gefängnis entlassen, wo er einsaß, weil er auf offener
Straße, in Parks und Gassen den Leuten sein Geschlecht
zeigte. Fritz, in der Urfassung des Stücks noch kastriert,
bekam zur Darmstädter Uraufführung von Kroetz statt
des abgeschnittenen Triebs nur triebhemmende Mittel
verschrieben. Mitzi liebt Fritz, traut sich aber nicht zu
ihm zu halten, die Liebe stirbt; Ottos und Hildes Mit-

leid stirbt auch. Am Ende fährt Fritz mit dem Motorrad davon. Kroetz weint mit.

Zwanzig Jahre später lacht Kroetz mit. Er glaubte einmal, man müsse die Menschen in den Stücken eine Lösung für ihr Elend suchen lassen. Jetzt entdeckt er, daß das Elend schon die Lösung ist. Das Stück heißt 1992 *Der Drang*. Und der Kopf und das Herz sind jetzt ganz ausgeschaltet. Und es wird geredet, als seien alle an Schnellfeuergewehre angeschlossen. Nur das Abgestorbene spielt eine wichtige Rolle. Aus der Gärtnerei wird die Friedhofsgärtnerei, in der auf Knopfdruck durch eine Klimaanlage für 280000 Mark tausende Blumen zu blühen anfangen. Und wie auf Knopfdruck fangen bei den Menschen in der Friedhofsgärtnerei über offenen Gräbern Triebe an zu schießen — nur weil einer auftaucht, der gar keinen Trieb mehr hat, der sich im Zimmer verbarrikadiert und vor dem Spiegel wie in einem in sich verdrehten Watscheltanz probiert, wie es wäre, wenn er jetzt wieder ein »Exhibitionierer« wäre. Fritz hat das selige Lächeln eines Eunuchen auf den Lippen und das Glucksen eines Kapauns im Hals. Ein Engel. Fritz ist selig. In geschlechtlicher Zeit, in der die geschlechtliche Leistung genauso gefordert ist wie die berufliche, auch und gerade in der Friedhofsgärtnerei, ist er der einzige, den nichts mehr plagt, nichts mehr drängt. Er hat den Drang nicht mehr. Also reizt er den Drang der anderen.

Aus schmalen, leicht entzündeten Augen schaut er verwundert nicht nur in den Spiegel, sondern ins Gesicht seines Schwagers Otto, der ihn aufgenommen hat und spricht: »Es kommt nur auf dich an. Weil der Entschluß war nicht leicht.« Was Otto eigentlich sagen will unter dem kurzen, schweren Gebirge seines Satzes, ist: Wir haben dich aufgenommen, auch wenn wir's nicht

wollten, unter der Voraussetzung, daß du Ruhe hältst.
Er sagt aber: »Es kommt nur auf dich an« – und enthüllt, worum es geht. Es kommt nur darauf an, was
Fritz aus ihnen macht. Otto, der sich mürrisch neben
seiner Hilde im Ehebett abmüht (»Jetz mog i nimma«),
stürzt sich auf Mitzi (»Jetzt hamma aber die Sau raus-
glassen, Herr Holdenrieder. Etz miaßma zruck ins Lebn,
sunst fallts auf.«) Otto Holdenrieder sagt glücklich
»Ja« und »Mitzi, ich liebe dich«. Mitzi: »Geh, sowas
sagt man doch ned«. Denn Mitzi weiß, daß »Liebe« nur
ein Wort ist und das dümmste Wort in einer geschlechtlichen Zeit.

Mitzi, die geglaubt hat, Fritz sei ein Sadist und wegen
Sadismus im Gefängnis gesessen, hatte sich auf Fritz
gestürzt und ihn gebeten, doch mit einer Nadel auf sie
sadistisch einzustechen, weil: »Nach dem Sadismus
kommt die Liebe!« Fritz kontert: »Nach dem Sadismus
kommt der Tod, wenn koa Ruah gibst.« Worauf Mitzi
nur »Liebe, Liebe, Liebe, Liebe, Liebe, Liebe« bettelte,
aber dann den Otto trotzdem auf sich zustürzen ließ,
weil sie glaubt, »ins Leben zurück« könne man danach
ja immer noch. Dann aber spielt sie doch das »Liebe«-
Spiel, behauptet, sie bekomme ein Kind von Otto.
Worauf Hilde die Mitzi ins Grab stürzt und zu Hilde
noch den liebestötenden Satz sagt: »Eine große Liebe
is, wenn man ein Geschäft aufbaut, Kinder zeugt und
zufrieden ist.« Worauf Otto sich, als Hilde ihm von
Mitzis Grabsturz so erzählt, daß Otto meint, Mitzi sei
tot, neben einem Sarg sich auf Hilde stürzt (»Weilst
mich so wahnsinnig liebst«), sie »greift«, »in sie hinein
greift« und (»Wo du alles für mich tust«) sie neben
einem Sarg bespringt (»Ruhe in Frieden, Mitzi, meine
ganze Sexualität ist etzan da drin«). Als er erfährt, daß
Mitzi doch noch lebt, kündigt er ihr. Im Friedhof und

in der Leichenhalle wird höchstens noch scharf gegessen, werden Hamburger verschlungen, wird der Eßtrieb
kurz und schmerzlos befriedigt, sonst kommt außer dem
Sexualtrieb keine menschliche Regung vor.

Das ist nicht säuisch. Das ist saukomisch. Die Figuren haben in ihrem Unterleib etwas, das sie peinigt,
vorantreibt, verrückt macht, das sie anknipst und wieder ausknipst: Sexualmaschinenkasperl in einer Sexual-
komödie, die von der Klima-Anlage gesteuert wird,
deren Knopfdruck der Dramatiker regelt. Von kalt nach
heiß und wieder zurück. Triebe ohne Leben. Opfer der
Sexualisierung der Gesellschaft. Das Elend dieser Gesellschaft, die ihren Trieb nicht mehr spürt, nurmehr
auslebt, ist die Lösung des Dramas: Wenn nurmehr der
Unterleib etwas zu sagen hat, dann muß man den Unterleib zur Komödie machen. In solch einer Komödie ist
der einzig Sprachlose der Skandal. Hilde nennt den
skandalösen Punkt, um den die Komödie sich dreht:
die Entgleisung der üblichen Grammatik durch Fritz.
»Er tragt das Sexuelle vor sich her, und da er es nicht
auslebt und bei sich behält, zwingt er die anderen.« Die
Komödie *Der Drang* geht um den Zwang.

Fritz hat keinen Unterleib, er hat ein Gemüt und einmal eine Halsentzündung, die von Otto und Hilde und
Mitzi als verheerender Ausdruck einer Entartung genommen wird, und Otto vermutet sofort verrückt in der
Halskrankheit eine ansteckende Geschlechtskrankheit,
eine wilde Streuung von Aidsviren (»Hilde, dein Mann
denkt!«), denn er denkt immer nur an das eine. Also
muß Fritz weg. Er bekommt ein Motorrad und fährt auf
und davon. Die anderen machen so weiter wie bisher.
Mitzi darf bleiben, Hilde ist müd im Bett, Otto erleichtert sich nebenan, Hilde sagt »Brav«. Die Unterleiber
reden wieder normal miteinander. Das Licht verlöscht,

ganz weit in der Ferne verklingt das Knattern, Sirren und Dröhnen des Motorrads, auf dem Fritz ins Leben, vielleicht ins Glück fortfährt. Und Otto denkt, als er sich neben Hilde legt: Jetzt bin ich ganz allein. Ich tät' einen Freund brauchen.

XXI.
Maschine lieben

enn Herr Orgon wieder erwacht nach einer Nacht voll leisem Schlaf und dünner, wirrer Träume, findet er den Platz im Bett neben sich leer. Seine junge, schöne Frau hört er aus dem Boudoir nebenan perlend lachen, wie sie sich vom Friseur Komplimente machen läßt, wie die Putzmacherin ihr die neuesten Hüte bringt, wie die Magd sie anzüglich »Na, wie war die letzte Nacht?«, fragt, und sie zusammen noch mehr lachen. Seine Kinder aus erster Ehe hat er lange nicht gesehen. Wenn er durch sein großes Haus mit den riesigen Räumen, den Galerien und Treppenfluchten geht und stets meint, irgendwohin fallen oder versinken zu müssen in der ganzen Leere um ihn herum, dann erblickt er hie und da mal den Rücken seines Sohnes oder seiner Tochter, die zum Fenster hinaus mit irgend jemandem da drunten lachen und schwatzen. Nur mit ihm redet keiner. Hie und da hält ihm Cléante, sein Schwager, ein blasser, aufrechter Kerl, mit lauter Stimme Vorträge über das richtige, vernünftige Leben und den richtigen Gebrauch des Verstandes, aber es wirkt immer so, als rede Cléante zu einem Auditorium von aufgeklärten Studenten, nicht zu einem nahen Menschen. Ich brauche einen Freund, denkt Herr Orgon, einen Freund, ein Königreich für einen Freund.

Der letzte Freund, den er gehabt hat, war bei Nacht und Nebel geflohen und hatte ihm zuvor eine Kassette

mit Briefen zum Verstecken gegeben, Briefe, die Orgon
nie lesen wollte, die aber offenbar politisch hochverdäch-
tig, hochverräterisch waren, in denen es um einen Aufstand gegen den König gegangen sein muß. Manchmal
streichelt Herr Orgon die Kassette, ohne sie zu öffnen,
dann blickt er wieder trübsinnig vor sich hin und
schließt die Kassette weg. Herr Orgon ist leer. Herr
Orgon kann an nichts anderes denken als an sich selbst.
Ich brauchte jemanden, der auch an nichts anderes
denkt als an mich. Dann wären wir schon zu zweit.
Manchmal denkt er daran, wie schön es wäre, wenn er
sich auseinanderschneiden könnte in zwei Teile, dann
wären wir auch zu zweit. Herr Orgon ist ein Bürger,
aber er hat zuweilen nachtschwarze, zuweilen auch rotglühende Gedanken.

Er nimmt den Stock mit dem Silberknauf und den
Hut mit dem Seidenband und geht in die Kirche, wo er
im Dämmer der großen Halle hinter den Säulen ins
Kreuzgewölbe hinaufschaut und auch hier die große
Leere fühlt, aber er fühlt sie hier erhabener. Plötzlich,
als er den Kopf gerade einmal wieder senkt, sieht er vor
einem Nebenaltar einen knienden jungen Mann den
Oberkörper inbrünstig senken, den Kopf auf den harten
Boden pressen, sich mit der rechten Faust auf die Brust
klopfen und die Augen wie in Trance verdrehen. Da
geht Herr Orgon auf ihn zu, stellt sich in sein Blick-
feld, und richtig: Sofort wendet der junge Mann seine
verzückten Augen auf Herrn Orgon. Denn wer immer
nur an Gott denkt, denkt Herr Orgon logisch, kann
genauso gut auch an mich denken. Der junge Mann
reicht Herrn Orgon ganz zart mit der Hand ein paar
Tröpfchen Weihwasser und weist das Geld zurück, das
Orgon ihm zustecken will, aber im Flüsterton, hastig
erregt, kommt ein Geschäft zustande, von jetzt auf nach-

her, ohne Bedenken, nur aus einem Gefühl heraus, das dem Wahnsinn sehr ähnelt oder auch der Liebe vielleicht: Herr Orgon bittet den jungen Mann namens Tartuffe, sein Freund zu sein, in sein Haus zu kommen, dort zu wohnen, dort zu essen, zu trinken, sich einkleiden zu lassen unter einer Bedingung – daß er immer an ihn denkt und für ihn denkt und ihm die Leere füllen hilft, wenigstens ein wenig. Und damit beginnt die Komödie.

»Dies ist eine Komödie, die viel Aufsehen erregt hat und die lange verfolgt worden ist. Diejenigen, die sie verspottet, haben sehr wohl gezeigt, daß sie in Frankreich mächtiger sind als all jene, die ich bisher verspottet habe. Die Marquis, die Preziösen, die Hahnreie und die Ärzte haben es geduldig ertragen, daß man sie auf die Bühne bringt, und so getan, als würden sie sich mit aller Welt an der von ihnen gegebenen Darstellung belustigen. Die Heuchler haben den Spott keineswegs verstanden; sie waren sofort empört und fanden es unerhört, daß ich die Kühnheit besaß, ihre Verstellungskünste zu verspotten, und eine Tätigkeit in Verruf bringen wollte, mit der sich so viele ehrbare Leute abgeben. ... Sie haben sich gehütet, die Stellen in ihr anzugreifen, die sie getroffen haben; dazu sind sie zu geschickt, und sie wissen zu genau, wie man sich verhalten muß, als daß sie ihr Innerstes offenlegen würden. Ihren lobenswerten Gepflogenheiten entsprechend haben sie ihre Interessen unter den Schutz der Sache Gottes gestellt; und *Tartuffe* ist ihren Worten zufolge ein Stück, das die Frömmigkeit beleidigt. Es ist von Anfang bis Ende voll von Gotteslästerungen, und nichts findet sich darin, was nicht das Feuer verdiente. All seine Silben sind gottlos, selbst die Gesten verbrecherisch; und der geringste Blick, die mindeste Kopfbewegung, der kleinste Schritt nach rechts oder links in diesem Stück verbirgt Geheimnisse, die zu meinem Nachteil auszulegen sie Mittel und Wege finden.«

So schreibt Jean Baptiste Poquelin, genannt Molière, im Jahr 1669, fünf Jahre nach der Uraufführung seines *Tartuffe* am Hof von Versailles, vier Jahre, nachdem klerikale und fromme Kreise ein Aufführungsverbot beim König erwirkt hatten, obwohl der König *Tartuffe* sehr genoß. Molière, geboren 1622, Sohn eines Hoftapeziers, gelernter Jurist, freier Theaterunternehmer, der mit seiner Truppe in den vierziger und fünfziger Jahren des siebzehnten Jahrhunderts durch die französische Provinz zog und vom 24. Oktober 1658 an mit seinem Ensemble fest an den Hof gebunden war, erst als »Troupe de Monsieur le frère unique de Roi«, später als »Truppe des Königs«, versuchte, den *Tartuffe* gegen den Vorwurf der Gottes- und Religionslästerung zu verteidigen: Er habe die wahren Frommen und die falschen Frommen, den rechten Mann und den Schurken klar und »tadelsfrei« gekennzeichnet (»So habe ich ganze zwei Akte aufgewendet, den Auftritt meines Verbrechers vorzubereiten« – Tartuffe selbst tritt erst im dritten Akt auf, vorher ist nur immer die Rede von ihm).

Selbstverständlich ist der *Tartuffe* wunderbar gotteslästerlich. Molière hätte sich da auf den feinen Geschmack der Klerikalen, der Priester und Betschwestern gut und gerne verlassen dürfen. Denn sobald Tartuffe das Haus Orgons betritt, sobald er sich mit seinem Diener in seinem geräumigen Zimmer eingerichtet hat und dort mit unsicherem Blick und vorsichtigen Gebärden anfängt, Psalmen zu beten und dabei an Herrn Orgon zu denken, ist die Stelle im Haus besetzt, die vorher leer war: die Stelle Gottes, die Stelle des höchsten Wesens. Auf einmal hat das Leben im Haus wieder

einen Sinn. Herr Orgon lauscht auf jeden Rülpser, jeden
Schnaufer, jedes Schmatzen Tartuffes wie ein Verzückter.
Elmire, Orgons Frau, Dorine, ihre Magd, Damis, der
Sohn, Marianne, die Tochter, reden von nichts anderem
als von Tartuffe und sie reden vor allem mit Orgon über
ihn. Ihre Empörung über diesen Kerl, der ihnen alles
wegfrißt und ihnen das Herz des Hausherrn stiehlt, das
sie zuvor gar nicht haben wollten, wirkt wie ein Kitt,
eine erfüllte Sehnsucht, miteinander wieder zu agieren,
wo man zuvor nur nebeneinander hergelebt hatte. Plötzlich wenden sich ihm wieder Gesichter, Körper, Münder
zu, plötzlich sieht Herr Orgon in seinem Hause nicht
nur Rücken, die sich von ihm wegdrehen. Orgons Mutter rauscht tagtäglich herbei, um den frommen Mann zu
bewundern, der nun plötzlich bei Tisch der Hausherrin
gegenüber sitzt, in deren tief ausgeschnittenes Kleid er
hineinschaut, deren Augen ihn mustern. Und so wie er
vorher noch in der Kirche jeden Tag auf Gott im Leeren
gestarrt, wie er dann auf den leeren Orgon gestarrt hatte,
so starrt er jetzt leer auf Elmire.

Er ist eine Liebesmaschine. Er erfüllt einer langweiligen, gelangweilten vernünftigen Welt unvernünf-
tige Wünsche ohne Ansehen der Person. Orgon nennt
ihn »Bruder«, will ihn mit seiner Tochter verheiraten,
obwohl Marianne längst Valère versprochen ist. Tartuffe
willigt brüderlich ein, geht aber sofort Elmire an Rock
und Busentuch, gesteht ihr brennendste Leidenschaft,
was Elmire hochatmend, rotwangig und zitternd zu-
rückweist – lange hat sie von einem Mann so etwas
nicht gehört, das Unerhörte erregt sie zutiefst, als hätte
Tartuffe wie auf Zuruf in ihr Herz, in ihr Begehren
hinabgeschaut. Als Damis aus einem Nebenzimmer her-
beistürmt und Zeter und Mordio schreit und seinem
Vater die unerhörte Begebenheit enthüllen und Tartuffe

als ehebrecherischen Schurken bloßstellen möchte, da
wünscht sich Orgon von seinem »Bruder« Tartuffe, daß
dieser als der übel Verleumdete dastehe – und Tartuffe
spielt sofort den übel Verleumdeten, zerknirscht sich,
windet sich als armer Sünder. Seht her auf diesen Mann,
ecce homo!, schreit Orgon, und tut Buße! – und wirft
seinen Sohn aus dem Haus und ermahnt den Tartuffe, ja
gut auf seine, Orgons, Frau aufzupassen, ihr immer nahe
zu sein, überschreibt ihm das ganze Haus notariell, zeigt
ihm die Kassette mit den hochverräterischen Briefen,
zieht ihn ganz ins Vertrauen, umarmt ihn und denkt,
wie schön es wäre, wenn er den Tartuffe gleichsam in
sich hineinversetzen könnte: dann wären sie beide einer.
Der Höhepunkt der Füllung der Leerstelle ist erreicht.
Der Wunsch-Wahn siedet in hoher Temperatur. Mehr
ist kaum zu schaffen.

Als Tartuffe nach einer Nacht mit schwerem Schlaf
und unruhigen Träumen erwachte und Elmire ihn zu
sich rief und ihm gestand, wie sehr sie ihn begehre,
nichts anderes mehr in ihrem Blut kreise als nur noch
Tartuffe, Tartuffe, Tartuffe, wie er dann sie auf den Tisch
drückt, sie küßt, sie streichelt, sie auszieht, sie beruhigt,
er sage niemandem etwas davon, er sei diskret, immer
heftiger schnauft, sie immer lauter stöhnt und wahnsinniger strampelt, ihn aber nicht ganz an sich heran-
läßt – und plötzlich Orgon unter dem Tisch hervorkriecht, alles mitgehört hat und nun plötzlich wieder die
große Leere in sich und um sich herum fühlt und den
Tartuffe aus dem Haus wirft: da läuft auch die Liebesmaschine Tartuffe leer. Er erfüllt jetzt keine Wünsche
der anderen mehr, er erfüllt sich selber welche. Er wirft
Orgon aus dem Haus, das Orgon ihm ja überschrieben
hatte, er gibt die Kassette mit den hochverräterischen
Briefen an die Polizei weiter, er schickt den Gerichts-

vollzieher. Natürlich ist es gotteslästerlich, wenn ein Gott oder derjenige, den man dazu gemacht hat, sich so gebärdet. Käme da nicht der Bote des Königs, der den Tartuffe verhaften läßt und den Orgon wieder in sein Recht und sein Haus einsetzt, wie eine Maschine vom Bühnenhimmel herunter, es wäre furchtbar ausgegangen.

Als Herr Tartuffe verschwunden war, wurde die Leere im Haus noch leerer. Alle wandten nun wieder Herrn Orgon den Rücken zu, seine Frau kicherte im Nebenzimmer mit der Magd und prustete los, wenn sie ihn nur sah. Vielleicht stellte sie sich dabei noch einmal die Szene vor, wie er unterm Tisch hervorgekrochen war und mit der Nase fast an Tartuffes nacktes Bein stieß, das sich gerade so schön zwischen ihre Schenkel gezwungen hatte, die, malte sich Herr Orgon aus, im Nachhinein wohl noch zitterten, wenn das Luder nur daran dachte. (Ob sie mit dem Kerl, diesem Tartuffe, diesem geliebten, verhaßten Freund nicht doch ein andermal, anderswo . . . ?) Seine Kinder, von denen sich die Tochter mit ihrem Freund, dem reichen Langweiler Valère, verlobt hat, redeten wieder nichts mit ihrem Vater und tuschelten und turtelten und warfen das Geld mit vollen Händen zum Fenster hinaus. Niemand beachtete ihn, niemand liebte ihn. Wenn er zur Kirche ging, traf er dort niemanden, der ihm in die Augen schaute. Und immer, wenn er morgens aufwachte, guckte Herr Orgon gleich wieder ins Nichts. Er war jetzt fünfundvierzig, ein Mann in den besten Jahren. Und so leer, so unzufrieden. Also machte er die Augen zu und dachte: Nur weg! Fliehen! Einen neuen Anfang machen! Nie mehr zurückkommen! Zurück zu den Quellen! Vielleicht nach Griechenland?

XXII.

Glück machen

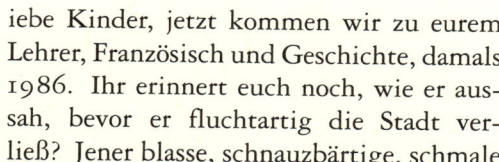

iebe Kinder, jetzt kommen wir zu eurem Lehrer, Französisch und Geschichte, damals 1986. Ihr erinnert euch noch, wie er aussah, bevor er fluchtartig die Stadt verließ? Jener blasse, schnauzbärtige, schmale Mann mit den unsicheren, brennenden Augen, dessen rechtes Lid immer so nervös zuckte, weil er immer den Spaßmacher vor seiner Klasse spielen mußte. »Da ist es wieder, das trübe Zauberwort!«, rief er häufig erregt aus, wenn jemand nach »Spaß« verlangte, »die Schule soll Spaß machen, der Unterricht muß Spaß machen. Ein Spaßmacher soll ich sein vor meiner Klasse! Soll ich mehr Spaß bringen, damit ein Siebzehnjähriger nicht zum zweiten Mal versucht, aus dem zehnten Stock zu springen? Was soll ich tun?« Und weil er nicht mehr wußte, was er tun sollte, riß er aus, das heißt: Er stieg aus. Aussteigen ist heute nicht mehr Mode, weil so viele Menschen aus ihren Arbeitsstellen hinausgeworfen werden und so wenige in neue Arbeitsstellen einsteigen dürfen, aber damals, in den achtziger Jahren, stiegen sie reihenweise aus für ein paar Monate oder ein paar Jahre, gingen nach Indien, nach Tibet, in die Sahara oder auch nur in die Toskana, um nach irgend etwas zu suchen, was sie zu Hause nicht fanden, meistens suchten sie sich selber – und fanden gerade in sich: nichts. Wie denn auch? Dann kehrten sie auf ihre gutbezahlten Stellen zurück und erzählten bei jeder Gelegenheit, auf

Partys vor allem, wie sie den Geschmack von provenza-
lischem Landwein »dort in der Wüste« erfahren hätten
wie »ein Gotteserlebnis«, na, ja. Die meisten von ihnen
waren Mitte vierzig. Mitte vierzig ist ein dummes Alter,
man ist nicht mehr jung und noch nicht alt, da fallen
manche in ein Loch dazwischen. Ich war 1986 zwei-
undvierzig und bin nicht ausgestiegen, das heißt, ich
war in der schönen Lage, in fremde Welten auf dem
Papier einsteigen zu können. Ich schrieb ein Theater-
stück um das andere, die hießen *Trilogie des Wiedersehens*
oder *Groß und klein* oder *Kalldewey Farce* oder *Der Park*,
und jede Szene davon könnte man als Lichtbild, als Dia
vorführen, wo hinter der Oberfläche, auf der das Licht
liegt, sich Schatten zeigen, die aus der Vergangenheit
oder aus alten Theaterstücken oder aus der Tiefe des
Bewußtseins oder der Geschichte den Menschen im
Licht den Kopf verdunkeln oder auch erhellen, so daß
zum Beispiel ein Liebespaar von heute so im Bild festgehalten wird, als fühle, spiele, zeichne es ein Liebespaar
von Shakespeare nach. Man nennt die alten Geschichten, die immer gelten, oft vergessen werden, aber in
Köpfen und Herzen und Leibern unerkannt herum-
spuken, Mythen. Manchmal trifft man sie, wenn man
nur über die Straße geht. Man muß sie nur treffen wollen, sie nisten in Salons und in Cafés, in Zimmern und
Villen, und mancher Kellner ist nur ein verkleideter
Gott, und eine Frau, die wie Lotte Kotte aus Remscheid-
Lennep in *Groß und klein* an einem Klingelschild sich
zu schaffen macht und den Namen nicht findet, den
sie sucht, kann gut und gern nach dem Sinn des Lebens
suchen. Es ist gar nicht kompliziert. Es ist ganz kinderleicht eigentlich, es sind Kindergeschichten, drum
erzähl ich euch jetzt ja auch eine. Ich nenne sie *Die
Fremdenführerin*.

Ihr merkt schon, und darauf bin ich ein bißchen stolz, daß die Titel zu meinen Geschichten und Theaterstücken ziemlich gut sind. Was sich in einem Bild zeigen lassen muß, das muß auch schlagkräftig sein und kann auch leicht zum Sprichwort werden. Meine Komödie *Bekannte Gesichter, gemischte Gefühle,* in der Traumtänzer im Boden verschwinden und traurige Herzen in der Tiefkühltruhe erkalten, hat es allein ihres Titels wegen zu großer Berühmtheit gebracht auch bei Leuten, die sie nie gesehen oder gelesen haben. Doch zurück zu eurem Lehrer.

Euer Lehrer Martin war damals exakt fünfundvierzig. Und ging nach Griechenland. Weil ihm manches schiefging, dachte er, er sollte eine Zeitlang zu den Quellen gehen, dorthin, wo unsere Ideenwelt entstanden ist. Wo ursprünglich alles heiter und gerade war. Harmonisch. Vernünftig. Einfach nur die Elemente spüren. Dachte er. Irgendwie hoffte er auch auf etwas Tiefes, unter ihm Liegendes. Das fand er dann sehr schnell. Auf diesem Dia seht ihr ihn im Stadion von Olympia in glühender Mittagshitze. Er ist der einzige Besucher. Die junge Dame neben ihm ist Kristine, eine Deutsche, die Fremde durchs Stadion führt, ihnen die Geschichte von Olympia erzählt, die Sportwettkämpfe im Altertum erläutert, den Fünfkampf, den Stadienlauf, und was eine Stadie überhaupt ist, nämlich 192 Meter und 28 Zentimeter, eben genau die Länge der Laufstrecke am Wettkampfort. Aber so wie sie ihn anschaut, und wie er versucht, an ihr vorbeizugucken zu den Säulen und Bäumen hinüber, spürt man schon, daß Martin keine Quelle findet, sondern nur eine Kristine.

Auf den folgenden dreizehn Bildern, deren Licht immer heller und greller wird, auch wenn einmal nur der Mond scheint, seht ihr Kristine und Martin in einem gläsernen Bungalow: hier, wie sie gerade miteinander geschlafen haben. Sie nennen es »Glück machen«, was eine ziemlich gute Formulierung für diesen Vorgang ist, findet ihr nicht auch? Und hier, wie Kristine einen stummen, betrunkenen Kerl namens Vassili in Martins Ferienhaus duschen und schlafen läßt, in den sie tief verliebt ist, obwohl sie mit Martin schläft und sich von Martin tausend Mark pumpt, um Vassili in eine Klinik zu schaffen, was aber gelogen war. Vassili säuft weiter und stirbt dann einfach. Kristine hält ihn für einen Seher, Weisen und Wissenden, der, wenn er nicht so viel gesoffen hätte, die Fremden einmal durchs Stadion von Olympia führen und den Leuten in ein, zwei Sätzen den ganzen Kosmos hätte erklären können, weil es für Vassili keine Vergangenheit gab und alles ganz Alte ihm so brennend wichtig war, als passiere es gerade jetzt. Kristine stellte sich immer vor, mit Vassili aus der Zeit herauszufallen und mit Martin die Zeit zu teilen. Irgendwie ging das nicht zusammen. Und Martin wurde böse und aggressiv vor Wut, Eifersucht und Pädagogik. Hier sieht man, wie er gerade Kristine rausschmeißt, sie einen Brief mit Honig an sein Fenster klebt, und hier, wie sie im Mondlicht auf dem flachen Dach des Hauses sitzt und liest, während er unten still vor sich hin raucht. Hier erkennt man ganz gut, wie die beiden, die junge Frau und der Mann, der nicht mehr jung und noch nicht alt ist, sich verfallen: Wenn er einen Schritt auf sie zu macht, weicht sie einen zurück, weicht er zurück, geht sie einen Schritt auf ihn zu – wie beim Tanzen. Es ist ein Tanz auf einem Vulkan, den sie beide selber sein wollen. Und jetzt wird es ganz komisch, ganz rührend und ganz quälend.

Achtet mal auf den Bocksfuß, der da aus der kleinen, schwarzen Wolke hervorragt über dem Dach der kleinen, schmutzigen Hirtenhütte im Gebirge, in die Martin und Kristine hinaufgezogen sind. Der Bocksfuß ist von Pan, dem Gott der Hirten, der Mittagshitze, der Lust, der Gier, Sohn des Hermes, der in der Glut des höchsten Sonnenstandes, wenn die ungeheure, brütende Stille wie ein Brüllen zu vernehmen ist, den panischen Schrecken verbreitet. Von diesem Gott, den Martin sicher irgendwann im Unterricht behandelt hat, möchte sich der deutsche Studienrat auf Selbsterfahrungsurlaub nun in den Hintern, in Leib und Unterleib und Geschlecht treten lassen, so daß, das seht ihr hier, Martin und Kristine nur noch in Liebesraserei und Glückmacherwahn übereinander herfallen, unaufhörlich miteinander schlafen und unaufhörlich sich aushorchen, reden, reden, reden, wer wen hält oder nicht losläßt oder loslassen könnte, wobei Kristine gerne einmal telefonieren oder Post erhalten würde, also plötzlich wieder in die Zeit hineinfallen möchte, während Martin mit seinem wild wuchernden Dreitagebart, seinen dreckigen Händen, seinem ungewaschenen Gesicht sich ganz im Zeitlosen verlieren möchte. Zu diesem Dia hier müßt ihr euch ungefähr folgenden Ton vorstellen: »Willst du Glück oder will ich Glück?« – »Ich dachte, wir wollen es beide.« – »Ja. Aber jeder zu seiner Zeit.« – »Wir sagen nicht die Wahrheit. Ist es dir zu viel oder zu wenig?« – »Die Larven der Florfliege, klebrig und borstig wie sie sind, packen die Blattlaus mit ihren Hohlzangen und trinken sie leer. So geht das. So ist das gegangen.« – »Und was passiert jetzt?« – »Es gibt nichts, was an der Reihe wäre. Das nächste Jetzt fällt aus.« Klingt müde und überspannt, nicht?

Dann kommt wieder Gott Pan und tritt zu, und sie fallen in die nächste Glückmacherfalle, in der sie, je länger je mehr, erschöpft verzweifeln, wobei nicht klar ist, wer von beiden die Florfliege, wer die Blattlaus ist. Es ist wahnsinnig schwierig, nur einfach »Mann und Frau sein. Nur das. Sonst nichts« im ewigen Mittag. Es ist ein irrsinniger Zweikampf aus Liebe, abgeschieden, erhitzt, ohne Wasser im Tank vor dem Haus, ein Clinch von Verdurstenden; achtet einmal auf Martins Augen, die von Bild zu Bild irrer, verlorener, wüster werden. Hier schreit er gerade mit vor Durst geschwollener Zunge: »Du kommst hier nicht raus. Oder als Braut. Oder tot.« Und immer wieder der Bocksfuß und das wüste meckernde Gelächter von oben, und unten Kristine im schicken Kostüm in Stöckelschuhen, wie sie Martin anlächelt und so tut, als wolle sie ihn verlassen, und er vor Hitze, Fieber und Panwut nicht mehr mitbekommt, ob sie ihn wirklich verläßt oder ewig in seinem Gefängnis sitzt, wie er in ihrem. Das letzte Paar auf dieser Welt, das nicht mehr auf ein Ende seiner Geschichte wartet, hier, wo ihr es in der Ecke kauern seht, als habe der Erdboden es schon verschluckt. »Was wäre denn das gute Ende unserer Geschichte – daß es überhaupt keines hätte«, flüstert Martin. Kein Ende in ewiger Qual, ewigen Schuldzuweisungen, Entschuldigungen, Ehegelaber, Beziehungskistengerumpel im griechischen Gebirge, wo keine Psychocouch einen Platz hat, nur der Gott hie und da zuschlägt.

Hier seht ihr Martin ganz allein. Es ist das letzte Dia. Kristine hat ihre Tasche genommen und ist gegangen. Mit letzter Kraft hat Martin einen Band Ovid, *Metamorphosen,* aus seinem Kulturbeutel geklaubt und schlägt die Stelle auf: »Wie da Pan, der Syrinx schon meinte gefangen zu haben, statt eines Nymphenleibes nur Schilf in Händen gehalten. Wie dann der Wind, indes der Gott dort seufzte, das Röhricht streichend, erzeugt einen Ton von zartem, klagendem Klange, und wie der Gott,

berückt von der neuen Kunst und der Stimme Süße, ge-
rufen: ›Dies Gespräch mit dir wird mir bleiben!‹, Rohre
verschiedener Länge mit Wachs zusammengefügt und
wie er im Namen der Flöte den Namen des Mädchens
bewahrt hat.« Es ist bei Ovid die Geschichte einer Liebe,
die sich nur in Musik erfüllt: Der Gott, der die Nymphe
liebessüchtig jagte, macht aus dem Geschöpf, das in ein
Schilfrohr verwandelt wurde, eine Flöte, auf der er die
Melodie seiner brünstigen Liebe spielte – und nannte das
Instrument dann Syrinx. Ihr alle kennt es als Panflöte.
Martins Instrument ist nur das Ovid-Zitat aus der Literatur. Er selbst konnte sich nur selber spielen, Kristine
sich nicht anverwandeln. Jetzt ist er leergespielt. Er
selber kommt sich auch bloß wie ein Zitat eines aus-
gepreßten Mythos vor, während der Mittag vergeht. Das
kommt davon, wenn sich Studienräte mit dem Himmel
und der Liebe einlassen.

Man hat niemals wieder etwas von eurem Lehrer gehört, vielleicht hat ihn der Gott zu sich genommen,
vielleicht ist er in eine Komödie hinein verschwunden
und taucht irgendwann verwandelt wieder auf. Erinnert
euch hie und da ein bißchen an ihn. Und wenn ihr an
ihn denkt: lächelt ein bißchen! Es wird ihm guttun, wo
immer er auch ist. Denn ihr wißt ja jetzt: Die Liebe
ist eine Himmelsmacht. Aber der Himmel kann auch
in der größten Hitze sehr kalt sein. Und jedes Paradies
ist eine Hölle. Kann jetzt bitte jemand wieder das Licht
anmachen?

XXIII.

Herzen brechen

ls Eva im Paradies vom Baum der Erkenntnis aß, hat sie sich von der Schlange, die ihr den Apfel reichte, betrügen lassen. Sie aß nicht vom Baum der Erkenntnis, sie aß vom Baum der Lüge: Sie und ihr Adam wurden nicht wie Gott, sie wurden zu Menschen. Was vom Baum der Erkenntnis zu pflücken war, machte von nun an das Paradies zur Hölle, den Garten Eden zur Wüste, in der sich niemand außer den Menschen wohl fühlt. Der wahre Sündenfall aber bestand jetzt darin, daß die Menschen die Hölle weiterhin für das Paradies hielten, darin den Karneval der Liebe und Unschuld feierten, die Lebenslüge schon für das Leben und ihre Masken schon für Gesichter hielten. Zur Strafe für diesen Sündenfall blieb den Menschen ihr Lug- und Trugparadies erhalten. Es wurde von dem Gott, der einst befohlen hatte: »Es werde Licht!« einfach geschlossen: Die Menschen waren darin die Gefangenen.

Manchmal, in besonders schwachen Momenten, nannten sie ihre Gefangenschaft »Utopie« oder »Glück«. Nur die Schlange, die große Versucherin, entkam. Hie und da kehrt sie zurück in einem Kostüm, das ihr Geschlecht verbirgt, also in Männerkleidern, unter denen sie eine Zofe oder eine Prinzessin ist, und erinnert die Menschen an die Hölle im Paradies. Dann müssen sie wieder in den sauren Apfel beißen, verlieren ihre Masken, schauen ihren Lügen ins Gesicht und entdecken Dinge in ihren

Herzen, die sie sich nie hätten träumen lassen, dunkle, wüste, erregende, wunderbare Schreckensdinge, geheime Winkel, in denen das Grauen nisten kann, das man »Liebe«, oder die Liebe, die man »Grauen« buchstabiert.

So erzählt nicht die Bibel von der Schöpfung. So erzählt Pierre Carlet de Chamblain de Marivaux (1688 bis 1763) in seinen sechsunddreißig Komödien, die er zwischen 1710 und 1761 schrieb, von einer Schöpfung, deren absoluter Gott und größter Ketzer er selber ist. Er ist der zierlichste, witzigste, grausamste Allmächtige, der sich denken läßt, lächelnd unter seiner Rokoko-perücke. Er hat einmal im Leben, so um 1720 herum, in einer großen Börsenspekulation alles aufs Spiel gesetzt – und hat alles verloren, so daß er fortan vom Schreiben leben muß. Auch in seinen Stücken wird viel spekuliert, viel verloren, viel betrogen, viel kalkuliert, werden Investitionen erwogen, wird mit dem Spiel um das Glück experimentiert; manchmal spielt auch Geld eine Rolle. Aber der Einsatz sind immer Seelen, Herzen, Hirne. Sein Lieblingsspiel ist das Falschspiel: Seine Komödien tragen Titel wie *Das Spiel von Liebe und Zufall, Die falsche Zofe, Die falschen Vertraulichkeiten, Unbeständigkeit auf beiden Seiten, Der Überfall der Liebe.* Und auch wenn sich durchs Falschspiel die Richtigen finden, können sie nie sicher sein, ob sie noch dieselben sind wie vor dem ersten Einsatz. Alle ändern sich, die durch eine Marivaux-Komödie gegangen sind. Der Rokoko-Gott läßt niemanden unberührt.

Er ist so raffiniert und so klug, daß er niemanden aus der Hölle vertreibt, die von den Menschen für das Paradies gehalten wird. Im Gegenteil. Er baut die Hölle um, möbliert sie kostbar, stattet sie herrlich aus in Form fest abgeschlossener Landhäuser, dicht umgrenzter Parks,

entlegener Schlösser, verwunschener, von der Welt abgeschnittener, luxuriöser Orte. Es sind Asyle wie unter
Glasglocken. Dort hinein lockt er die Menschen und
läßt sie das alte Spiel von Kennen und Erkennen, Lieben
und Lügen spielen: Adam und Eva in der Falle. So kann
er sie studieren und mit ihnen experimentieren. Einmal,
in einer seiner komischsten und grausamsten Unter-
suchungen, in der Komödie *Der Streit* von 1744, klärt
er eine Frage, die man sich plaudernd beim Tee stellen
kann: Sind Untreue, Betrug und Unbeständigkeit in
Liebessachen von den Männern oder von den Frauen
zuerst in die Welt gebracht worden? Es ist die zierliche
rhetorische Frage nach der Schlange. Es stellt sich natürlich heraus: Die Schlange ist eine Frau.

Um zu beantworten, was er ahnt und weiß, läßt
er vier Babys, zwei Mädchen, zwei Jungen, aus den
Wiegen nehmen, sie achtzehn Jahre lang von der Welt,
von einander, vom anderen Geschlecht trennen – und
dann aufeinander losgehen. Sie benehmen sich also wie
die ersten Menschen: Sie machen ihr Paradies kaputt,
wiederholen unschuldig schuldig den ersten Sündenfall,
verwandeln es in einen Dschungel von Trieben, Lüge,
Bosheit, Sehnsucht, Eitelkeit, Raserei. Und sind glücklich im Unglück. Aber diejenigen, die beim Experiment
zuschauen, das sie in Gottes und der Wahrheit Namen
veranstalten, ein Prinz und seine Partnerin, sind unglücklich im Glück. Sie sind peinlich berührt und
gequält und ausgeschlossen von dem, was sie an Lüsten
und Liebe der jungen, unschuldigen Wilden so anzieht.
Denn immer wenn Marivaux die Schlange, die große
Versucherin, die Hecken und Zäune des höllischen Paradieses überklettern und in es eindringen läßt, dann
hat sie zwar leichtes Spiel, aber sie wird zum Teil des
Spiels, in es hineingezogen, verwickelt, kann es aber nie

genießen. Die Versucherin wird selber versucht, nie befriedigt. Gerade dann, wenn sie einen Triumph feiert.

Die Schlange nennt sich im *Triumph der Liebe* von
1732 Phokion, trägt einen Männernamen und Männer-
kleidung. Darunter aber steckt eine Prinzessin, Leonida.
Sie hat sich im Wald, hinter einem Baum verborgen,
in den Prinzen Agis verliebt, den sie auf einem Stein
sitzen und ein Buch lesen sah. Nichts interessiert Marivaux mehr als die Frage: Wie kommt es zur Liebe? Er
findet die merkwürdigsten Antworten, indem er die Elemente, die zur Liebe gehören, wie in einem Laborversuch
zusammenführt. Seine erregendsten, komischsten Ver-
suche spielen im Wald, in Parks, in der Natur, wo die
Elemente aber auf die Natur überhaupt nicht reagieren.
Phokions, will sagen Leonidas Liebe macht aus dem
Wald eine Bibliothek: Ihre Liebe liest. Ihre Erotik ist
Literatur. Dies um so mehr, als Agis nie im Leben ein
erotisches Buch lesen würde. Man hat ihm die Erotik,
die Liebe verboten, er ist von der Welt und dem Leben
getrennt. Gleich, wenn das Licht angeht und Leonida
ihrer Zofe Corinna von dieser ersten Nicht-Begegnung
mit der Liebe ihres Lebens erzählt, wirft die gleißende
Beleuchtung, in die Marivaux die Szene taucht, einen
kleinen, bösen Schatten. Die Spitze des Schattens fällt
zaghaft, aber deutlich schon mal auf Leonidas Herz, das
dem lesenden Agis zufällt, der vom Philosophen Hermokrates und dessen Schwester Leontine in einem wohl-
verschlossenen Park und Haus vor der Welt verborgen
gehalten wird.

Hermokrates und Leontine haben der Liebe und dem
Leben entsagt, leben nur für Agis und die Philosophie,
die Bücher und die Tugend. Man lebt hier nicht, man
argumentiert, man liebt hier nicht, man liest. Es ist ein
Paradies aus Büchern. Nun aber wird gleich jemand

eindringen, der sich in einen Lesenden verliebt hat.
Gefahr für die Bibliothek. Und auch das Drama, das
zur Errichtung des Paradieses geführt hat, scheint nicht
das Leben, sondern ein tragischer, höchst umständlicher
Dramatiker zu Papier gebracht zu haben: Hermokrates
und Leontine haben um Agis Angst, weil dessen Vater
dem Onkel der Leonida die Geliebte raubte, wofür dieser
den Räuber vom Thron vertrieb, den Leonida nun ge-
erbt hat, auf dem aber rechtmäßig Agis sitzen müßte.
Hermokrates glaubt, die Prinzessin stelle dem Agis nach
und wolle ihn töten, was er dem Agis dauernd einredet.
Leonida will Agis heiraten und ihn auf den Thron setzen,
weil sie ihn im Wald lesen gesehen hat. Dazu muß sie
ihn aus dem Park befreien. Dazu muß sie ins Paradies
eindringen und drei Herzen brechen, drei Hirne verführen, drei Menschen umdrehen, verrücken und verrückt
machen.

Kaum hat Leonida in Männerkleidern die Hecke zum
Garten Eden überwunden und die beiden trotteligen
Diener bestochen, hat sie ein erstes Gespräch mit Agis,
in dem der eine junge Mann dem anderen jungen
»Mann« seine Freundschaft und Sympathie versichert.
Nie mehr reden das als Mann verkleidete Mädchen und
ihr Geliebter so herzlich, so offen, so unverstellt miteinander als dann, wenn sie verstellt nur von Freundschaft reden. Später dann, wenn Agis seinem »Freund«
gesteht, daß er die Frauen auf ewig fliehen werde, wenn
daraufhin sich Leonida als Frau zu erkennen gibt, gerät
ihrer beider Rede in einen merkwürdigen Wirbel zwischen Unruhe und Zärtlichkeit und Berechnung: »Wir
hatten uns gern«, sagt Leonida, »bevor wir in Unruhe
waren; haben wir uns nun auf die gleiche Art gern oder
anders?«, und sie fragt, ob sie das »klüger macht«, als
sitze der Kopf auf oder in ihrem Herzen und als müsse

das Herz die Form eines Mundes haben. Denn nur was sich ausdrücken läßt, wird auch gefühlt.

Agis hat alle Bücher gelesen, nur noch keine Bücher über die Liebe, und so liest er in Leonida wie in einem Buch. Sie sagt ihm vor, er sagt ihr nach, sie gibt ihm ein Stichwort, er führt es aus. Und Leonida hat ihn geliebt, als sie ihn ein Buch lesen sah, also will sie für ihn auch eine Art Buch sein: Sie erzählt ihm Seite für Seite die Geschichte ihrer Freundschaft und Liebe, malt sie ihm aus, enthüllt sich ihm, legt die Maske ab, gesteht ihm alles. Irgendwann müßte der Moment kommen, wo er vom Buch aufblickt und die Wirklichkeit, die Frau, erblickt, und wo sie aus dem Buch, das sie von sich und ihm erzählt, heraustritt und wirklich wird. Irgendwann müßten sie sich treffen, einander verfallen, wortlos, wüst, erregend, mit pochenden Pulsen, offenen Mündern und sehnsüchtigen Leibern. Er aber liest immer nur weiter, sie erzählt immer nur weiter, und sie spielen so lange mit den Worten »Liebe« und »Zärtlichkeit« und der Möglichkeit oder Unmöglichkeit, sie auszudrücken oder zu leben, bis Agis zu ihren Füßen liegt und sagt: »Ich kann meine Liebe nicht mehr ausdrücken.« Vielleicht ist das der selige, sprachlose Augenblick ihres höchsten Glücks, vielleicht aber auch der Moment der größten Katastrophe zwischen Leuten, deren Herzen fast nur aus Sprache bestehen. Der Gott unter seiner Rokokoperücke schaut ihnen lächelnd zu und schubst sie mit spitzen Fingern in die beste Position: Sie werden sich kriegen. Aber den Preis dafür verheimlicht er ihnen noch.

Bis es soweit ist, muß Leonida in Männerkleidern als Phokion ein flachbrüstiges, säuerliches, ältliches Mädchen, Leontine, die Schwester des Philosophen, in sich verrückt machen: Sie kitzelt die Eitelkeit der Tugend in der Tugendreichen, indem sie als »junger Mann« nach

der reinen, der wahren Liebe zu suchen und sie nur in
der reinen, der wahren Frau Leontine gefunden zu haben
vorgibt. Sofort steht Leontine lichterloh in Flammen,
wirft alle Grundsätze, alle Liebesentsagung, alle Welt-
flucht über Bord und möchte mit Phokion in einer
Kutsche fliehen: direkt an den Traualtar. Zumal ihr
Phokion ein Porträt zuspielt, das »er« heimlich von ihr
machen ließ: Wer schon das Bild der Geliebten besitzt,
darf die Geliebte dazu noch haben. Zumal wenn die
angeblich Geliebte bisher nur in einem Bild gelebt hat,
das sie selbst von sich gemacht hat.

Dem Hermokrates spielt Leonida gleichermaßen mit,
dem sie sich als Frau zu erkennen gibt. Auch er erhält
ein Bild von sich aus ihrer Hand, auch ihm lügt sie
innige, heiße Liebe vor, die sich angeblich nur mühsam
unterm Interesse versteckt, Liebe allein zum Verstand
des Philosophen zu sein. Auch Hermokrates liebt das
Bild, das man von ihm malt, noch mehr als sich selbst,
auch er steht in Flammen, auch er will Liebe, Heirat,
Flucht. Leontine denkt nicht mehr an ihre Tugend,
Hermokrates nicht mehr an seinen Verstand. Wie in
Trance taumeln sie durch den Park, schmecken das Wort
»Liebe« ab wie einen alten, schweren, dunklen Wein, der
ihnen in den Kopf gestiegen ist und dessen Wirkungen
sie genießen wie in einem allerersten Rausch.

Das Experiment ist zu Ende. Drei Herzen sind vollkommen verwandelt, aus der Bahn geworfen: Agis,
Hermokrates, Leontine. Drei Münder müssen einander
bekennen, daß die zu ihnen gehörenden Körper die
größte Lust verspüren, das Paradies zu verlassen, das
ihnen aus lauter Liebesraserei zur engen Hölle geworden
ist und das sie jetzt jenseits der Hecken und Zäune,
draußen in der Welt vermuten. Aber sie müssen einander
dann auch den Grund ihres Rauschs, ihrer Sehnsucht,

ihrer Fluchtlust nennen: Wenn Leontine sagt, ihr Grund heiße Phokion und der sei ein wunderbarer Mann, wenn Hermokrates sagt, sein Grund heiße auch Phokion, aber der sei eine wunderbare Frau, wenn Agis sagt, sein Grund heiße auch Phokion, aber der sei seine wunderbare Prinzessin, dann ist das Experiment vollkommen geglückt: Es explodiert. Die Liebe triumphiert. Und zerstört alle.

Agis stürmt mit Leonida davon zu Ruhm und Thron und Liebe und Leben — wenn er und sie es je werden ausdrücken können. Die Hecken des Paradieses schließen sich hinter ihnen. Sie sind jetzt für immer daraus vertrieben. Die Versucherin hat ihren Versuch abgeschlossen. Zwei gebrochene Herzen aber bleiben zurück, verlassen, bitter, eingeschlossen in der ewigen Hölle, in der ihnen nur noch Tugend und Verstand, Bücher und ein paar rauschhafte, glücksböse Erinnerungen bleiben an ein Abenteuer, in dem sie ihre Köpfe verloren und, schlimmer noch, am Ende die Köpfe wiederfinden mußten. In der Kutsche, die sich mit Agis und Leonida in rascher Fahrt im Wald verliert, hinter dem die Hauptstadt und der Thron auf sie warten, erinnert sich Leonida an Leontines Hand, wie diese sich auf ihrem Gesicht einmal streichelnd verirrte, und an die Augen von Hermokrates, wie diese mehrmals glühten, als wollten sie Leonida verschlingen und ihr Antlitz, ihren Körper bis auf den Grund sich einprägen, als fürchtete er, um den Verstand zu kommen, wenn er je ihr Bild vergäße — und wie sie in diesen Momenten ein Sehnen spürte, ein Ziehen in Bauch und Brust, das sie vergessen ließ, daß sie Liebe nur log.

Ihr Blick auf Agis, dem sie ihre ungelogene, wahre Liebe gab, ist nun nüchtern. So, wie er zurückschaut, scheint er in ihrem Gesicht jetzt zu lesen wie in einem

Buch, das er nun fast schon auswendig kann und das
ihm leicht langweilig zu werden droht, während er
gierig in die Landschaft hinaus und aufs herrschaftliche
Schloß schaut, als erwarteten ihn dort die viel schöneren, aufregenderen Seiten seines Lebens als das beinahe
schon abgeschlossene Kapitel, das man »Liebe« nennt.
So redet ihn Leonida denn auch an: »Kommen Sie,
Seigneur, um die Huldigungen Ihrer Untertanen zu
empfangen!« Es gibt nichts mehr auszudrücken in der
Sprache des Herzens. Die Sprache der Staatsaktion tritt
an ihre Stelle. Ich muß, denkt Leonida, ein Bild in Auftrag geben. Es soll einen Wald im gedämpften Sommer-
licht zeigen, wie Sonnenstrahlen auf den Blättern tanzen,
deren Unterseiten noch sanft davon glühen; die Zweige
der Bäume gewunden und gebunden wie zu Nischen,
Höhlen, geheimnisvollen Gängen. Und darunter ein
schöner junger Mann auf einem Baumstumpf, der in
einem schönen Buch liest. Das Bild meiner Liebe. In
diesem Moment rumpeln ihr zwei Gegenstände zwischen die Beine, die jemand im letzten Moment vor
der Abfahrt in die Kutsche geworfen haben muß: das
Porträt von Hermokrates und das Konterfei von Leontine. Auch Bilder meiner Liebe, denkt Leonida. Kaum
erstaunt, nur etwas traurig, stellt Leonida fest, daß ihr
Herz, das über alle gesiegt hat, bei dem ganzen Versuch
gleich mit gebrochen wurde. Sie hatte alles vorher-
gesehen, nur nicht diesen Zufall, daß die Liebe ein Bild
bleibt.

XXIV.

Rosen malen

ieser Kopf, dieses Antlitz, diese Stirne, diese Augen, diese Nase, dieser Mund, dieses Kinn, dieser Hals, diese Brust, dieser Wuchs, diese Rose im Haar, dieses Geschmeide um den Hals, diese ganze Figur – Hettore Gonzaga, Prinz von Guastalla, kann sich gar nicht satt sehen an Emilia Galotti. Tief beugt er sich über sie, bekommt feuchte Augen und einen trockenen Mund, zeichnet die Linien ihres Körpers mit dem Finger nach. Er ist früh aufgestanden. Und sie liegt lächelnd vor ihm. Als Bild. Der Maler Conti, der ihm ein ganz anderes Gemälde von einer ganz anderen Frau, der Gräfin Orsina, lieferte, hatte das Bild, das er von Emilia malte, zufällig mit dabei. Orsina war die Geliebte des Prinzen. Auch als er sich in Orsina verliebte, damals, verfiel er ihrem Bild, den Details, die ihre Züge, ihr Körper, ihre Augen, ihr Haar ihm darboten und wie er sie wahrnahm, irgendwann, in einer bestimmten Situation, vielleicht bei einer Abendgesellschaft, vielleicht bei einem Konzert, vielleicht bei einem Ausritt: wie durch ein Guckloch, das sich seine Augen auch dort verschaffen, wo keine Türe den freien Blick hindert. Der Prinz hat nur seinen Blick, nicht den freien Blick. Er sieht nicht, er will sehen.

Immer riß Hettore Gonzaga Gucklöcher in die Welt, wie es ihm beliebte. Und wenn er sie durchschaute, entzückte die Welt ihn; sonst nie. So fiel sie ihm zu, so wollte er sie haben, besitzen, in sie eindringen. Und wehe, das Bild hatte keinen Bestand, will sagen, die Augen der Geliebten wurden kritisch, zogen nun nicht einfach seine Blicke auf sich, sondern blickten zurück, öffneten sich selber, wollten selbst sich ein Bild vom Manne machen, der sich von ihnen ein Bild gemacht hatte! Wehe, die Malerei wurde lebendig, wirklich, fing zu leben an, zeigte Eigensinn! Wehe, ihre Miene wurde höhnisch, ihr Mund spöttisch verzogen, so verzogen, daß er durch die Verziehung nicht schöner, interessanter, sondern fast grimassenhaft wirkte! »Und Augen«, empört sich der Prinz, »müssen über den wollüstigen Spötter die Aufsicht führen«, das heißt, in den Augenwinkeln müsse ein Gran Zärtlichkeit die Bitterkeit und Schonungslosigkeit des Blicks dämpfen – wenigstens im Anschein. »Augen, wie sie die gute Gräfin nun gerade gar nicht hat.« Also wechselt der Prinz das Bild. Bei einer Abendgesellschaft hat er sich wieder ein neues Guckloch verschafft, durch das er Emilia, die Tochter des Obersten Galotti, mit ihrer Mutter gesehen hat: ein Bild von einem Mädchen. Sofort wird sie zu einem Gemälde, das er sich macht, das ihm nun zufällt, das er auffrischt, wo er kann, wenn er zum Beispiel um die Kirche schleicht, wo Emilia betet und den Gottesdienst ehrt und wo der Prinz nun das Kirchenportal zum Guckloch macht.

Der Maler Conti, dem er eben vor ein paar Wochen noch den Auftrag gab, die Orsina zu malen, um die Frau, die kein Bild mehr sein will, wieder in ein Bild zu bannen, damit wieder Ordnung in seine Augen komme, verkuppelt den Prinzen jetzt mit dem Bild, das noch keine Ansprüche stellt, das ganz Bild bleibt, offen für die Augenlust des Prinzen, die eine Seelenlust ist, denn seine Seele »liegt in den Augen«. Und das bedeutet, daß er sonstwo keine Seele hat außer in den Augen. Nur was ihn dort reizt, gilt. Tiefer, so in der Herzgegend, ist er völlig leer. Er hat keine Persönlichkeit. Er hat nur Augen. Da er die Herrschaft im Staate ausübt, hat er nicht nur zwei Augen, sondern vier, sind seine Augen auch die Augen des Staates.

Als er, kurz nachdem er heute morgen Toilette gemacht und sich an seinem Schreibtisch niedergelassen hatte, Briefe durchging (»Klagen, nichts als Klagen! Bittschriften, nichts als Bittschriften! — Die traurigen Geschäfte; und man beneidet uns noch! — Das glaub' ich; wenn wir allen helfen könnten: dann wären wir zu beneiden«), da fiel ihm der Namenszug einer Emilia (»Aber eine Emilia Bruneschi — nicht Galotti«) auf einer Bittschrift ins Auge. Es reizte ihn also das bloße Bild eines Namens: »Viel gefodert; sehr viel. — Doch sie heißt Emilia. Gewährt.« Jetzt beugt er sich in seinem Kabinett wieder tief über das Bild von Emilia Galotti, seufzt, schwärmt, erzählt sich die Geschichte seiner Liebe, in der seine Augen die Hauptrolle spielen. Er hat vorerst ein Bild vom Mädchen. Er wird nicht ruhen, bis er das Mädchen im Bild in Armen hält, Emilia ihm zufällt. Der Prinz muß dem Zufall ins Auge sehen. Dabei irritiert ein roter Fleck sein Gesichtsfeld: die Rose im Haar von Emilia.

Die Tragödie hängt an einer Rose. Schon, als sie noch ein kleines Mädchen war, mußte Emilia eine Rose im Haar tragen, ihr Vater hatte darauf bestanden. Die Rose hielt seine Tochter von ihm fern, sie nagelte Emilia sozusagen in einem Bild fest, im Bild der Unschuld, der Unantastbarkeit. Denn auch Odoardo Galotti denkt nur in Bildern, wenn er an Menschen denkt, und denkt nur an die Menschen seiner engsten Umgebung, die er mit sich nehmen, fern vom Hof, fern vom Prinzen, in

den Bergen, in der guten Luft in ein idyllisches Natur-
Bild bannen will, wo sie, umgeben von Ziegen, Schafen,
Murmeltieren, »ganz sich selber leben«, wo niemandes
Blick auf sie alle fällt als der Blick Gottes und des Vaters.
Auch Odoardo reißt Gucklöcher in die Welt, durch die
hindurch er sich seine Bilder macht. Es wird sehr lustig
werden, denkt Odoardo, als er auf seinem schwitzenden
Gaul in den Hof seines Stadtpalais sprengt, absteigt
und die Treppe hochhastet, seine Tochter nicht vor-
findet, von seiner Frau hört, Emilia sei allein in der
Kirche und bete dort, und sofort die Rose im Haar seiner
Tochter sieht und wie Leute um sie herumstehen und
ihr die Rose entreißen wollen. Jeder unbewachte Schritt
seiner Tochter ist für ihn ein »Schritt vom Wege«.
Würde Emilia die Rose verlieren, wäre sie für ihn
gestorben. Es versetzt ihm einen Stich ins Herz, als
er von seiner Plaudertasche von Frau erfährt, daß der
Prinz Emilia gesehen hat. Der fremde Blick gefährdet
Odoardos Bild. Der Prinz ist ein Konkurrent in sei-
nen Augen. Die Tragödie besteht in der Kollision von
Augen-Blicken. Sie werden tödlich sein.

Heute soll Emilia heiraten. Odoardo hat lange ge-
sucht, bis er den Grafen Appiani für sie gefunden hat,
der exakt die Rose im Haar Emilias liebt und seine
Verlobte in dem Bild belassen möchte, das der Vater ge-
zogen und gezeichnet hat. Immer möchte Appiani seine
Emilia so sehen, wie er sie zum ersten Mal gesehen hat:
»So recht, meine Emilia! Ich werde eine fromme Frau an
Ihnen haben.« Wohlgemerkt, keine Frau – eine fromme
Frau. Appiani ist vom Schwiegervater fast mehr ent-
zückt als von der Braut: »Welch ein Mann, meine Emilia,
Ihr Vater! Das Muster aller männlichen Tugend! Zu
was für Gesinnungen erhebt sich meine Seele in seiner
Gegenwart! Nie ist mein Entschluß, immer gut, immer

edel zu sein, lebendiger, als wenn ich ihn sehe – wenn ich ihn mir denke.« Er hätte auch sagen können: »– wenn ich ihn mir male.« Appiani schaut eilfertig durchs Guckloch, das Odoardo für ihn verfertigt hat. Er geht im Schwiegervater fast völlig auf.

Und Emilia?

Emilia stammt aus dem Jahr 1772. Ihr Autor, Gotthold Ephraim Lessing, freier Schriftsteller, angestellter Kritiker und Dramaturg in Hamburg, seit kurzem Bibliothekar in Wolfenbüttel, hat sich in Streitschriften und Kritiken und Polemiken mit Autoritäten in den Wissenschaften, auf den Bühnen und in den Kirchen herumgestritten, hat in seiner Komödie *Minna von Barnhelm* von 1767 sogar einen Offizier einem König Adieu sagen und sehr Kritisches übers Kriegshandwerk und den Dienst bei Hofe überhaupt ausführen lassen. Aber er, der Sohn eines Pastors aus Kamenz, hat die Autorität der Väter nie angetastet. Irgend jemand muß in der Komödie den guten Schluß beglaubigen: In der *Minna* tut dies der Graf von Bruchsal. Irgend jemand muß in der Tragödie die Toten begraben, wie der alte Sampson in *Miß Sara Sampson,* oder im Märchen die Familie zusammenhalten, wie Nathan in *Nathan der Weise.* Und einer muß die Rosen pflegen. Also muß Emilia im Bild bleiben.

Lessing war bis zum Wahnsinn in Schriften, Bücher, Thesen, Antithesen, Fragen und Streit verliebt. Er genoß fast erotisch jeden öffentlichen Auftritt im Kampf um die Wahrheit oder das, was andere als er für die Wahrheit hielten, er aber nur für eine Gelegenheit hielt, weiterzukommen, frischer zu denken, ungenierter zu polemisieren, sich im Gedankenfluß zu baden. Lessing, geboren 1729, der zwar in seiner Studentenzeit in Leipzig ganz flotte Gedichte übers Küssen machte, heiratete

sehr spät, erst kurz vor seinem Tode nach langer Ver-
lobungszeit. Mit seiner Verlobten Eva König wechselte
er sehr vernünftige, heute würde man sagen »engagierte«
Briefe, in denen von Gefühlen wenig, von Denklust
um so mehr die Rede ist. Lessing, den man kaum mit
Frauengeschichten, Liebschaften, in Verbindung bringt,
hat trotzdem oder vielleicht gerade deshalb wunderbare
Frauen erfunden: Ganz empfindsame, ganz gefühlige,
ganz demütige wie Sara *(Miß Sara Sampson),* die am
Gift der Nebenbuhlerin stirbt; ganz denklustige, coura-
gierte, intrigante, nervensägende, jeden Einwand weg-
argumentierende wie Minna, die sich ihren Mann sucht
und ihn dazu bringt, zu ihr zurückzukehren *(Minna
von Barnhelm);* ganz vor Vernunft, Denken, Wissen und
Wut rasende wie die Gräfin Orsina, die dem Odoardo
ein Messer zustecken wird, mit dem er Emilia erstechen
wird. Und dann eben Emilia, Lessings geheimnis-
vollste Frau. Alle Frauen Lessings haben irgendwann
ihre Chance. Emilia hat keine. Alle geraten irgendwann
einmal außer sich. Emilia muß immer ganz bei sich
bleiben. Alle haben die Welt erlebt, ein Schicksal erlitten. Emilia bleibt im Rahmen. Aber im Rahmen
erlebt sie, was alle anderen nie erleben: einen Sturm.

Mit fliegenden Haaren, aus denen die Rose fast gefallen wäre, stürzt sie ins Zimmer ihrer Mutter, erzählt,
stammelt, was ihr in der Kirche passierte: Sie hörte
eine Stimme hinter, neben sich, hörte Seufzer, hörte von
Liebe und Schönheit, von Glück und Lust, fühlte sich
betrachtet, »aber ich blickte nicht um. ... Ich zitterte,
mich umzukehren. Ich zitterte, ihn zu erblicken, der
sich den Frevel erlauben dürfen.« Dann sieht sie den
Prinzen, erblickt in seinen Augen das Bild, das er sich
von ihr macht — und schaut sofort wieder, panisch erregt, in sich hinein weg, versetzt sich in einen Schlaf bei

offenen Augen, in dem sie wie in einem Albtraum
zurückrennt zu Tisch und Spiegel im elterlichen Hause,
wo sie die Blicke ihrer Mutter, ihres Verlobten, ihres
Vaters erwarten, in deren Augen sie auch nur das Bild
sieht, das diese sich von ihr machen. Und so, zwischen
Spiegelbild und Spiegelbild, rast sie hin und her. Wem
fällt sie zu? Dem Zufall.

Zufällig erfährt der Prinz vom Kammerherrn Marinelli von der geplanten Heirat der Emilia. Zufällig hat
Marinelli zwei Schurken zur Hand. Zufällig kommt
Marinelli in den Sinn, den Grafen Appiani in einer
diplomatischen Mission wegzuschicken, so daß er nicht
heiraten und der Prinz sich der Verführung von Emilia
widmen kann. Zufällig hat der Prinz sich Emilia am
Hochzeitsmorgen in der Kirche genähert. Zufällig hat
die Gräfin Orsina dem Prinzen einen Brief geschrieben,
den dieser nicht öffnen mochte, weil er zu beschäftigt
mit dem Bild der Emilia war, zufällig stand im Brief,
die Gräfin komme heute mittag aufs Lustschloß nach
Dosalo, wo sie erwarte, daß der Prinz auf sie warte.
Zufällig lehnt in einem herrlich erregten Wortgefecht
(»Ja wohl ein ganzer Affe!«) Appiani das Ansinnen Mari-
nellis ab, ihn in diplomatischer Mission wegzuschicken.
Zufällig führt der Weg der Familie Odoardos hinaus
auf ihre Güter an dem Lustschloß des Prinzen vorbei, wo
Marinelli die Kutsche Odoardos, in der Emilia, ihr Verlobter und ihre Mutter sitzen, überfallen läßt. Zufällig
wird Appiani erschossen, Emilia aufs Schloß des Prinzen
verbracht, rauscht die Mutter hinterher. Der Prinz erklärt Emilia gegenüber »diesen Zufall für den Wink
eines günstigen Glückes«: Er will sie mit keinem Worte,
keinem Seufzer mehr behelligen, will nur noch »einzig
und allein von Ihrem Blicke abhangen«. Das heißt, daß
er will, daß Emilia mit seinen, des Prinzen Augen zu

ihm zurück- und aufblicken möge. »Und nun kommen Sie, mein Fräulein, – kommen Sie, wo Entzückungen auf Sie warten, die Sie mehr billigen.« Emilia hat das alles erlebt wie in einem bösen Traum, in dem die Häufung der lächerlichsten und an sich komischen Zufälle eine Maschinerie in Gang setzen, in der ein Rädchen ins andere greift. Das, was auf den ersten Blick nichts miteinander zu tun hat, fügt sich zusammen zu einer Kalkulation, die keinen Zufall mehr dem Zufall überläßt, sondern alle Zufälle auf den Endzweck der Tragödie hin ordnet: daß passiert, was passieren muß. Alle tragen dazu bei, daß dieses große, grausame Etwas passiert – außer Emilia, um die sich die Schlinge zuzieht, ohne daß sie die Schlinge spürt. Emilia, die für alle anderen nur ein Bild ist und die ihre Blicke den anderen nicht zuwenden darf, weil sie sonst Gefahr liefe, mit eigenen Augen zu sehen, sieht bis jetzt nur irre, wirre Bilder.

Die Mutter stürzt herein, sieht Marinelli, ahnt Zusammenhänge, da sie am Morgen dabei war, als Appiani mit Marinelli stritt, dringt ins Zimmer hinein, wo sie ihre Tochter rufen hört. Ob da drin etwas passiert ist in der Zwischenzeit? Es kommt darauf an, wie Emilia ruft, ob geschmerzt oder überrascht oder lustvoll. In dieser Tragödie der Blicke kann man leicht falsch hören. Schon Lessings Dichterkollege und Zeitgenosse Herder hörte in Emilias Schrei die Lust heraus, die Sensation, die Erregung, mit dem Prinzen endlich allein, im Einverständnis mit ihm zu sein. Es gibt Regisseure, die dieser Eindeutigkeit allzu gerne nachgeben. Es werden aber, hören wir nun mit unseren Ohren, keine eindeutigen Rufe sein, die da von drinnen dringen.

Ihre Sinne sind in Aufruhr – aber in einem Aufruhr wozu, zu wem? Der Aufruhr, die Rufe sind deutbar für alle um Emilia herum: für die Mutter, die nur zu ihrem

armen Kind will; später für den Vater, der die Möglichkeit, daß Emilia im Einverständnis mit dem Prinzen
wäre, kurz durchspielt in seinem von Verdachtsbildern
umnebelten Hirn. Gerade in diesen Momenten, wo alles
drunter und drüber geht, wo eine unglaubliche Bewegung herrscht, wo alles durcheinander rennt und rast,
und wo es nur um Emilia gehen soll, da verschwindet
Emilia immer mehr. Sie wird förmlich verschlungen.
Sie ist nur noch ein Gegenstand in den Spekulationen,
den Sehnsüchten, den Befürchtungen, den Intrigen der
anderen. Ihr Bild scheint in viele tausend Einzelteile
zerrissen. Das Mädchen als Puzzle.

Dann tritt die Gräfin Orsina auf, die ebenfalls Zusammenhänge ahnt und sie aus Marinelli herauskitzelt
und »auf dem Markte ausschreien will«, reicht ihr
Messer, das sie versteckt bei sich trägt und mit dem
sie eventuell den treulosen Prinzen und Orsina-Bild-
Verächter erstechen wollte, an Odoardo weiter, dem
sie den Zusammenhang zwischen Lustschloß und Lust
klarmacht. Als der Prinz ihm auch noch weigert, seine
Tochter mit nach Hause zu nehmen, weil der Vorfall mit
dem Überfall erst gerichtlich untersucht werden müßte
und vorschlägt, Emilia beim Kanzler Grimaldi in der
Zwischenzeit unterzubringen, bittet Odoardo um eine
letzte Unterredung mit Emilia. Der Prinz gibt, erleichtert lächelnd, weil Marinelli ihm das mit dem Gericht
und der Untersuchung und dem Haus der Grimaldis so
hübsch eingeblasen und souffliert hat, das Bild seiner
Liebe für einen großzügigen Augenblick frei und überläßt Emilia, die er anders denn als Bild nie betrachtet
hatte, den Armen dessen, für den sie auch nur ein Bild
ist. Dieser andere ist mit ihr nun ganz allein. Nie in
ihrem Leben konnte sie einmal allein mit ihrem Vater
sein. Jetzt, in der Stunde ihres Todes, ist es soweit.

Zum ersten Mal schaut Emilia ihren Vater an, jenen strengen, traurigen Mann, der sie nun auf einmal herzt und küßt und fragt, was werden soll. Und wie aus einer großen, lebenslangen Betäubung erwacht, erzählt die Tochter, was sie noch niemanden erzählt hat: Wie sie einmal schon im »Haus der Freude« bei den Grimaldis zu Gast war; was sie da hinter Portieren und durch Türspalte und Ritzen gesehen hat an »Ausschweifungen«, Wollust. Und sie gesteht, was sie noch niemandem gestanden hat: »Ich habe Blut, mein Vater; so jugendliches, so warmes Blut, als eine« – als eine nämlich von denen da, deren Fleisch sie unter hochgeschobenen Röcken sah, und deren Gekreisch sie hörte. »Auch meine Sinne sind Sinne. Ich stehe für nichts. Ich bin für nichts gut.« Es ist der Moment der Wahrheit für sie. Sie fällt aus dem Bild, das der Vater sich von ihr machte. Es könnte exakt der Moment sein, in dem sie mit Fleisch und Blut zu dem Bild würde, das der Prinz sich von ihr macht. So auf der Kippe, als sie für eine Sekunde in sich hineinschaut und ein Geschlecht, nicht nur ein Bildmaterial in sich entdeckt, bittet sie um den Dolch. Und liefert ihr Meisterstück.

Sie zitiert, alle Väter und Prinzen übertrumpfend, das Bild einer großen Römerin herbei, von der Livius am Ende des ersten Jahrhunderts vor Christus in »Ab urbe condita« berichtet: Virginia, Tochter des Virginius, wird vom Tyrannen Appius Claudius begehrt, mit einem Schein-Gerichtsverfahren überzogen, soll ihrem Vater weggenommen und einem Untergebenen des Claudius als Sklavin übereignet werden. Worauf Virginius seine Tochter auf offenem Markt ersticht und das Volk sich gegen Claudius erhebt. »Ehedem gab es einen Vater, der seine Tochter von der Schande zu retten, ihr den ersten den besten Stahl in das Herz senkte«, singt Emilia ein-

dringlich und leise und bitter und wie in Trance —
und nimmt sich die Rose aus dem Haar, die sie zer-
pflückt. Dadurch hat sie auf einen Schlag das Bild ausgewischt, das ihr Vater sich von ihr machte — und es
mit einem noch größeren Gemälde übertrumpft, das sie
ihm nun anbietet. »Solcher Väter gibt es keinen mehr!«
Odoardo, der hinter keiner Vater-Zeichnung zurück-
bleiben möchte, die größer ist als er selbst, sticht zu,
indem er »Doch, meine Tochter, doch!« schreit.

Emilia malt sich zum ersten Mal in ihrem Leben
selbst. Es ist wie ein Bilder-Fieber, in dem die zwei
sich befinden, ein merkwürdiges Liebespaar, das mit
dem Tod spielt wie mit einem guten, glänzenden Zitat,
mit einer tollen Formulierung. So stirbt Emilia Galotti
eigentlich an einem hinreißend schönen Bild: »Eine
Rose gebrochen, ehe der Sturm sie entblättert.« Es ist
ihr Gucklock in den Tod: ins Freie. Ein Bild befreit
Emilia aus dem Gefängnis der Männer-Bilder.

Erst sagt es Emilia. Dann wiederholt Odoardo es. So
grandios ist dieses Bild, daß man es zweimal malen muß,
um es ganz zu fassen. Odoardo aber wirft den Dolch
hin und erwartet den Prinzen »als Richter — Und dann
dort — erwarte ich Sie vor dem Richter unser aller!«
Kein Volk da, das einen Aufstand wagte (wie noch bei
Livius), kein Mann, der den Dolch gegen den Prinzen
richtete. Gott sei Dank. Wen oder was hätte er auch
im Prinzen treffen sollen? »O Galotti, wenn Sie mein
Freund, mein Führer, mein Vater sein wollten!«, hatte
der Prinz kurz vorher noch innig, bittend lamentiert; ein
kleiner Junge, der nie einen richtigen Vater hatte und
nun ganz Bewunderung ist vor dem starken, dem un-
bedingten, großen, grausamen Vater Odoardo Galotti,
der ihn aber abblitzen läßt: Kein Mädchen, kein Spielzeug, keine Liebe, kein Führer, kein Vater. Finger weg,

dummer Bub! Der pädagogische Triumph des Mörder-
vaters. Dafür ein »jenseitiger Richter« und ein schlechtes Gewissen, gemacht und gemalt vom guten Bürger.
Dieser kann sich nun, komme, was da wolle, zurückziehen. Es ist alles erledigt. Alles im Rahmen. Er hat
alles bekommen, was er wollte. Mehr kann ein Bürger
nicht verlangen.

XXV.

Verrückt werden

enn der Bürger ruhig ist, wenn er alles hat, Frau, Kinder, Haus, Garten, ein festes Einkommen, feste Freunde, feste Gewohnheiten, gute Ordnung und ein gewisses Alter, dann wird er unruhig. Zwar hat er alles. Und er würde nie über etwas anderes reden als über sein ein und alles. Aber insgeheim fragt er sich doch: Soll das schon alles gewesen sein? Mit dieser Frage beginnen Familientragödien. Männer sagen am Abendbrottisch, sie gingen nur mal schnell Zigaretten holen – und verschwinden für Jahrzehnte in Alaska. Plötzlich geht, rennt, läuft der Bürger los, angetrieben nur von der einen Sehnsucht: nicht mehr zurückzuschauen, aus Furcht, dann endgültig zur Salzsäule zu erstarren wie Lots Frau. Und er schaut nicht zurück, auch wenn es weh tut und hält erst inne, wenn er gar nicht mehr zurück kann. Dann fängt ein neues Leben an. Und vielleicht beginnen so auch Glücksstücke, deren Grund ein tiefes, wunschvolles Unglück ist.

Soll das schon alles gewesen sein? – Mit dieser Frage beginnen aber auch Schwänke. Plötzlich rennt der Bürger los, sucht ein Freudenhaus oder ein verschwiegenes Hotel auf, trifft dort auf fremde Frauen, muß in Schränke kriechen, weil er im Nebenzimmer die Stimme seiner Frau hört, die sich dort mit einem fremden Mann trifft, auch einem Bürger, der unseren Bürger wiederum gut kennt, während im anderen Nebenzimmer die Tochter des einen Bürgers mit dem Sohn des anderen Bürgers, in einem vierten Zimmer aber der Sohn des einen Bürgers mit der Frau des anderen Bürgers sich zu Liebesabenteuern treffen möchten, aber in allen Schränken, die alle Zimmer miteinander verbinden, sind Drehtüren in den Hinterwänden eingebaut, so daß jeder, der sich versteckt, ins Versteck dessen hineingewirbelt wird, der sich gerade vor diesem sich Versteckenden verstecken möchte. Sie rennen am verbotenen, heimlichen Ort derart erregt im Kreis, daß ihre Erregung am Ende in sich zusammenfällt. Zum Schluß sind alle so erschöpft, daß jeder in sein Nestchen zurückkriecht.

Schwänke sind Stücke, die in Zeiten entstehen, in denen alles im großen Tempo aufbricht: Technik, Wirtschaft, Politik, Gesellschaft – aber alles beim Alten bleibt, die Menschen ihre Zeit als rasenden Stillstand erleben. Das späte neunzehnte Jahrhundert ist dafür ein ideales Zeitalter. Schwänke sind Komödien der Schizophrenie: Alle waren außer sich und haben furchtbar viel erlebt. Aber es ist eigentlich überhaupt nichts passiert. Sie sind wie verrückt zur Seite gesprungen – aber schön in der Mitte wieder gelandet. Das ist keine Frage der großen Kunst, das ist eine Frage der perfekten Machart. Die besten Schwänke sind deshalb in Kompagnie entstanden und in brüderlicher oder freundschaftlicher oder kollegialer Serienfertigung, wobei ein Stück das andere nachzog: bei Arnold & Bach, Schönthan & Schönthan und eben auch Laufs & Jacoby. Das Signal, das am Ende jeden Schwankes stand, stand immer auf rot: Stop. Anhalten. Es ist ja alles wieder gut.

Nur ein Mann, der heldenmütigste, großartigste aller Schwank-Helden, ist am Ende restlos verändert, und nichts wird bei ihm so sein wie früher: Onkel Philipp, die Hauptfigur in der *Pension Schöller,* dem Schwank der

Schwänke von Carl Laufs und Wilhelm Jacoby, entstanden, fabriziert im Jahr 1889. Onkel Philipp Klapproth
ist schon deshalb von vornherein eine Ausnahme, weil er
unverheiratet ist, mit seiner Schwester und deren beiden
Töchter auf einem stillen, langweiligen Landgut vor den
Toren Berlins lebt, aber eines Tages wie von einer großen
Unruhe gepeinigt sein langes Stativ und seinen Fotoapparat packt, sein Haus verläßt, sich nicht mehr um-
schaut, bis er in Berlin angekommen ist, der großen,
unbekannten, sündigen, tollen Stadt. Schon im Eisen-
bahnabteil hat Onkel Philipp mit seinem Stativ Unheil
angerichtet, ist Mitreisenden damit in die Haare oder
in die Gesichter geraten. Onkel Philipp will die neue,
fremde, erregende Welt nicht nur genießen, er will sie
abbilden. Er geht in Berlin auch nicht in Bordelle oder
zu losen Frauen, er ist überhaupt an Sex nicht interessiert, was ihn eigentlich für jeden Schwank untauglich
macht, denn der Urtrieb des Schwanks ist der heimliche,
verbotene, außer- oder voreheliche Sex. Onkel Philipp
sucht nicht das Verruchte, Onkel Philipp sucht das Besondere. Er fotografiert wie verrückt Arbeiterfrauen im
Kiez, die gerade Drillinge geboren haben, er hastet mit
seinem Fotoapparat und Stativ sich prügelnden Rowdies
hinterher, schlichtet, nachdem er den Schlagabtausch
fotografiert hat, den Krach und kriegt jetzt von beiden
Kontrahenten die Fausthiebe ab. Glücklich, mit zerrissenem Jackett und blutender Unterlippe betritt er das
Café, wo er sich mit seinem Neffen verabredet hat, den
er nur um eines bittet: Alfred, zeig mir den Wahnsinn!
Den absoluten Kick! Das ultimativ Ungewöhnliche!
Der Onkel hat nur den einen Wunsch: die Irrenanstalt,
die sogenannte reine Heilanstalt für Geisteskranke, die
er besuchen, die er kennenlernen will. Die Klapsmühle
ist eine ganz andere Sensation als das Bordell.

Wie jeder normale Bürger, der das Unnormale, Verbotene, Abgelegene, Heimliche sucht, benötigt auch Onkel Philipp einen, der ihn mit dem Verbotenen verkuppelt, wobei gezahlt werden muß. Er schlägt seinem Neffen Alfred ein Geschäft vor: Alfred verschafft ihm Zutritt zu den Verrückten, im Gegenzug bekommt Alfred vom Onkel das Startkapital zu einer Firmengründung. Während Alfred einschlägt und an die industrielle Zukunft denkt, der Kellner im Hintergrund abkassiert, die Kaffeemaschine siedet und zischt, bekommt der Onkel so leuchtende Augen wie nur ein Bürger, der vor Sehnsucht und Geilheit fiebert. Aber wie jeder Bürger, der sich auf Abwege begibt, wird Onkel Philipp vom Kuppler betrogen. Alfred führt ihn in die ganz normale Pension Schöller zu einem der dort beliebten freien Gesellschaftsabende, schärft ihm aber ein, sich den Wahnsinnigen und Geisteskranken gegenüber ganz normal zu geben, sie nicht zu reizen und nicht auf ihren Zustand anzusprechen.

In der Pension residieren ein weltreisender Großwildjäger mit der Gier, einen Reisegefährten zu finden; ein ehemaliger Major mit der Angewohnheit, auf alle Bemerkungen, die das Militär oder Prozesse betreffen, aufbrausend, tief beleidigt mit Duellforderungen zu reagieren; eine Schriftstellerin mit der aufdringlichen Neigung, sich von jedem, den sie trifft, dessen Leben erzählen zu lassen, woraus sie dann Romane macht; die Schwägerin des Pensionsbesitzers mit der Sehnsucht, einen Mann für ihre Tochter zu finden; ein junger Mann, Mündel des Pensionsbesitzers mit der Pein, den Buchstaben L nicht aussprechen zu können, weshalb er im L-Fall aufs N ausweichen muß, so daß er dauernd von seinem Winnen redet, zum Theater zu gehen, bei einem Schauspiennehrer Unterricht nimmt, der ihn für

ein Tanent hänt und ihn den Othenno und den Wannen-
stein (von Schinner) deknamieren näßt. Es sind alles
ganz normale Menschen mit ganz normalen Gebrechen,
Lüsten, Launen, Eigenarten.

In der Halle ein Klavier, roter Plüsch, bequeme Sessel.
Es ist Nacht. Künstliches Licht. Ein Ort der Wunder
und der Schrecken, des Zaubers und des Wahnsinns. Ein
Ort, den ein einziges Wort verwandelt hat, das im Hirn
des Bürgers Klapproth nistet: Irrenanstalt. Es genügt
ein Wort, um die Welt umzustürzen, zu verkehren, zu
verrücken. Man muß das Wort nur glauben. Man kann
es um so mehr glauben, als der Irrsinn, den es benennt,
vom Sinn, den es verdreht, nur Millimeter entfernt liegt:
Die Normalität ist wahnsinniger als jeder Wahnsinn.

Der ganze zweite Akt ist deshalb ein einziges Mysterium: Onkel Philipp in der Pension Schöller, die er für
eine Klapsmühle hält.

Im dritten Akt sieht man Onkel Philipp wieder zu
Hause, wie er in seinem Landhause am Tisch sitzt,
Zeitung liest, mit glasigen Augen vor sich hinstiert, die
Artikel in der Gazette gar nicht wahrnimmt, plötzlich
in ein schallendes, böses, bellendes Lachen ausbricht, die
Augen rollt, den Kopf schüttelt oder in den Nacken
wirft und sich die wenigen Haare rauft, die er noch auf
dem Kopf hat. Kaum, daß er einmal an seiner Kaffeetasse nippt. Denn der zweite Akt, der Lieblingsakt seines bürgerlichen Helden- und Wahnsinnslebens, sitzt
ihm im Schädel und wird den Kopf des Onkels nie
mehr verlassen: Die Szene, wo der Großwildjäger ihm
drei Leoparden schenkte, nachdem der Onkel einwilligte
(Irre darf man nicht reizen!), am nächsten Abend un-
verzüglich zu einer Weltreise aufzubrechen, worauf der
Onkel wie verrückt aufs Klavier im Salon geklettert ist.
Ihm bricht jetzt noch der kalte Schweiß auf der Stirn aus,

wenn er nur daran denkt. Oder die Szene, wo die Schriftstellerin ihn nach seinem Leben ausgequetscht hat und
er ihr in freier, wirrer, köstlich irrer Phantasie vorgelogen
hat, er sei ein Portugiese, früh verwaist, geraubt, seine
Schwester vom Sultan entführt und so weiter – und die
Dame sich alles aufschrieb und die Geschichte weiter-
dichtete, ohne daß er noch viel dazutun mußte. Oder
die Szene, da greift der Onkel sich beklommen ans
Herz, wo der Militär ihn zum Duell forderte, nur weil
er gesprächsweise »kurzen Prozeß« erwähnte. Kurz darauf dann stürzte der junge Mann auf ihn zu und fauchte
ihn an: »Geh in ein Knoster, Ophenia!« und schrie: »Ich
bin König Near!« und deklamierte: »Nacht muß es
sein, wo Friednands Sterne strahnen!«. Und dann die
Alte, die ihn, eins, zwei, drei, mit ihrer Tochter verkuppeln wollte, noch auf dem Sofa, im Salon. Es schien
so, als hätten alle diese Leute nur auf Onkel Philipp
gewartet, damit sie Jagd auf ihn machen, ihn in ihre
Geschichten, in ihr Leben, ihre Verrücktheiten hinein-
ziehen, in verführen könnten, so daß er ihnen nie mehr
entkäme. Jedem gibt er seine Adresse, für jeden hat er
ein nettes, aufmunterndes Wort, denn, wie gesagt, Irre
darf man nicht reizen, man muß so tun, als hielte man
sie für ganz normale Leute. Und jeder scheint für alle
Zeiten einen Anspruch auf Onkel Philipp zu haben: als
hätte der Onkel sie alle erlöst, als könnten sie nur mit
ihm zusammen alles das erleben und ausleben und sich
ausdenken und spielen, was sie mit niemandem sonst
erleben, denken, spielen würden.

Onkel Philipp ist für diese ganz normalen Spinner
eine Art Engel. Nur weil er auf sie eingeht. Sonst geht
ja niemand auf sie ein. Niemand redet mit ihnen, niemand hört ihnen zu. Der Onkel, der sie nur als Kuriosi-
täten und Monstrositäten wie in einem Zoo oder Zirkus

zu betrachten und zu studieren glaubte, verschaffte den
Harmlosen, die er als Sensation zu genießen meinte,
die wahre Sensation: Kommunikation, Zuwendung, Gespräch. Auf einmal schien es Philipp Klapproth, als
sei das Paradies des Ausgefallenen und Besonderen die
Hölle oder zumindest das Fegefeuer. Eine Ewigkeit.
Und nur der Rückfahrschein der Reichsbahn, der in
seinem Jackett knisterte, rettete ihn.

Noch hat der Onkel alle diese irren Erscheinungen,
Verkörperungen des reinen Wahnsinns, nur im Kopf.
Trübe gequält und zugleich irgendwie selig leicht starrt
er in die Kaffeetasse. Da klopft es – und der Großwildjäger steht im Zimmer, mahnt zum Aufbruch, zum
Kofferpacken, hält ihm einen Revolver unter die Nase
(man kann nie wissen, ob man ihn nicht unterwegs
braucht). Der Onkel erschrickt und sperrt den Gast,
der ihm vorkommt wie ein Geist, ins Nebenzimmer.
Da klopft es schon wieder. Der Major steht im Raum
und mahnt zum Duell. Der Onkel sperrt ihn ins andere Nebenzimmer. Auch muß der Onkel jetzt seiner
Schwester und seinen Nichten erklären, warum Leute,
die ins Haus kommen, von ihm gleich eingesperrt werden, was immer dringender wird, denn die Schriftstellerin schneit herein, fragt sofort die Schwester des Onkels
aus nach ihren Erlebnissen im Harem des Sultans, wird
auch eingesperrt, während die Schwester des Onkels
langsam in der Ahnung bestärkt wird, ihr Bruder ge-
höre in eine Heilanstalt für Geisteskranke. Der Onkel
hat alle Hände voll damit zu tun, den jungen Mann
mit dem L-Fehler, der plötzlich im Zimmer steht, in
einen Schrank zu sperren (»Ich habe nämlich eine neue
Ronne studiert und bin gekommen, sie Ihnen vorzu-
spienen«). Dann schreit Onkel Philipp Klapproth nach
der Zwangsjacke.

Die Zwangsjacke kommt nicht. Nichts erlöst den Onkel von seinen Kopfgeburten. Auch wenn sich alles aufklärt, der Pensionsinhaber Herr Schöller auftaucht, die Mißverständnisse vom Neffen Alfred geklärt werden, die eine Nichte des Onkels den Großwildjäger, die andere Herrn Kissling, einen Maler, Freund von Alfred, heiratet, auch wenn also der sanfte, beruhigende Hochzeitsmechanismus klappernd und aufgesetzt den Schwank krönt, wie es sich für den Schwank gehört, damit irgendwer irgendwen kriegt am Ende, auch wenn nun »alles« wieder gut ist – Onkel Philipp wird nie wieder gut. Er bittet zur Hochzeitstafel. Hat aber einen so eigentümlichen Blick dabei, so gläsern und glänzend. Er will, sagt der Onkel, und es klingt wie eine Drohung, bei Tisch etwas erzählen, »was mir passiert ist«. Auf die Frage: »Wo denn?« antwortet er: »In der Pension Schöller!«

Er wird die Pension Schöller nie mehr los. Er wird unaufhörlich von ihr erzählen. Hört er einmal damit auf, wird er schier verrückt. Bei Vernunft ist er nur, wenn er von fauchenden Leoparden, drohenden Pistolen, grauenvollen Schwiegermüttern und lallenden gaumigen Schauspielern redet. Dann redet er in vielen Zungen, sagt: »Griechisch ist Türkisch geworden. Nur die Schweizer Übersetzung kann uns noch retten.« Es wird Nacht in seinem Kopf bei solchen Worten, Nacht voll Lärm und süßer, giftiger Musik. Und er dehnt und streckt sich und fühlt, daß in ihm Bilder und Sehnsüchte sich regen, die er nie kannte. In solchen Nachtwachen heulen die Wölfe in Onkel Philipp. Und manchmal schmeckt er sogar Blut.

XXVI.

Das Liebesspiel der Wölfe

Wenn in Amalfi ein Fest ist, wenn es besonders schön ist und besonders hoch hergeht, heulen die Irren. Sie tragen die Masken von Straßenhuren, das Fleisch von Kupplern und Raufbolden. Der Himmel in Amalfi »scheint aus gegossenem Erz«, die Erde »ein Schwefelbrennen«. Nie geht die Sonne auf. Ein Fieber ist in der Stadt, das Hirne und Leiber erhitzt. Wenn die Irren heulen in der ewigen Nacht, klingt es in der Summe der Stimmen wie Wolfsgeheul.

Der Wolf ist ein Rudeltier. Wer sich vom Rudel entfernt, kommt ohne das Rudel um. Das ist das Gesetz von Amalfi. Bevor die Einsamen sterben, erscheinen ihnen die Irren. Die Irren sind noch Einsamere. Sie haben vergessen, daß es überhaupt ein Rudel gibt. Heute abend – aber was heißt schon Abend, wenn es dauernd Nacht ist in Amalfi? – sind die Irren ins Haus der Herzogin von Malfi eingedrungen, einer Witwe von dreiundzwanzig Jahren.

Der eine Irre spricht »Türkisch auf Griechisch in Schweizer Übersetzung«; der andere legt Salzsäure, der dritte ein Gesetz aus; der vierte schneidet dem Teufel die Nägel, röstet sie in Rabeneiern; der fünfte melkt milchende Fledermäuse; der sechste ist Heraldikexperte und macht jeden, der will, zu einem uradligen Mann; der siebte will mit jeder Frau in seiner Gemeinde jede

227

zehnte Nacht schlafen, »das ist eine Umsatzsteuer, wie bei Heuhaufen«. In Wahrheit sind sie nur zu viert, wechseln sich aber darin ab, mehr zu scheinen, als sie sind. Ein furioses Quartett, das so schön, so poetisch, so süß Verzweiflung singt, daß man in die Verzweiflung sich direkt verlieben könnte. Sie verdrehen die Augen, daß nur noch das Weiße darin zu sehen ist und jubeln zu einer trüben, wilden Musik: »O, laßt uns heulen mit weitem Mund / Ein grausiges Totengeheule / Tief, als käm's aus dem drohenden Schlund / Wilder Tiere, der Unglückseule! / Wie Raben, Käuzchen, Bullen und Bären / Wollen wir brüllen und schreien, / Bis Eure Ohren ekelt der Lärm, / Und Eure Herzen kasteien. / Am End', wenn unser Chor in Atemnot, / Die Leiber gesegnet dazu, / Grüßen wir schwangleich singend den Tod / Und sterben in Liebe und Ruh.«

Einfühlsamer kann man vom Sterben kaum singen. Ein furchtbar vernünftiger Gesang der Tollhäusler im allgemeinen Irrsinn. Wenn man bedenkt, daß drunten auf der Gasse der Herzog Ferdinand von Calabrien, Zwillingsbruder der Herzogin von Malfi, den Mond anbellt, mit frisch aus den Gräbern geholten Leichenteilen spielt, und ihm die Hand und der Unterarm eines toten Mannes aus der Rocktasche lugen. Im Salon droben ist das Herz der Herzogin »voller Dolche«, drunten aber, auf der Gasse, ist das Herz ihres Bruders »voller Galle«. Er schreit nach »Rhabarber, O, gib mir Rhabarber, / Um diese Galle abzuführen«, bis er aus dem Herzen seiner Schwester »einen Schwamm gemacht / Es auszulöschen«, er ihr »ihren Palast um die Ohren fetzen könnte, / Entwurzeln ihre schönen Wälder, versengen ihre Weiden, / Und ihr gesamtes Territorium in eine Wüste legen / Wie sie ihre Ehren«. Er will die »Hyäne zerfetzen«, deren »Hurenmilch mein wildes Feuer nicht löschen wird, / Sondern dein Hurenblut«. Da träumt er wohl wild und sehrend von den Brüsten seiner Schwester, an denen jetzt andere saugen. Er schreit es laut aus in alle Winde: Er könnte sie töten »mir selber, weil ich denke, / In uns steckt eine Sünde, die der Himmel / Durch sie rächt.« Eine kurze Zeit lang, bevor Ferdinand die Herzogin, seine Schwester, tötet, sein eigen Fleisch und Blut meuchelt, schwärzt er seine Seele ein und macht den Salon der Herzogin noch nächtiger als er schon ist: Im Finstern streckt er ihr die Hand hin, die er aus irgendeinem Grab geholt hat, und als sie erschrickt (»Du bist so kalt«), reißt er die Vorhänge auf, zeigt ihr den Schrecken, reißt noch mehr Vorhänge auf, zeigt ihr Wachspuppen, an Galgen aufgehängt. Die Herzogin glaubt, es seien wirkliche Tote: ihr Mann, ihre Kinder. Von diesem Moment an hält die Herzogin »nichts als Lärm und Wahnsinn noch richtig bei Verstand, während Vernunft / Und Stille mich ganz irre machen«. Es sind schöne, klare, wunderbare Worte, ohne Schnörkel: »O, wär's möglich und wir könnten / Nur ein paar Tage mit den Toten uns beraten, / Von ihnen würde ich lernen, sicher, / Was ich hier nie wissen werde«. Die Toten haben die Lebenden im Griff.

John Webster, von dem man nicht genau weiß, wann er geboren ist, ungefähr zwischen 1570 und 1580 in London, und dessen Todesdatum irgendwo zwischen 1628 und 1634 liegt, schrieb solche Verse und solche Passagen, erfand solche Figuren und Todesarten und solche Irrengesänge unendlich langsam. Wo andere, Shakespeare, Websters Zeitgenosse, zum Beispiel, dreihundert Verse in drei Stunden schrieben, da brauchte Webster für drei Verse drei Tage. Es ist, als stehe in seinen Stücken die Zeit still, als halte Webster die große Uhr an, um den Druck des Zeigers schmerzhaft und

eindringlich zu spüren. Aber gleichzeitig scheint der
Zeiger im Stillstand zu explodieren, scheint alles zu
rasen, zu stürzen. Seit 1602 ist Webster als Dramatiker
bekannt und belegt. Er schrieb oft im Verein mit Tho-
mas Dekker, Antony Munday, Thomas Middleton und
Michael Drayton. Die Stücke trugen Titel wie *Lady Jane,
Sir Thomas Wyatt. Der weiße Teufel* stammt von 1612, die
Herzogin von Malfi verfaßte er wohl 1613.

Es gab die Figur der Herzogin Giovanna von Malfi
wirklich, die 1498 zwanzig Jahre alt war, als ihr Mann
starb, sich heimlich mit ihrem Haushofmeister Antonio
Bologna verheiratete, mit ihm drei Kinder hatte, von
ihren Brüdern gejagt und mit ihren Kindern ermordet
wurde. Nichts weiter als eine historische Quelle, Akten-
material, wie es Dramatiker gerne verwenden. Wenn
Webster vom Papier aufschaute, in die Londoner Straßen
hinaussah, in denen man die Pesttoten zu Tausenden in
Massengräbern verscharrte oder die abgehackten Köpfe
von Verbrechern, Aufrührern, Liebhabern und Ehe-
brechern auf Pfähle spießte, wenn er mit ansah, wie
wenig ein Menschenleben im großen Schlachthaus Welt
galt, dann mußte er nur lange genug auf all das starren,
um darin den Terror und den Wahn in der finsteren
Grube zu entdecken, die andere als er »Herz« nannten.
Auch mußte er ja nur drei Tage warten, bis er Worte
dafür hatte, so elegant, so hart, so abschließend, daß
nichts mehr zu wünschen, zu hoffen oder zu träumen
übrig blieb. »Webster war ganz erfüllt vom Tod und sah
den Schädel unterm Haar, brustlose Wesen in der Grube
boten ihr lippenloses Grinsen dar«, bewunderte der Lyriker T. S. Eliot im zwanzigsten Jahrhundert den Dramatiker des siebzehnten Jahrhunderts, der vor aller Auf-
klärung die endgültige Abklärung dichtete: die Galle,
den Wahnsinn, die Tollheit, das Böse, die Krankheit,

die Gier, die Niedertracht, die Rache, den Schrecken, die Finsternis. In Amalfi wird nichts aufgeklärt.

Webster ist ein dramatischer Spiegel, hinter dem das Wahre, Gute, Schöne in scheußlichen Grimassen hervorschaut. Nicht dauernd, nicht so, daß man sich darauf verlassen könnte – sondern überfallartig. Der wunderlichste Anfall ist die Liebe. Zwei Brüder, der Kardinal und der Herzog von Calabrien, verabschieden ihre Schwester, frisch verwitwet, blühend schön und jung. Der eine, der Kardinal, hält sich Mörder, Spitzel, Zuträger, Halsabschneider, die er schlecht bezahlt. Er ist wohltemperiert normal böse. Er will seiner Schwester nichts Schlechtes, er will nur ihr Vermögen. Daß er ihr aus Ehren- und Moralgründen verbietet, wieder zu heiraten, ist leicht als Vorwand zu durchschauen, denn er selbst hält sich Julia, die Gattin von Lord Castruchio, als Mätresse. Der Kardinal wird von Intrigenplänen und Übervorteilungslüsten überfallen, spricht Todesurteile nach Belieben aus, belohnt nach Hörensagen. Recht ist für ihn, was für die Spinne das Netz ist, in dem sich der fängt, der unvorsichtig ist. Menschen sind ihm wie Sachen. Als Julia ihm lästig wird, läßt er sie eine Bibel küssen. Die Heilige Schrift ist mit einem Kontaktgift versehen. Julia stirbt mit grünem Schaum vor den Lippen. Aber weder am Tod noch am Leben einer Sache ist der Kardinal eigentlich ernsthaft interessiert: ein dürrer, grünlich grauer junger Herr, der den Kardinalspurpur mit der Kriegerrüstung vertauschen kann, wie es ihm beifällt. Er ist nie bei sich. Es gibt eine Instanz, die ihn fernsteuert: nicht die Kirche, um Gottes willen, nicht eine Ideologie – wahrscheinlich eher die große böse Langeweile, das tolle Nichts.

Sein Bruder Ferdinand dagegen wird von der Liebe überfallen. Er ist verrückt nach seiner Schwester. Er ist der Wolf, der hinter dem Rudel herläuft und alle beißt, die ausbrechen möchten, wobei er am liebsten nach den Geschlechtsteilen schnappt: »Was kann ein flotter Junge mit einem raffinierten Schwanz eine Frau nicht glauben machen? Lebe wohl, lustige Witwe.« Derart verwarnt er seine Schwester. Er ist das Brüderlein im traurigen, bösen Märchen, das mit seinem Schwesterlein in ein Geisterhaus verbannt ist, in dem das Brüderlein sämtliche Ausgänge verstopft hat: mit gierigen, irren Augen schaut er dem Schwesterlein zu, wie es sich in die Ecke drängt. Sein wütendes Liebesspiel besteht darin, die Liebe der anderen zu unterbinden, die nur sein Hirn, die erhitzten Bilder in seinem Kopf beschäftigen, nie sein Herz. Schon deshalb, weil er keines hat. Ein Wort wie »Liebe« oder »Geilheit« oder »Unzucht« überfällt ihn, wie ihn Ungeziefer überfällt. Dann kratzt er sich blutig. Oder schlägt zu. Es gibt am Hofe von Amalfi kein Recht, keine Regeln. Nur, was den Leuten gerade eben durchs Hirn schießt, gilt. Und da es die Hirne der Mächtigen sind, trifft das, was durch sie schießt, beliebig ins Schwarze: Es tötet. Es liebt. Es belohnt. Es vernichtet. Sie sind wie zuckende Puppen an Drähten, an denen die zuckenden Puppen nur wieder selber rütteln.

Weil in Amalfi nie Tag ist, an allen Straßenecken nur diese unruhig blakenden Fackeln und Laternen brennen, in den Salons, Boudoirs und Schlafzimmern nur die Kerzen ein ungenaues Licht geben, sieht auch die Herzogin, die Schöne, die Süße, die Holde, ihr Gesicht nicht richtig, wenn sie in Spiegel oder Fensterscheiben blickt. Sähe sie es, würde sie erschrecken über ihre kalten, leeren Augen. Da sie es nicht sieht, füllt sie es sozusagen von innen her mit Gefühl. Aber auch sie, die nun plötzlich von »Liebe« (nicht von Liebe) überfallen wird, greift wie ferngesteuert, ohne ein Motiv, nur so aus Laune und Lust nach dem vollkommenen Mann, den sie im Vorzimmer vermutet, nach ihrem Haushofmeister Antonio Bologna, dem sie einfach ihren Witwenring aufs Auge legt (er hatte da ein Veilchen nach einer Schlägerei) – und schon ist sie, ist er, sind sie beide verliebt. Eine Hexerei, ein Sturz, ein wölfisches Nacheinanderschnappen, ohne Vorbereitung. Schnell, aus heiterer, zärtlicher Hölle.

Als sie sich trennen müssen, nachdem ihre heimliche Ehe entdeckt ist, sagt Antonio: »Weine nicht: / Der Himmel machte uns aus nichts und wir suchen, / Uns selbst zu nichts bringen.« Es ist dieses Nichts, das ihre rasenden Herzen so hart macht, so unempfindlich, so daß die ganze Welt da durchgehen kann, und sie kaum berührt werden. Die Herzogin ist ein Herzensmonster. Sie bringt Kinder zur Welt, heimlich, umschlichen vom Späher Bosola, der aus der Gefangenschaft auf den Galeeren im Dienste des Kardinals zurückgekehrt ist und von Ferdinand zur Überwachung der Schwester engagiert ist. Bosola, ein Clown, ein Mörder, ein Philosoph, lockt die Hochschwangere, die ihren dicken Bauch unter riesigen Reifröcken verbirgt, mit Aprikosen, die ihre Schwangerschaftsgelüste belegen sollen, und legt ihr Fallen und den Strick um den Hals, mit dem er sie erdrosselt. Die Aprikosen sind ihr genauso schrecklich oder süß oder gleichgültig wie der Tod. Den Abschied von ihrem Mann und von ihren Kindern erlebt sie genauso theatralisch und ruhig wie den Gespensterreigen der Irren.

Vor ihrem Tode füttert Bosola sie mit den schönsten Todesbildern, sozusagen mit schwarzen Aprikosen, denn der Killer ist auch ein Dichter. Er ist der würdige Vertreter seines Autors im Stück. Die Herzogin stellt die

Frage aller Fragen, als er ihr den Strick des Bruders zeigt: »Wer bin ich?« Bosola rezensiert ihr Ich in der unsterblichen Poesie einer grandiosen Totengräberszene, in der das Ergebnis der Verwesung schon zu Lebzeiten des zu Verwesenden festgestellt wird, als zünde sich der Totengräber an einem Pestfeuer gemütlich seine Pfeife an und lege dann gemächlich-witzig seinen Obduktionsbefund vor: »Du bist eine Kiste mit Wurmsamen, bestenfalls, sonst eine Dose grünes Leichenfett: was ist dies Fleisch? Ein bißchen hingegossene Milch, phantastisch aufgegangener Blätterteig; unsere Körper sind schwächer als die papiernen Kerker, die kleine Jungens brauchen, ihre Fliegen drin aufzubewahren; verächtlicher, weil wir noch dazu gut sind, Regenwürmer am Leben zu erhalten. Hast du eine Lerche je im Käfig gesehen? Genauso geht es der Seele im Körper: die Welt ist ihr kleiner grüner Rasen und der Himmel über unseren Köpfen ihr Spiegel, er gibt uns nur armselige Kenntnis über den engen Umkreis unseres Gefängnisses.« Einmal sagt sie, wenn sie sehe, wie ihr kleiner Junge seinen Kreisel vorwärts peitsche, dann fühle sie sich auch wie ein Kreisel, gepeitscht vom Himmel. Dabei hat sie vom Himmel überhaupt keine Vorstellung. Gott ist tot oder höchstens noch ein Spiegelglas für den komischen Vogel, der Seele heißt.

Wenn Bosola, angeekelt von der Bosheit seines mörderischen Auftraggebers, der Sterbenden enthüllt, ihr Mann und ihre größeren Kinder seien nicht tot, was ihr vorgeführt worden sei, seien Wachspuppen gewesen, dann ist ihr letztes Wort »Gnade«. Gnade wofür? Warum? Von wem? Auch »Gnade« ist nurmehr ein Sterbenswörtchen, von fern her gesteuert. Dann stirbt die Herzogin. Ihre kleineren Kinder tötet man mit ein paar sachlichen Würgegriffen. Ihre Zofe Cariola schreit,

bevor sie stirbt: »Ich trage ein Kind in meinem Schoß.«
Worauf Bosola nur antwortet: »Euer Ruf ist gerettet« –
und der Henker sie erdrosselt. Bosola zeigt auf die klei-
nen toten Kinder und fragt Ferdinand, der hinzutritt:
»Ach, was haben sie schon getan?« Der alte Wolf gibt
Bescheid: »Den Tod junger Wölfe beklagt man nicht.«

Die Arbeit ist erledigt. Die Irren sind wieder ins Tollhaus zurückgebracht worden, die Rache der Brüder ist
befriedigt. Bosola erhält den Auftrag, gleichsam zum
Dessert, den Antonio zu töten. Antonio steht derweil
vor großen Ruinen, hinter denen das Grab seiner Frau
liegt, von dem er nichts weiß. Er ruft dort Sätze und
Worte hinein in die Ruinenlandschaft voller Traurigkeit
und Schönheit: »Kirchen und Städte haben Krankheiten
gleich den Menschen / Und müssen den Tod sterben wie
wir.« Und das Echo vom Grabe seiner Frau, von dem
er nichts weiß, antwortet: »Sterben wie wir.« Sein Begleiter rät ihm: »Denk an deine Sicherheit«, und das
Echo vom Grabe seiner Frau antwortet: »Denk an deine
Sicherheit«. Antonio tut das, wonach sich seine Frau vor
ihrem Tod umsonst sehnte: sich mit Toten zu beraten.
Aber der Rat der Toten ist nur das Echo der Lebenden. Und umgekehrt: Der Rat der Lebenden ist nur das
Echo der Toten. »Meine Herzogin schläft jetzt, / Auch
ihre Kleine, hoff ich, sanft: O, Himmel / Werde ich
sie nicht wiedersehen?«, bangt Antonio. »Nicht wiedersehen«, entgegnet bündig und wahr das Echo. Dann
friert es Antonio wie in einem Fieber. Die Toten sind
ansteckend.

Die große Mordmaschinerie steht eigentlich kurz vor
ihrem erschöpften Leerlauf. Da dringt ein Geheul, irrer
als jedes Irrengeheul, durch die Straßen. Der Wolf jagt
durch die Straßen, wühlt mit den Zähnen in Gräbern,
schreit nach frischen Pferden, jault nach Cäsar und

Pompejus: Ferdinand ist verrückt geworden. Der Tod
der Lieben gebiert Ungeheuer, die ihm ins Bewußtsein
schneiden, das Gewissen zu nennen er nicht über sich
bringen kann, schon deswegen, weil er gar keines hat;
er nennt es besser Staub: »Schwester! O, meine Schwester! Das ist der Grund: / Ob wir fallen durch Ehrgeiz,
Blut, Lust oder Raub, / Wie Diamanten schneidet uns
der eigne Staub.« Der Wolf ist von der Wolfskrankheit
befallen, einem Virus im Hirn, der Lykanthropie. Der
Arzt sagt: »Die von ihr befallen sind, überkommt so
schwere / Melancholie, daß sie sich einbilden, / Sie selber
verwandelten sich in Wölfe, / Schleichen sich hin zum
Friedhof tief in der Nacht / Und scharren die Leichen
auf.« Das heißt nur: der Wolf ist erst im Wahnsinn ganz
bei sich.

Der Tanz, der jetzt beginnt, ist der Todestanz im
flotten Rhythmus, in dem jeder jeden berührt. Ferdinand sticht um sich. Er trifft seinen Bruder, den Kardinal. Aber den Kardinal hatte zuvor schon Bosola
angestochen. Bosola traf zufällig in der Dunkelheit auch
Antonio mit dem Messer tödlich, obwohl er sich dem
Antonio nähern wollte wie einem Freund. Denn auch
bei Bosola meldete sich der Wahn nach fast getaner
Arbeit: eine Art Gewissen, mehr eine Wut, die ihn biß
oder halb biß, weil er vom Kardinal und von Ferdinand
keinen Lohn fürs viele Töten und Erdrosseln erhielt –
nur die Aussicht darauf, selber getötet zu werden. Also
sticht er gleich nochmal zu, wo er so schön in Schwung
ist, und tötet Ferdinand, dem er den Hals durchbohrt,
was ihm aber nichts hilft, denn Ferdinand hat ihn vorher
gerade noch tödlich mit dem Dolch erwischt. Der Mord
ist ein irrer Reigen. Sie genießen ihn wie einen Rausch,
eine Lust, die der Liebeslust in nichts nachsteht, ja sie
noch übertrifft. Keiner von ihnen kann sagen, daß er

es ist, der zusticht oder beißt oder würgt. Wie schon keiner von ihnen sagen konnte, daß er es war, der sich sehnt, liebt, giert, leidet. Was ist es, was in ihnen mordet, hurt, sticht, würgt und liebt? Es ist die Frage der großen Revolution.

XXVII.

Das Wolfsspiel der Liebhaber

ie nannten ihn Dogge. Schon sein breites, von Narben überzogenes, aufs große weiche Maul hin zugeschnittene Gesicht mit den blitzenden, scharfen Augen, eingebettet zwischen dicken Lidern, gab ihnen jedes Recht, ihn für einen tollen Hund zu halten. Seine Mutter rief ihn »lieb Georg« und las ihm Wünsche von den Lippen ab. George Danton, einer der häßlichsten Männer Frankreichs, war Jahrgang 1759, wie Marie-Jean Hérault-Séchelles, einer der schönsten Männer Frankreichs, der mit ihm später zugleich geköpft wurde. Er war ein Jahr jünger als Maximilien-François-Marie-Isidore Joseph de Robespierre (Jahrgang 1758), einer der wirksamsten Männer Frankreichs, der ein paar Monate später als Danton geköpft wurde, und ein Jahr älter als Camille Desmoulins (Jahrgang 1760), einer der traurigsten Männer Frankreichs, der seinen Kopf am gleichen Tag wie sein Freund George Danton verlor. Sie alle – und noch viele andere ihrer Weggefährten, wie zum Beispiel Pierre Philippeaux (Jahrgang 1754) oder Bertrand Barrère de Vieuxsac (Jahrgang 1750) – kamen aus guten Familien, wurden streng erzogen, saßen meistens auf den Schulbänken bei den Jesuiten, wo ihnen scharfes Denken und schnelles, schönes Reden beigebracht wurde. Auch lernten sie dort das Argumentieren in Gegensätzen, bei dem man die Sätze und die Gegensätze so bauen mußte, daß

am Ende das herauskam, was man wollte. So eine Erziehung war wie ein Rausch, allerdings ein sehr stren-
ger Rausch. Sie studierten die Texte des klassischen
Altertums, konnten jederzeit einen Sokrates, einen Al-
kibiades herbeizitieren, kannten sich in der römischen
Tyrannengeschichte gut aus und auch in den Lebens-
und Todesläufen der Tyrannenmörder; Brutus und Virginius hatten sie in der Tasche. Der eine hatte Cäsar, der
andere seine Tochter Virginia erstochen, die vom Dezem-
vir Appius Claudius unkeusch bedrängt wurde, und
damit einen Volksaufstand gegen den Gewaltherrscher
losgetreten. Aber sie lasen und sahen auf solche revolutionäre Gestalten wie durch Lorgnons, Brillengläser in
kostbarer Fassung, die man sich kurz vor die Nase hält.
Sie gierten irgendwie nach Erfahrung, nach Leben, und
lebten doch fast ausschließlich in der Literatur. Je länger
das hinging, desto unruhiger wurden sie.

Von dem politischen und gesellschaftlichen System,
dem sie angehörten, dem Frankreich unter Ludwig XVI.,
spürten sie, daß es sich nicht mehr lange halten würde.
Noch bevor sie die Zwanzig erreichten, war der Staat
eigentlich bankrott, war das Königtum ein Hasard-
regime und blieb es die letzten zehn Jahre bis 1789.
Die jungen Leute lasen die aufklärerischen Schriften
eines Rousseau, eines Diderot, hörten von der amerikanischen Verfassung von 1776, in der Freiheit und
Menschenrechte und das »Streben nach Glück« fest-
geschrieben waren – aber sie hatten auch hier das Gefühl, das Lorgnon nicht los zu werden, fühlten sich
immer nur bebrillt, nie eigentlich erfüllt.

Die eigentlichen Dinge, ahnten sie dumpf, passier-
ten anderswo. Inzwischen lernten sie fleißig Jura und
das römische Recht und dienten dem König als Anwälte.

Als die Große Revolution in Frankreich ausbrach, waren sie alle um die dreißig und alle, die meisten jedenfalls, waren als Advokaten tätig, junge, alerte Rechtsgelehrte. Die Wörter, die sie bis dahin im Munde führten, waren herrlich körperlos. Akten, Pandekten, Paragraphen, Romane, Pamphlete. Hie und da, heimlich, versuchten sie nach dem einen oder anderen Wort (»Staat«, »König«, »Volk«, »Freiheit«, »Verfassung«, »Stand«) zu schnappen wie nach einem Brocken Fleisch, aber sie hatten nichts daran zu beißen. Es spielte sich außerhalb ihrer Empfindungen ab. Sie hielten die Adeligen, die Angehörigen des sogenannten Ersten Standes (den Zweiten Stand bildeten die Geistlichen, den Dritten die Bürger) für Wölfe, eine beliebte Bezeichnung aus jener Zeit. Aber auch der »Wolf« war Literatur. Sie hätten viel darum gegeben, den Wölfen nun selbst wieder ein Wolf sein zu dürfen. Aber die Welt, in der man Wolf war, lief ihnen davon. Deshalb hatten sie einen Riesenappetit auf sie, heimlich; sie würden sie verschlungen haben, könnten sie die Welt fassen, oder sie umarmen, könnten sie sich ihr anschmiegen, oder würden wenigstens den großen Wölfen die Schädeldecken aufgeknackt haben, wenn diese ihnen nahegekommen wären, um zu sehen, was darin wäre, und ob das, was darin wäre, ihren Schädeln gliche.

Auf einmal, als die Welt in Bewegung geriet, als der Staat bankrott war und Hunger ausbrach und Leute auf den Straßen waren, die sie vorher noch nie gesehen hatten, entdeckten die jungen Advokaten aus den guten Familien, daß ein paar Worte genügten, eine gute, scharfe Rede hinreichte, um Tausende von Körpern in Bewegung zu setzen. Und die Lippen der Dogge Danton vor allem waren Wunderlippen. Mit wenigen Bewegungen nur und ein bißchen heftigem Atem schick-

ten Dantons Lippen Massen von Volk am 14. Juli 1789
zur Bastille, gründeten später radikale Clubs und Par-
teien, klagten die königlichen Minister am 10. November 1790 vor der Nationalversammlung an, trieben die
Massen am 10. August 1792 nach den Tuilerien zum
Aufstand gegen den König, der verhaftet und hingerich-
tet wurde, erließen Gesetze und verfügten und dulde-
ten, daß innerhalb von drei Tagen, vom 2. bis zum 5. September 1792 eintausendfünfhundert politische Gefan-
gene, Königstreue und Geistliche, ermordet wurden.
Im folgenden Jahr, 1793, formten die Lippen der Dogge
viele »Jas« zu den Urteilen des Wohlfahrtsausschusses,
einem Organ der revolutionären Diktatur, dem Danton
vorsaß und der jeden Tag bis zu siebzig Menschen
aufs Schafott schickte, so daß Dantons Mund insgesamt
35 000 bis 40 000 Körper zu Leichen machten. Seine
Worte, seine Sätze und Gegensätze, brachten den Tod.
Aber auf den Tod schaute Danton, und das machte ihn
sehr melancholisch, nun auch nur wieder wie durch ein
Lorgnon. Er brachte den Tod zwar, aber er war nicht
der Tod. Die Arbeit erledigten andere. Für ihn blieb es
bei einem »Voilà!« oder einem Federstrich. Das Leben,
oder in diesem Fall das vernichtete Leben von anderen,
fand außerhalb von ihm statt.

Er fühlte sich auch jetzt noch auf der Schulbank.
Nur daß die Worträusche sich in Bluträusche verwandeln ließen. Sie kamen von revolutionären Lippen. Sie
spitzten sich zum Wolfsspiel, das jetzt die neuen, die
jungen Wölfe spielten, grausam, brillant, im Einklang
mit der neuen Zeit ohne Rücksicht auf Verluste auch
im eigenen Rudel. Rot gefärbte Lippen, aufgequollen,
überzogen mit ganz vielen, feinen Schrunden, kleinen
Bißwunden, Ätz- und Schürfspuren. Diese freilich sind
nur unterm Mikroskop zu entdecken.

Der schwer kurzsichtige und stark schielende junge Medizinstudent Georg Büchner, einundzwanzig Jahre alt, klein, mit hoher Stirn, lichtem Haar, schaut im Jahr 1835, in den fünf Wochen, in denen er in Darmstadt an *Dantons Tod* schreibt, dauernd auf die Lippen des Revolutionärs George Danton: durch ein starkes Mikroskop. Büchner läßt die Hure Marion, die dem Danton zu Füßen liegt, sagen: »Danton, deine Lippen haben Augen.« So starren Dantons Lippen zu Büchner zurück, der soeben eine »Gesellschaft für Menschenrechte« gegründet und revolutionäre Flugblätter verfaßt hatte: »Friede den Hütten, Krieg den Palästen!«, wegen deren Verbreitung seine Freunde ins Gefängnis kamen, er selber über den Rhein nach Straßburg fliehen mußte. Mit der Abfassung des Stücks über den Revolutionär Danton wollte sich der Revolutionär Büchner das Geld für die Flucht verdienen. Es mußte schnell gehen. Die Behörden des Großherzogtums Hessen hatten ihn mehrmals zum Verhör geladen, mußten ihn laufen lassen, hatten ihn im Auge, eine Verhaftung konnte jeden Tag erfolgen. Büchners Blicke durchs Mikroskop wurden immer brennender, und da er das eine schielende Auge zukniff, immer intensiver, aber auch kälter.

Danton, von seinem Freund Robespierre am 5. April 1794 unter die Guillotine geschickt, ist ein Wunschbild und zugleich ein Schreckbild Büchners. Er war das, was aus Büchner unter Umständen hätte werden können, wenn der junge Frühkommunist Büchner es würde ernst gemeint und die revolutionären Zustände in Deutschland und in Hessen es würden zugelassen haben, und Büchner nicht schon, frisch über die Schädelnerven von Fischen promoviert, mit vierundzwanzig Jahren in Zürich gestorben wäre. Seinen scharfen Blick zurück auf eine Gestalt, die knapp vierzig Jahre vor Büchner ihre

letzten Zuckungen auslebte, erlebte Büchner wie das
Bohren durch die Kruste der Zeit — seiner Zeit, die er
als etwas Lähmendes, Stillstehendes, Zähes, Schales,
Gallertartiges empfand. Dort drunten, wie in einem
Schacht, konnte er durchs Vergrößerungsglas eine Art
von schaurig beschleunigtem Leben studieren. Er hatte
sich die Akten aus der Bibliothek besorgt, hatte den
Wortlaut der Reden von Robespierre, Danton, Saint
Just studiert, die er wörtlich in sein Drama übernehmen
wird.

Der dramatische Naturforscher Büchner entdeckt an
Dantons Lippen als erstes Kußspuren. Das Organ der
Todes- und Redekunst erkennt er als Organ der Liebe,
1794, als die Guillotine nicht mehr zum Stillstand
kam und als ein großes Kastrationsinstrument Köpfe
von Körpern trennte. Büchner stellt sich Danton, den
Massenmörder im Dienst der Freiheit und des Fort-
schritts, den Todesengel mit den genialen Lippen, als
Liebhaber vor. Stimmengewirr, Gläserklirren, das Ge-
räusch von Spieltischen. Die Revolution hat sich ins
Café verzogen. Eine Dame spielt mit Hérault-Séchelles,
dem hübschesten Mann Frankreichs, Karten. Danton
bemerkt, sie halte ihrem Mann immer das *cœur*, die
Herzkarte, anderen Männern aber das *carreau*, die Karo-
karte, hin, dem Ehemann das Herz, den anderen die
Raute, also das Geschlecht, den Unterleib. Danton liegt
zu Füßen seiner Frau Julie, die auf einem Schemel sitzt.
Julie fragt: »Glaubst du an mich?« Und Danton antwortet, da er zu ihren Füßen liegt, mehr ihrem *carreau*
als ihrem *cœur*: »Was weiß ich! Wir wissen wenig voneinander. Wir sind Dickhäuter, wir strecken die Hände
nacheinander aus, aber es ist vergebliche Mühe, wir
reiben nur das grobe Leder aneinander ab, — wir sind
sehr einsam.«

Büchners Auge hat drei Punkte entdeckt, zwischen denen sein Drama sich bewegt: Schoß, Herz und Mund. Er sieht ungerührt, aber hochinteressiert unter tausendfacher Vergrößerung zu, wie Danton auf die Stirn und die Augen von Julie deutet und fragt: »Aber da, da, was liegt hinter dem? Geh, wir haben grobe Sinne. Einander kennen? Wir müßten uns die Schädeldecken aufbrechen und die Gedanken einander aus den Hirnfasern zerren.« Weswegen auch die Lippen die Augen ersetzen müssen: Gedanken schmecken, nicht denken, Worte sehen, nicht reden. Seine Sinne sind nicht grob, sie sind auch im Umsturz, wie die Welt, und der Umsturz schlägt zurück auf die Sinne. Weil er so viele Tode aussprach, liegt der Tod ihm eben nun unabwaschbar auf den Lippen, und weil er mit den Lippen sehen muß, sieht er, wo er küßt und liebt, nur noch den Tod: »Julie, ich liebe dich wie das Grab.« — »O«, wendet sich Julie erschrocken ab. »Nein, höre! Die Leute sagen, im Grab sei Ruhe, und Grab und Ruhe seien eins. Wenn das ist, lieg ich in deinem Schoß schon unter der Erde. Du süßes Grab, deine Lippen sind Totenglocken, deine Stimme ist mein Grabgeläute, deine Brust mein Grabhügel und dein Herz mein Sarg.«

Der Wolf ist müde, die Dogge hat Taubenflügel bekommen. »Sie reiben mich mit ihrer Politik noch auf«, sagt er zu seiner Frau. Und er sieht voraus, daß sie sich alle hier zwischen *cœur* und *carreau* an der Freiheitsstatue, die noch »nicht fertig gegossen« ist, die Finger verbrennen. Danton will nicht mehr beißen, nur noch küssen. Sagt ihm eine Frau: »Ich will dir erzählen«, antwortet er: »Du könntest deine Lippen besser gebrauchen«. Auch jedes Wort ist ihm, dem Wortmächtigen, nun zuviel. Denn die Worte und die Bisse standen auf dem Papier: Zwischen ihnen und dem Leben, der Revolution, dem Tod (der anderen) lag immer das verfluchte Lorgnon, dieser Brillenersatz. Nie gab es den direkten Blick. Wenigstens einmal im Leben kein Papier, keine Brille, keine Worte, keine Zwischenträger. Wenigstens einmal etwas Direktes, Schönes, Fleischliches, wenigstens einmal die Welt spüren.

Im Gläsergeklirr und im Kaffeedampf, zwischen Schnapsschwaden und Parfümgestank schreit plötzlich der kleine, zarte Camille, Frankreich dürfe kein Blutgerüst mehr sein, Frankreich sei eine allerliebste Sünderin, der man nicht den Nonnenschleier der Tugend überwerfen dürfe. »Wir wollen nackte Götter«, schreit Camille und seufzt dabei und verschluckt sich am Absinth, »Bacchantinnen, olympische Spiele, und von melodischen Lippen: ach, die gliederlösende, böse Liebe«. Und statt der toten Revolutionäre Marat, den Charlotte Corday in der Badewanne abstach, und Chalier, den die Lyoner, die genug von seinem Todesterror hatten, kurzerhand köpften, müßten Epikur, der Philosoph des Lebensglückes, und die Venus »mit dem schönen Hintern« die Türsteher der Republik sein. Die Revolution ist aus, die Liebe beginnt. Der Tod trägt Schminke: ein komisches Spiel.

Das Spiel vom Fressen und Gefressenwerden soll umgemünzt werden ins Spiel vom Vögeln und Gevögeltwerden. Die Revolutionäre gieren nach dem Leben. Sie nennen jetzt »Liebe«, was sie vorher »Umsturz« nannten. Aber auf ihren Lippen, die so nach der Venus schreien wie sie zuvor nach der Guillotine schrien, zeigen sich bereits die Totenflecken. Und ihre Lust auf Lust und Fleisch und Liebe, das ahnen sie, sind auch nur Worte. Ein groteskes Spiel, an dessen Ende das pure Nichts steht. Die Geschichte der Welt und die Geschichte der Körper gehen nicht zusammen. Büchner denkt an die Mechanik zwischen beidem und während er durchs Mikroskop hinunterschaut, fühlt er sich immer stärker an Puppen erinnert, an Weltgeschichtspuppen mit Fleisch und Blut. Komisch. Er muß lachen. Draußen, vor den Fenstern, singt der Darmstädter Nachtwächter das erste Mal. Er hat das Recht, die Türen, die noch nicht geschlossen sind, mit seinem Nachschlüssel zu schließen, jeden zu spät Heimkommenden den Behörden zu melden. Vorsicht vor dieser Puppe.

Büchner wechselt die Kerzen, Danton den Standort: Er sitzt, eine Frau, nicht seine Frau Julie, sondern Marion, die Hure, liegt zu seinen Füßen und öffnet ihm ihr *cœur*. Eine Frau wie eine Flut, eine Glut, ein Strom, ein »Meer, was alles verschlang und sich tiefer und tiefer wühlte«, ganz Natur, ganz Liebe. Ein junger Mann, der einmal glaubte, sie ganz zu besitzen, hätte sie schier erwürgt, als er erfuhr, daß Marion Besitz in der Liebe nicht kennt; am nächsten Tag trugen sie ihn in einem Waschkorb an ihrem Fenster vorbei. Der Junge hatte sich ersäuft. Marion aber kennt keinen Absatz, keinen Tag, keine Nacht, kein Jahr, kein Neujahr. Ihr läuft es auf eins hinaus, woran man seine Freude hat, an Leibern, Christusbildern, Blumen oder Kinderspielsachen. Ihre Freude sind die Leiber: »Wer am meisten genießt, betet am meisten«, ist ihre Religion. Büchner, der Leiberforscher legt Marion, die wunderbare heilige Hure, wie eine Lakmuslösung aufs Glasblättchen, auf dem er Danton untersucht. Wie wird Danton reagieren? Danton schwärmt: »Ich möchte ein Teil des Äthers sein, um dich in meiner Flut zu baden, um mich auf jeder Welle deines schönen Leibes zu brechen.« Seine »Flut«, sein »Äther« sind nichts als Worte. Er wird, auch wenn er jeden Tag die Liebe auf Dutzenden von

Weiberkörpern buchstabiert, Marion nie erreichen, in diese Flut, in diese Selbstverständlichkeit nie eintauchen, nie dort hinüber sich retten können. Selbst wenn Marion dem Tod begegnet, liebt sie nur. Selbst wenn Danton liebt, begegnet er nur dem Tod.

Büchner legt zum Kontrast unter starkem Geblinzel schnell zwei, drei, andere Präparate unters Mikroskop: das Volk zum Beispiel, das hungert, hurt und auf die Hurerei schimpft, das Volk, das Leute aufhängt, nur weil sie ein Taschentuch tragen, das Volk, das heute den einen, morgen den anderen verhaftet und auf den Karren zur Guillotine schafft, das Volk, das so schön singt, Witze macht, das Volk, das Angst hat, durch eine Pfütze zu gehen, weil es fürchtet, durch die Pfütze hindurch in die Erdkruste hineinzufallen, das Volk also, das auf dünnem Eise geht, das gespenstische, unberechenbare Volk, das auf Kommando spukt und am Blut nicht satt wird, das in seinem Namen vergossen wird.

Wenn das Volk die Mächtigen, die es jetzt regieren, sehen will, muß der eine dem anderen auf die Schultern steigen. Dann kann er durch die Fenster im ersten Stock des Café de la Revolution auf den Canapées und in den Fauteuils die müden Wölfe liegen sehen, wie sie auf Weiberschenkel starren mit glasigen Augen und Angst haben, in sich zusammenzufallen. Als seien ihre Personen die Pfützen, durch die hindurch man ins Bodenlose stürzen könne. Es bleibt beim Blick durchs Fenster. Es gibt keinen direkten Kontakt zwischen denen, die Revolution machen, und denen, die sie erleiden. »Nicht wir haben die Revolution gemacht, die Revolution hat uns gemacht«, findet Danton. Er hätte auch sagen können: »Wir sind das Volk«, wenn er ans Volk gedacht hätte. Aber ans Volk war nicht zu denken. Der Nachtwächter singt draußen zum zweiten Mal.

Nächstes Plättchen unters Mikroskop. Dort wird wie unter Rußrändern eine graue Gestalt sichtbar in der Pose des Gekreuzigten. Schnell notiert Büchner: »Blutmessias«. Robespierre, der Wolf als Handwerker der Revolution, der das Blut und die Sünden der Welt auf sich nimmt und mordet, weil Morde sein müssen. Sein Gesicht verschwindet fast vollkommen hinter seiner Wolfsmaske. Seine Lippen haben keine Augen, seine Augen keine Lippen. Er fühlt nichts als eine »Notwendigkeit«, die Guillotine am Laufen, die Revolution unter Hitze, die Bewegung im Tempo zu halten. Er hat eine ungeheure Angst vor dem Leben und vor dem Tod. Er hält sein Lorgnon krampfhaft vor die Augen. Es wäre ihm peinlich, mit den Dingen, die er anrichtet, in Berührung zu kommen. Er will am Papier, an der Idee kleben bleiben, die frische Luft draußen brächte ihn um. Tritt hinter ihm jemand ins Zimmer, muß dieser ihn erst fragen: »Kennst du mich?« Selbst alte Freunde müssen ihm immer wieder erneut vorgestellt werden. Er kennt niemanden außer sich und der Idee über sich. In sich hat er nichts. Keine Lust, keine Laster, keine Gefühle. Er ist ganz die Wolfsmaschine, Beißen und Fressen als Technik.

Die Sache mit dem Messias hat er sich für die Massen zurechtgelegt, das kommt gut an bei einer Bevölkerung, der man den Gott der Pfaffen und Unterdrücker austreiben wollte. Man muß ihnen einen neuen Gott geben und natürlich neue Unterdrücker: im Interesse der Sache. Robespierre findet, daß Robespierre die Sache ist, obwohl Robespierre weiß, daß Robespierre nicht die Sache sein kann. Aber anders kommt er an die Idee, die er über sich fühlt, nicht heran. In solchen verzweifelten Momenten wird er fast menschlich, schreit er hinter seiner Maske auf, reißt sie sich vom Gesicht und spürt,

daß das Gesicht mit der Maske abgegangen ist; immerhin kriegt er Luft dabei und kann heimlich zu sich
sagen, daß er nicht wisse, »was in mir das andere
belügt«. Danton nennt ihn den »Polizeisoldaten des
Himmels« und hält ihm vor, das Gewissen sei ein Spiegel, vor dem ein Affe sich quäle. Robespierre will nur
tugendhaft sein. Danton leugnet die Tugend und das
Laster. Für ihn gibt es nur Epikureer: »Christus war der
feinste«. Das ist für Robespierre, der sich für den neuen
Christus hält, so, wie wenn man ihm »die Absätze von
den Schuhen« tritt. Er fühlt sich auseinandergenommen
in solchen Augenblicken. Schnell unterschreibt er ein
Todesurteil oder läßt seine Maske vor dem Konvent
eine Rede halten, in der er beweist, daß Leute, die nur
noch lieben, huren und genießen und nicht mehr töten
wollen, selbst getötet werden müssen, da sie die »Rosse
der Revolution am Bordell halten machen« wollen:
»Laster ist zu gewissen Zeiten Hochverrat«. Danton
ist damit gemeint. Und durch ein Gerichtsverfahren,
das aus schalen, unverschämten Tricks besteht, werden
Danton und seine Freunde zum Tode verurteilt.

Es ist eine Komödie: hier die große Staatsaktion, das
tragische Räderwerk und der Schmutz der Intrige – dort
die Tatsache, daß Danton und seine Freunde längst
abgestorben sind. Ihre Träume handeln nur noch vom
Tod, ihre Lüste spielen mit ihm. Wenn Danton träumt,
wacht er schweißgebadet auf, weil ihm das Geschrei der
im September 1792 Gemordeten in den Ohren gellt,
ist er im Albtraum auf dem Rücken der Erde geritten
wie auf einem durchgegangenen Gaul und fragt sich,
was in ihm »lügt, hurt, stiehlt, mordet«. Und er fragt
sich, wer das »Muß« gesprochen habe, wer dies sei, diese
unbekannte Gewalt, die ihn und andere als Puppen am
Draht zieht. »Nichts, nichts wir selbst! die Schwerter,

mit denen Geister kämpfen – man sieht nur die Hände
nicht, wie im Märchen.« Die Revolution hat aus ihm
ein Gespenst gemacht. Danton, eine Marionette. Wenn
das Fallbeil heruntergehen wird am 5. April 1794 über
den Köpfen von Danton, Camille, Hérault-Séchelles,
Lacroix, Philippeau, Fabre d'Eglantine, wird es Mecha-
nismen, keine Menschen zertrennen.

Mit entzündeten Augen schaut der junge Büchner
von seinem Mikroskop auf. Ich muß mich in Zukunft
mehr um Puppen kümmern. Der Mensch der Zukunft
ist eine Puppe. Der Nachtwächter singt draußen vor
dem Fenster in den Darmstädter Straßen zum dritten
Mal. Es wird eng. Büchner hat genug gesehen dort
drunten im Schacht der Zeit. Jetzt träumt er noch ein
bißchen, bevor er das Manuskript von *Dantons Tod* an
Gutzkow schickt, der es im »Phönix« veröffentlichen
soll gegen ein Honorar, das Büchner zur Flucht ver-
hilft, hinaus aus Darmstadt, das er nie mehr wiedersehen wird. Es ist der Traum von den Frauen gegen
alle Nachtwächter und alle Zeiten. Marion, Büchners
Lieblingsfrau, die Utopistin der Liebe und des ewigen
Fleisches, ist im ersten Akt verloren gegangen. Julie,
Dantons Frau, schaut in den Abendhimmel hinaus und
nimmt Gift. Lucille, die Frau von Camille Desmoulins,
kann sich nicht vorstellen, daß es einen Gott, eine Erde,
ein Universum gibt, auf dem so viel Platz haben soll –
und ihr Camille soll darauf keinen Platz haben? So hin-
gegeben, ganz Gefühl, ganz Trauer, stellt sich Büchner
die Frauen vor.

Wahnsinnig und innig singt Lucille auf den Stufen
des Schafotts, auf dem man ihren Mann getötet hat.
Ihr könnten jetzt die Sterne auf den Kopf fallen – sie
würde nur mehr ihrem Kopf folgen. Im Korb des Hen-
kers küssen sich die abgeschlagenen Köpfe Dantons und

Camilles, wie es Danton vorher dem Henker prophezeite. Wie sie überhaupt alle wundersame Scherze vorm Schafott machten, zärtliche, witzige, pathetische, todesschweißtrockene. Jetzt, als alles vorbei ist, summt Lucille das Liedchen vom »Schnitter Tod«, ruft plötzlich den Ruf zum Tode: »Es lebe der König!«, wird von Bürgern abgeführt und selbst wohl bald unter der Guillotine sterben.

Die Wölfe hatten was von den Frauen: einen Traum, eine Welt, zu der sie nie vorstießen, die aber immer vor ihnen lag. Die Frauen hatten nichts von den Wölfen, außer den Tod, der immer vor ihnen lag. Wo ein Wolf ist, leidet immer eine Frau.

XXVIII.
Wölfchens Flucht

ichts wie weg hier, fort, nur fort. Wie schön die Schlittenglöckchen klingen, wie süß Fanny guckt unter ihrem Pelz und ihrem Plaid. Sie ist zwar sieben Jahre älter als ich, jetzt noch ziemlich knusprig, blühend, sinnlich, ein Weib, ach ein Weib. Und wenn sie mir da drunten im Süden, wo sie mir ein Haus kauft und wo ich mit ihr unter Palmen hause, einmal überdrüssig wird, man kann nie wissen – was hatte sie nicht gleich zu meiner empörten Mutter gesagt, die schier keine Luft mehr bekam und die Hände verkrampfte: »Die Männer sind so unbeständig, Frau Borkman. Und die Frauen ebenfalls. Ist Erhard mit mir fertig, – und bin ich's mit ihm, – dann wird es für uns beide gut sein, wenn der Arme jemanden hat.« Na, und für diesen Fall habe ich Frida, die so begeistert in diesen verdammten nordischen Winter hinausstarrt, als sähe sie dort schon hinter der nächsten Fjordecke den Strand der Riviera, Menton, Nizza, Monte Carlo, spürte weiche, samtene Luft, röche den Duft von Mimosen und Lavendel. Ich werde der Kleinen Klavier- und Lateinstunden geben, sie dort drunten ein wenig unter meine Finger nehmen; was dann aus meinen Fingern wird, wird man sehen. Wenn ich tausche, dann tausche ich Liebe gegen Liebe. Nicht so wie Vater, der einmal Liebe gegen Geld getauscht hat. Gott, bin ich glücklich, so frei, so jung. Vorsicht! Zur Seite, da vorne! Haben wir jemanden

umgefahren? Ach nur den alten Foldal, Fridas Vater, den
hat's wohl ein wenig am Fuß erwischt. Wenn der wüßte,
wer mit im Schlitten sitzt! Humpelt jetzt wohl hinauf
zu meinem Vater, zu meiner Mutter und zu Tante Ella.
Hat in seiner abgewetzten Tasche eine Tragödie, die er
in seiner Jugend schrieb, der blöde Kerl, hielt sich für
einen Dichter, wurde dann Buchhalter, verlor beim großen Bankenkrach vor dreizehn Jahren alles, weil er sein
bißchen Geld in den Projekten stecken hatte, mit denen
mein Vater, der »alte, graue Wolf«, spekuliert hatte.
Nahm einfach das Geld seiner Anleger und Kunden, der
Herr Bankdirektor, mein sauberer Herr Papa, und wollte
damit das »Erz aus der Erde« holen, Schiffahrtslinien
gründen, Gold schürfen, Bergwerke bauen, ohne daß
die Anleger dies wußten. Bald hätte er Gewinn gemacht
mit dem fremden Geld, hätte es ihnen zurückgezahlt,
hat er jedenfalls immer behauptet, da ließ sein Freund
und Vorgesetzter, Herr Hinkel, der von allem Wind bekam oder in Papas Pläne ja doch heimlich eingeweiht
war, die Sache platzen. Widerwärtig. Aber was geht's
mich an. Nur fort, nur weg hier, raus aus dieser engen
Welt. Auf mich wartet der Nachtexpreß, der Schlaf-
wagen, weiche Polster. Auf Vater wartet der Tod. Soll
er. War er nicht schon damals tot, als er Tante Ella,
Mutters Schwester, mit Klauen und Zähnen festhielt?
Und sie sich mit Klauen und Zähnen in ihn verklam-
mert hatte und alles mit ihm tun und teilen und unternehmen wollte? Sie wäre auch mit ihm ins Gefängnis
gegangen, hat sie immer gesagt. Dann aber ließ er sie
los, schubste sie Herrn Hinkel, dem Bankvorstand zu,
der scharf auf sie war, und bekam von Herrn Hinkel den
Direktorenposten. Damals, das sagte Tante Ella immer
zu mir, damals war John Gabriel Borkman tot. Er hatte
eine Frau geopfert, die ihn liebte und die er liebte,

heiratete zynisch immerhin in die Familie weiter hinein, rückte nur wählerisch eine Stelle weiter: Er nahm
Mutter, Gunhild Rentheim, die harsche, stolze, strenge
Gunhild. Ich weiß noch, wie hoch sie den Kopf trug,
die Frau des Königs, wie sie ihn überall nannten,
»König John Gabriel«. Er war der König ohne Land,
aber mit Zukunft, mit Ansprüchen, ohne Kapital, aber
mit Ideen. Vierspännig soll er immer gefahren sein, so
wie wir jetzt, nur nicht so fröhlich. Hätte gute Lust,
meine Hand unter Fannys Pelz wandern zu lassen, wenn
Frida nicht so nahe sitzen würde und alles sehen könnte,
Fanny, die mich gerettet hat aus zwei Gefängnissen: aus
dem goldenen in Tante Ellas und aus dem bleiernen in
Mutters Haus. Ja, es war ein goldenes Haus, wo Ella
mir jeden Wunsch von den Augen ablas, mich umhegte
und umtütelte wie ihr eigenes Kind, nachdem sie mich
meiner Mutter weggenommen hatte, wegnehmen hat
müssen, weil Mutter nach dem großen Skandal keine
Lust und keine Kraft mehr hatte, mich aufzuziehen.
Wahrscheinlich hatte sie nie Lust auf ein Kind, sie
wollte immer nur einen Mann, einen König, einen
Repräsentanten, einen, der eine Mission erfüllt, Kraft
zeigt, Überkraft, einen bösen, mächtigen, übermächtigen Wolf, der allen Rudeln voran- und davonrennt, und
Mama auf seinem Rücken, die Peitsche schwingend,
ihn antreibend, Hü! und Hott! und Wuff! und Waff!,
Gott, wie lächerlich. Einen Übermenschen mit viel Geld
wollte Mama immer. Und sie hat ihn gekriegt. Papa
soll immer die linke Hand auf einen Tisch gestützt,
den rechten Arm in die Weste geschoben haben, den
Kopf erhoben: wie ein Napoleon der Börse, der zuviel
Nietzsche gelesen hat. Du liebes Bißchen, wir schreiben
1896, und der Erfinder des Übermenschen, der arme,
kranke Friedrich Nietzsche, sitzt in Weimar, gefangen-

gehalten von einer Frau (immer die Frauen!), seiner
Schwester, dämmert in Paralyse und Wahnsinn vor
sich hin, lallend wie ein kleines Kind; man muß sie
füttern und windeln und putzen und schneuzen: die
kranke, alte, zahnlose blonde Bestie (Menschliches,
Allzumenschliches!) – und so was will das Leben neu
erfinden. Deutsche Philosophen, grauenvolles, unaus-
gelüftetes, unsauberes Gesindel, allesamt. Mahlzeit. Na,
egal. Dann der große Krach, als Hinkel an Tante Ella
nicht rankam, obwohl oder gerade weil Papa sie ihm
abgetreten hatte. Ella weigerte sich. Sie erzählte später
immer voller Bitterkeit und Stolz, wie sie mit zorn-
blitzenden Augen unter Hinkels teigigen, schmierigen
Händen sich weggeduckt habe, ihm einmal sogar eine
Ohrfeige gab, als er nach ihren Hüften griff. Hinkel
hatte dann die Nase voll und ließ, weil der Handel
Erotik gegen Geld nicht geklappt hatte, Papa auf-
fliegen. Hunderte von Anlegern und Investoren verloren
Millionen durch die Spekulationen des Übermenschen,
manche ihren ganzen Besitz. Papa sagte vor Gericht,
wenn die Sprache darauf kam: »Na, wenn schon!« Man
solle bedenken, was er verloren habe: sein Leben, seinen
Inhalt, sein Wesen, seine Ideen, seine Pläne, die Erde
ihm untertan zu machen, das Erz herauszuholen, das
Gold, die Schätze, den Reichtum. Papa hatte ja auch
auf die Liebe verzichtet wie jener Alberich aus Richard
Wagners *Rheingold*. Der Alte war schon eine tolle Opern-
figur, wenn man's recht bedenkt. Die Richter hielten
ihn wohl ein wenig für verrückt und schickten ihn für
fünf Jahre ins Gefängnis. Mutter wollte »diese Schande,
diese Schmach« nicht überleben, durfte aber im Hause
wohnen bleiben, weil Tante Ella noblerweise, und weil
sie John Gabriel immer noch und mich ganz besonders
liebte, den ganzen Besitz John Gabriels übernahm. Papa

hätte ja nichts mehr besitzen dürfen, man hätte ihm sonst alles gleich unter dem Hintern weggepfändet. Für mich begann das goldene Gefängnis bei Tante Ella, die mich aufzog, als sei ich ihr Sohn und könnte einmal ihr Liebhaber werden. Droben aber, im alten Haus, sperrte Mutter sich ein, saß fünf Jahre lang nur über ihren Stickrahmen gebeugt, sah nicht einmal auf, als sie John Gabriel nach fünf Jahren brachten, als er die Treppen hinaufging und sich dann oben einschloß, im alten Saal unter dem Dach, wo er die alten Modelle seiner Bergwerke und Schiffe, seiner Erzförderanlagen und Goldwaschmaschinen aufgebaut hatte, wo er Tonnen von Plänen und Akten und Skizzen hortete, wo er Tag und Nacht auf- und abging: Tripptrapptrapp, tripptrapptrapp, tripptrapptrapp. Acht Jahre lang nie frische Luft, nie Sonne, nie Licht. Immer nur geisterte er als alter »grauer Wolf«, wie Mutter ihn schaudernd nannte, dort oben umher. Ein Gespenst. Hie und da soll der alte Foldal, Fridas Vater, ihn besucht haben; Foldal las ihm aus seiner Tragödie vor, Vater zeigte ihm die Modelle, und gegenseitig fragten sie sich: »Glaubst du an mich?« Foldal sollte glauben, daß die Welt nur darauf wartete, daß Vater wieder im Triumphzug die Bank, die er ruinierte, übernehmen würde. Vater sollte glauben, daß die Welt nur auf das Trauerspiel wartete, das Foldal in der Schublade hatte. Überhaupt Schubladen: In Papas Schubladen stapelten sich Meßwerkzeuge, Radiergummis, Bleistifte, Füller, Reißzeug, Büroklammern, Mappen, die er alle zehn Minuten ordnete, umschichtete, als befände er sich noch im Büro. In Foldals Schublade lagen achtzig Seiten tragische Literatur, die er jeden Tag umschrieb, als warteten die Theaterdirektoren nur auf ihn. Zwei göttliche, armselige Lebenslügner. Zwei Clowns, zwei Zirkusdirek-

toren, die dort droben noch einmal die Phantasie-
pferdchen galoppieren ließen, die ihre Phantasielöwen
noch einmal dressierten und ihren Phantasieaffen Zucker
gaben: Monsieur Napoleon und Monsieur Tragédie.
Vielleicht hatten die beiden ja einen unbändigen traurigen Spaß bei der Sache. Vielleicht waren die Spiele
dort droben, unterm Dach, viel schöner, viel witziger,
wichtiger und ernsthafter als ihr ganzes, altes, vergan-
genes ernsthaftes Leben. Manchmal, hat sie mir erzählt,
schaute die kleine Frida vorbei und spielte John Gabriel
auf dem Klavier den »Totentanz« vor, einen wilden
langsamen Walzer, den Papa sehr genoß und der Mama
noch durch den Plafond hindurch Schauer über den
Rücken jagte. Frida und Foldal waren die beiden einzigen Eindrücke, die Papa von der Welt draußen noch
empfing: alter Mann und junges Mädchen, Alter und
Jugend, mehr nicht. Mama aber, ewig überm Stickrahmen, die übermenschliche Lebenslügnerin, Mama,
die graue, stolze, böse Mama, die mich eines Tages rufen
ließ und mich bat, nein, mir befahl, ich solle jetzt Tante
Ellas Haus verlassen, zu ihr ziehen, Jura studieren, eine
Bank übernehmen, reich und mächtig werden und »die
Schande abwaschen«, die überm Borkmanschen Hause
schwebe, sozusagen ein Über-Papa, der den Papa aus-
löscht, ein Überwahnsinniger, der den Wahnsinn, den
Papa veranstaltet hatte, ausradiert. Ihre Augen glänzten
so komisch, so tückisch, so begeistert, als sie mir das
befahl, als sie mir meine »Mission« ans Herz legte. Es
war nur für ein paar Tage, aber es war die andere Art
von Gefängnis. Der Zwinger für den Jungwolf, bevor er
auf freie Wildbahn geschickt wurde. Dann kam Tante
Ella hinzu; die Lampen blakten, der Schnee lag noch
höher als heute, die Temperaturen eisig wie nie. Tante
Ella sprach vom Tod, von den Ärzten, die ihr nur eine

kurze Zeit gaben. Tante Ella stieg die Treppen hinauf zu
Papa, drang in sein Geisterreich ein, redete wohl auch
mit ihm über ihr Leben, ihre Liebe, seine Gemeinheit,
seinen Tod schon zu Lebzeiten. Liebes-Tod, wie sie sich
ausdrückte; immer diese romantischen Begriffe, als gäbe
es nichts Wichtigeres, ein warmes Abendessen zum Beispiel, ein schönes Bett, eine willige Frau. Und als dann
noch Papa herunterkam und zum ersten Mal seit acht
Jahren seine Frau wiedersah im selben Haus, in dem er
über ihr herumgegeistert war, immer nur auf Ohren-,
nie auf Sichtweite, da stürmten die drei auf mich ein:
Mama wollte mich für ihre »Mission«, die Papa auslöschen sollte; Papa wollte mich für ein »neues Leben«
(schon wieder Nietzsche, fürchte ich, er kann's nicht
lassen), das ich ihm ermöglichen sollte; und Tante Ella
wollte mich für den Rest ihres Lebens und ihren schönen Tod mit liebendem Beschlag belegen (irgendwie
Brünnhilde, Wagner, große Todesoper, fürchte ich).
Jeder der drei griff nach mir, streckte die Arme aus,
klammerte sich an mich. Rührendes Affentheater. Drei
graue Leute, ein Wolf und seine beiden Opfer, wollten
das Wölfchen zur Linderung ihrer Wunden, zur Ver-
schönerung ihrer Tode. Doch das Wölfchen hatte unverschämtes Glück, das Wölfchen hat Fanny kennengelernt, die lustige, die geschiedene, die leichtsinnige,
immer noch junge (na, ja!), die blühende, die lebendige,
warme Frau. Und Fanny hat mich und Frida entführt:
hinaus ins Leben, in die Zukunft, in die Wärme, in den
Süden, raus aus Muff und Alter und Tod. Und jetzt
geht's los. Ich werde sie lange, lange lieben, wenigstens
so lange, wie es warm ist. Im übernächsten Frühling
wird man weitersehen. Wie schön die Silberglöckchen
klingen. In einer halben Stunde sind wir am Bahnhof.
Dort vorne, an der großen Kurve könnte ich, wenn ich

wollte, noch einmal hinaufschauen zum alten Haus. Mama wird hinauslaufen und noch einmal nach mir schreien, könnte ich mir vorstellen. Vielleicht wird sie's aber auch bleiben lassen, stolz und eisig wie sie ist. Papa, der mir am Ende sogar zynisch lächelnd Glück gewünscht hat, wird auch hinausstolpern, das erste Mal seit acht Jahren, wird hinaufsteigen zu einer Bank am Abhang, noch einmal über sein Land, seine Schätze, sein Gold in der Erde drunten phantasieren und dann sterben (seine Zeit ist einfach um). Und Tante Ella, die mich losließ, sich für mich freute, daß ich nun Fannys Leib und Liebe hätte, die liebe, gute, traurige Tante Ella, könnte ich mir vorstellen, hätte Papa im Arm in seiner letzten Lebenssekunde: das Lamm hütet und herzt den Wolf. Ein süßes Bild. Ein starkes Bild. Und dann das traurige Bild: Mama und Tante Ella, zwei Frauen, zwei Schatten über dem Toten auf seiner Bank aus Eis und Schnee. So ungefähr müßte es ausgehen, unser wunderbares Familiendrama. Herr Henrik Ibsen sollte es schreiben; der hat ungefähr Papas Alter, knapp sechzig, ist außerdem der Spezialist für die alten, tiefen, ungetilgten Schulden und Sehnsüchte in Familienvergangenheiten. So wie in der *Wildente* von vor zehn Jahren, wo die junge Hedwig sich erschießt, oder in *Hedda Gabler* von vor sechs Jahren, wo die junge Hedda sich erschießt, oder in den *Gespenstern* von vor fünfzehn Jahren, in denen der junge Oswald an der Syphillis stirbt. Lauter Jugendopfer. Lauter alte Verhängnisse, von denen junge Seelen und Körper in glänzend schiefen, brillant verlogenen Verhältnissen vergiftet werden. Lauter Vergangenheitssäuren, die tödliche Blasen an der Oberfläche der Gegenwart werfen. Wir schreiben 1896, mich geht das nichts mehr an. Ich verschwinde aus solchen Dramen mit einem Jauchzen. Ich mache mich dünne, in die

Zukunft hinein, das neue Jahrhundert wartet auf mich. Fridas Köpfchen rutscht immer näher zu meiner Schulter; sie scheint eingeschlafen; Fanny lächelt mokant; ob ich mal näherrücke? Ich bin glücklich, oder? Nur weg hier, raus hier! Schluß mit den Wölfen. Schluß mit den Familiendramen. Ich will kein Wolf werden. Ich will kein Mann sein. Ich will mich nicht fortpflanzen. Um Gottes willen keine Kinder! Ich will jetzt leben. Und dann verschwinden. Ich will die Frauen glücklich machen. Dann bin ich auch glücklich. Im Süden! Im Süden!

XXIX.

Skandal Frau

er Süden ist eine große Gruft. Überall geschlossene Fensterläden vor grellweiß gestrichenen Häusern. Die Wiesen graubraun, die Straßen staubig, die Bäume hart und dürr. Nichts ist kostbarer als Wasser. Wer sich hier hersehnt, sehnt sich ans Ende der Welt, in dem die Sonne und die Sitte diktatorisch herrschen. Reisen enden hier. Kein Anschluß mehr an irgendeine Station. Fremde kennt man nicht. Wer hier ist, muß dazu gehören. Schattenlinien fallen scharf. Hell und Dunkel sind deutlich voneinander geschieden: wie gemeißelt. Nichts bewegt sich, nichts geht voran. Es bleibt, wie es immer war. Wer nach der Zeit fragt, begeht ein Verbrechen. Das Leben ist das ewig Gleiche und gehorcht dem Motto »Die Schafe aufs Feld, die Frauen ins Haus«. Das Land brütet. Man kann es nicht wecken. Und dann passiert ein Mord. Zwei Frauenhände drücken eine Männerkehle zu. Das ist neu. Bisher starben Frauen unter Männerhänden, oder es starben Männer wegen Frauen, aber nicht durch Frauen. *Yerma* hat Uraufführung.

Nun gut, sagt sich der Filmemacher Luis Buñuel in seiner Loge am Premierenabend des 29. Dezember 1934 im Teatro Español, wo er sein vom Ischiasschmerz gepeinigtes Bein auf einen Hocker legen muß, was geht mich das an? Seit er Surrealist geworden war, interessierten ihn Messer, die in Augäpfel schnitten, von Insekten zerfressene Hände und verrückt gewordene andalusische Hunde. Buñuel, der junge, freche, unbekümmerte Stier, geht, gestützt auf seine Schwester, noch mitten im ersten Akt. Surrealisten gehorchen im Zweifel lieber dem Ischias als dem Theater. Die Liberalen schreiben anschließend nobel von einer »ruhmreichen Leistung, einem schlagenden Erfolg« (»El Liberal«). Die Rechten im Parkett, die zwei Jahre später das Land umstürzen und terrorisieren und den Dramatiker des heutigen Premierenabends, Federico García Lorca, am 19. August 1936 »amtlich« in der Schlucht von Viznar, in der Nähe von Granada, erschießen werden, die Mörder von morgen pfeifen, schreien, sind empört und schreiben von »Unmoral« und »Blasphemie«. Die Linken sind ratlos. Sie machen dem Autor den Vorwurf, daß er die Warum-Frage nicht gestellt habe. Denn erst, wenn die Linken wissen, warum etwas so ist, wie es ist, sind sie zufrieden. Denn dann glauben sie, dem, was ist, dazu helfen zu können, so zu werden, wie es sein sollte. Es muß alles einen Endzweck haben. Das, wofür sie kein Vernunftargument finden können, ist ihnen unheimlich.

Yerma hat kein Vernunftargument und keinen Endzweck. Der junge, glänzende, alle bezaubernde Star der Madrider literarischen Szene, der Großbauernsohn aus Granada, hatte bisher lauter wunderschöne Tode gedichtet und sie vernünftig, das heißt einsichtig begründet. Federico García Lorca, Jahrgang 1898, war mit seiner eigenen Theatertruppe »El Barraca« bis nach Argentinien gekommen und überall gefeiert worden. Er konnte so schön Schmerzen unter Blumen begraben und Blumen im Schmerz aufblühen lassen. Er war der Lyriker, der auf den uralten Ton Andalusiens hörte, Zigeunerisches und Antikes mischte, Blut und Gewalt in zierlichste, fließendste Versformen goß oder Lieder daraus machte. Er hatte Jura studiert und dem starren Recht des Herkömmlichen mißtraut. Und er war so herrlich elegant und so hinreißend einfach. Seine Romanzen wurden im Volk gesungen, Aufführungen seiner Stücke statteten berühmte Malerfreunde aus; Musikunterricht nahm er bei seinem Freund Manuel de Falla. Überhaupt war er mit der ganzen Welt gut Freund. Und freundlich noch im Untergang, verständig und verständlich in ihrer Tragik waren seine Figuren.

In *Mariana Pineda,* deren Uraufführung 1927 im Bühnenbild von Salvador Dalí in Barcelona ein Triumph sondergleichen war, stirbt Mariana, die junge Witwe, für die Freiheit; sie verrät ihren nach England geflohenen Liebsten, einen Verschwörer gegen König und Unterdrückung, nicht und nimmt den Tod durch das Würgeeisen auf sich. Die Heldin einer vaterländischen Romanze als strahlende Opferfrau. Damit kann jeder etwas anfangen, der für die Freiheit und fürs Vaterland schwärmt, ob von links oder von rechts. In der Tragödie *In seinem Garten liebt Don Perlimplín Belisa* ersticht sich Don Perlimplín, der seine Frau Belisa nur seelisch, nicht sinnlich lieben kann, als er entdeckt, daß seine Frau ihn nur sinnlich, nicht seelisch lieben kann: Nachts im Garten maskiert er sich als sinnlicher junger Fant in jungen Kleidern und spielt seiner Frau den jungen Liebhaber vor, in den sie sich sofort verliebt. Als er sich getötet hat, entdeckt seine Frau in sich die seelische Liebe. Das ist ein rechnerisches Kammerspiel, in dem man die Vernunft dessen studieren kann, das im Tode zusammenwächst, was im Leben nicht zusammengehören konnte. Eine Gleichung mit zwei Unbekannten, die zuletzt aufgeht. In der Tragödie *Bluthochzeit* flieht eine Braut an ihrem Hochzeitstag wie unter einem übermächtigen Drang ihres Blutes zu dem Mann, den

sie liebt und den der Mann ermordet, den sie auf Geheiß
ihrer Eltern hätte heiraten sollen. Die Frau hat keinen
Namen. Sie heißt nur »Braut«, tritt nur in ihrer Funk-
tion auf, die sie aufbricht und an der sie zerbricht. Sie
bleibt als Ehebrecherin und Witwe Jungfrau, dazu verdammt, den schwarzen Schleier zu nehmen und sich im
Haus zu vergraben für alle Zeit. Das ist ein Trauerspiel,
in dem die Schuldigen klar benannt sind: die Konvention, die Moral, das dumpfe Gesetz, das Auge um
Auge, Blut um Blut verlangt, die harsche Sitte, die
mit den Wünschen des Bluts kollidiert. In beiden Tragödien treten Frauen auf, die Wünsche und Schicksale
haben, die sich in Klagen oder Anklagen darstellen
lassen, die in Verhängnissen und Verhältnissen spielen,
leben und leiden, denen man Schuld zuweisen kann.
Man kann sie sich vorstellen, sie sich ausmalen, mit
ihnen fühlen.

Jetzt aber sitzt, wenn der Vorhang aufgeht, schlafend,
mit einem Nähkorb zu Füßen, in einem sonderbaren
Traumlicht mitten in der Szenerie der grellweißen
Häuser, der geschlossenen Läden, der braungrauen Weiden und der dürren Bäume: Yerma. Eine unmögliche
Frau. Wie sie schon aussieht. Nicht wie die Damen im
Parkett, deren größte Sorge es ist, keine Kinder zu
bekommen. Auch nicht wie die Frauen in den Dramen
von García Lorca bisher oder von Ramón del Valle-
Inclán, die ihrem Blut gehorchen und mit der Moral in
Konflikt geraten. Yerma sieht aus wie eine hochanstän-
dige Furie aus einer anderen Zeit. Ihr einziger Wunsch,
ihr einziger Daseinszweck, ihr ganzes Sinnen, Sehnen
und Trachten geht dahin, ein Kind zu bekommen. In
drei Akten und sechs Bildern singt sie davon, träumt sie
davon, steigert sie sich in den »Schmerz der Hüften«,
auf die »weißen Berge«, die auf der »Brust erstrahlen«

sollen, hinein, phantasiert von den »Schmerzen der Ge-
bärerin«. Wenn sie eine schwangere Frau erblickt, rät
Yerma ihr: »Geh nicht viel, und wenn du atmest, dann
atme so leicht, als ob du eine Rose zwischen den Lippen
hättest.« Wenn sie an das Kind denkt, das sie nicht
hat, denkt sie an »süßes Wasser«, an »Sturzbäche«, an
den »Schluck Wasser«: »Ich will Wasser trinken, aber
es gibt kein Glas und kein Wasser. Ich will auf den
Berg steigen, aber ich habe keine Füße. Ich will meine
Röcke besticken, aber ich finde kein Garn.« Sie ist ge-
demütigt »bis ins Tiefste, wenn ich sehe, daß der Weizen
sprießt, daß den Quellen Wasser entspringt und immer
wieder Wasser, und daß die Schafe Hunderte von Läm-
mern gebären, und die Hündinnen werfen, und weil
es scheint, daß das ganze Land aufsteht, um mir seine
zarten schläfrigen Geschöpfe zu zeigen, während ich
hier zwei Hammerschläge verspüre statt meines Kindes
Mund.« Ihre Sprache besteht ganz aus Bildern, die uralt
sind, die fremd und schön sind, gemalt in Farben auf
die Wände unheiliger Kirchen, in denen zum Körper
gebetet wird. Männer müßten sein wie »ein Wasser-
strahl, der dir den Mund ganz ausfüllt«. Frauen, die
Kinder haben, kommen ihr vor, wie Leute, die in »Süß-
wasser schwimmen und nicht wissen, was Durst ist«. Es
sind Bilder, die man schmecken, riechen, hören kann.
Alle Sinne haben Teil an ihnen.

Yerma ist keine Frau unter Frauen, wie wir sie kennen und lieben, Frauen, die zusehen, wie sie im Leben
zurechtkommen zwischen Beruf und Kindern und
Gesellschaft und Feminismus und Männerwelt. Yerma
ist keine Jetzt-Frau. Sie erregt bei jeder Premiere Lärm.
Sie hat keinen Grund, keinen Zweck außer in sich selbst.
Yerma ist eine Ur-Frau. Ein Schrecken für die Rechten:
denn sie denkt nicht an ein Volk, nie ans große Ganze,

nie ans Blut. Sie denkt nur an sich, wenn sie ihren Kindertrieb spürt. Und Yerma ist ein rotes, besser: ein schwarzes oder ein grellweißes Tuch für die Linken. Denn sie denkt, wenn sie an ihre Rolle denkt, immer nur an ihre Mutterrolle. Sie will sich nicht befreien von irgendwem, nicht einmal vom Manne, schon gar nicht von Zwängen. Sie selbst ist ihr eigener Zwang. Sie ist für niemanden ein Beispiel. Man kann von ihr nichts lernen, sich nicht in sie einfühlen. Man kann sie nur nehmen, wie sie ist. Ein ungeheures Wesen. Eine Frau, die ihren Trieb, ihre Lust, ihren Zwang ganz sanft und poetisch in Sprache und in Töne verwandelt. Der Dichter läßt sie klingen wie einen der schönsten Resonanzkörper, der von sich aus Musik macht. Kein Surrealist kann in diesen Körper im Rücken Klanglöcher hineinsägen, damit dann die Frau wie auf Man Rays berühmten Kunst-Foto einer kosmetischen Baßgeige gliche.

Yerma ist ein einziger Gesang, ein melodischer Schrei nach Fruchtbarkeit. Würde sie nicht so grandios zierlich, so unnachgiebig schön, so überwältigend human ihre Melodie führen, ganz volksliednah, könnte man sie für eine Göttin halten, die es aus griechischen Fernen ins andalusische Schmerzensland verschlagen hat und die dort Unruhe erregt, Panik auslöst in der Mittagshitze. Aber Yerma ist eine skandalös normale, ja korrekte Frau von nebenan. Ihr Begehren ist keine Caprice, keine Intrige, keine Störenfriederei, kein Seitensprung. Keinen Zentimeter weicht sie von Moral und Anstand ab. Ihr Wunsch nach einem Kind ist in absoluter Übereinstimmung mit der Sitte. Die »Braut« in der *Bluthochzeit* wagte noch den Ausritt gegen die Sitte und die Konvention. Yerma prescht auf dem Rücken der Sitte ins Aus: Sie ermordet den Mann, der ihr kein Kind machen kann.

Fünf Jahre war sie mit Juan verheiratet, den sie von ihrem Vater zum Heiraten sozusagen zugeteilt bekam. Einmal, als sie vierzehn Jahre alt war und Victor, der Hirt, sie über den Bach trug, spürte sie ihr Blut, ihre Sinne, ihre Sehnsucht. Danach aber nie mehr. Sie ist umgeben von jungen Mädchen, die es leid sind, Kinder zu bekommen und als verheiratete Frauen Dinge zu tun, die sie als unverheiratete nicht tun müßten, während sie mit ihren Männern auch ganz gut unverheiratet ins Bett gehen könnten. Yerma hört solche Sprüche wie Nachrichten aus einer Welt, die unter ihren ehernen Gesetzen und Sitten längst zerbrochen ist. Ihre Welt ist unheimlich heil: Sie besteht nur aus ihrem verrückten Wunsch.

Die Wäscherinnen, die am Brunnentrog die Leintücher wringen und auf die Steine schlagen, singen süßleidig und erotisch von Männern und Liebe und vom Abendwind, der den Bauch bläht, und vom »Wasser« (immer wieder Wasser), das »dein Hemd freudig umsingt«, von Rosen, »die der Mann mir gibt«, vom Leib, den sie »den schlaflosen Vögeln« öffnen, denn »unser Leib hat gewaltiges Korallengezweige«. Und sie treiben den Klatsch und Tratsch dahin, daß sie die Augen von Victor und die Augen von Yerma sich hätten kreuzen sehen und meinen natürlich nicht nur die Augen. Die Wäscherinnen sind Frauen, die nach Sensationen suchen. Yerma ist sich selbst Sensation genug.

Wenn sie jetzt Victor manchmal am Weidenweg trifft, dann hört sie ein Kindergeschrei in der Luft: die gegenwärtige Illusion als Spiegel-Wunsch einer alten, nur ganz kurz erlebten Leidenschaft. Victor aber hört nichts. Als sie zum ersten Mal am Verlobungstag vor fünf Jahren in die Augen von Juan sah, erblickte sie dort sich selbst als Kind, als sei sie ihr eigenes Kind. Ihre Lust, ein Kind zu bekommen, und ihre Sehnsucht, wieder zum Kind zu werden, fallen zusammen. Ihren Wunsch nach einem Kind bewahrt sie ja auch mit einem Eigen-Sinn, wie ihn nur Kinder haben können: fanatisch, phantastisch, aber ganz klar und ohne Abstriche. Und nur für ihr zukünftiges Kind lebt sie mit Juan zusammen, den sie hie und da, wenn er vom Feld kommt, überfällt, sich an ihn klammert, schreit: »Hab mich lieb, umarme mich!« Es ist der Schrei einer Frau nach ihrem Mann – und das Seufzen des Kindes nach seinem Vater. Juan aber befiehlt bei solchen Gelegenheiten immer: »Loslassen!« Er verweigert seiner Frau den Blick in den Spiegel, in dem sie sich doppelt sieht: als Kinderfrau und als Frauenkind. Schließlich glaubt sie noch, daß »sie ihr eigenes Kind ist«, geht hinunter und füttert die Rinder, was sie früher nie tat, »keine Frau tut es, und wenn ich im Dunkeln durch den dunklen Schuppen gehe, dann hallen meine Schritte wie Männerschritte«. So hat sich Yerma in ein Kind und vom Kind in den Mann verwandelt, so verzaubert sie sich im Schmerz in ein anderes Geschlecht. So emanzipiert sie sich im Traum, im Dunkeln. Und so wird sie immer einsamer.

Nachts bewässert Juan seine Felder statt seine Frau, und wenn, dann dreht er sich mit kalten Augen weg von ihr und läßt sie neben sich allein liegen. Wenn er mit ihr schläft, erfüllt er seine Pflicht, nicht ihre Wünsche. »Ruhe« ist sein Lieblingswort; den Blick, das spöttische und das bittere, das anklagende Augenspiel seiner Frau erträgt er nicht. Er kauft immer neue Schafherden, sammelt Kapital, das er der Liebe seiner Frau entgegensetzt: Sie kann haben, was sie will. Deshalb bekommt sie nicht, was sie will. Yerma ist ein großes trauriges Kind, das »alles hat«, aber die unbezahlbaren

wahren Spielsachen nicht bekommt, von denen sein
Glück abhängt.

García Lorca macht sich einen großen, genial tragischen Spaß daraus, den Mann, die Frau und das Kind
in der Frau immer weiter auseinanderzubringen, indem
er sie immer mehr ineinander verwickelt. Juan sperrt
Yerma ein, holt seine Schwestern ins Haus, die aussehen
wie »Blätter, die sogleich aus den Gräbern schießen,
wie mit Wachs überzogen«, zwei Totengewächse als Ge-
fängniswärterinnen für Yerma, zwei stumme, schwarze
Vögel, die das Haus reinhalten, das Kupfer blänken, die
Fenster mit Dampf säubern und den Fußboden ölen,
was der Chor der Wäscherinnen boshaft kommentiert:
»Je mehr das Haus glänzt, um so heftiger brennt es
darin.« Juan hat Angst. Er meint, der Kinderwunsch
seiner Frau richte sich auf ein Areal außer Haus, auf
fremde Männer, »auf die Straße«, dabei holt sich Yerma
nur Rat von alten Frauen und Salben und Kräuter von
alten Hexen um Mitternacht, dicht gefolgt und über-
wacht von Juan und seinen starren Flatterschwestern.

Und so sitzen sie unsagbar komisch und unsäglich
traurig und erregt und übermüdet auf einem Karussell
aus Pantoffeligkeit und Hokuspokus, bis sie abgeworfen
werden und hinauffliegen zur Klause des Eremiten im
Gebirge, zu der einmal im Jahr Männer und Frauen der
Umgebung pilgern. Hinter der Klause lagern gut vierzig Fässer Wein. Der Eremit legt den Frauen die Hand
auf und hängt den Männern Rosenkränze um den Unterleib. Wer unfruchtbar ist und Kinder wünscht, mag nun
glauben, daß der Glaube hilft. Aber die Männer liegen
sehr schnell unter den Fässern, die Frauen weiter hinten
in den Büschen bei den jüngeren Burschen oder den
anderen Männern. Es herrscht ein Gekreisch, ein Ge-
stöhn, ein Gelächter, ein Gerammel, ein Gejauchze, ein

Gegrapsche, Bocksstimmung unter Weihrauchschwa-
den, Anisschnaps und Bratwurstduft. Wer nicht glaubt,
daß der Glaube hilft, verliert wenigstens nicht den
Glauben an die Wunderkräfte des Jahrmarkts.

Es wirbeln im Tanz die Masken der Lust: »Husch hinter die Mauer, / doch komm nur allein / zum verschwie-
genen Feigenbaum / und trag meinen Körper / aus Erde
bis aufseufzt / der dämmernde Morgen. / Ach, wie sie
strahlt, / ach wie sie strahlte, / ach, wie die Frau / sich
biegt und sich schmiegt«, singt eine männliche Maske.
Es fliegen bunte Bälle, rote, gelbe, grüne, blaue, vio-
lette durch die Luft mit Bändern versehen; es sieht aus,
als flögen bunte, riesenhafte Spermien hin und her.
Die Stimmung ist fromm und obszön. »Sieben Mal
seufzt sie, / neun Mal schnellt auf sie, / fünfzehn Mal
haben / Jasmin und Orangen / sich innig gepaart« und
»Es herrscht auf der Wallfahrt / einzig der Mann. Die
Männer sind Stiere. Der Mann herrscht von je – und
der Pilgerin Blüten / dem, der sie pflückt.« Das ist ein
höhnischer, erotisch-lyrischer Chor, der über den Markt
der Geschlechter und der Gelegenheiten hinwegklingt.
Eine Alte bietet Yerma ihren Sohn zum Zeugen an
(»gutes Blut«, »dein Mann ist dagegen aus Spucke«),
aber Yerma lehnt empört ab: Man darf ihr eine Ab-
weichung nicht zutrauen. Sie will den geraden Weg.

Juan, eingeschlafen unterm Weinfaß, ist aufgewacht,
hat zugehört und beklagt sich, »weil mir die Bitterkeit
in der Kehle steckt« – »und mir in den Knochen«,
entgegnet Yerma. Es sei die letzte Minute, mit diesem
ewigen Jammern um »dunkle Dinge ein Ende zu
machen, um Dinge, die außerhalb des Lebens sind,
die in der Luft schweben«. Die »dunklen Dinge« sind
für Yerma ein heller, greller, weißer Fleck, ein Brennpunkt in ihrem Herzen und ihrem Hirn. Diese helle,

brennende Stelle löscht Juan mit einem Wort aus. Er
entzieht seiner Frau das Leben, weil er ihr den Wunsch
nach einem Kind entzieht: Er setzt diesen Wunsch mit
einem einzigen Wort »außerhalb des Lebens«, ihres
Lebens, das sie zu zweit leben. Und außerdem gehe es ihn
nichts an. »Ich bin glücklich, keine Kinder zu haben.«
Er hat in Yerma immer nur die Frau, nie das Kind
gesucht. Yerma aber hat in sich immer nur das Kind,
nie sich gesucht. Nur im Kind hat Yerma sich gesucht.
Indem er ihr die Hoffnung auf ein Kind endgültig
nimmt und sagt, sie werde es nie erwarten können, hat
er sie mit einem Schlag zur Erwachsenen erklärt.

Während der Jahrmarktschor lärmt und jubelt und
die Sau rausläßt, entwirft Juan ihr, mit den Lippen nahe
an Yermas Mund, so als wolle er ihr küssend das Urteil
sprechen und eine Utopie versprechen, eine Erwachsenenwelt des Friedens, der Ruhe, des angenehmen
Lebens: »Dich suche ich. Du bist schön im Mondlicht.«
Das Kind jedoch, das nicht erwachsen werden will,
umarmt den Erwachsenen – und drückt zu. »Du suchst
mich wie eine Taube, die du essen willst«, die Taube,
die Juan mit einem Wort (»nie«) bei lebendigem Leib
tranchiert hatte. Die Taube will nicht gegessen werden.
Die Taube beißt zurück. Yerma preßt ihre Hände so
lange um seinen Hals, bis der Mann, der das Wort
wußte, das in sie hineinschnitt, stirbt. Dann schreit,
nein, flüstert sie: »Ich habe mein Kind ermordet: Ich
selbst habe mein Kind ermordet!« Sie fragt noch: »Was
wollt ihr wissen?« Niemand will etwas wissen. Niemand wird fragen. Man wird nun endlich seine Ruhe
haben. Denn Yerma wird nun ruhig sein für immer. Ihr
Wunsch ist tot, ihr Skandal gestorben.

Man hört aus der Ferne den matter werdenden Chor
der Wallfahrer, der von der großen unheiligen Kopula-

tion singt, ein Madrigal der Wollust, des Lebens, der Liebe, der Sünde, des Glücks, des Augenblicks und des Leichtsinns. Doch morgen ist die Wallfahrt vorbei. Der Himmel schließt sich wieder. Der Staub liegt auf den Straßen. Die Häuser ducken sich in der Sonne. Die Läden geschlossen. Die Schafe draußen, die Frauen drinnen. Es herrscht eine ungeheure Langeweile. Die Uhren sind angehalten. Die Zeit ist totgeschlagen. Man kann heiraten, fressen, saufen, huren – nichts bringt die Uhren zum Laufen, nichts die Leute weiter. Und doch steht ihnen der Schweiß auf der Stirn, sind sie in Panik, spüren sie Herzensangst, träumen schlecht. Manch einer möcht' sich den Boden unter den Füßen wegziehen, um ein Gefühl zu spüren, wie wenn man stürzt oder fliegt – so wie im Traum, wenn es im Bauch kribbelt und man von einem hohen Turm fällt, und die Erde kommt immer näher und weicht immer weiter zurück. Da hilft nur noch der Tod, wenn nichts mehr hilft.

XXX.

Tod! Hilf! – Wart Kerl', g'freu dich!

in Schrei zerreißt die Nacht. Ein Schrek-
kensschrei, aber auch ein Freudenschrei:
»Hilf! Tod!« Ausgestoßen hat ihn eine
Frau. Sie steht am Abgrund, aber immerhin noch hinter der Fenstertür, die auf
den Balkon überm Abgrund hinausführt. Der Schrei
stammt von Madame Schleyer. Er gilt einem Mann, der
soeben vom Balkon in die Tiefe stürzt und nun seinerseits einen Schrei ausstößt, der zwar einem anderen
Mitstürzenden, aber insgeheim doch mehr ihm selbst
gilt, auch ein Schreckens- und Freuden-, ja fast ein
Erlösungsschrei: »Wart Kerl', g'freu dich!« Der Mann,
Herr von Lips, hatte eben noch Madame Schleyer die
Ehe versprochen. Aber der Schlosser Gluthammer, dem
Madame Schleyer schon mal früher die Ehe versprach,
bevor sie ihn, wie vor und nach ihm noch manchen
anderen Herrn auch, mit seinem ganzen Geld sitzen
ließ, wollte die neue Eheschließung verhindern. Und so
ringen die beiden Nebenbuhler miteinander, schlagen
sich, verhaken sich und fallen in die Tiefe. Die drei
Freunde des Herrn von Lips, die Stutzer und Nichts-
nutze und Abstauber namens Wixer, Sporner und Stifler,
leicht beschwipst, die Champagnergläser noch in den
Händen, starren durchs Fenster hinaus in die Nacht
und zucken die Schultern. Madame Schleyer preßt die
Hände gegen ihren ausladenden Busen. Im übrigen tun

sie alle nichts, können sie alle nichts tun. Denn sie wissen alle nicht recht, wie sie da, in dieses Haus, an diesen Ort eigentlich hinaufgekommen sind. Sie fühlen: Jeder weitere Schritt würde der falsche sein. Sie selbst könnten abstürzen, die Tiefe könnte sie selbst verschlingen. Und wie sie nach drunten starren und im Mondlicht auf den gepeitschten Fluten des Flusses die Köpfe des Herrn von Lips und des Schlossers Gluthammer noch ein Weilchen auf den Wellen tanzen und dann untergehen sehen, denkt jeder nur noch: Rette sich wer kann. Und: Wir sind noch einmal davon gekommen. Und: Ein guter Tod, ein schöner Tod, einen schöneren Tod haben wir uns kaum vorstellen können. Denn der Tod hilft: Die drei Freunde erben. Fast hätte sich einmal Herr von Lips aus Langeweile erschossen. Die kalte Pistolenmündung war schon ziemlich in Schläfennähe. Aber dann dachte Herr von Lips an sein Testament und daß er alles seinen Freunden hinterlassen würde. Da hat er das Erschießen wehmütig eingestellt. Aber die Gefahr hat er dringend gebraucht.

Wer so ein Haus an so einem Ort baut, der liebt die Gefahr. Ein großer Raum, herrlich ausstaffiert mit erlesenen Plüschmöbeln, Fauteuils, Chaiselongues, einem großen Tisch. Von der Decke hängt ein Lüster, an dem Hunderte von Kerzen brennen. Die Decke selbst ist mit Stuck reich versehen, aber sie scheint so dünn, daß der Himmel, wenn er wollte, hereinbrechen könnte. Daß der Lüster hält, ist ein Wunder. Auch die Wände sind papierdünn. Wer wollte, könnte durch sie hindurchspringen wie in einer Zirkusnummer oder hindurchfallen wie in einer Kriminal- oder Gespenstergeschichte. Wer gescheit ist, lehnt sich hier nirgends an. Im Hintergrund rechts und links von der Mitte zwei Fenstertüren, die in lange, schmale Zimmer hinausgehen. Schaut man genau in diese Nebenzimmer hinein, sieht man, daß sie in der Luft hängen, hinausgeschoben über die Felsenkante, die man ahnt, wenn man die gigantischen Berge und Gebirge durch die große, breite Glastür in der Mitte sieht. Die große Glastür führt auf einen Balkon hinaus, unter dem, viele Klafter tief, der Fluß fließt, als ob er »so's Reißen« hätt' und dahinstürzte wie ein Wasserfall. Oben liegt das Haus hart am Rand, unten gähnt der Abgrund, droht die Tiefe, gurgelt der Fluß. »Nicht wahr, das is völlig schauerlich, wenn man über die Altan' ins Wasser hinunterschaut?«, fragt der Diener Anton den Schmied Gluthammer. Anton hätte lieber das Fenster, das in der Mitte lag, zumauern lassen, um nie mehr den Blick nach draußen und das heißt nach drunten tun zu müssen. Aber sein Herr, der Kapitalist von Lips, hat das Fenster auf- und durchbrechen lassen, so daß eine große Tür entstanden ist, und hat einen Balkon dranhängen lassen. Und der Balkon hat noch kein Geländer. »Lauter so verruckte Gusto!«, schaudert es den Anton. Herr von Lips ist unermeßlich reich. Er kann sich alles leisten, auch den Abgrund.

Wer hier lebt, der lebt hart am Rand. Eigentlich müßte man dauernd kriechen oder auf allen Vieren gehen, den Körper nah am Boden halten, um den Halt nicht zu verlieren. Es ist auch völlig schleierhaft, wie die Leute in diesen »eleganten Gartenpavillon« hineinkommen, denn ein Hineinkommen setzte erst ein Hinaufkommen voraus, ein Herumklettern im Gebirge, eine Art Himmelfahrt dort hinauf, von wo aus es nur noch hinunter gehen kann. Wer sich hier aufrecht hält, der geht durch einen Albtraum. Denn natürlich bringt der Schmied Gluthammer das Balkongeländer. Aber er bringt es viel zu spät. Er hätte eine halbe Wegstunde gebraucht, aber verbraucht hat er dafür einen halben

Tag. Die Zeit dehnt sich unendlich im Albtraum, die Uhren zerfließen, jeder Schritt ist ein Schritt aus Blei. An jeder Straßenecke muß Gluthammer einkehren, jedes Wirtshaus ist eine Fußfessel. Also kommt Gluthammer auch nicht dazu, das Balkongeländer anzuschrauben, denn das würde zu viel Lärm machen, wenn gleich die Herrschaften mit den Champagnergläsern aus den Nebenzimmern auftauchen und hier tafeln und tagen wollen. Das Balkongeländer bleibt unangeschraubt am Balkonrand überm Abgrund stehen. Das Schwindelgefühl in der Magengegend verstärkt sich. Herr von Lips ist unermeßlich reich. Er kann sich alles leisten. Auch den Albtraum.

Nach jedem Satz, jedem Schritt, jedem Blick müßte es einem so sein, als dürfe man jetzt gleich aufwachen – und alles wäre vorbei, und das schwindelmachende Dreh- und Würggefühl in der Magengrube hörte auf. Oder man müßte es erst richtig genießen, nie aus dem Albtraum aufwachen zu dürfen, den Sturz tief hinunter, den Sprung übern Balkon zu wagen, weil einem im Albtraum ja allerhand passiert, aber nichts wirklich geschieht. Herr von Lips ist unermeßlich reich. Er kann sich alles leisten. Auch das Weiterschlafen.

Wenn er erscheint, dann in einer todschicken Maskerade. Er tritt durch die Tür, lächelt böse, verzieht leicht die Brauen über kleinen, dunklen, unruhigen, ins große Leere linsenden Augen im breiten, melancholisch-spöttischen Gesicht mit den beiden energischen Falten über dem schmalen Mund, trägt kostbares Tuch, einen Gehrock, eine herrlich gestreifte Hose, einen großen samtenen Mantel mit üppigem Pelzbesatz, einen Zylinder lässig in der rechten Hand. Sein Adamsapfel ist hinter einer wunderbaren gebauschten Krawatte verborgen, geschmückt mit einer perlenbesetzten Krawattennadel.

Herr von Lips zeigt einen noch nicht sehr auffallenden Bauchansatz, das Haupthaar links gescheitelt, leicht über der hohen Stirn gelichtet, aber nicht so, daß man denken könnte: der ist schon alt. Er ist in den besten Jahren. Schließlich ist er erst achtunddreißig. Er erzählt, nein, singt gleich, er habe vierzehn Anzüg', »teils licht und teils dunkel, / Die Frack' und die Pantalon, alles von Gunkel« (Gunkel ist in den vierziger Jahren des neunzehnten Jahrhunderts einer der vornehmsten Wiener Schneider); er habe die Lust, die Welt zu durchfliegen, »ohne zu rasten«, es sei ihm aber schon oft der Weg »z'weit vom Bett bis zum Kasten«; er lade sich Gäste ein im Dutzend ins Haus, würfe sie aber gleich wieder gerne hinaus; er möchte gern sterben, gleich drauf aber wieder ewig leben; er wolle kein Weib, aber gleich drauf wieder Hunderte von der Sorte. Er singt sich in einem kleinen Couplet, während auf dem Balkon das Gitter immer noch nicht festgeschraubt auf der Kante sitzt, während drunten der Fluß schaurig rauscht und die Felsen und Gebirge im Abendrot glühen, die Diagnose, daß er halt ein »Zerrissener« sei, einer, dem ein Riß durchs Gemüt gehe, der im nächsten Augenblick nicht wisse, was er im übernächsten wollen gekonnt haben würde. Der Mann ist offenbar ein verwöhnter Superstar.

»Zerrissen«, das klingt sehr tragisch, das klingt sehr gut. Das klingt nach problematischer Seele, nach Psychiatrie, nach Schicksal und Persönlichkeit. Selbst der Alkohol, vermuten seine Diener, tauge ihm nichts. Nicht einmal zum Rausch lange es ihm richtig. Der Wein rinne ihm durch den Riß im Gemüt einfach davon. Das klingt nun wieder lustig für den tragischen Befund. Das alles ist aber wohl nichts weiter als der Zustand dessen, der nichts mit sich anfangen kann.

Der ein »ödes, abgeschmacktes Leben« führt, dem nix fehlt, der aber grantig ist, vergeblich auf »Aufrieglung und Impuls« hofft, dem kein Liebesabenteuer gelingen möchte, weil er nirgends heimlich einsteigen könnte, um seine Lust zu kühlen: Papa und Mama würden ihm die Tür zur Kammer ihrer Tochter freudig aufreißen, Ehemänner betrogener Frauen ihn höchstens um einen Kredit zwischen Schlafzimmertür und Tresorangel angehen. Seine Gelder liegen sicher, seine Häuser sind gegen alle Unglücksfälle versichert, sein Besitz ist nicht zum Stehlen, außerdem »bin ich der einzige in der Familie, folglich kann mir kein teurer Angehöriger sterben, außer ich selber, und um mich werd' ich mir auch die Haar' nicht ausreißen, wenn ich einmal weg bin«.

Aber wieso schwitzt er so? Warum zittert er heimlich? Wovor hat der Mann, der alles hat und so sehr nichts zu fürchten braucht, daß er vor lauter Nicht-fürchten das große Gähnen bekommt, wovor hat dieser Sicherheits- und Versicherungsvirtuose, der jedes Risiko jedes kleinsten Unsicherheitsfalls mit viel Geld irgendwo abgedeckt hat, wovor hat dieser Einsame, dem die Freunde das Haus einrennen und dem sie alle Bouteillen Champagner, die er ihnen kredenzt, gerne und unter lautem Kauen guter Häppchen leertrinken, wovor hat dieser Mann, der sich alles kaufen kann und dem nichts verweigert wird außer der Aufregung, der Sensation, des Kicks, wovor hat dieser Mann, für den Mut nur eine Frage des Geldbeutels ist, wovor hat dieser Mann, der jede Frau haben kann, die er will und jedes Geschäft abschließen kann, das er mag, Angst? Wieso fröstelt ihn so? Und wieso hat er sich dieses Albtraumhaus so hoch da droben gebaut, in das er im wirklichen Leben kaum hinaufkönnte, nur in seinen ärgsten, schwärzesten, nächtlichsten Ausflügen? Das Albtraumhaus ist sein Theater, seine Bühne, nicht sein wirkliches Haus. Und es ist auch nicht sein wirkliches Theater, es ist das Nacht- und Kopf- und Lufttheater in gefährlichen Gebirgshöhen, in dem er sich die Dinge vorspielt, die er in seinem wirklichen Theater sich nicht vorzuspielen getrauen würde.

Das wirkliche Theater steht drunten in der Ebene, in Wien, wo Herr von Lips unter dem Namen des Schauspielers, Dramatikers und Bühnenbetreibers Johann Nepomuk Nestroy Stück um Stück schreibt, Posse um Posse, von denen rund zwanzig ständig auf dem Spielplan stehen, in denen er meist die Hauptrollen spielt, viel Geld verdient, schnell nach oben gekommen ist und dort oben sich nun halten möchte in einem Geschäft, das mörderisch ist, in dem andere Unterhaltungs- und Komödienunternehmer in der Theaterindustrie um die Gunst des zahlenden Publikums einen gnadenlosen Wettbewerb veranstalten. Stücke und Possen, in denen einem Publikum in den vierziger, fünfziger Jahren des neunzehnten Jahrhunderts vorgespielt wird, wie schnell Leute nach oben schnellen und wieder nach unten fallen. Und wenn alles gut ausgeht und zum glücklichen Ende und zu glücklichen Verlobungen sich alles schon findet, wissen die Leut', daß hinter dem glücklichen Ende zwar ein Loch gähnt, in das sie hinuntergucken oder auch hineinfallen können, aber sie lachen drüber, weil das gute Ende sie vorerst beruhigt. Die Leute im Parkett leben in einer Welt, in der heute Industrien, Fabriken, große Unternehmen entstehen, wo gestern noch kleine Handwerker waren, in der heute Kapitalströme fließen, wo gestern noch Sparstrümpfe steckten. Es sind Leute mit Köpfen, denen es wirbelig ist, die aber nicht zu weit, zu heftig wirbeln dürfen – das unterbände schon

279

ein ausgeklügeltes Polizei- und Spitzelsystem, das wie
Mehltau auf dem Land liegt und darauf schaut, ob auf
der Bühne die richtigen, anständigen, korrekten politischen, will sagen: unpolitischen Worte fallen. Und fallen die falschen, dann kommen die Leute auf der Bühne
ins Gefängnis. Johann Nepomuk Nestroy saß öfters für
mehrere Tage oder Wochen hinter Gittern, weil er als
Schauspieler vom Text abgewichen war, den die Zensur
genehmigte. Denn die Leute auf der Bühne gehören
zum System der Leute im Parkett; sie fallen da nicht
heraus. Auch das Theater mit seinen blakenden Lampen, seinen knarrenden Kulissen, seiner schweren, heißen, von Parfüm- und Schweißschwaden und Genie-
schwitzwasser durchfeuchteten Luft, seinen Sofitten und
fadenscheinigen Vorhängen ist nur eine Industrie, nur
ein Wirbel, auch das Theater ist nur eine Wirtschaft
und eine Politik. Auch Theater können aufsteigen und
wieder fallen, entstehen und wieder verschwinden.

Wenn nun der erfolgreichste, der reichste, der beste
Theaterunternehmer, der genialste Stückeerfinder, der
komischste Possenlieferant, der in seinen Possen die
Welt dauernd an den Abgrund bugsiert, ohne daß dies
ausgesprochen würde, nun auf dem Höhepunkt seiner
Karriere und seines Ruhms den Abgrund direkt auf
die Bühne bringt und das Haus auf der Bühne an dessen Rand plaziert, dann spielt er furchtbar und grandios mit der grausigen Möglichkeit, einmal den Boden
unter den Füßen nicht mehr zu spüren, einmal den
Sturz zu durchleben, einmal die Höllenangst, einmal
den zeitlichen Tod, einmal die Vernichtung sich vorzu-
stellen: nicht wie sie wäre, sondern wie sie ist. In Herrn
von Lips, dem Kapitalisten, tritt uns der Bürger und
Theatraliker, der Bühnenunternehmer und Regisseur
des offenen Glücks und der heimlichen Angst entgegen.

Er inszeniert seinen Albtraum, der ein Albtraum der
Epoche war.

Nestroys größte Sorge im Leben, das von 1801 bis
1862 dauerte, war, nach dem Tode nicht tot, sondern
nur scheintot zu sein, nach drei, vier Tagen im Sarg
wieder zu erwachen und ersticken zu müssen, weshalb er
testamentarisch ausführliche, detaillierte Anordnungen
erließ, wie mit seinem Leichnam zu verfahren sei, wie
lange er in welcher Position unter was für einer Aufsicht
zu lagern, wann erst der Sarg zu schließen sei. Es ist
wie eine Todesangst zu Lebzeiten, die als Lebensangst
in Form aberwitziger Lebenshoffnung in die Todeszeit
hinein verlängert wird. Der Sprung hinab in den Fluß
ist auch der schaurige Vorgenuß des geschlossenen Sarg-
deckels und der Chance, Klopfzeichen nach draußen und
droben zu senden – ob mich einer hört?, ob ich ewig
drunten bleiben muß?, ob ich wieder hinaufkomme?, ob
das Leben mich überhaupt noch will? Mal sehen.

Die Todesspiele des Herrn von Lips waren bisher ein
bißchen müde, ein wenig blasiert, ein wenig selbst-
mitleidig, ein bißchen arg kindisch. Was ist das schon,
kalt lächelnd, aber immer mit ein bißchen Schweiß auf
der Stirn und an den Schläfen, mit Pistolen und letzten
Verfügungen herumzuspielen, wenn einem die Maske
der Langeweile und der hübschen Zerrissenheit wieder
besonders schick und eng saß? Und war es nicht ein
bißchen arg plump, daß er erst vor zehn Minuten noch
in einem Anfall von träger, sulziger Panik im Wortspiel
mit den schmatzend schmarotzenden Freunden einfach
so sagte: Die nächste Frau, die hier hereinkommt,
heirate ich? Als Madame Schleyer auftauchte, Billets für
ihren Ball feilbot, deren Erlös der Tilgung ihrer Schulden zugute kommen sollte, keß und berechnend ihre
Witwenschaft bekannte, Lips ihr hundert Gulden für ein

Billet von fünf Gulden gab, sie schon im Hinausgehen mit einem »Ach, was ich noch sagen wollte« zurückrief und ihr zwischen Tür und Angel einen Heiratsantrag machte – war es da nicht ein bißerl kindisch, als er ihr eine Bedenkzeit auf Gnad' und Pardon gab von einer Viertelstunde? Als er der Sichüberhauptnichtsträubenden, die schon mit gierigem Blick das viele Geld, das sie mit Herrn Lips erheiraten würde, in ihren Taschen sah, zu verstehen gab, daß er das jetzt dringend brauche, diese bange Erwartung, dieses Harren auf ihr Ja-Wort, dieses Schweben »zwischen Leben und Tod«? Doch das waren Preludien.

Jetzt aber die große, tolle Todesfuge. Die Komödie ums Leben und ums Sterben. Deshalb dieser Freudenschrei in Todesnot, der Kehle des Herrn von Lips entrungen: »Wart Kerl', g'freu dich!«, deshalb dieser Todesschrei im Freudentaumel. Dann Nacht, Wirbel, Wasser, Mondlichtblitze über Wellen. Ein Verschlucken, ein Saufen, nicht ein Ersaufen, ein Prusten, ein Ausspeien, ein Anlandkriechen. Dann pudelnaß von ganz tief unten am Flußufer ganz rasch wieder ganz hoch hinauf auf den Fels, in den Saal des Hauses, was niemand in Wirklichkeit schafft, nur im Traum, nur im Theater, nur in der Posse. Und dann das erste Wort, das er hört, der Herr von Lips: »Mörder«. Sagt Freund Wixer, lässig über das Fenster zum Balkon hinausgebeugt: »Ein Glück für'n Mörder, wann er auch ersoffen is.« Dann resümieren die Herrn auf dem Balkon noch, als brächten sie einen Toast auf Freund Hein mit der Sense aus: »Tot ist tot«.

Der schönste und der aufregendste Akt im Leben des Herrn von Lips beginnt: seine kriminelle Karriere als vermeintlicher Mörder; seine Laufbahn unterm Sargdeckel, abgeschlossen von der Welt; sein Maskenwechsel. Denn nun trägt er bäuerische Kleidung, treibt

sich tagelang in der freien Natur herum, bis er auf
dem Pachthof des Bauern Krautkopf um eine Stelle als
Knecht bittet: der reiche Herr von Lips als Untertan auf
dem Hof, der ihm gehört und von dem er sonst Zins
und Zehnten erhält. Erkannt unter seiner Verkleidung
wird er dort nur von seinem Patenkind Kathi, die ihn
liebt. Kathi kann ihn deshalb erkennen, weil sie den
Sturz, den Lips erlebte, schon hinter sich hat: mit ihrer
Mutter aus der sozialen Stellung als Weißnäherinnen,
aufgefangen nur durch ein großzügiges Almosen von
Onkel Lips, das Kathi ihm nun zurückzahlt. Sie gibt
ihm Milch und Brot. Er gibt ihr gute Worte und strei-
chelnde Hände, die nach ihren Hüften, ihren Wangen,
ihrer Brust suchen, indes er sich, milchsaufend und brot-
kauend, ermahnt: »Jetzt bin ich wieder ein braves
Bubi«. Mehr hätte die Zensur des Fürsten Metternich
im Jahr 1844 in Wien nicht geduldet; war ja eh schon
jede Umarmung, jeder Kuß eine Zuwiderhandlung
gegen die staatliche Ordnung, eine sexuelle Subordi-
nation. Unterm Sargdeckel also erwacht die Lust in
Herrn von Lips. Der Sturz ins Bodenlose hat auch seine
angenehmen Seiten, das Scheintotsein öffnet Lippen,
Herz und Hände, auch wenn Herr von Lips sich unter
dem Namen Steffel als Knecht höchst dumm beim
Dreschen anstellt und mit dem Schlegel mehr die anderen Knechte schlägt als das Korn. Die Armut schmeckt
dem Herrn von Lips lustig. Daß er ein Mörder sein, den
Schmied Gluthammer auf dem Gewissen haben könnte,
kommt ihm kaum in den Sinn. Auch dort unten, auf
der tiefsten Stufe der sozialen Leiter, wo sich die ver-
krachten Weißnäherinnen und die gestürzten Kapitalisten treffen, herrscht kein Gewissen, keine Schuld.
Was drunten wie droben sich gleichbleibt, ist die Angst,
die Panik.

Der Pächter Krautkopf kann Herrn von Lips so wenig wahrnehmen wie den Knecht Steffel, denn Krautkopf hat dauernd Kopfschmerzen, jeder zweite Handgriff geht an seine Stirn, klopft gegen seinen Schädel, der es kaum aushält, irgend jemandem irgend etwas anzuschaffen oder zur Arbeit einzuteilen. Krautkopf ist auch kein Chef, er ist der Zerberus, der übermüdete, überlastete Höllenhund, der den Zugang zur Unterwelt, zur Getreidescheuer im Pachthof nun nicht bewacht, sondern nur noch hilflos umstreunt. Denn in der Scheuer versammeln sich gegen die Regel nun nicht die Toten, es geben sich die Untoten, die Geister und Gespenster dort ein Stelldichein. Zum Beispiel der Schmied Gluthammer, der vor seinem Balkonsturz schon den ganz anderen Sturz erlebt hat: von den Höhen eines Schlossermeisterlebens durch die teure Liebe zu Mathilde Schleyer in die Tiefen eines verschuldeten, eine soziale Stufe hinuntergerutschten Schlossergesellenlebens. Das Putzerei- und Modistinnengeschäft, das er seiner treulosen Mathilde eingerichtet hatte und auf dessen Hypotheken sie ihn sitzenließ, betrieb er mit groben, unpassenden Schlosserhänden — bis er bankrott war. »Schad'«, seufzt Gluthammer, »ich hätt' zum Reichtum viel Anlag' g'habt; wenn sich so ein Millionär meiner ang'nommen hätt', hätt' mich ausg'bild't und hätt' mir mit der Zeit 's G'schäft übergeben — aus mir hätt' was werden können.« Gluthammers Traum ist der Schwung nach oben. Gluthammers Erfahrung ist der freie Fall. Sein Albtraum, der den freien Fall nur noch einmal körperlich macht, ist der Sturz vom Balkon. Danach hält er sich für einen Mörder, der den Herrn von Lips umgebracht haben soll.

Beide Bürger, der reiche, honorige, ehrbare und angesehene, und der abgestiegene, verarmte, vor seinen

Gläubigern geflohene, Lips und Gluthammer: beide
fühlen sich als Verbrecher. Beide entdecken in Krautkopfs Scheune, die sich über ihnen schließt und die sie
vor der Welt verbirgt wie ein Grab, ihre unheimliche,
bestialische, unglückliche Seele. Gluthammer liegt matt
in den Armen Krautkopfs, in dessen Scheuer er sich
unterm Getreide versteckt gehalten hatte. Überall sieht
er »Ha, dort – Schergen – Hochgericht – Rad!! –
Ha – da sind sie –! Stricke – Ketten! Zurück! Zurück! –
Ha, sie kommen – Rettung! – Verschluf!« Im ganzen
Land erblickt er »Wachter«, glaubt das »Unglaublichste
geschehen«. Aber das Unglaublichste geschieht erst
noch. Denn beide, Lips und Gluthammer, finden in
der Unterwelt auch ihr Glück. Lips findet die Kathi,
Gluthammer den Krautkopf, seinen Freund, den er auf
die Rolle des Freundes derart verpflichtet, daß Krautkopf seinen Wein, seinen Braten, seine Zipfelmütze,
seine Polster und sein Bettzeug dem in Not Geratenen
geben muß, denn »für einen Freund derf eim 's Leben
nicht z'viel sein«. – »Wenn's dein Tod wär', du bist
mein Freund, du mußt mich verstecken.« Und dann
finden Lips und Gluthammer einander: zwei, die sich
für Mörder und den jeweils anderen für den von ihnen
Gemordeten halten. Der eine taucht aus der Boden-
klappe zum Scheuerkeller herauf und sieht den anderen,
der nach ihm tritt und ihn schlägt, weil er ihn für einen
Geist und Wiedergänger hält, und der andere des-
gleichen. Es ist ein Spiegelkampf. Der eine guckt in
die Fratze des anderen und sieht sich dort selber: der
Mörder den Gemordeten im Mörder.

»Wart Abgrund! Ich werd' dich lernen, Kobolde her-
aufschicken!« schreit Lips. Gluthammer barmt, schier
um den Verstand gebracht: »Sein Geist verfolgt mich –
Luft – Luft!« Im Spiegelspiel verdoppeln sich die Mög-

lichkeiten und vervielfältigen sich die Verbrechen ins Endlose. Der Abgrund ist ein Zauberkasten. Lips, als er Gluthammers Kopf durch die eine Luke verschwinden, durch die andere wieder auftauchen sieht: »Höllisches Gaukelspiel –! Ich hab' ja nur einen umgebracht, zu was diese gräßliche Multiplikation.« Dann muß ein Ende sein: »Hinab mit dir! Was tot is, g'hört unter die Erd'!« Aber der Zauberkasten gibt keine Ruh, der Albtraum schießt Kobolz: »Der ganze Erdboden is unterminiert, die Schlosser schießen wie d'Spargel in d'Höh'! Das halt' aus, wer will! – Meine Knie – meine Sinne – meine Kraft – ich bin tot!« Dann ruft es von außen, wo Krautkopf die ganze Verwirrung um die beiden Ertrunkenen beenden will: »Es lebe der gnädige Herr!!« Der gnädige Herr aber gibt zurück: »Ich soll leben!? – Dummköpf', ich hab' keine Zeit, ich bin grad mit 'n Tod beschäftigt!« Es ist das Ende der Höllenangst, das Ende auch des Theaters des Sturzes, der Albtraumfahrt in den Abgrund. Der Bürger ist am Ende angekommen – also wieder am Anfang. Alles ist wieder gut.

Der Tod hilft nichts mehr. Die Scheintoten sind zum Weiterleben verdammt. Alle Umstehenden schreien »Vivat«. Vivat ist hier übersetzt mit: Er muß leben. Der Sargdeckel geht wieder auf. Lips, der, versteckt hinter einem Vorhang, mit ansehen und -hören mußte, wie seine Freunde seinen Besitz sich unter den Nagel reißen wollten und ihm unschöne Worte schlechten Gedenkens nachriefen (»Er war zu dumm für diese Welt«), heiratet die gute, liebe, treue Kathi, der er jetzt auch als unbraver Burschi an die Hüfte oder sonstwo greifen darf, wie er will, und jagt die Freunde zum Teufel. Hinter seiner »Kathilieb'«, hinter seiner Selbstbeschreibung »Kathi! Hier steht dein Verlebter, Verliebter, Verlobter« verschwindet die tödliche Lebenspanik und die lebendige Todesangst des Herrn von Lips wie unter den Wickeltüchern einer Mumie. Er ist sich nun nicht mehr ängstlich fremd, er bleibt sich nun verbunden. Seine Zerrissenheit ist geheilt, er hat jetzt für alle Zerrissenheitsmöglichkeiten die eheliche Hälfte zum Ausgleich. Und hinter der »ehelichen Hälfte« ist die liebe, süße Figur und das reizende Gesichtchen der Kathi sofort verschwunden wie hinter einer alten, staubigen, fleckigen Maske. Gluthammer kriegt von Lips als Entschädigung für den ganzen Schrecken das Geld, das als Mitgift für Madame Schleyer gedacht war, um sich eine neue eigene Schlosserei zu kaufen. Und hinter »Mitgift« und »Geld« und »Schlosserei« ist Gluthammers Wut und Temperament, sind seine Schreie, seine Ängste verwahrt wie hinter Schloß und Riegel.

Das Gartenhaus auf dem Felsen ist verschwunden, der Fluß fließt nicht mehr, die Felsen, das Gebirge sind nicht mehr da. Der Boden ist fest, auf dem sie stehen, alle Falltüren sind vernagelt. Wie angewurzelt stehen sie da, unbeweglich, starr. Der Tod, mit dem sie spielten, war eine Chance für ihr Leben. Das Leben, das sie von nun an weiterführen, ist eine Strafe für ihr Todesspiel: Sie sind jetzt dazu verpflichtet, glücklich und zufrieden zu sein. Die schöne Gaukelei mit dem Unglück ist vorbei.

Wenn sie nicht gestorben sind, dann leben sie natürlich noch heute. Denn das Glück der Bürger dauert ewig. Manchmal, wenn sie im Sommer in der Gluthitze des Mittags ins Gebirge gehen, hoch hinauf, kommt ihnen eine kleine lebendige Erinnerung an ihr Spiel mit dem Tod. Und für ein Glas Wasser würden sie wieder alles hingeben: das Sein für den Schein, das Gesicht für die Maske, die Wahrheit für die Lüge. An einem heißen Augusttag, in einem geräumigen Zimmer in

einem Landhaus in den Bergen. Ein alter Freund sitzt
im Lehnstuhl und kann nicht sterben. Man helfe ihm:
Wer nicht sterben kann, dem muß man was vormachen.
Sonst verliert er den Spaß am Tod.

XXXI.

Der Wurm
im Wasserglas

ür einen Freund tut man Dinge, die man nur tut, weil der Freund ein Freund ist. Freundschaften sind nicht vernünftig. Sie enthalten viel glückseligen, bewußtlosen, pflichteifrigen Schwachsinn, über den die Freunde sich dann gegenseitig auf die Schultern hauen. Und je mehr die Schulterblätter schmerzen, desto mehr ist man Freund. Also muß man über Signor Alberto Califano nicht weinen, wie er in der glühenden Hitze des Mittags durch ganz Neapel läuft, aus Neapel hinaus, kilometerweit in die Berge hinauf, stundenlang. Denn Alberto ist ein wunderbarer Freund. Wir müssen ihn mögen. Nicht so, wie man Märtyrer und Heilige und Wahnsinnige mögen muß, sondern so, wie man Leute liebt, die einen überraschen, die Dinge tun, die man nicht für möglich gehalten hätte. Schon daß er jetzt in der Bruthitze dahinwandert, ist herrlich. Es ist so heiß und so trocken, daß der Staub der Landstraße bei jedem noch so kleinen Schritt aufgewirbelt wird und sich sofort mit den Schweißtropfen auf Albertos Stirn und Gesicht verbindet. Bis er endlich oben ankommt in Bartolomeo Ciaccias Landhaus, trägt er eine kalkgraue Maske, die Augen verklebt, die Wimpern kleine, schmutzige Stacheln, die Brauen mörtelige Wülste. Die Zunge geschwollen, der Gaumen eine rissige Wunde.

Wasser! Wasser! Wasser! Ein bescheidener Wunsch, der ihn sofort zu einer Komödienfigur macht, denn natürlich bekommt Alberto kein Wasser, das heißt, so wenig Wasser, daß es sich nur um den berühmten Tropfen auf die heiße Zunge handelt. Sein innigster Wunsch trifft auf eine große Gleichgültigkeit, ja Abwehr. Nicht einmal ein bißchen Wasser, um sich die verklebten Augen zu säubern, wird man ihm zugestehen. Was er von nun an tun und lassen wird, tut und läßt er mit einem Mund, aus dem die Worte wie schartige Wattebrocken kollern, mit einer Maske aus Staub vorm Gesicht, mit den entzündeten Augen einer Mumie. Dabei wird er gleich Sachen machen, die er noch nie im Leben gemacht hat. Würde ihn unser Gelächter erreichen, die Schallwellen würden wenigstens seine schrundige Staubmaske zersprengen.

Alberto aber, ein sanfter, liebenswürdiger Mann in seinen Fünfzigern, wird in den nächsten dreißig Minuten (länger dauert sein Aufenthalt nicht) alles für seinen Freund Bartolomeo tun, wird für niemand anderen Augen, wenn auch verklebte Augen, Ohren, wenn auch staubige Ohren, Mund, wenn auch einen schweren, tauben Mund und Kopf, wenn auch einen glühenden, hitzeschmorenden Kopf haben als für den Herrn im Lehnstuhl, der den Nachnahmen Ciaccia (Wichtigtuer) trägt. Bartolomeo, knapp sechzig Jahre alt, den Kopf zur Rückenlehne gedreht, das Kreuz zwischen fünf Kopfkissen gebettet, hängt mit eingesunkenen Augen, spitzer Nase und röchelnden Atemstößen im Sessel. Seit sechs Wochen liegt Bartolomeo im Sterben. Zuerst in der stickigen Stadt, aus der ihn der Arzt ins luftigere Landgut in den Bergen hinaus hat expedieren lassen: Vielleicht genest er dort oder stirbt gleich und gründlich. Wie Ärzte halt reden.

Dort oben wird er von seiner Schwester Carolina ge-
pflegt, die sich zuerst wunderte, wie viel der Todkranke
fraß, wie sehr er lachte, wie er nach der Lehrerin, die
ihn besuchte, mit der Milchkaffeetasse warf, dem Postboten einen Stock nachschmiß, dem Apotheker ein Kis-
sen ins Gesicht pfefferte, nach der hübschen Frau des
Nachbarn gierte, ihr unter die Röcke griff, sie auf seinem Schoß festgekrallt hielt, so daß der Nachbar und
noch ein paar Bauern alle Kraft aufwenden mußten, sie
dem geilen Alten wieder zu entwinden. Aber danach
fiel Signor Ciaccia wieder in Agonie. Er genas nicht,
starb auch nicht gleich und gründlich. Alle Welt fragt
sich, ob Signor Wichtigtuer sich nun mit dem Tod im
Leben oder mit der Lebensgier im Todeskampf hat
wichtig machen wollen. Aber niemand bekommt eine
Antwort, denn Bartolomeo liegt jetzt im Dämmer.
Er ist dünnhäutig. Alles, was von draußen kommt,
würde ihn fertigmachen. »Man muß ihn dahin bringen,
daß er haben will, was man ihm geben möchte«, sagt
seine Schwester. Sie will ihm Alberto geben. Sobald sie
aber dem Todkranken den Namen »Alberto« auch nur
ins Ohr haucht (»Weißt du, wen wir aus Neapel kommen lassen sollten? Deinen besten Freund von früher«),
da fährt Bartolomeo wie von der Tarantel gestochen
auf, fällt wieder zusammen, zeigt Zeichen allerhöchsten
Widerwillens.

Bartolomeo, der Mann im Dämmer, dem Leben so
nah wie dem Tod, und Alberto, der Mann im Durst,
dem Verschmachten so nah wie der Freundespflicht, treffen aufeinander. Der eine soll den anderen aufheitern,
ihm Löcher in den Dämmer reißen, ihm Lichtblitze
ins ersterbende Hirn schießen mit »Weißt du noch?«
und »Haben wir nicht immer?«, soll überhaupt testen,
ob Bartolomeo noch lebt – aber er darf Bartolomeo

gegenüber nicht Alberto sein. Alberto krümmt sich, er macht sich klein, er kringelt sich. Vor unseren Augen wird er in den nächsten Minuten zum Wurm im Wasserglas, das nur in seiner Phantasie existiert, weil ihm Carolina nichts zu trinken gibt. In diesem Zustand gibt Alberto die größte Vorstellung seines Lebens, spielt er das schönste Theater, zieht der geschundene Mann über seine krustige Staubmaske im Gesicht noch ganz andere Masken, wickelt sich in Decken, setzt Filzstumpen auf, steckt sich Staubwedel hinters Ohr, stülpt sich – bei dieser Hitze – dicke, braune Strümpfe übern Kopf und spielt Gestalten, die nur in der Phantasie des Todkranken existieren. Alberto ist ein Held. Denn er überschreitet die Grenze zwischen Sein und Schein, was schneidiger und viel gefährlicher ist, als die Grenze zwischen Leben und Tod zu übertreten.

Alberto tanzt dabei, und einmal wagt er sogar ganz toll einen Boogie-Woogie, am kleinen Finger von Eduardo de Filippo, Jahrgang 1900. Eduardo war der Sohn Eduardo Scarpettas, eines Königs des neapolitanischen Volkstheaters. Von 1910 an trat »Eduardo II.« als Komiker auf. Von 1920 an schrieb er rund sechzig Komödien, Einakter, Grotesken, Burlesken, besaß von 1930 bis 1944 ein eigenes Theater, das er »Teatro umoristico« nannte. Später gründete er das »Teatro San Ferdinando« in Neapel, das er 1974 verkaufen mußte. Er starb 1984, hochgeehrt und vielgeliebt, in Rom. Italiens Staatspräsident hatte ihn 1981 zum Senator auf Lebenszeit ernannt. Das ganze Land nannte ihn nur »Eduardo«. Nichts interessierte ihn so sehr wie die Grundfrage des italienischen Daseins-Spiels: Ist es so, wie es uns scheint? Und: Scheint es nicht nur so, wie es ist? Die Realität verschwindet im Theater, das Theater in der Realität, und in der Schnittstelle zwischen beiden liegt die Kunst des Überlebens: im Überspielen, Überblenden. Sterbende spielen eine ziemliche Rolle in Eduardo de Filippos Komödien. Die Magd Filumena in *Filumena Marturano* von 1946 tut so, als stürbe sie und zwingt dadurch ihren Dienstherrn, sie zu heiraten. In der *Kunst der Komödie* von 1965 weiß ein Präfekt bis zum Schluß nicht, ob der Arzt, der in seinem Büro auftaucht, ein echter Arzt ist, der Apotheker, der sich umgebracht hat, wirklich tot ist, der Pfarrer ein uneheliches Kind hat, die Lehrerin wirklich ein Kind umgebracht hat — oder ob das alles Schauspieler aus der Truppe des Prinzipals sind, die ihm das nur vorspielen, um sich dafür zu rächen, daß der Präfekt nicht weiß, wozu das Theater gut sein soll. Es kann dafür gut sein, dem Leben auf die Sprünge zu helfen — weil die Toten den Tod nur spielen.

In *Amicizia,* dem raffinierten Einakter von 1952, wird dem Tod auf die Sprünge geholfen — weil die Lebenden das Leben nur spielen. Alberto darf nicht als Alberto auftreten. Er muß, um dem Sterbenden die letzten Wünsche zu erfüllen, als Tante Matilde auftreten, die starb, als sie hörte, daß Bartolomeo im Sterben liege. Für Bartolomeo tritt wirklich Tante Matilde auf. Für ihn sind die lächerlichen Spielereien, die Gaukelei, der Mummenschanz die schönste Wirklichkeit. Ihm genügte nicht die frische Bergluft, nicht die Besuche der Nachbarn, des Postboten, der Lehrerin, des Apothekers, auch nicht die hübsche Nachbarin, um sterben zu können. Würde er jetzt seinen alten Freund wirklich sehen, hätte er wieder keine Wirklichkeit, von der er etwas hätte. Von ihnen allen fühlte er sich ums Leben betrogen: lauter Wirklichkeiten, die er nicht glauben konnte. Er braucht den Trick, die Szene, die Maskerade, denen er glauben kann. Ihm hilft nur das große, unsterbliche

Theater, der tolle Zauber, das alte Spiel. Nur das ist wirklich. Es sind dreißig Minuten Triumph des Theaters.

Mit einem alten Damenhut, einer Krücke, denn Tantchen war einbeinig, einem Mantel der Großmutter von Bartolomeo, einer alten, dicken Decke als Rock, humpelt und tänzelt Alberto vor den Augen Bartolomeos als Matilde umher, herzt den lieben Jungen, singt ihm Lieder und trägt ihm ein Gedicht vor, das Bartolomeo so liebte und das die Tante einst für ihn schrieb: »O seht das Schäflein auf dem Felde, / rupft das frische grüne Gras / blökt dabei ohn Unterlaß.« Der Durst in Alberto wird schier unerträglich. Wasser erscheint ihm als das Köstlichste der Welt, wenn er in der Rolle einer Dame, die er sozusagen »vom Friedhof«, aus dem Jenseits hierherstellt, sich in ein Leben einfühlt, das er nicht kennt, das er aber total ausfüllt. Auch eine Liebesgeschichte der Tante mit dem Neffen wird so schön und diskret angedeutet, daß der alte Neffe im Sessel selig lächelt. Dann murmelt Bartolomeo seiner Schwester was ins Ohr. Und schon muß Alberto den Carabiniere Lorenzo Botta spielen, den Bartolomeo im Krieg im Unterstand kennenlernte. In einem mottenzerfressenen Frack, einem aufgeklebten, verrosteten Goldflitter, mit zwei Geldtaschen, einer alten Handwaage und einem Damenfilzhut spielt Alberto den Haudegen, der dem Todkranken noch einmal das Maschinengewehr, die Flak, die Bomben, die fliegenden Festungen mit Pfeifen, Johlen, kreischendem Tischerücken und »Kraaaaa« und »Ta-ta-ta-ta-ta« vormacht. Dann ist er mit dem Strumpf überm Kopf der Neger Johnny, mit dem Bartolomeo nach der Befreiung Italiens durch die Bars zog (»Alles Frohlichkeit sorglos«). Und bei der Erwähnung des Wortes »Bar« bekommt Alberto einen Schwächeanfall, der auch vom

Boogie-Woogie herrührt, den er mit der Schwester tanzen mußte im hektischen, zuckenden Rhythmus. Alberto ist wie betäubt. Während er die Fußspitzen wirbeln lassen muß im raschen Vierertakt, blökt ihm das Schäflein der Tante Matilde ins Hirn und er reimt zum Boogie-Woogie: »Oh seht das frische, grüne Gras.« Die Szene kippt in den Wahnsinn, also in die wahre Komik.

Alberto erlebt das alles in Trance, unter Schleiern, die er durch die Schweiß-und-Dreckkruste seiner Staubmaske wie rotglühende Spinnfäden durchs Zimmer schweben zu sehen vermeint. Vor ihm der Sterbende mit diesem schon jenseitigen Lächeln im Gesicht. Der Freund, der den Freund nicht, nur die Menschen sehen will, die der Freund ihm spielt. Das Lächeln, das so boshaft und mokant ausschaut. Die Schwester, die endlich will, daß der Sterbende stirbt und ein Ende macht. Sie flattert wie ein Todesengel mit Lockenwicklern, eine nervöse Furie mit zu hohem Blutdruck und Streß, die nach Hause will zu Mann und Kindern. Ihr hängt der todkranke Bruder zum Halse heraus. Jetzt muß endlich Schluß sein. Sie drängt Alberto einen alten Bowler auf, setzt ihm eine schwarze Brille auf die Nase, steckt ihn in eine alte, schwarze Jacke. Ihm laufen die Bäche des Schweißes unter den Achseln und übers Gesicht. Seine Staubmaske sieht aus wie eine karstige Flußlandschaft mit kleinen, eingekerbten Grand Canyons. Und die Zunge kann er kaum noch bewegen. Aber das Spiel muß gespielt werden. Der Tod wartet auch nicht ewig.

Alberto ist nun der Notar Antonio Covone, dem Bartolomeo Briefe übergibt, sein Leben beichtet, ihm kundtut, daß er nun im nächsten Moment sterben werde. Hier aber, diese Briefe, solle er an die Frau seines besten Freundes Alberto Califano weiterleiten: »Ich bin viele Jahre der Liebhaber von ihr gewesen. Aus den Briefen geht auch hervor, daß der erste Sohn des Ehepaars von mir ist«.

Jetzt kann Bartolomeo ruhig sterben. Alberto aber kann nicht weiterleben. Er muß weiterspielen. Das Gesicht verklebt unter Masken, keine Aussicht auf Wasser, auf Erlösung, auf Löschung des Durstes und auf Löschung der Schmach, rast er los, tanzt Boogie-Woogie, macht das Maschinengewehr und die Flak, aber sein »Ta-ta-ta-ta-ta« und sein »Bummmm« trifft niemanden. Seine Munition scheint nur Munition. Es sind verzweifelte theatralische Platzpatronen. Aber er wird keine anderen mehr verschießen. Außerdem rezitiert er ohne Unterlaß das Schäfchen der Tante Matilde »blökt und rupft, / rupft und blökt, / blökt und rupft, / rupft und blökt«. Und immer so weiter. Der Bowler ist ihm vom Kopf geweht. Im Boogie-Woogie-Schritt, das Gedicht und das Gewehr auf den Lippen, rennt er aus dem Haus, stundenlang, die staubige Landstraße nach Neapel hinunter. Wenn ihn seine Frau fragen sollte: Wer bist du?, wird er ihr die Briefe ins Gesicht werfen und antworten: Ich bin Tante Matilde, ich bin der Notar, ich bin das Maschinengewehr. Er wird nicht weinen. Nur Alberto wird er nie mehr sein. Er hat sich, er hat fast alles verloren. Ein kleiner Stock, ein dünner Mantel, ein altes Buch blieben ihm. Damit sieht man ihn häufig im Stadtpark von Neapel, in der Nähe des Kinderspielplatzes. Mit dem Stock zeichnet er ein großes Viereck in den Sand, in das er sich hineinstellt. Er legt den Mantel um, schaut ins Buch, hebt den Stock und scheint stehend tief zu schlafen. Und ist dann immer ganz weit weg, wo es Elfen von den Hügeln, von Bächen, stillen Teichen und Gehölzen gibt, Geisterwesen, die im Mondschein saure Ringe ins Gras ziehen, wovon das Schaf

nicht frißt, die zur Kurzweil mitternachts Pilze machen,
die Mittagssonne verhüllen, den Donner grollen lassen,
Eichen spalten und Krieg aufrühren zwischen der grünen See und dem azurnen Himmel, die das Vorgebirge
erbeben lassen und Gräber öffnen.

XXXII.

Reif für die Insel

 s ist leicht wie ein Kinderspiel. Fast wie die Erschaffung der Welt. Einmal schlafen. Und einmal träumen. Danach nicht in die Wirklichkeit hinein aufwachen, sondern sich in tiefem Schlaf und Traum wieder nur durch Schlaf und Traum in noch tieferen Schlaf und Traum hinein wecken lassen, wo es hellwach zugeht – und dann einfach sagen: Es werde Licht, oder: Es werde Meer, es werde Welle, Wind, es werde Musik, oder aber auch: Es werde Mord, es werde Habgier, Haß, Umsturz. Oder auch: Es werde Gnade, Reue, Liebe, Verzeihung.

Es ist schwer wie ein Erwachsenenspiel. Fast wie die Abschaffung der Welt. Alles vergessen. Alles abwerfen. Aufs Meer hinaus in einer Nußschale, und nur einen Mantel, einen Stock und ein Buch retten. Und ein Kind. Und dann nur mit ein paar Gedanken, ein paar Wünschen, ein paar Sprüchen, dem Heben des Mantels, dem Zucken des Stockes, mit dem Buch eine neue Erde schaffen: dort draußen, in der großen Leere, wo sich die großen Träumer und die großen Verzweifelten treffen. Und an dem Punkt, wo sie sich treffen, dort entsteht ganz von selbst ihr Eiland, wo die Geister nie schlafen, wo Gedanken Musik sind und Musik zu Gedanken wird, wo Vernunft Trance und Trance Vernunft ist. Nun ist Prospero, der Herzog von Mailand, beides zugleich: ein großer Träumer und ein großer Verzweifelter. Der große

Träumer vergrub sich mit seinem Mantel, seinem Stock und seinem Buch oft nächtelang in die Bibliothek oder er schlief unter den lichten Rosenhecken im Schloßpark, ohne ans Unkraut auch nur zu denken, sog den Duft ein von »Schneewittchen«, von »Lichtkönigin Lucia«, von »Feuerwerk« und »Maigold« und »Aschenputtel« und wie seine Rosen alle hießen. Schon in deren Duft lebte er, als baute der Duft ihm Paläste, als steige er auf Parfumskalen auf Zinnen hinauf und schaute in unbekannte, ferne Länder. Prospero konnte sich vorstellen, daß etwas sei, was nicht ist: ein guter Staat, eine gerechte Welt, Güte, Liebe, Erziehung, eine lustige Debatte mit Erd-, Luft-, Wasser- und Feuergeistern. Dies alles war für ihn so sehr vorhanden, daß alles andere für ihn logischerweise verschwinden mußte: die schlechten, lästigen Staatsgeschäfte, die Finanzen, das Heer, die Verwaltung, Kabalen, Intrigen, Geschäfte, die Diplomatie, die Beziehungen zum König von Neapel und dessen Sohn. Also überließ Prospero dies seinem Bruder Antonio. Dieser ergriff die Gelegenheit beim Schopfe, drehte die Herzen aller Geschöpfe um, die Prospero dienten, erfüllte deren Seelen mit Verachtung für den Herzog, war überhaupt »der Efeu, der meinen fürstlichen Stamm verbarg und der mein Lebensgrün mir aussog«, wie Prospero später einmal klagte. Antonio schloß ein Bündnis mit Neapel, bot dessen König an, ihm Tribut zu zahlen, wenn er helfe, Prospero vom Thron zu vertreiben. Und also geschah's.

Und also war Prospero auch ein großer Verzweifelter. Er hatte jetzt nur noch das, von dem er sich vorstellen mußte, daß es etwas sei. Alles andere fehlte ihm: ganz allein, in einer Nußschale, ausgesetzt von seinen Feinden, allein mit seiner dreijährigen Tochter Miranda, seinem Buch, seinem Mantel, seinem Stab. So wurde

Prospero reif für die Insel, die er nun aus einem Traum, einem Schlaf, einem Gedanken zaubern mußte, so daß das, was nur für ihn vorhanden war, nun auch Wirklichkeit wurde. Und so wurde Wirklichkeit, was in Wirklichkeit nicht ist: Prosperos Eiland. Die schönste Insel der Welt, im Luftreich nahe dem Wasser zwischen Neapel und Tunis gelegen. Doch da die Insel aus einem Traum, einem Gedanken, einem Schlaf Prosperos heraus geschaffen wurde, die Insel, auf die er sich aus Todes- und Seenot rettete, war sie nicht unbelebt. Es herrschten dort die Ungeheuer, die Geister, die Gespenster, die Hexen und Untiere, die auch in den Träumen, im Schlaf und in den Gedanken hausen. Die Hexe Sycorax zum Beispiel, die dicke, geile, wüste Frau, fett, glänzend und schmutzig, ganz Körper, ganz Sinnlichkeit, die aus Afrika hierher kam, aus Algier, wo man sie wegen »unzähliger Frevel, Zauberkünsten, für die das Ohr zu zart ist«, fortgejagt hatte. Sycorax ist die Frau, vor der ein Mann wie Prospero Angst gehabt hat sein Leben lang, seit seine Mutter ihm von bösen Frauen abends vor dem Einschlafen erzählte. Also erledigt er sie auf seinem Eiland. Sycorax hat den Luftgeist Ariel, das ganz körperlose, unsinnliche, reine und lustfreie Wesen, in eine gespaltene Eiche gezwängt, weil Ariel ihrem Fleisch und ihrer Geilheit nicht zu Willen sein mochte. Dann starb Sycorax und ließ Ariel in der Eiche eingeklemmt zurück, der so stöhnte vor Schmerz, daß es »die Wölfe heulen ließ, ja selbst ins Herz drang / Den nie gezähmten Bären. Eine Qual war's. Wie für Verdammte«. Zurück ließ Sycorax auch Caliban, ihren Sohn, ein Wesen, halb Tier, halb Mensch, einen Wechselbalg, eine Spottgeburt aus Dreck und Ungeheuer, die im Schlamm wühlte und keinen Laut herausbrachte als ein Knurren und Stammeln.

Als Prospero seine Insel betrat, fand er ein körperloses und ein körperhaftes Wesen vor, zwei wirkliche Geschöpfe seines Kopfes, seines Schlafs und seiner Träume. Das körperlose befreite er aus seinem Zwang in der Eiche, das körperhafte stellte er unter seinen Zwang, gab ihm Sprache, Nahrung, Kleidung, Witz und Ton, streichelte und verwöhnte es, gab ihm Beerenwasser zu trinken, lehrte es, »wie das große Licht heißt / Und wie das kleine, welche immer leuchten / Bei Tag und Nacht«. Und das Untier im Halbmenschen oder der Halbmensch im Untier zeigte Prospero alles Gute auf der Insel: Quellen, Salzgruben, Ackerland, Ödland. Und Prospero und seine Geschöpfe lebten so lange in Frieden, bis das Körperwesen, bis Caliban mit knurrendem Geifer über die reif gewordene Miranda herfallen wollte, »um die Insel mit Calibans zu bevölkern«. Da verbannte Prospero den Caliban in eine Höhle. Dort saß er fest, starrte aber mit brennenden Augen tagsüber hinaus, voller Haß auf Prospero, voller Lust auf Miranda, voller Angst, wenn er Töne, süße Melodien, hohes Zirpen und Zupfen in der Luft hörte, sehrende Klänge, die Prospero aus Geisterharfen ertönen ließ – bis Prospero ihm Igel in der Nacht in die Höhle zauberte, wo sie sich an Caliban rieben, ihn zwackten, ihn stachen, »ärger als Bienen, die die Waben machen«. So wurde das Eiland, das ganz aus dem Nichts des Stoffes, aus dem die Träume sind, entstand, nun nicht nichts. Es bewahrte auf, was Träume auch aufbewahren. Denn Träume sind ja auch nicht nichts. Man kann in ihnen lesen wie in Büchern, deren Schrift man kennt, aber nicht versteht, die einen jedoch anspringen kann, als seien die Buchstaben wilde Tiere.

Miranda wuchs heran, lernte Lesen, Schreiben, Rechnen, und wenn sie irgend etwas fragte, versetzte Prospero sie in einen tiefen Schlaf. Und er selbst schlief auch

viel und träumte unaufhörlich: So hielt er sich und
sein Eiland am Leben und in der Wirklichkeit. Bis eines
Tages, nach einer besonders bösen Nacht, in der alles
heulte und schrie auf der Insel, und es schien, als wolle
das Eiland in einem riesengroßen Wasserwirbel in der
See verschwinden, Prospero seinen Bruder Antonio in
den Kopf bekam, dazu dessen Spießgesellen Sebastian,
den Bruder des Königs von Neapel, mit dem zusammen damals Antonio den Thronsturz Prosperos gefingert
hatte. Auch den neapolitanischen König selbst, Alonso,
dessen Sohn Ferdinand, Herren seines Hofs und den
alten, treuen Gonzalo, Rats- und Kammerherr in Mailand, zwang sich Prospero in einem wunderbar grausamen Gedanken, einem furchtbaren Traum, einem
Traumtheater herbei: Und sie kamen wirklich, auf einem
Schiff. Prosperos Geister entfesselten einen Sturm, wie
ihn das Mittelmeer noch nie erlebt hatte. Auf dem neapolitanischen Staatsschiff kotzte man sich die Seelen
aus den Leibern, die Matrosen fluchten, niemand betete,
alle wurden in Grüppchen an den Strand von Prosperos
Insel gespült. Jedes Grüppchen hielt das andere für tot,
untergangen, ersoffen.

Was nun beginnt, ist ein Übertritt. Denn jeder, der
die Insel betritt, überschreitet die Grenze zu Prosperos
Gedanken, Prosperos Schlaf und Prosperos Träumen. Es
ist, als betrete er Prosperos Kopf. Niemand, der dies
wagt oder gezwungen ist zu wagen, erlebt etwas anderes,
als was in Prosperos Kopf schon lauert. Es wird nur losgetreten. Es ist ein Abenteuer für beide Seiten: für den
Kopf und für seine Besucher. Ferdinand, der Sohn des
Königs von Neapel, taumelt herein, jung, schön und
verwirrt und fällt in Liebe zu Miranda, hackt Holz,
hält sich rein, spricht verzückt und verspricht hoch
und heilig, erst nach der Hochzeit mit dem Mädchen zu

schlafen. Ferdinand läßt sich ganz aus der Welt fallen, aus der er kommt. Er stürzt in eine neue Welt hinein, die nur aus diesem einen Mädchen besteht: Zu zweit bilden sie die ersten Menschen eines neuen Kontinents, der nur aus einem Versprechen besteht, das nur in der alten Welt einen Wert dargestellt hätte. Denn Verheiratetsein oder Nichtverheiratetsein spielen keine Rolle auf diesem Eiland. Wer sollte hier eine Hochzeit beurkunden? Eine Liebe im süßen Leeren.

Der König und Gonzalo fallen am Strand in Schlaf, eingelullt von Musik, die von den Geistern kommt, denen Prosperos Kopf befiehlt. Antonio, der böse Bruder Prosperos, falscher Herzog von Mailand, und Sebastian, der böse Bruder des Königs, zücken die Degen, schwärmen von Mord, von Gier und Macht, und: Machen wir's genauso wie damals mit Prospero! Stürzen wir mit einem Stich den König von Neapel und setzen Sebastian an seine Stelle! Dann, Waffenbruder, soll's uns wohlergehen hier auf Erden, denn: »Gewissen, Freund – wo sitzt das?« Da es auf dieser Insel aber keinen Thron, keinen König, keine Herrschaft gibt, nur Schlaf, Traum und Kopftheater, starren der König und Gonzalo, als Kopfgeister sie aufwecken, in gezückte Degen, in verblüffte Augen, auf gelähmte Körper. Ein Staatsstreich im Leeren.

Trinculo und Stephano, der Hofnarr und der Kammerdiener des Königs, sind mit einem Faß Wein auf der Insel gelandet. Caliban hält den Wein für eine Himmelarznei, die beiden für Könige, denen er die Füße leckt, wenn sie ihm versprechen, Prospero im Schlaf zu ermorden, ihm einen Nagel ins Hirn zu schlagen. Caliban ist der einzige, der den genauen Ort weiß, von wo dies alles herkommt, sein Elend, sein Dasein, die Igel, die ihn zwacken, die Lüste, die ihn plagen, aber auch die

süßen, schönen Worte, die er weiß und mit denen er
die Welt benennt, die wunderbaren Töne, die Lieder, die
Klänge, den Zauber, die Liebe, das Mädchen, den Wein,
den Himmel, die Sonne, den Mond: es ist Prosperos
Kopf. Ein Nagel, in Prosperos Stirn gehauen, würde
alle Wunder und alle Schrecken, alle Anmut und alles
Ungewitter auf einen Schlag vernichten. Caliban wäre
erlöst. Und Prospero ja vielleicht auch. Aber es liegen,
hingestreut von Prospero, herrliche Königsklamotten,
brokatene Gewänder, Purpur und Seide auf dem Weg.
Stephano kleidet sich als König heraus und ohrfeigt
Trinculo, Caliban heult. Besoffen vom Wein, beschwert
von den Kleidern, geleitet von Geistern und Elfen, fallen
die drei in die Jauchegrube hinter Prosperos Hütte –
offenbar braucht auch die Kopf- und Traumwelt ihren
Abort. Derweil locken köstliche Speisen die taumelnde
gestrandete Hofgesellschaft, die, kaum will sie an reich
gedeckten Tischen mitten im Strandgras Platz nehmen,
von Harpyien mit Leichengestank umnebelt wird,
während die Speisen im Nichts verschwimmen. Dann
wieder Töne, Stimmen: König, dein ertrunkener Sohn!
König, der du den Prospero einst verjagtest, den guten
Prospero! König, der du ein Verbrecher bist! Der König
legt sich mit blinzelnden Augen, dampfendem Hirn
und melancholischem Gemüt nieder, müd' bis auf den
Tod, leergelaufen von Hoffnungen, Wünschen, Furcht;
umgaukelt von Schreckensbildern und Wahnvorstellungen. Jeder Zoll ein König, wie ihn sich ein Kopf
ausdenken und erträumen mag, der sich frei von Königen fühlt.

Es ist Prosperos Kopf, eines Mannes, der nur noch
seinen Stock, sein Buch, seinen Mantel hat und damit
zaubert. Es ist aber auch Shakespeares Kopf, der 1611,
siebenundvierzig Jahre alt, fast am Ende angekommen,

in seinem letzten Stück, bevor er sich aufs Land nach Stratford zu seinen Gütern, seinen Geschäften zurückzieht, einen König völlig erschöpft auf etwas warten läßt, was alle die anderen Könige in seinen Königsdramen nie erwarten durften: Gnade und Erlösung. Auf Könige wartete bisher immer der Tod auf Shakespeares kahlem Theater ohne Vorhang und Maschinen, im Globe Theatre an der Londoner South Bank, einer Gegend, wo die Prostituierten sich feilboten und der Bärenzwinger war. Shakespeare war ein brillanter Königsmörder im Dienste des Königs Jakob I., zuvor der Königin Elisabeth I. Nun aber, da aus Italien und Frankreich ein neues Theater nach London herüberkam, in dem Geister und Zauberer den Ton angaben, in dem Effekte herrschten, in dem Maschinen im Hintergrund wirkten, an denen Sonnen und Monde aufgingen, Feuerwerke blitzten und mit denen Illusionen genährt wurden, jetzt rettete Shakespeare sein ganzes Theater noch einmal in den Zauberkasten hinein, aus dem es kein Entkommen zu den Maschinen und Apparaten gab, der aber jede Maschine und jeden Apparat leicht übertrumpfte: den Kopf, die Phantasie. Die letzte Vorstellung von etwas Überwältigendem, das nun auch Könige überwältigen und bezaubern durfte; was früher höchstens hie und da von ihnen ausging, sie selbst aber nie betraf: Gnade.

Auf König Alonso und seinen Hof wartet zunächst der tiefe, dunkle, schwarze Schlaf, die traumlose Narkose. Prospero unterzieht sie bei geschlossenen Leibern einer Operation. Er durchleuchtet ihre Köpfe und entdeckt, daß sie das an Wünschen, Begierden, Abgründen, Verbrechen auf seine Insel geschmuggelt haben, was sein Kopf nie ganz schaffte, von der Insel zu vertreiben. Prospero schaute in Spiegel, wenn er in ihre Köpfe schaute. Die neue Welt ist die alte. Hätte Prospero nicht

den Stock, das Buch, den Mantel gehabt, er hätte verzweifeln müssen. So weckt er sie lieber auf, bringt sie
dazu, ihre Verbrechen zu gestehen, zitiert die Jauchen-
könige und Staatsstreichclowns Trinculo, Stephano und
Caliban herbei, vor denen jeder die Nase rümpft, entläßt
Ariel aus seinen Diensten, erhält selbst sein Herzog-
tum wieder zurück, Ferdinand wird Miranda heiraten,
Mailand soll mit Neapel durch Liebe, nicht durch
Intrige verbunden sein. Jede Komödie braucht den
guten Ausgang. Der gute Ausgang in einer Komödie,
die der Traum, der Gedanke, der Schlaf in Gang gesetzt
hat, ist auch nur ein Traum, der den Traum beobachtet,
wie er träumt – und darüber in ein Gelächter ausbricht,
das den Himmel lächeln und die Hölle schmunzeln
macht.

Das gesunkene Schiff samt Mannschaft ist unversehrt
und trocken wieder vorhanden, und auch die Zeit, die
seit dem Sturm vergangen schien, ist angehalten und
aufgehoben. Alles war nur das Spiel, die Phantasie, der
Traumstoff einer Nicht-Sekunde. Es ist diese zeitlose
Sekunde, die allein Gott gehört. Indem Prospero allen
verzeiht und allen vergibt, teilt er Gnade aus. Gnade ist
kostenlos. Sie hat keinen Preis, sie ist ein Geschenk. Sie
kann nicht verdient, nur gewährt werden. Deshalb ist
sie so groß. Sie kommt außer den Königen nur eigentlich Gott zu. Indem Prospero Gott spielt, hat er es sich
wieder kinderleicht gemacht. Das, was nicht ist und
nur vorhanden ist, weil es für ihn vorhanden ist, hat nun
den höchsten, den letzten Grad erreicht.

Er versenkt den Stock klaftertief im Meer, begräbt das
Buch, legt den Mantel ab. Er fährt mit nach Mailand,
»dort soll jeder dritte Gedanke gelten meinem Grab«.
Die Rosenstöcke im Schloßgarten warten schon. Und
in der Bibliothek, in der dies eine Buch nun für immer

fehlen wird, aus dem eine ganze Welt zu zaubern war, steht an der Stelle, wo früher dies Buch stand, zwischen all den Büchern, die mit dem Buchstaben »I« zu tun haben, dort also, wo ehedem »Insel« stand, steht jetzt, wo »Irma« stehen könnte, ein gläserner, schmaler Schuh. Wem er paßt, der kann durch Türen gehen, die verschlossen sind. Prospero fährt leicht mit dem Zeigefinger über den gläsernen Spann, lächelt und denkt an sein Grab unter Rosensträuchern. »Aschenputtel«, denkt er, hat eine wunderschöne, leuchtende Farbe, glutviolett, braucht aber viel Wasser. Man nennt sie auch »Die wahre Braut«. Und sie riecht so gut.

XXXIII.

Feenbad im Mondschein

ines Tages, früh in der Morgendämmerung, war Aschenputtel gerade vor dem Aschenkasten am Herd ein wenig eingenickt. Es träumte, es sei auf einer wunderschönen Insel, die voller Rosenduft und Wohlklang, süßen Liedern und hellen Tönen war, von einer Gesellschaft von Zauberern, Prinzen und Höflingen wie eine Königin empfangen worden. In diesem Moment erwachte es mit einem Ruckediguh und sah vor sich, zart an den Aschenkasten gelehnt, einen gläsernen Schuh. Von draußen vor der Tür hörte Aschenputtel noch ein böses, giftiges, verzweifeltes Knurren, als kriege eine Hundeschnauze vor lauter Geifer und Krampf die Beißladen nicht mehr auseinander, aber es hörte auch einen hellen silbernen Ton – und es ahnte sofort: Aha, der tollwütige Hund und die Fee. Beide gehören zusammen. Das wußte Aschenputtel schon lange. Denn es lebte in Budapest im Jahre 1924.

Es war Wirtschaftskrise. In ganz Budapest gab es ungefähr zweitausend Pengö, und die gab jeden Abend jemand anderer aus. Man hätte es auch ein Wirtschaftswunder nennen können. Niemand hatte Geld, aber alle lebten gut, vor allem die Zimmerherrn, denen Aschenputtel aufwarten mußte mit Bettenmachen, Rockausziehen, Schnitzel- und Suppe- und Mehlspeis-Servieren. Kein Zimmerherr zahlte, aber alle wurden fett und gingen mit der Zimmerherrin Adele ins Bett, der eine,

Herr Sipos, einmal die Woche, und das schon seit Jahren, der andere, Herr Kaiser, jede Nacht außer der einen, wo Herr Sipos dran war.

Aschenputtel war furchtbar unglücklich, denn es liebte den Herrn Sipos bis zum Wahnsinn, aber dieser machte Tomaten- und Spinatflecken in seine Serviette, legte sich jeden Sonntag punkt zwei Uhr in sein Bett und schaute Aschenputtel nie an. Sie küßte die Gläser, aus denen er trank, schüttelte das Kopfkissen auf, in das er sein Haupt bettete, und bedachte es mit beschwörenden Formeln, damit das Kopfkissen ihm im Schlaf zuflüsterte: Aschenputtel liebt dich, du böser, guter Mann!, streichelte das Messer und die Gabel, mit denen Herr Sipos aß. Nichts half. Aschenputtel blieb nur die Dichtung. Also dichtete es: »Ach, ich bin ja so verloren, / Nimmer schaut er mich recht an. / Und ich wär so gern erkoren / Von dem bösen, schönen Mann.« Aber es half nichts. Ihm blieb auch noch das Theater. Jeden Abend ging es im Staatstheater Budapest in die Klassiker, jeden Abend schaute es Shakespeare, den es »Schepskir« nannte und für den schönsten Vornamen der Welt hielt (Nachname: »Zyklus«). Vor allem liebte es das Stück, worin ein Wink mit der Hand genügt, und alle fallen in Schlaf oder werden selig oder finden zueinander, und ein Luftgeist richtet alles nach Befehl jenes wunderbaren Herrn, der seine Macht aus Büchern und die zauberische Insel zu seinem Reich gemacht hat. Aschenputtel sehnte sich nach einer Fee, die ihm das Zauberbuch aus der Bibliothek dieses Herrn stehlen würde. Aber jetzt, in der Morgendämmerung, in der es schon längst am Herde stehen und Kaffee kochen sollte für Herrn Sipos, lag plötzlich der gläserne Pantoffel vor ihm. Und Aschenputtel spürte sofort die magische Kraft des Schuhs.

Es sah an sich hinunter, auf ihren nackten Fuß, den leichte Ascheflöckchen und auch ein paar Hühneraugen zierten, und dichtete, wie es seine Art war: »Armes, kleines Fußerl, / Wie schön ist dein Rist, / Es rauschen die Wellen der Donau, / Und dich hat noch niemand geküßt.« So schön hatte Aschenputtel noch nie gedichtet, noch nie von seinem Körper, von seinem Herzen so weit weg in die Landschaft hinaus gefunden, die Wellen der Donau mit dem Fußrist verbunden, die Spannung im Spann so hochgetrieben. Es mußte etwas mit ihm passiert sein. Und es passierte wirklich etwas: Aschenputtel gab sich einen Namen, erinnerte sich daran, daß es nicht immer Aschenputtel war. »Ich heiße Irma«, behauptete es jetzt stolz. Als Irma wollte sie mit dem gläsernen Pantoffel Wunder wirken wie der Herr in »Schepskirs« Stück auf der Insel.

Also gab es die Fee wirklich. Aber Irma wußte auch, es gab die Fee nicht umsonst. Da sie so viel ins Theater ging, sah sie nicht nur »Schepskir«, sondern hie und da auch Stücke von Ferdinand Raimund, der hundert Jahre vor ihr gelebt hatte und in seinem Zaubermärchen *Der Bauer als Millionär* eine Fee auftreten läßt, die alle Menschen reich und glücklich und zufrieden macht, wenn sie nur recht arm sein wollen: je tiefer hinein in die Asche, desto besser. Aschenputtel merkte als gute Theatergängerin den Stücken des Herrn Raimund an, welch große Angst Herr Raimund vor der Welt hatte, wie er sich unterm Schutz der Fee in der Asche verkroch, damit das Rasen und Tosen und Rennen draußen gnädiger an ihm vorübergehe. Außerdem hatte sich Herr Raimund in den Mund geschossen, nachdem ihn ein Hund gebissen hatte, von dem er annahm, er sei tollwütig. Danach lebte Raimund noch ein paar Tage unter wütenden Schmerzen, die jede Tollwut übertrafen. Irma

wußte: Wer eine Fee nötig hat, muß auch immer mit
dem tollwütigen Hund rechnen. Das Glück von oben
war nur mit der Pein und der Panik von innen zu haben.

Fee und Hund waren jetzt offenbar von Wien nach
Budapest gewandert, von einem Stück Herrn Raimunds
zu einem Stück von Ferenc Molnár, einem monokel-
tragenden, witzigen, grundgescheiten Herrn, der von
1878 bis 1952 lebte, je ein Hotelzimmer in Budapest,
Wien, Nizza, Karlsbad und Venedig gemietet hatte, was
er seine »Fünfzimmerwohnung« nannte, unaufhörlich
Anekdoten erzählte und eigentlich nur in Anekdoten
lebte, in viele Frauen verliebt war, seine Stücke meistens
in Kaffeehäusern schrieb, viel Geld verdiente mit seinen
Komödien, die er ungefähr von 1907 bis 1929 verfaßte,
vor den Nazis nach New York floh, wo er bis zu seinem
Tod das Hotelzimmer ungern verließ. Er arbeitete vor-
züglich nachts. Er dichtete, auch wenn er den Himmel
dramatisierte, in den sein »Hutschenschleuderer« *Liliom*
hineinmußte, Innenräume. Das Außen war ihm lachhaft. Die ganze trostlose Außen-Gesellschaft um ihn
herum: Jahrmarktshallodris, Barone, Offiziere, Stuben-
mädchen, Dichter, Komponisten, Leibgardisten setzte
er auf ein sich schnell drehendes Karussell. Dort ließ er
sie ein wenig schwindeln vor Liebe, Sein, Schein und
Schäbigkeit. Molnár war ein genialer Karussellbremser:
Er schubste sie mit einem Kniff, einem Ruck, mit irgend
etwas Wunderbarem, Seligem, einer Himmelfahrt, einer
Verkleidung, einer Täuschung, einem Witz oder einer
kleinen Wahrheit wieder ins Glück zurück, das allein in
ihnen selbst liegen mußte: eine ungeheuerliche Anforde-
rung. Und dort, im Glück in ihnen selbst, kamen ihnen
dann ein wenig die Tränen. Zierliche Monster: von der
Komödie gerichtet und gerettet. Alle vom Hund gebissen, alle von der Fee berührt.

Im Lustspiel *Der gläserne Pantoffel* springt Aschenputtel als Irma vom Aschenkasten und vom Herd auf in der Morgendämmerung, läßt sich die ersten Sonnenstrahlen um die Nase tanzen und schlüpft in den gläsernen Pantoffel. Er paßt wie angegossen. Im Märchen vom *Aschenputtel* sucht ein Prinz die richtige Frau, die wahre Braut, der ein von wunderbaren Mächten gewährter Pantoffel passen muß, den sie beim Tanzen auf seinem Schloß verlor. Ihre bösen Schwestern schneiden sich Zehen und Fersen ab, um ihr Füßchen in den Schuh hineinzupressen, aber die feenartigen Täubchen im Wunschbäumchen droben gurren den Befund: »Ruckediguh, Blut ist im Schuh«, und der Prinz wirft alle Weiber hochkant aus der Hochzeitskutsche, bis Aschenputtel kommt und die Schuhprobe besteht. Im *Gläsernen Pantoffel* ist es umgekehrt. Hier sucht die von der wunderbaren Fee berührte und vom tollen Hund gebissene Prinzessin den zum Pantoffel passenden Prinzen. Das heißt: Sie sucht ihn nicht. Sie treibt ihn sich zu, bis er sie als die wahre Braut erkennt.

Irma hat das Märchen und den tollen Hund im Hirn. Irma ist zwar »ein bißchen schwach im Kopf«, weiß aber viel. Und sie tut Dinge, die niemand sonst macht – außer den Feen, die so etwas immer machen. Sie rennt in den Hof, badet nächtelang nackt im Regenfaß, legt sich kleine Katzen an die Brustwarzen, als ob es kleine Babys wären, hängt pfundweise bunte Bänder in ihren Kleiderschrank, schleppt den kleinen blöden Sohn des Hausmeisterehepaares dauernd auf ihrem Rücken mit sich herum, nennt ihn »Lilly« und behandelt ihn wie ein kleines, süßes Mädchen. Das ganze Haus, die halbe Stadt spricht darüber. Sie stört das normale Leben. Das bedeutet: Sie verzaubert es, verwandelt es, zersetzt es. Irma ist wie eine Mischung aus

Zeitbombe und Verheißung. Eine Himmelsmacht mit Höllenmitteln.

Zwar sind die Spinat- und die Tomatenflecken auf den Servietten des Herrn Sipos immer noch gleichmäßig verteilt. Aber der Herr Sipos, der sonst immer seine absolut geregelte Ordnung braucht, in der jedes Rockausziehen, jedes Zeitungbringen, jedes Suppeservieren im Rhythmus des Eins-zwei-drei-zack!-zack!-Kasernenhoftons sich ereignet, der Mann Sipos, der pünktlich auf die Sekunde die Krawatte zum Essen ablegt, pünktlich immer mittwochs sich zum Beischlaf mit der Zimmerwirtin Adele bereithält, der Möbelzeichner Sipos, der Messer und Gabel exakt im Winkel von neunzig Grad zur Tischkante neben seinen Teller plaziert sehen möchte und sein ganzes Leben als einen einzigen geplanten Entwurf betrachtet, der achtundvierzigjährige Sipos, vielleicht von Haarausfall, womöglich von beginnender Impotenz geplagt, der nie mehr geglaubt hatte, daß in seinem Dasein irgend etwas Nennenswertes passiere, dieses kleine, schmale, schlecht aus dem Munde riechende Nichts, sieht sich plötzlich strahlenden Augen gegenüber. Er schaut auf ein Mädchen, das vor ihm tanzt, sich in Schlangenbewegungen auf ihn zubewegt, ihm das Schnitzel serviert, als bringe es ihm die heilige Kommunion, das seine blödsinnigen Sätze über die Vorausberechenbarkeit der Magensäfte als höhere Offenbarung begrüßt und ihn anblinzelt, als wolle es ihn mit Blicken ganz und gar verschlingen. Er rennt vom Tisch weg, steckt die Hand in die Waschkanne, klemmt den Finger in die Tischschublade und erlebt eine Explosion an Poesie: Ihren wunderbaren, idealen Piloten, ihren Prinzen, ihren vom Himmel herabgekommenen Meteor nennt Irma ihn. Auf Knien rutscht sie zu ihm hin. Ihm wird schwül. Denn er spürt die Fee und den tollen

Hund, wehrt sich gegen die Verwandlung, die allein der Kopf eines Mädchens in ihm und mit ihm anrichten möchte. Er gerät in Panik.

Hätte er früher schon Augen gehabt, hätte er früher begriffen. Aber auch jetzt hat er noch keine richtigen Augen. Er schaut in eine Schatztruhe hinein und glaubt, sie sei ein Abgrund. Hätte er früher schon Ohren gehabt, hätte er im Nebenzimmer hie und da Adele und Herrn Kaiser stöhnen hören können. Aber solange die Topfblumen in den Fensternischen, die Siphonflaschen im Eiskübel, die Suppenteller auf dem Tisch standen und Adele für ihn mittwochs im Bett parat lag, wollten ihm Hören und Sehen nie vergehen. Aber nun, da Irma einmal nackt im Hof gebadet hat, will Adele plötzlich den frechen, jungen Herrn Kaiser, den Beau mit dem ondulierten Haar und dem unwiderstehlichen Kußmund, den sie wahrhaft liebt, nicht heiraten, eben weil sie ihn liebt. Denn Adele hat plötzlich, denkt sie an Nacktheit und Mondschein und Feen und tolle Hunde, Angst vor der Liebe. Mehr Angst noch hat sie vor dem Verlust der Liebe und vorm Verlassenwerden. Ihren Mund an seinem Mund flüstert sie ihm mit wundgebissenen (ha!) Lippen zu: Scheißkerl! ich hasse dich! und »Tut's sehr weh?« Außerdem ist sie schon achtunddreißig. In solchen Flüstermomenten, solchen kleinen Lippenbewegungen, liegt auf dem Gesicht von so einer kleinen, verblühenden, harschen, gierig süßen Figur wie Adele der halbe Abglanz der Angst der Budapester bürgerlichen Menschheit vor der Zukunft. Aber Irma hat zugehört, Irma hat gelauscht. Außerdem ist Irma unberührt von Wirtschaft, Gesellschaft, Zukunft, Bürgertum, denn Irma steht unter dem Schutz der Fee – und der tolle Hund in ihr flüstert ihr zu: Verdirb alle andere Liebe, genieße nur deine Liebe! Vernichte die falschen

Bräute! Sei die wahre Braut! In solchen Momenten der Liebesbosheit liegt auf dem Gesicht der glühenden, wartenden, gierig wilden, großen Figur der Irma der halbe Abglanz des Wirbels und des Krisenglücksrittertums der Budapester Menschheit und der Menschheit überhaupt: Unglücksgewinnlerin aus unglücklichem Herzen mit überglücklichem Hirn.

Mit Herrn Kaiser tanzt Adele Eiertänze um den heißen Brei herum, und einer davon endet fast wieder im Bett – sogar noch im zufällig bereitstehenden Bett des Herrn Sipos. Adele jedoch wird Herrn Sipos heiraten, weil sie ihn haßt und bei ihm nichts mehr zu verlieren hat. Das sagt sie ihm auch, und sie beichtet ihm die Liebe zu Kaiser, verschweigt ihm aber Kaisers Liebe zu ihr und sagt Herrn Sipos sogar die Wahrheit: daß sie Angst vor der Liebe zu Kaiser habe und daß sie vor dieser Liebe nur die Heirat mit Sipos rette. Sipos nimmt die Hacken zusammen und sagt »Ja«. In solchen Momenten des Liebes-Spiels mit lieblosen Inhalten, die in starren Formen gerade noch im labilen Lot gehalten werden, liegt auf den verzweifelten Figuren des Herrn Sipos und der Frau Adele ein Viertelsabglanz der ganzen Verzweiflung einer Gesellschaft, die nicht mehr aus noch ein weiß und sich an die Strohhalme klammert, die im trüben Abseits wachsen: die Eingangsbinsen zur Ehehölle.

Das Glück der von der Fee berührten Komödie aber besteht auch darin, daß die Tollwut alles zerstört, also heilt, auch eine falsche Ehe. Es wird schwül und schwüler. Ein Gewitter müßte kommen. Aber Irma hat vorerst nur Blitze ins Hirn des Sipos geschleudert, als sie ihm andeutete, daß Herr Kaiser ihm Adele »weggeliebt« habe und daß er in Amerika, in Afrika, in Europa und in Asien nur noch sie als einzigen Menschen habe, auf den er sich verlassen könne. Damit schläft

Herr Sipos ein auf dem Kopfkissen, das Irma ihm verzaubert hat. Dann steigen die Temperaturen von selber.
Lampions brennen, der Himmel glüht, der Wein fließt
in Strömen, der Fotograf trägt eine chinesische Arie
vor. Adele im weißen Brautkleid, Sipos im Frack, die
Schwiegermutter im Kaffeerausch, der Pfarrer im Deli-
rium, das hungrige Hausmeisterehepaar im Zorn: eine
Hochzeitsgesellschaft auf dem nassen Pulverfaß. Irma,
voll von Branntwein, läßt den Funken fliegen. Mitten in
die singenden, tanzenden, dummen Reden und unsäg-
lichen Gedichten gelangweilt folgenden Leute schreit
sie hinein, daß Herr Kaiser dem Herrn Sipos »die Adele
weggeliebt hat« und nennt Ort, Umstände und Zeit
der vorehelichen Seitensprünge. Mühsam halten die
Formen. Sipos tanzt auf Befehl Adeles lächelnd mit
ihr einen traurigen langsamen Walzer. Es donnert. Es
blitzt. Es gießt in Strömen. Die Natur gibt das Zeichen
zur Aufweichung der Gesellschaft. Irma ist erst ruhig,
als Sipos ihr drei Küsse verspricht – und sie ihr gibt. Sie
meint, es seien Milliarden von Küssen gewesen. Die Fee
in ihrem Hirn hat multipliziert. Sie wird unruhig, als
Sipos ihr prophezeit, wenn sie so weitermache, werde
sie im Hurenhaus landen. Da lacht der tolle Hund im
Hirn von Irma: Er hat intrigiert – und die Fee in ihrem
Herzen gibt ihren Segen dazu. Den gläsernen Pantoffel
gibt sie nun aus der Hand. Sie läßt ihn auf der Hochzeitstafel liegen. Sipos muß ihn finden und ihn ihr
nachtragen. Die Prinzessin sucht nicht mehr. Jetzt muß
der Prinz sie finden. Und sei er noch so lächerlich. Jetzt
hat sie ihn so gut wie am Faden. Je schmutziger dieser
Faden noch wird, desto sauberer wird sie Herrn Sipos
damit einwickeln.

Denn sie besorgt sich ein Hurenkleid, einen Huren-
hut, Hurenschuhe und verschafft sich Eintritt in ein

Hurenhaus, wo sie vom Polizeiarzt erwischt und der Polizei überstellt wird. Sie spielt die Karriere nach, die ihr Sipos vorhergesagt hat, und erfüllt damit ein Schreckensbild von ihm, das zum Wunschbild werden soll. Als Hure hat er sie verwünscht, als er sie küßte. Als Heilige, Jungfrau nach wie vor, aus der Hure gepellt sozusagen, soll er sie sich wünschen, am nächsten Morgen, als die ganze Hochzeitsgesellschaft vor den Polizeirat gebeten wird und alles sich löst. Sipos wird Adele verlassen, Adele wird Herrn Kaiser im Zimmer von Sipos einquartieren, wo sie aufs Vergehen der Liebe und aufs Verleben des Lebens warten wird, bis der junge Stenz Kaiser einer anderen erliegt. Sipos wird seiner Irma den gläsernen Pantoffel anziehen. Er paßt ihr. Dabei müßte eigentlich er sich diesen Schuh anziehen. Denn der blöde Prinz wurde sturmreif geliebt von einer glücklichen Prinzessin, die aus der Asche kam, in der sie etwas Durchsichtiges fand.

Die Fee und ihr Hund haben ganze Arbeit geleistet. Das Wunder ist vollbracht, der Zauber hat gewirkt. Die Liebe ist ein Märchen. Sipos wird von nun an viel baden müssen, nackt im Zuber im Hof unterm Mondlicht. Irma wird ihn so lange abrubbeln, bis er ganz in ihrem Kopf verschwunden ist, vollkommen verwandelt in einen Gedanken. Und da hat der dumme Herr Sipos wahrscheinlich noch großes Glück gehabt. Wer einmal im Kopf eines anderen sitzt, kommt da nicht mehr heraus, gejagt vom Hirn im Hund, immer im Kreis herum. So wirkt die Liebe. Sie rettet beide: den Kopf und den Geliebten, egal ob er schön oder dumm ist. Bis daß der Tod sie scheidet. Oder einer von beiden verrückt wird. Denn der Hund höret nimmer auf.

XXXIV.
Wechselbad
im Dschungel

s war dieses Bellen, dieses Keuchen, die-
ses Knurren und Geifern, das ihn fast
wahnsinnig machte. Er fand nächtelang
keinen Schlaf, sah am hellichten Tag
Gespenster, verfiel in Raserei oder in
eine vollkommene Lähmung, wollte nichts als schlafen,
schlafen, immer nur schlafen, durfte aber nicht schlafen:
denn er hatte seine Mutter umgebracht und deren Liebhaber gleich mit. Er hatte das Blutbad, das er anrich-
tete, seinem toten Vater gelobt, an dessen Grab den
Schwur abgelegt, der ihn den Körper der Frau zer-
stückeln ließ, die seine Mutter war, und den Männer-
körper zerhacken hieß, an dem seine Mutter offenbar
so viel Gefallen gefunden hatte, daß sie dem Vater, als er
vom zehnjährigen Krieg in Troja heimkehrte, am ersten
Abend, im Bad, mit dem Beil den Schädel spaltete.
Tot ist nicht tot. Die Toten mischen sich ein, schicken
Boten, Gesandte, Plagegeister. Weil er der Gatten-
mörderin das Leben nahm, verfolgen nun die Furien,
die Rächerinnen, die Töchter der Nacht, hervorgequol-
len aus dem Tartaros, den jungen Mann Orest. Sie treiben ihn von Ort zu Ort, die furchtbaren Drei: Tisiphone,
»die den Mord Rächende« (aber warum hatte sie nicht
den Mord der Mutter am Vater gerächt?), Alekto, »die
Unablässige« (aber warum war sie nur bei ihm so un-
ablässig?) und Megaira, »die Neidische« (aber warum

war sie nur auf ihn neidisch?). Orest hat sich seit Tagen
nicht gewaschen, seit Tagen sein Haar nicht mehr ge-
kämmt, kommt in zerrissenen Kleidern, auf durchgelaufenen Sandalen daher. Und immer wieder treiben sie ihn
nach Argos zurück, auf den Hof der Burg in Mykene,
wo die Blutflecken als große, rostrote Lachen nie zu
trocknen scheinen. Er würde ewig rasen müssen, ewig
nicht schlafen, ewig gepeinigt, ewig auch würde er
nicht sterben dürfen, ewig in den Mythos verbannt: kein
Mann, kein Mensch — nur eine furchtbare Geschichte,
die sich die Menschen der Nachzeit immer wieder erzählen würden, wenn sie Lust darauf bekämen, in Schau-
der zu geraten vor dem, was vor ihnen war. So droht
Orest ohne Zeit zu sein und ohne Gnade, verdammt zur
Zeitlosigkeit.

Da, auf ein Mal, an seinem Ohr ein Lecken und
Lispeln, ein sanfteres Knurren, kein Bellen mehr, höchstens ein hohes Säuseln, zartes Jaulen. Er hört nicht
mehr das ewige »Leide!« im Ohr klingeln. Es ist ihm,
als klinge »Leide!« nun nach »Liebe!«. Als sitze ihm
nun ein netterer Hund im Kopf. Das wird ein Spaziergang, denkt er sich. Aber das denken alle, die in einen
neuen Krieg ziehen. Endlich wieder Luft, Sonne, Licht.
Er kann sich an Vater und Mutter, an Tod und Blut nicht
mehr erinnern und ist froh darüber. Man hatte ihm
offenbar das Gehirn gewaschen. Er fühlt einen leichten
Druck auf seinen Kopf, und als er lächelnd seinen
Schädel betastet, merkt er, daß er eine große, sorgsam
frisierte Perücke trägt, Schnallenschuhe an den Füßen
hat und in Hosen steckt, die über silberweißen, seidenen
Strümpfen unter den Knien geschnürt sind. Auch meint
Orest, man habe sein Leben nun endlich auch einmal
an einen Uhrzeiger gebunden. Er spürt die Zeit wieder
und genießt, wie sie vergeht. Die zeitlosen Furien waren

verschwunden. Er spürt sein Gewissen nicht mehr, hat
sein Seele wieder ganz bei sich, seine Sinne beisammen.

Orest ist aus dem antiken Mythos in einen Pariser
Spiegelsaal des Jahres 1666 versetzt worden, aus der
Welt des Mordens, des Blutes und des Chaos, wo ein
König nicht einmal in der Badewanne sicher war, in die
Sphäre der Ordnung, wo der König jede Leidenschaft
kontrolliert und unterdrückt, wenn sie ihm gefährlich
scheint. Wo strenge Regeln gelten für ein Verhalten der
Wohlgeformtheit und Gesittetheit. Wo jedes Wort an
der Pyramide mitzubauen hat, die auf die Spitze, den
König, zuläuft. Wo die Ordnung der Welt in der Ord-
nung der höfischen Gesellschaft sich zu spiegeln hat,
ob die Welt das nun will oder nicht. Wo jeder Kratzfuß,
jede Verbeugung, jedes Betreten eines Raumes, jeder
Abgang durch eine Tür, jedes Sitzen bei Tisch, jedes
Kredenzen einer Kakaotasse einem Plan folgt, der die
Inszenierung ist, in der diese Gesellschaft aus Herzögen,
Baronen, Grafen, Landadeligen ernst macht mit ihrem
Spiel des Herrschens und Beherrschtwerdens, und in der
ein Glanz, ein Licht nur dazu da ist, so lange zurückgeworfen und gebrochen zu werden, bis sich alle Lichter
in einem Brennpunkt bündeln lassen. Dort, im Zentrum, ist der Platz der Sonne. Und Ludwig XIV. ist
der Sonnenkönig. Die ganze Welt: eine Laterna Magica.
Orest hat keine neidischen Götter mehr über sich, nicht
mehr den alten Fluch der Familie in sich, der den nächsten Mord immer schon im gerade erst vergangenen kei-
men läßt. Orest hat eine Vernunft und einen Staat und
einen diplomatischen Auftrag. Und eine steife Ober-
lippe. Orest scheint gesäubert von individueller Blutschuld. Wenn es irgend eine Blutschuld gibt, dann eine
Blutschuld von Staats wegen. Jedermann im Salon hat
den trojanischen Krieg noch im Kopf, in dem der Vater

*

und der Onkel und die Verbündeten des Orest eine ganze
Stadt dem Erdboden gleichmachten, alles in Schutt und
Asche legten, Frauen, Kinder und Greise abschlachte-
ten: alles ganz sachlich, ganz vernünftig, ganz der Staatsraison gehorchend, mordend sozusagen nach Kabinetts-
beschluß und Aktenlage. Die Furien haben hier ihren
Platz verloren. Orest hört statt ihrer Schreie eine schöne,
strahlende Musik, lauter Trompeten, lauter punktierte
Noten, scharfen Rhythmus, schaut auf schöne Menschen
in hohen, hellen Räumen. Zwar riecht es abscheulich,
säuerlich. Denn niemand in der Gesellschaft wäscht sich.
Das gehört sich nicht. Orest fühlt sich wohl.

Orest war vollkommen verwandelt, aus einem Schläch-
ter in einen Höfling verzaubert worden. Jean Racine,
der siebenundzwanzigjährige abgebrochene Theologie-
student, ein kommender Star am königlichen Drama-
tikerhimmel, hatte Orest so her- und auseinandergenommen und ihn so neu eingekleidet, daß ihn auch
keine Furie mehr erkennen würde. Racine (1619 bis
1699) hatte Oden auf den König gedichtet. Seine erste
Tragödie, *La Thébaide,* wurde vom Theater Molières
uraufgeführt. Nun war Racine zur Konkurrenztruppe
Molières, zur Truppe des Hotel de Bourgogne, übergelaufen und spielte nun Jahr um Jahr sein Spiel, in dem
er unter den Augen des Königs antike Stoffe nahm wie
zum Beispiel im *Britannicus,* in *Mithridate,* in *Iphigénie,*
mit denen er ganz in der gegenwärtigen Welt des Königs
blieb, aber zugleich diese Welt durchschoß: mit gewaltigen Wimpernschlägen der Seelen seiner Figuren,
psychischen Augen-Blicken, die wie Blitze zündeten.
In den besten Fällen hinterließen sie Brandspuren auf
dem glatten Parkett. Racine war ein herrlicher Anarchist
der Gefühle im strengsten, klassischen Gewande. Ein
deutscher Klassiker, Lessing, warf ihm das »kälteste,

wäßrigste, untragischste Zeug« vor. Der Deutsche hatte seine Gefühle gerne unter Kontrolle, wollte die Affekte ausrechnen können in der Bilanz von Furcht und Mitleid. Racine kannte weder Furcht noch Mitleid. Racine führt die Menschen in den Dschungel, in dem der nackte Schrecken in bloßer Schönheit sich verbirgt, sich die Hölle in der Wohlgeformtheit auftut. Mitten im geschlossenen System öffnet Racine einen Abgrund, der Seele heißt.

Kaum sind die Furien verschwunden, kaum ist Orest neu eingekleidet, kaum hat er seinen ersten Kratzfuß geübt, sich wohlgefühlt, nach dem Portefeuille getastet, in dem seine Papiere waren, mit denen er nach Epirus abreisen sollte: Befehl, ein kleines Kind dort abzuholen, den überlebenden Prinzen des letzten trojanischen Herrschers, den man nun auch noch ganz vernünftig aus Gründen der Staatsraison auslöschen will, kaum auch hatte Orest ein paar Tanzschritte geübt und sie der zierlichen kichernden Hofdame vor ihm zur Begutachtung vorgemacht, packte ihn auf dem glatten Parkett plötzlich ein Schwindel. Denn er mußte an die Liebe denken. Die Spiegel an den Wänden, die lauter wohlgeordnete Bilder in tausendfacher Brechung sich zuwarfen, schienen blind zu werden. Er schien wahrzunehmen, wie sie zuwuchsen, überwuchert wurden von fremdartigen, wilden Pflanzen, Lianen, Schlinggewächsen, in denen Irrlichter glühten, die ihm nur einen Weg wiesen: zu Hermione, der Tochter seines Onkels Menelaos. Plötzlich wurde ihm bewußt, daß er sie so sehr liebte, daß er lieber sterben würde, als sie aufzugeben. Niemand war jetzt mehr hinter Orest her – trotzdem raste er los. Hermione war in Epirus. Man hatte sie aus Staats- und Bündnisraison dem Pyrrhus, Sohn des Achill, als Frau angedient. Das sollte die Koalition zwischen den alten

Waffenbruderparteien festigen. Orest war auf einmal Teil einer Geschichte, in der er vom Staat als einer viel größeren Furie gejagt wurde, die im Gewande einer ganz nüchternen politischen Maschine daherkam.

Eine andere Furie war die Liebe, die Hermiones Maske trug. Orest wollte sich in Hermiones Augen verlieren, so lange, bis er in deren Brennpunkt glühend aufgegangen wäre, ein Sonnenkönig in ihrem Kopf: das Liebespaar als Idealstaat. Aber Hermione wiederum raste auf Pyrrhus los, obwohl sie an Pyrrhus verschachert wurde. Aus der kalten, nüchternen Staatsfurie, deren Opfer sie schien, entwickelte sich für Hermione die Liebesfurie. Hermione bettelte um einen Blick, um Einlaß in die Augen des Pyrrhus, wollte sich gerne in ihnen verlieren, sich in ihnen endlos spiegeln, bis sie in deren Brennpunkt verglühen würde: eine Sonnenkönigin seines Kopfes. Das Staatspaar – ein Liebespaar. Ein Irrtum. Denn Pyrrhus selbst rast von Hermione weg.

Griechenland hatte Troja besiegt. Pyrrhus, der Sohn Achills, hatte den Löwenanteil geleistet, schnell, effektiv, perfekt, hatte die Familie Hektors, des trojanischen Oberbefehlshabers, ausgelöscht, hatte bis auf Hektors Frau Andromache und deren kleinen Sohn Astyanax alle niedergemacht. Daß Andromache in Todespein ihm ein beliebiges, fremdes kleines Trojanerkind zum Abschlachten entgegenhielt, von dem er meinte, es sei Astyanax, rettete dem kleinen Königssproß das Leben. Nun hat er in Epirus, seiner Residenz, Andromache und Astyanax als Beute. Und Pyrrhus rast auf Andromache zu wie auf ein Irrlicht. Er schmachtet ihre schwarzen Augen an. Doch diese Augen blicken kalt und schmerzvoll ins Weite. Andromache liebt nur den toten Hektor, dessen Leichnam der mit den Griechen verbündete Pyrrhus und seine Feldherrnkollegen hinter einem Pferde-

wagen zehnmal um die Mauern von Troja hatten schleifen lassen. Pyrrhus hat Andromache in der Hand und
wirft sich ihr zu Füßen. Er bittet sie zu sich, bietet ihr
seinen Schutz vor den Griechen für einen schönen Blick,
einen freundlichen Augenspiegel an, in den hinein er
sich gerne mit seinen Blicken wiederum verlieren wollte,
so daß sie sich endlos widerspiegeln könnten, Blick
gegen Blick, und alles ausgelöscht wäre, aller Mord,
das ganze Blutbad, damals in Troja (vor zwölf Monaten)
und er im Brennpunkt ihrer Augen verglühen würde:
ein Sonnenkönig ihres Kopfes. Nur noch diese herrlichen Spiegeleffekte und kein Haß mehr, nicht mehr
»Sieg und Nacht, grausamer als wir selbst«, nicht mehr
»blindes Morden«. Doch Andromaches Augen bleiben
ihm gegenüber blind.

Orest rast auf Hermione zu. Hermione rast auf Pyrrhus zu. Pyrrhus rast auf Andromache zu. Andromache
rast auf den toten Hektor zu. Vier Kräfte, die sich
abstoßen und antreiben. Vier Blitze, die dort, wo sie
einschlagen, neue Blitze zeugen, die dann wieder anderswo einschlagen. Vier Leidenschaften, die sich ver-
fehlen müssen. Vier Mal Liebe, unerfüllbar. Das Liebesspiel: ein Wahnsinn. Das Kriegsspiel: eine Maschinerie.
Denn Orest soll ja den kleinen Astyanax, Andromaches
und Hektors Sohn, nach Griechenland schaffen, wo
man ihn aus Staatsraison ermorden will. Griechenland
fürchtet die Rache Trojas, wenn Troja wieder einmal ein
Fürst erwachsen sollte: vernichtende Zukunftsvorsorge
in einer Welt, in der nur die Zwecke heilig und alle
Mittel erlaubt sind, in der es kein Versteck für ein
Geheimnis, für einen Gott, für ein Wunder gibt, in
der selbst die Katastrophen vernünftig sein müssen. Ein
leeres Parkett für Maschinenordnungen und Maschinen-
menschen. Die einzige Macht, die da noch rasen kann,

ist die Liebe, hoch erhitzt, eiskalt, so daß die Menschen
kaum mehr zu Atem kommen vor lauter Beklemm-
mungen. Wechselbäder im Dschungel. Es ist so wie in
Racines *Phädra,* die elf Jahre später, 1677, uraufgeführt
wird, in der eine Frau urplötzlich in wahnsinnige Liebe
zu ihrem Stiefsohn fällt, den sie – aus Liebe – vernichten wird. Phädra nennt als Ursache dafür eine Göttin:
Venus. Sie weiß es besser. Die Göttin sitzt in Phädras
Seele, Phädras Hirn. Seele und Hirn spielen verrückt,
wie nur Götter verrückt spielen können. Es sind Mächte,
vor denen jeder König, jede Staatsraison ihr Recht verloren haben. Die Liebe läßt die Menschen in ein Chaos
zurückfallen, das jeder Ordnung spottet. Ob das nun
aber Liebe ist oder Haß, oder beides in einem, oder
jedes hinter der Maske des anderen, ist nicht mehr zu
unterscheiden. Es herrscht eine grandiose Auflösung in
strengster Sprache, die vor Unruhe, Hitze und Kälte
fiebert. Die Liebe zersetzt alles. Der Haß auch, und
die Haßliebe erst recht. Herzensfressende Säuren. Übrig
bleibt nur, wer nichts mehr fühlt.

Orest rast auf Hermione zu, die er haßt, weil er sie
so lieben muß, die Pyrrhus haßt, weil sie ihn so lieben
muß, der Andromache haßt, weil er sie so lieben muß,
die niemanden lieben muß – außer einen Toten, Hektor,
was vielleicht die unheimlichste Liebe ist, weil hier
der Haß, der zur Liebe gehört, schweigt und alles Gefühl bloß Trauer ist. Niemand ist bei Sinnen. Niemand
kann sagen, warum er liebt, warum er haßt. Es herrscht
eine einzige Verwirrung, in der nichts gilt, alles möglich ist, abhängig von einer Laune des Augenblicks,
von einem Blick, von ein paar Augen. Die Ordnung
ist aufgehoben, die Vernunft nach Hause geschickt, der
Auftrag vergessen. Der Staat gilt nicht mehr. Der Wahn
regiert.

Pyrrhus verkündet arrogant und wüst Andromache den Tod ihres Sohnes, weil sie ihn abweist. Aber er fragt sich schon im nächsten Moment, was Andromache jetzt wohl denke oder fühle, und ob er sie nicht noch einmal, ein letztes Mal, sprechen müsse, noch ein letztes Mal ihren Blick suchen könne, um ganz sicher zu sein: wie ein Kind, das schon längst alle Schläge eingesteckt hat und immer noch schaut, ob es die Rute denn wirklich gibt, die es schlug. Hermione ist ein letztes Mal selig, rechnet wieder mit der Liebe von Pyrrhus, weiß aber, daß er sie nicht liebt. Andromache gibt Pyrrhus ein erstes Mal nach, um ihren Sohn zu retten, ist aber heimlich dazu entschlossen, sich in der Hochzeitsnacht zu töten. Hermione gibt dem Orest ein letztes Mal nach, als sie von den Hochzeitsplänen des Pyrrhus hört. Aber sie redet unaufhörlich davon, daß sie ein letztes Mal mit Pyrrhus sprechen, seinen Blick zum letzten Mal suchen müsse, um ganz sicher zu sein. Es gibt aber kein letztes Mal. Jedes letzte Mal ist wieder ein erstes Mal.

Hermione verlangt vom Orest den Tod des Pyrrhus. Orest, der jeden Blick, selbst den Blick des Hasses aus den Augen von Hermione zum letzten Mal als Liebesblick deutet, läßt seine Soldaten im Tempel, wo Pyrrhus die Andromache ehelicht, einen Mord in Kompanie begehen: Jeder Soldat sticht einmal auf Pyrrhus ein, nur Orest kommt nicht richtig zum Zuge. Andromache aber, die neue Königin, lebt und wird ihren Sohn im Land mit der frisch ererbten Macht des toten Pyrrhus zur Rache an Griechenland und zum Dienst am toten Hektor erziehen. Das Kind, das sterben sollte, wächst auf unter der Fuchtel eines Toten. Andromache ist die einzige, die übrigbleibt: ohne Gefühl, mit Raison, mit Vernunft und Glück. Sie sichert die Zukunft des Staates und signalisiert von der Bühne herunter dem König, der dem Gefühlswirrwarr vom Versailler Parkett aus zugeschaut hat und als Kind auch von einer Mutter im Dienst am toten Vater erzogen wurde: Seigneur, es ist nicht alles verloren. Es geht weiter mit der Maschine.

Der Rest ist Irrsinn. Hermione vernichtet den Orest: Wie konnte er ihren Worten, ihrer Forderung, ihrer Raserei glauben! Wie sich unterstehen, Pyrrhus zu töten, den sie liebte, weil sie ihn hassen mußte! »War einer Liebenden zu glauben, die von Sinnen war?«, ist ihre letzte Frage, bevor sie sich selbst tötet. Orest aber fragt: »Bin ich Orest? Wie! Ich ersticke in mir selbst den Lichtstrahl der Vernunft, / zu morden einen König, den ich ehre, zwing ich mich, / breche an einem Tag des Königtums Gesetze, Gesetze der Gesandten, jedes menschliche Gesetz, / sogar die des Altars, an dem mein Rasen ihn erreicht, / ich werde Königsmörder, Frevler, Tempelschänder. / Für wen? Für eine Fühllose, der ich all dies versprach.« Die Liebe ist tot, aber sie rast weiter.

Als Orest sich an den Kopf greifen will, spürt er, daß er die Perücke nicht mehr hat, daß seine Haare wieder wirr und ungewaschen, seine Sandalen durchgelaufen, seine Kleider zerrissen, seine Augen trübe sind: keine Spiegel mehr, nur noch wirre Löcher, in denen Bilder tanzen. Bilder von den toten Liebenden, toten Hassenden: Hermione und Pyrrhus, wie sie sich auf der Bahre küssen. »Dem Dolch, der ihn bedroht, sucht sie ihn zu entreißen. / O Götter, welchen fürchterlichen Blick wirft sie mir zu! / Welche Dämonen, welche Schlangen bilden ihr Geleit? / Streckt ihr, ihr Höllentöchter, eure Hände nach mir aus?« Und an seinen Ohren ist jetzt nicht mehr das Säuseln, das Lecken, das sanfte Knurren. Er hört jetzt wieder das Gebell, das Gegeifer, das Gejaule und das Knirschen. Die alten Furien sind wieder hinter ihm her, die Rächende, die Unablässige und die

Neidische. Aber die grausamste Furie ist die Liebe: »So kommt, denn eurem Wüten gibt Orest sich preis,« bot er sich den Erinnyen eben noch an, »doch nein, zieht euch zurück, laßt ihn Hermione: besser als ihr wird mich die Grausame zerfleischen; ihr bringe ich mein Herz, endlich soll sie's verschlingen.« Wer Herzen verschlingt, hat die Liebe gefressen. Die Liebe gehört den Raubtieren. Und Raubtiere gehören in den Dschungel. Sie jagen nachts. Tagsüber schlafen sie den Schlaf der Vernunft. Wenn sie trotzdem am Nachmittag auftauchen, sind es keine Raubtiere. Dann sind es Gespenster. Obwohl Gespenster weder frieren noch schwitzen, steht ihnen der Schweiß auf der Stirne.

Wolfgang Bauer *Magic Afternoon*

XXXV.

Hitzeschlacht
der Dämonen

 s ist schwül wie im Dschungel«, sagt
Charly. Er sagt es 1968. Das Jahr 1968
war ein komisches Jahr. Wir Jüngeren
machten Abitur, lasen zu viel Hesse und
Dante, spielten zu viel Beethoven, hörten
immer noch zu wenig Beatles und verliebten uns unglücklich jeden Tag in ein anderes Mädchen, während
wir versuchten, aus immer derselben Pfeife das Pfeiferauchen zu lernen, was schwierig war wegen der zu
vielen sauren Nässe im Mundstück. Und immer war
es Nacht. Und immer schwül. Auf einmal aber war
es im Jahr 1968 Nachmittag. Und niemand war darauf
gefaßt. Denn es war ganz ungewöhnlich, daß es überhaupt Tag werden wollte in diesem schwülen Jahr. Und
dieser Nachmittag wollte zu allem Überfluß auch überhaupt nicht aufhören. Es war unheimlich. Denn der
Nachmittag hatte keinen Grund. Nur die Nacht hatte
einen Grund, und zwar nur den einzigen Grund: auf
den Silberstreif des Morgens, auf die aufgehende Sonne
hinzuweisen, den Tag vorzubereiten, der das bringen
würde, was die Nacht allein an Versprechungen, an
Wünschen, an Vorstellungen in sich barg – wozu der
Morgen gar nicht erst zu kommen brauchte. Hauptsache, man hatte eine Vision von ihm. Einen Glauben.

Morgen, Morgen! – das war der Gruß jenes Jahres, in
dem nachts im Mai die Studenten in Paris Barrikaden

anzündeten, Theater besetzten, Streiks organisierten und
einen Staatspräsidenten zum Rücktritt zwangen – und
an einen Grund glaubten; in dem am 11. April ein
Kleinbürger mit einer Pistole auf den deutschen Stu-
dentenführer Rudi Dutschke in Berlin schoß und ihn
schwer verletzte – und an einen Grund glaubte; in dem
Studenten in Frankfurt, Berlin, Hamburg, Tübingen
Hörsäle besetzten, den Verkehr lahmlegten, Zeitungs-
häuser blockierten – und an einen Grund glaubten; in
dem die Amerikaner in Vietnam Napalmbomben über
Gebieten abwarfen, in denen sie den Vietcong vermute-
ten – und an einen Grund glaubten; in dem nigeria-
nische Regierungstruppen den abtrünnigen Volksstamm
der Ibos im Landesteil Biafra niedermetzelten und
aushungerten – und an einen Grund glaubten; in dem
sowjetische Panzer im Verein mit osteuropäischen (auch
ostdeutschen) Bruderpanzern in der Tschechoslowakei
einmarschierten und mit Hilfe einer Marionettenregie-
rung einen etwas demokratischeren Sozialismus nieder-
walzten – und an einen Grund glaubten. Sogenannte
Blumenkinder steckten sich Blumen in die langen
Haare, schlurften in ihren Schlaghosen und bunten
Jacken zu Rockkonzerten, hörten Jimi Hendrix und
Janis Joplin, rauchten Haschisch und waren wahnsinnig
lieb zueinander. Und jeder sah den Silberstreif des
nächsten Morgens. Und glaubte daran. Dieser Glaube
war wie eine Pest. Denn er äußerte sich in Diskussionen.
Überall saßen die Leute mitten im schwülen Dschungel,
ohne den Dschungel zu spüren, an runden Tischen
und schrien sich ihre Hoffnungen auf Morgen zu, und
keiner hörte auf den anderen, und jeder hatte recht und
stützte sich auf Stapel von Büchern, und es war zum
Davonlaufen vernünftig, rund um die Nacht. Vor allem
in Deutschland. Es war sehr lustig. Denn es waren die

Hoffnungen, die Diskussionen, es war der Silberstreif, die Nacht der Kinder. Die Eltern, die Väter vor allem, wurden für ein paar Jahre abgeschafft. Es war ein großer Vatermord in Gang 1968: mit Worten.

»Die Diskussion ist eine Pest, die aus Deutschland kommt! Österreicher und Österreicherinnen! Geht in Kaffeehäuser!« Das schrie damals der österreichische Dramatiker Wolfgang Bauer aus Graz, Jahrgang 1941, zündete sich ein Zigaretterl an, nahm einen tiefen Zug aus der Flasche, legte ein Platte der Rolling Stones auf – und plötzlich flogen statt Hoffnungen Bücher durch die Luft. Und auch ein Messer, am Ende. Und die Luft war zum Schneiden: am hellichten Nachmittag, der alle blendete, weil niemand auf ihn gefaßt war und weil er aus Österreich kam, dem Land, wo man die Nacht im Kaffeehaus übersteht, damit man mit dem Morgen nicht rechnen muß. Und nun wirft er Birgit und Charly, Joe und Monika ins Rennen, die Dämonen des Nachmittags, die dem 68er-Jahr heimleuchten, indem sie es aus der Zeit hinaustreiben. Auch Birgit und Charly, Monika und Joe sind Kinder zwischen zwanzig und dreißig. Auch sie haben die Eltern aus dem Haus geschickt. Auch sie haben freie Bahn an ihrem Nachmittag. Aber sie fallen trotzdem aus der Zeit.

Wolfi Bauer, das Grazer Unzeit-Tier, so muß man ihn sich vorstellen, trägt eine Tarnkappe aus Walhaut mit Krokodilshöckern und ganz zarten Narrenschellen. Damit rutscht er köpflings den Zeitstrahl auf und ab. Unsere Zeit war nie seine Zeit. Im besten Fall war sie die Traumzeit, um die die Lebenden die Toten beneiden. Seine Stücke, seine sehr guten wie seine sauschlechten, spielen jenseits der Welt in einem Match gegen die Welt. Und manchmal gewinnen sie sogar Eins zu Null.

Auch wenn sie verlieren, ist es lustig. In *Batyscaphe 17–26 oder Die Hölle ist oben* von 1961, da war Bauer gerade zwanzig, genießen es einige Verstorbene, tot zu sein. Selig schwimmen sie in der Tiefsee in einer Kugel für Tauchversuche. Der einzige Lebende bringt sich um, weil er lieber bei den Toten als bei den Lebenden ist. In *Woher kommen wir? Was sind wir? Wohin gehen wir?* von 1981 werden Paare, die zusammen in einem Hotelzimmer hausen, sich aber nicht sehen, von einem großen Marabu mit Gewalt in die Welt hinausgeworfen: das ist ihre Geburt, zu der sie wie Babys wimmern und zu der ihnen die Totenglocken bimmeln. Ihr Leben hat sich vor ihrer Geburt abgespielt. In *Memory Hotel* von 1980 trägt ein Krimischriftsteller seinen eigenen Leichnam über die Bühne, nachdem er zuvor sich einem Hai in Jamaika in den Rachen geworfen hat. In den *Magnetküssen* von 1976 ist es in allen Szenen drei Uhr fünfzehn. Die Zeit wird festgehalten durch einen Magneten im Leib von Iris. Erst als Ernst den Magneten aus dem Bauch von Iris schneidet, geht die Zeit weiter. Ernst ist auch Kriminalschriftsteller und wurde eigentlich, bevor er Iris totschneiden kann, in einer der irrealen Drei-Uhr-fünfzehn-Szenen von Iris erschossen. Im *Lächeln des Brian de Palma* von 1988 sind die Ägyptologen Ada und Odo völlig aus der Zeit gefallen, sie tragen Hippieblumen im Haar, reden mit Mumien, die tausende von Jahren alt sind, aber auch schon in Hollywoodfilmen mitgemacht haben und Drehbücher in einer Irrenanstalt in Los Angeles schreiben. In *Silvester oder Das Massaker im Hotel Sacher* von 1971 fällt einem Schriftsteller kein Drama mehr ein. Mit jedem Drama erklärt man die Welt ein bißchen besser. Mit jedem einfältigen Drama steigt ja die Hoffnung. Der Dramatiker, dem nichts mehr einfällt, fällt Wolfi Bauer häufig ein. »Die Wölt«, heißt es in *Magic Afternoon,* Bauers schönstem, seinem 1968er-Stück, »ist nämlich unhamlich schiach.« Da versuchen Joe und Charly, eine Weltkugel im Abort runterzuspülen. Es geht nicht. Und es ist nichts mehr zu erklären. Joe und Charly sind Schriftsteller. Joe fällt nichts ein, und Charly kann kein Drama schreiben, während er mit Birgit Platten hört, höchstens ein Drama, in dem zwei auf der Bühne sitzen und Platten hören. Die Dramen, die Bauers Menschen durchleben, sind sie selbst. In *Change* von 1969 fällt dem Künstler Fery nichts mehr ein, außer einen völlig unbekannten Dilettanten Blasi zum Künstler aufzubauen und ihn und seine Umwelt so zu manipulieren (in der »Manipuläschn«), »daß er gar nicht anders kann wie sich umzubringen«. Aber der manipulierte Blasi manipuliert den Manipulierer Fery. Und Fery kann nicht anders, »wie sich umzubringen«, er hängt sich ans Fensterkreuz im Klo.

Wolfgang Bauer ist wie ein wildes Kind, das entdeckt hat, daß unter den runden Tischen, über denen so vernünftig geredet und an der Welt herumgebastelt wird, als sei es eine bastelbare Welt, der Boden sich auftut. Dort drunten liegen die Spielzeuge, mit denen die Gegenwelt gebaut wird, in der es nie mit rechten Dingen zugeht. Manchmal schießen diese abgründigen Spielzeuge, angetrieben wie sprühende Leuchtraketen, aus dem Boden empor und fliegen den nächtlichen Diskutanten und den sich liebenden Blumenkindern droben am runden Tisch um die Ohren, daß es kracht. Dann haben die Kinder der Unter- und Gegenwelt den Kindern der Oberwelt einen bösen Streich gespielt. Und das war 1968 ein wunderbares Fest.

Und während also wir Jüngeren uns 1968 unglücklich verliebten, das Abitur machten und versuchten, das

Pfeiferauchen zu lernen, die Älteren aber unaufhörlich an ihren Tischen über die Welt diskutierten und auf den Morgen warteten, und während wir alle nach unseren Eltern suchten, die wir abgeschafft hatten, räkelte sich Wolfi Bauer, damals halb-alt, also knapp siebenundzwanzig, in seinem Grazer Sessel, ließ einen Riesenfurz fahren, streute Reißnägel auf den guten Teppich und raunzte kalt und heiß und zynisch genial: »Schluß mit der Hoffnung! Hört's endlich auf mit eurem Notturno!« – und knipste das Licht an. Und nannte das schöne Stück Licht *Magic Afternoon*. Darin ließ er mit Büchern werfen. Charly und Birgit schmissen sich die schönsten Ausgaben, in denen Vernunft, Diskussion, Glaube, Liebe, Hoffnung vorkommen, zu. Es flatterten »Scheiß-Dürrenmatt, Scheiß-Pinter, Scheiß-Albee, Scheiß-Walser, Scheiß-Grass« hin und her und knallten auf den Boden. »Dann fröhlicher werdend«, stachelte Bauer Charly und Birgit an: »Scheiß-Ionesco, Scheiß-Beckett«, dann eine »abschließende Balgerei mit Klassikern: Scheiß-Goethe, Scheiß-Schiller usw.« Je weiter zurück in der Literaturgeschichte, desto lustiger. »Scheiß-Racine« kann auch darunter gewesen sein. Obwohl Racine, der große Lichtanknipser, den Dschungel, aus dem sie kamen, besser kannte, als sie ihn selbst kannten: der Dschungel der Gier und der Gewalt.

Ein großes Bett mitten im Zimmer, schief. Am Boden ein Plattenspieler. Ein kleiner Tisch, Gartenstühle, Hocker, Schrank. Zahlreiche Schallplatten auf Stühlen und Tischen, am Boden. Gin-Flaschen. Wein-Flaschen. Bier-Flaschen. Ein Spiegel. Ein Fenster. Draußen ein herrlicher Sommertag. Die Temperatur unerträglich. Dschungelhitze. Schwül. Die Zeit steht still. Eine Nacht wird es nie mehr geben, einen Morgen auch nicht. Es ist ewiger Nachmittag. Die Sonne bringt es an den

Tag. Die Eltern sind aus dem Haus. Die Hitzeschlacht der Kinderdämonen beginnt.

Birgit schlägt zuerst zu. Sie will, daß man ihre Frisur betrachtet, schaut in den Spiegel und fragt: »Schau her ... wie ist die Frisur?« Gespenster und Dämonen aber machen bekanntlich kein Bild im Spiegel. Denn der Spiegel würde nur die Welt spiegeln. Und Birgit kommt aus der Gegenwelt. Die Frage: Wie findest du mich? grenzt in der Gegenwelt nahe an ein Verbrechen. Denn es gibt dort weder ein Ich noch ein Mich. Subjekt und Objekt sind längst verschwunden. Es liegen nur noch deren Nerven bloß. In der vernünftigen Oberwelt, in der über Vietnam, die Revolution, den Sex, die Befreiung und das Kapital unaufhörlich geredet wird, spielen die Nerven keine Rolle. In ihr ist alles, wie man damals sagte: relevant – oder es ist nichts. »Relevant« heißt eigentlich gar nichts. Aber es klingt gut und meint, es müsse etwas halt eine Bedeutung haben. »Relevant« hat denn auch nie irgendwelche Folgen gehabt. Wichtig war immer nur, daß irgend jemand bestimmte, was »relevant« ist und was nicht. Es war eine Machtfrage.

Bei Bauer ist nichts relevant, ist alles eine Nervenfrage. Nach einem Satz wie dem mit der Frisur greift Charly aggressiv und gierig, kurz und hastig nach Birgit, tigert im Raum umher, tippt den Plattenspieler an, sucht eine Gin-Flasche. Auch die Frage, wo man am Abend hingehe, ins Kino, oder einfach so spazieren, ist keine Frage, aus der man in der Oberwelt ein Drama machen kann. In der Gegenwelt steigt danach die Temperatur, die Luft wird noch dicker. Könnte man baden gehen? Kompott essen? Etwas lesen? Eine Pille nehmen? Die Atmosphäre wird langsam lebensgefährlich. Als Joe kommt und Charly fragt, ob dieser was

schreibe und Charly mit »Du, na … eigentlich net«
antwortet, meint Joe, wenn man was schriebe, dann
»so wie wir jetzt reden, ganz was Lockeres«. Und das
Lockere scheint sehr gefährlich. Die Atmosphäre wird
explosiv. Draußen vor dem Fenster zucken Blitze, rollt
der Donner.

Kurz bevor Joe kam, wurden Birgit und Charly am
Bettesrand schnell leidenschaftlich (»Musik ist doch das
beste Stimulans«), dann aber störte das Knattern von
Joes VW-Motor, das von der Straße her zu hören war,
das aggressive Liebesspiel. Jetzt, da Joe wegfährt und
das VW-Geräusch sich entfernt, sagt Birgit nur, es sei
kein warmes Wasser da. Es ist wie kurz vor dem Welt-
untergang: Die Sprache ist weg. Die Katastrophe ist da.
Man muß sich nur die Stimmen vorstellen, die herein-
dringen könnten aus der Oberwelt, Stimmen von all den
Diskussionen und runden Tischen und Demonstrationen
und Liebesakten, und spüren, wie die zwei da drinnen
und drunten dem Geschwätz und dem Getue da droben
in die Parade fahren, indem sie zu leiser Musik im
Zimmer umhergehen, sich umarmen, sich umeinander
drehen, sich die Zunge zeigen, sich boxen.

Charly schlägt. Birgit kratzt. Er gibt ihr einen Arsch-
tritt und eine Ohrfeige. Sie wirft mit Flaschen auf ihn,
sie zerkratzt ihm das Gesicht, er haut ihr Bücher übern
Kopf. Sie bewirft ihn mit Bettwäsche. Er blutet. »Ach
Arsch, du Sau, Dummerl, du Scheiß-Fut.« Die Wort-
Schlacht, die droben stattfindet in der Welt der Dis-
kussionen und der Blumenkinder, kennt Gut und Böse,
Grund und Folge, Wenn und Aber, Liebe und Haß. Die
Hitzeschlacht in der Gegenwelt der Dämonen drunten
kennt keine Opfer, keine Täter, keine Grenzen. Die
Gespenster führen am hellichten Nachmittag vor, wie
viel grausige Vernichtung in der banalsten Liebe sein

kann, einfach so, und wieviel verzweifelte Liebe in der banalsten Vernichtung. Einfach so. Bodenlos.

Die Gespenster verlassen den Spukort nicht, sie gehen nur mal rasch nach nebenan, damit neue Gespenster die Szene betreten können. Joe und Monika. Wieder nur ein paar Worte, die nichts bedeuten, »Bärli« oder »vergewaltigen« oder »impotent«. Joe, »naja, wenn ma vom Land kommt«, greift Monika an die Brust, sie beißt ihn in den Arm, er schlägt ihr mit dem Buch über den Kopf und tritt ihr mit dem Fuß ins Gesicht. Nasenbeinbruch. Zweiter Höhepunkt der Schlacht. Joe bringt Monika ins Spital. Charly und Birgit kommen wieder herein, werfen mit Büchern, boxen, kratzen sich. Charly sagt: »Ich mag net Schluß machen und du kannst net Schluß machen.« Das ist der Freudenschrei der in der Gegenwelt zueinander Verdammten mit Worten aus der Welt da droben, die sie gar nicht begreifen. »Schluß machen« hat genauso wenig Sinn wie »vögln«. Kurzes Geplauder über Spanien, wo Charly noch eine Freundin hat, kurzes Streicheln, dann kommt Joe wieder herein. Es ist wie ein Schweben, wie ein Durch-die-Wände-Gehen. Die Sprache der Dämonen wird immer lockerer, immer alltäglicher und immer künstlicher, abgedrehter. Die Zeit dehnt sich, als wolle sie zerplatzen.

Joe und Charly rauchen Haschisch, bewegen sich grotesk zur Musik, tanzen, lachen, schluchzen, klopfen sich auf die Schultern, stottern: »Wutzl ins Kaputzl. wwwwwwwwutzl. kkkkkkkkaputzl! wwwwwwwwww. Tschatschatscha! Tschatschatscha! Tschutschutschu!« und so fort. Es ist die wahre Sprache der Gegenwelt: das Geknatter und der Terror der reinen Lautkörper, die frei im Raum umhertaumeln, alles anstoßen und zur Explosion bringen können. Die Schlacht wird zum Fest. Überall züngeln Geisterflämmchen in der Luft. Joe und

Charly schauen sich Mickey-Mouse-Comics an, lachen sich halb tot, wollen Birgit, die sich ins Bett verkrochen hat, den Reißverschluß ihres Kleides aufziehen, hauen ihr Bücher auf den Kopf, stoßen sie mit Stühlen, traktieren sie mit Polstern, die sie sich wie Penisse vor den Unterleib halten. Birgit geht auf sie los, wirft Joe etwas an den Kopf, will ihm eine schmieren. Sie fällt aufs Bett. Joe springt auf sie drauf. Sie greift nach einem Messer, geht ihm nach. Er ruft »Torro! Torro!«, als sei Birgit ein Torero und er der Stier. Es ist ein Spiel, das Gespenster gerne spielen: irgendwas Sinnloses aus der Oberwelt zitieren. Ein Bild zum Beispiel, in diesem Fall ein touristisches Bild. Dann aber, als Joe gerade (»bist teppat«) lachend der Birgit mit einem Stuhl, dann mit einem Buch auf den Kopf gehauen hat, sticht Birgit ihm das Messer sehr genau mitten ins Herz. Einfach so.

Die Gewalt hat so wenig Grund und Boden wie das Spiel, das ihr vorausging, und hat auch keine Folgen. Charly verkriecht sich allenfalls in den Schrank. Birgit zieht sich die Bluse aus und möchte (»ganz ruhig«) Gespensterliebe machen mit Charly. Aber Charly hat nur Angst vor der Polizei und daß diese draufkommen könnte, daß er und der tote Joe Rauschgift rauchten. So kleinbürgerlich können Gespenster sein. Dann hört man den VW-Motor. Birgit hat Joes Autoschlüssel an sich genommen und fährt davon. Das Telefon klingelt. Charly kommt aus dem Schrank, nimmt ab. Monika ist dran, ruft aus dem Spital an, erkundigt sich nach Joe. Charly sagt, er wisse nicht wo Joe sei, vielleicht »im Kino«. Sagt leise »servus« und schleicht auf Zehenspitzen wieder in den Schrank zurück. Das Spiel ist aus, der Boden klappt wieder zu. Die Dämonen mit ihrer fremden Sprache und ihrem fremden Gebaren

338

verschwinden wieder in ihren Löchern. Aber das grell schwefelige Licht ihres Nachmittags bleibt. Es lastet auf der Szene.

Die Szene wäre jetzt frei für die Stimmen und Körper von den runden Tischen, von den Demonstrationen, von den Blumenkindern, von den Theoriedebatten über revolutionäre Gewalt, von den Straßenschlachten. Aber während man vorher noch, wenn man genau hinhörte, das hochschwappende Lautgewirr der Vernunft aus der Oberwelt immer mithören konnte während des irren und wirren *Magic Afternoon,* scheint es jetzt auf einmal verstummt. Sieht man genau hin, dann könnte man meinen, völlig übernächtigte, vom ewigen Warten auf den Silberstreif am nächsten Morgen auch stark über- anstrengte Gesichter zeigten sich und starrten auf den toten Joe im Nachmittagslicht. Die Kinder der Ver- nunft glotzen dem Gespensterkind ins wächserne Ant- litz. Es ist nur Joes spotthafte Hülle. In Wahrheit spukt er anderswo längst weiter. Es wird in den nächsten Jahren und Jahrzehnten mehr und mehr solche Joes geben, die, einfach so, ohne irgend einen Grund zu Tode gehen, getroffen von einer Gewalt, die auftritt wie ein Gepenst und über jede Debatte lacht, weil eine Debatte, weil Meinungen und Wohlmeinendes, Erklä- rungen und Erklärungssuche sie nicht treffen. Sie ist stumm. Sie macht stumm.

Die Kinder der Vernunft kriegen große, ängstliche Augen und sehen sich ein wenig um. Im Hintergrund hört man eine Tür leise aufgehen. Die Eltern klirren mit den Schlüsseln. Sie scheinen zurückgekehrt. Irgend- wie atmen die Kinder der Vernunft auf. Mami und Papi sind wieder da. Und sorgen wieder für alles. Und schaf- fen vielleicht auch die Gespensterleichen wieder weg, wischen das Blut auf und machen den Boden wieder eben. Aber zu welchem Preis? Zum Preis, daß die Zeit zurückgedreht wird. Die Hitzeschlacht der Kinder-Gespenster von 1968 ist zu Ende. Der Papa führt jetzt den Krieg von 1913. Er wird ihn gewinnen.

XXXVI.

Papas Endsieg

estern abend kolossales Schauspiel. Casino-Nuancen. Knapp. Pointiert. Tralala, zackzack, Blut und Champagner. Krieg im Auge. Urviecher, allesamt. Überwältigung. Blitzkrieg. Kurz und schmerzlos. Letzte Wollust von Freiherr Christian Maske von Buchow, Exzellenz, »siebenzig Jahr«, wie er umständlich vokalverliebt kurz angebunden zu radebrechen liebte im Kasernenhofton gehobenen Lebens. »Aber Flamme immer noch«, wie er seinen »Selbstmut« immer apostrophierte. »Selbstmut«: Lebenselixier. Dauerndes Ergreifen und In-die-Tat-Umsetzen heimlichster, bösester, abstrusester Gedanken. Was gedacht werden kann, kann auch gemacht werden. Basta. Größtes, Abscheulichstes möglich. Letzte Wollust älterer Herren immer imposant. Tänzchen in Unehren, aber was für eines! Grandioser Auftritt. Der Alte, schwer angeschlagen nach Herzkasper, hüpft auf einem, hüpft auf zwei Beinen durch die Biblikothek von Schloß Buchow. Kurioses Bild. Jubel. Schreie. Konsterniertheit. Zuvor noch Kammermusik, Schumanns und Eichendorffs *Mondnacht,* gefiepst von Tochter Ottilie, applaudiert vom Pastor. Mief.

Schwärmerin, diese Ottilie, liest *Geschlecht und Charakter* von Weininger, fällt dabei von der Leiter. Will Liebe, bessere Welt, Durchdringung, Ideal. Gänschen. Hängt Seele an Sekretär, der wider böses Finanzkapital eine gute, allgemeine, vaterländische Verbrüderung begehrt, heilige Jugend formt im Marsch gegen »Geschwür der Zeit«, meint wohl Juden und Kapitalisten; läßt gegen die »Herrschaft des Geldes« mobil machen. Sekertare Wilhelm, der Jugend treibt zu »klaren Wassern unserer Wälder« im »Feuer des Wollens« — naja: Auf zu neuen Schmock-Ufern! Wobei Jugend reichlich Beiträge fließen läßt in den Fond des Sekretärs (und dann und wann eine kleine Erbschaft dabei). Stinkt nach Sekte. Sekretär im Schiller-Kragen, proletarischer Adel, der auch noch Wilhelm heißt: Zukunftsgalimathias. Harren auf Führer und Erlösung und Tod — wird schon noch kommen, Bürschchen! Spielen sich auf wie geistige Zahnärzte: Volkswurzelbehandlung. Reinheitsdrang und »Feuer und Schwefel« und »Deutschland, erwache!« und dergleichen. Wandervogelromantik im Weltmaßstab: entweder wird gewandert oder gevögelt — aber alles nur platonisch. Und immer mit Pathos. Bäh! Quel Quatsch! Flamme-empor!-Quark. Na, egal. Blüten, aus Sumpf getrieben, den sie hassen und der sie ernährt.

Der alte Christian Maske fand Wilhelm nicht unsympathisch, schnupperte immer nach »Genie«, nach »Neuem«, hätte da auch von der Pike auf mitgemacht, geglaubt, die Chose zu beherrschen. Dabei hätte am Ende sie ihn beherrscht. Zuvor aber Bilanzduell mit Tochter Sofie, Buchhalterin in der Christian Maske A.-G. Sohn Philipp Ernst bleibt völlig außer Betracht, liebt seidene Höschen und die klassenlose Gesellschaft von Gentlemen, verkörpert in seinem Schneider (Hach! und Huch!), der ihm neue Kreationen, die Redingote, den plissierten Bratenrock, die Westen, die Krawatten in grau, den letzten Schrei mit blasiertem Schnütchen kredenzt. Keine Ahnung von Geld und Welt und Macht und Wirtschaft; kreischt mit dem Prinzen Oels um die Wette, wenn neue Uhrkette Mode wird.

Sofie dagegen, eiskaltes Maske-Kind, Erbe der Industriegesellschaft, Respekt!, Respekt!, wie ein Hai ziellos, aber gefräßig schwimmend im bodenlosen Meer, gründet Aktiengesellschaften, die es gar nicht gibt, sahnt Aktionärseinlagen ab auf Aktien, die nichts wert sind. Betrügerin im legalen Freistil. Großartig! Wollte den Alten ausbooten, setzt auf Massenproduktion, schlechte Qualität, Auge um Auge, Giftnudel: Gewehrgeschäft mit Holländern ventiliert, wobei das Aas protestantischen Glauben, calvinistische Gesinnung herauskehrte, Kirchenstiftungen tätigte, der Konkurrenz den Auftrag abjagte, obwohl der Alte ihr's verbot, weil demnächst größerer Krieg bei und mit uns selbst − und, pardauz!, ist ja nun auch da. Der Alte, wie immer: ganz feine Nase! Exzellenz wollte da nicht gebunden sein mit lächerlichen Holländer-Lieferungen; Käse-Nation, wässrige Tomaten, Fischköppe; wollte größeres Geschäft. Der alte Hund, der die Welt noch einmal zwingt und kurz und klein beißt und zwischen den Zähnen hat: Triumph des absoluten Komödienprinzips. Maskes Devise: Alles wird gut, weil ich es will, nicht weil der Zufall es will. Witz des Herrenmenschen. Komik des großen Einsamen, der weiß, daß nichts gilt in Deutschland außer »fünfundsechzig Millionen Fresser auf vierhundertfünfzigtausend Quadratkilometer. Magenhunger der Armen, Machthunger der Reichen« − und daß dies irgendwann zusammenkrachen müsse. Und deshalb gestern abend sein Tanz, sein Jubel, sein Schrei nach: »Lichtstrahl!« Sein Triumph. Christian Maske hatte sich, ganz einfach, ganz rasch: katholisch taufen lassen. Hol's der papistische Teufel! Sauhund überm Taufbecken! Genie mit dem Weihwasserwedel! Trickser im

Weihrauch! Herrlich! Diese Nuance! Die protestantischen Holländer, lutherische Zipfel auf Sofies brüchi-
gem Gipfel, würden nie Gewehre bei Katholen kaufen.
Alte antispanische Allergie. Hollandgeschäft kaputt,
Kriegsgeschäft gerettet, hallelujah!! Gerechte Kalkulation. Endsieg. Vorläufig.

Tolle Szene. Tod und Teufel. Der Alte, Herr über
15000 Arbeiter, größter Rüstungshersteller des Reichs,
Kanonen-Maske, der schon mit Bismarck zerfte, daß
Fetzen flogen, jauchzend im Stampftanz in der Bibliothek. Sofie aus dem Feld. Ottilie, schwache Lieblings-
tochter des Alten, in den Armen des Sekretärs, dem
sie hie und da schon von der Treppe aus zugefallen
war, das wispernde Luder mit ihrer Fallsucht. Gefallene
Mädchen gefallen immer. Der superreine Sekretär nun
plötzlich auch in Seidenhöschen und Satinwestchen;
kommt davon, wenn man neugierig auf die Dekadenz-
kleiderkoffer der Kapitalisten ist. Nur mal ein bißchen
schnuppern, nur mal n' bißchen anprobieren: das ist
wie – nur mal ein bißchen schwanger. Korrumpiert ist
korrumpiert. Einmal Höschen, immer Höschen. Das
Zukunftsgelichter blamiert bis auf die Kinderknochen;
Freund Stadler, Berufsidealist, kurz auf Besuch auf
Schloß Buchow, Vize-Ideologe der deutschnationalen
Jugend, Licht- und Führersucher, Wilhelm-Verehrer
und Fond-Verwalter: völlig platt, pikiert. Abgang durch
die mittlere Bibliothekstüre; wartet draußen auf Licht,
wenn's denn noch kommt. Wird schon noch kommen
in brauneren Laternen. Mahlzeit.

Trotzdem schon mal Sieg und Heil. Nach »Lichtstrahl!« traf den Alten auf Höhepunkt der letzten
Schlacht der Schlag. Bums. Tot. Wunderbarer Mann,
den die Zeit verdient, die ihn gebar: Emporkömmlings-
epoche. Graniten gehauener Charakter, unheimlicher

Witz. Sohn des Beamten Theobald Maske, dessen Frau
Luise einmal angesichts einer königlichen Parade ihre
Unterhosen verlor, damals 1911, der Dramatiker Sternheim, Jahrgang 1878, schrieb's in der *Hose* auf. Sternheim liebt die Maskes. Wer seine »Nuance« ergreift, wer
nach oben drängt, und sei's über Unterhosen hinweg,
der soll dort droben feiern, was das Zeug hält, wenn das
Oben so beschaffen ist, daß es lauter Leute braucht, die
in es hineinwollen.

Lachhaft eigentlich: Christian Maske hingestreckt
vom apoplektischen Insult, ausgelöschtes Gehirn nun,
aber mit was für Gedanken, Karrieren und Plänen, als
es noch in Blut schwamm. Schwiegersohn des Grafen
Platen, nachdem er seine Geliebte abschaffte und aus-
zahlte. Horcht, wie Maske sprach zu Sibyll, damals, als
sie für ihn noch die Beine breitmachen wollte, während
er längst die keusche Grafentochter umwarb: »Gabst
dich selbst und Geld zuweilen« – das hatte Klasse und
Rasse und Gewissenlosigkeit. Und wie er über Aktien-
spekulationen sich die Einheirat in die höhere Assiette
ermöglichte: »Diese Krawatte sitzt tadellos. Das ist erreicht.« Das klang wie Trompetenschall und überhaupt
nicht schrill. Und das war *Der Snob,* 1913, voriges Jahr;
Dramatiker Sternheim ziselierte es nach, zynischen
Aug's durchs Monokel blitzend. Monströses Menschens-
kind Maske, Sternheims Lieblingsbalg, hat Väter erledigt, obsiegte als Vater, der weiß, was er will, hat
Jugend ausgelöscht, die nur weiß, was sie nicht will.
Nun, wir schreiben 1914, und jetzt schrieb Sternheim
1913, Schlacht und Sieg und Maske – logischerweise
findet jetzt wirklich der große Krieg gegen Frankreich,
Rußland, England etc. statt. Siegreich wollen wir ich
weiß nicht wen noch alles schlagen! Und irgendwann
wird die große Konfusion der fünfundsechzig Millionen

Fresser stattfinden. Mal sehen, was von den vierhundertfünfzigtausend Quadratkilometern übrigbleibt. Oberste
Heeresleitung schäumt. Aufführungsverbot für Schauspiel *1913*. Geeignet, Ruhe im Land zu stören, Truppen
zu demoralisieren, Wehrwillen zu zersetzen. Krieg als
Geschäft von Einzelnen in Wirklichkeit gerne akzeptiert, auf der Bühne aber nicht gerne offen gesehen.
Brutal und genial zugreifendes Individuum amoralisch
und erschreckend. Einer gegen alle, nur für sich: unmöglich! Außerdem hat Holland Neutralität erklärt.
Überhaupt erste Devise des Kriegers: Ruhe im Puff!
Sonst läuft der Tod aus dem Ruder.

XXXVII.

Mein Sohn,
sei glücklicher, als je
dein Vater war

iemand fand etwas am Krieg. Keiner auch schaute mehr richtig hin. Jeder Tag brachte sein nettes Quantum Tote und Hingeschlachtete. Das war normal. Der Krieg dauerte auch schon so lang, daß sich kaum noch jemand an seinen Anfang erinnern konnte außer an »das Weib«, Helena, die Gattin des gehörnten Menelaos, die der trojanische Prinz Paris (ach, die alte Gebetsmühlengeschichte . . .) verführte und nach Troja entführte, worauf Menelaos seinen Bruder Agamemnon dazu brachte, alle griechischen Fürsten zum Kriegszug gegen Troja zu verführen. Keiner wußte mehr, ob das wahr war. Die Geschichte war längst schon nur noch eine Geschichte, die man sich erzählen konnte, wenn man wollte. Wenn es regnete und sie im Schlamm in ihren Zelten lungerten, erzählte man sie, um die Moral zu heben. Keiner, außer Menelaos, der es wissen mußte, hatte Helena je gesehen. Jetzt saß Helena am Tisch von Paris oder lag in seinem Bett, hinter der Stadtmauer von Troja, wenn es denn Helena wirklich gab. So erzählten sie sich die Geschichte von Ehre und Würde und Schande und Rache und dachten sich nichts dabei.

In der phrygischen Ebene, am Flusse Skamandros, pflegten sie das Morden und Schlachten und Würgen als routinierte Kunst. Die Schiffe an den Strand gezogen, zu den Dünen hin; dahinter das griechische Lager. Auf der Ebene zwischen Fluß und Stadtmauer das Schlachtfeld. Hin und her. Hektor, der Tapferste der Trojaner, tötete Patroklus, den Freund des Achill. Achill, der Tapferste der Griechen, der lange im Schmollwinkel saß und aus Groll gegen Agamemnon nicht weiter mitkämpfen wollte, tötete Hektor und ließ ihn an dem Gürtel, den Aias nach einem unentschiedenen Zweikampf dem Hektor geschenkt hatte, zehnmal um die Stadt schleifen. Man macht sich Geschenke nach dem Gemetzel, abends nach Schlachtschluß. Das erheischt die Sitte. Man betreibt ein Geschäft: den Krieg. Es ist ein aristokratischer Krieg. Er besteht aus hohen Zweikämpfen, die von den Schlachtopfern der Gemeinen garniert werden. Geschenke erhalten die aristokratische Geschäftsfeindschaft. Man speist auch miteinander, nach Feierabend von Feind zu Feind, man tauscht Sklaven aus, macht sich Frauen zu Gastgaben (bis eben auf Helena), macht Frauen zur Beute, die man in der Umgebung jagt (bis eben auf Helena). Aias zum Beispiel, der große, der starke Aias, der einmal mit einem Sprung über die Schanze eine ganze von Trojanern umzingelte und also abschlachtreife Griechenhorde rettete, Aias hatte sich aus der Gegend um Troja herum Tekmessa gefangen, die Tochter von Bauern. Und sie gewann ihn lieb und gebar ihm einen Sohn. Tekmessa gewann ihn so lieb, daß sie vor Angst immer schier verging, wenn er kämpfen ging tagsüber. Nachts vertrieb sie ihm die bösen Träume mit ihrer Zärtlichkeit. Agamemnon und Menelaos schauten voller Argwohn auf diese Ehe, die ihnen nicht geheuer war. Glück war allein im Krieg zu haben, nicht im Bett. Die Liebe des Aias störte die Ordnung. Aber man brauchte ihn.

Im übrigen wußte man, was sich gehört. Auf allen Seiten.

Paris also schoß eines Tages mit einem Pfeil auf Achill. Der Pfeil, gelenkt von Apollon (Götter spielen auch mit) traf die einzig verwundbare Stelle des Achill, die Ferse, und tötete den Helden, der nach einem Bad im Styx, dem Fluß der Unterwelt, bis auf den einen Fleck dort unten am Körper unverwundbar war. Achill ist tot. Der Krieg geht weiter, der mit den Toten rechnet. Damit er weitergeht, leben die Toten weiter in dem, was sie hinterlassen: ihre Waffen zum Beispiel. Ein ganz normaler Tag also mit einem großen Toten. Ein normales Verfahren mit großen Gegenständen: Die Waffen des Toten werden dem ihm nächst Würdigen von einem Gericht zugesprochen. Agamemnon und Menelaos beeinflussen das Gericht, manipulieren Zeugen und Gutachter, intrigieren im Hintergrund und schummeln die Waffen des Achill dem Zweitwürdigsten zu, Odysseus, dem Listenreichen, dem Planungsgenie, dem intellektuellen Kopf des Generalstabs der Griechen. Ein ganz normaler Betrug, eine politische Opportunität. Odysseus ist empfindlich, Odysseus muß bei guter Laune gehalten werden, nachdem Achill, der nicht nur der Tapferste, sondern auch der Launischste der Griechen war, nicht mehr zur Verfügung steht. Aias aber, der Stärkste, die Eisenfaust, der Stahlbeißer, der Liebhaber, der Eigenkopf, »der Held mit dem Schild«, den Shakespeare sehr viel später in *Troilus und Cressida* ungerechter- und dummerweise zu einem hirnlosen Volltrottel gemacht hat, Aias, der Fürst von Euboia, der nicht aus Treue gegenüber Menelaos und Agamemnon, schon gar nicht aus Wut auf die geraubte Frau eines Schwächlings aus Sparta, sondern nur aus militärischem Interesse und sozusagen auf eigene Rechnung in den Krieg gezogen war, dieser Aias, der an keinen Gott glaubt, der keinen Grund für den Krieg anerkennt als nur den Krieg, der nicht opfert, nicht betet, an keinen höheren Zweck glaubt, die liebevolle Kampfmaschine Aias, die sich manchmal selber nicht geheuer ist, geht leer aus. Ihm, dem die Waffen des Achill nach Recht, Gesetz und Herkommen zustehen, ihm, dem Hektor einst sein bestes, schärfstes Schwert geschenkt hat, wird das Normale verweigert, was einem Aristokraten zusteht. Und plötzlich herrscht eine merkwürdige Angst, eine Spannung, ein Lauern und Abpassen im Griechenlager. Alle warten. Es ist eine neue Erfahrung für sie. Sonst warteten sie nur darauf, daß der Krieg mit irgendeinem Sieg zu Ende ging, an den keiner mehr glaubte; das war kein richtiges Warten, das war Zeittotschlagen. Nun aber könnte etwas passieren, worauf zu warten sich lohnte – in Angst und Schrecken zwar, aber immerhin.

Da, ein Brüllen, ein Schreien, ein bestialisch ersticktes Blöken und Muhen aus tausenden von Kehlen. Die Beutetiere der Griechen, Grundlage der Nahrung fürs Heer, werden niedergehauen, gemetzelt, aus ihren durchschnittenen Kehlen strömt Blut, das sich mit dem Schlamm des Bodens vermischt, so daß die Griechen durch eine gigantische Pampe von Bluterde stampfen müssen. Überall liegen Tiergliedmaßen herum, aus den Kadavern quillt Gedärm. Auch die Hirten der Herde: aufgeschlitzt, die Köpfe abgehauen. Und über allem mit strahlendem Gesicht: Aias, wie er Hektors Schwert handhabt, Tier um Tier tötet, einen großen weißen Widder bei den Hörnern packt, ihn an einen Pflock in seinem Zelt bindet und ihm bei lebendigem Leib die Haut vom Leibe zieht, ihn peitscht und sich diebisch freut über die Folter, die er ihm antut, zumal er den Widder als Odysseus tituliert. Odysseus aber steht mit vor Angst und Entsetzen geweiteten Augen in sicherem Abstand vom Zelt des Aias und läßt sich von einer Stimme, die er für die Stimme der Göttin Athene hält, sagen, was geschah: Aias glaubte, er habe das ganze Griechenheer geschlachtet einschließlich der Anführer; Athene aber, an die Aias nicht glaubt, hat ihm »den Sinn verwirrt«, und schon sah Aias in der Tierherde die Griechen. Einer gegen alle.

Der Tod läuft aus dem Ruder. Er wird zur Sensation. Wo er doch das Normale sein müßte. Das Schlacht-geschäft ist in Gefahr, wenn einer dessen Urgrund enthüllt und ihn blutig vorführt, den Wahnsinn, die abgrundtiefe Bestialität. Der hohe Fürst, umgeben von seinem Troß aus Euboia, stolzen Seefahrern, der Aristo-krat aus hohem Stamm, Sohn der Eriboa und des Tela-mon aus Salamis, dem Herakles einst die trojanische Prinzessin Hesione als Beute verlieh, die dem Telamon den Teukros gebar, den Stiefbruder des Aias, dieser Adelige aus bestem Stall, Zierde Griechenlands, begeht »im Wahn« eine absolute Schändlichkeit. Ein unerhör-tes Verbrechen. Aber was ist schon Wahn? Und was ist schon unerhört? Wahn ist eine Möglichkeit im Men-schen. Unerhört ist das, von dem diejenigen sagen, daß es sich nicht gehört, die das Unerhörte im Ge-hörigen verschweigen. Wahn ist etwas unerhört Aristo-kratisches.

Der Aristokrat Sophokles, der von 496 bis 406 vor Christi Geburt lebte, an die einhundertzwanzig Dramen schrieb, war der erfolgreichste Dramatiker des fünften vorchristlichen Jahrhunderts. Er heimste vierundzwan-zig erste Preise bei den Dionysien ein und schlug den älteren Aischylos und den jüngeren Euripides weit aus dem Feld. Er war der Sohn des größten Waffenfabrikanten des damaligen Griechenlands, war Freund des demokratischen Diktators Perikles, fungierte als Schatzmeister des Attischen Seebundes, war Staatsbeauftragter, Diplomat, ja sogar Stratege in Kriegszeiten, empfing hohe Staatsdotationen, war sehr wohlhabend, allseits beliebt, zeugte Söhne, die selbstverständlich auch Dramen schrieben. Als Sophokles starb, dichtete sein dramatischer Kollege Phrynichos: »Gesegnet Sophokles: Er lebte lange Zeit, vom Glück begünstigt und ein rechter Ehrenmann, verfaßte viele treffliche Tragödien, entschlief dann sanft, hat nie ein Leid erdulden müssen.« Dieser Ehrenmann und leidlose Lebenskünstler war fasziniert vom Leid, das aus der Seele kommt und dort darauf wartet, auszubrechen: weil jemand etwas tut, das er nach Sitte und Herkommen eigentlich nicht tun dürfte, das er aber tun muß, weil es über ihn verhängt ist. »Verhängt« meint ihm von fern her auferlegt. »Verhängt« meint, daß der handelnde Mensch unterm Zwang fremder Mächte, der Götter meist, handelt, kraft deren Weissagungen und Orakelsprüche. Und dann findet Sophokles auf sehr aristokratische, sehr demokratische Weise den Punkt, an dem der handelnde Mensch dieses Verhängnis auf sich nimmt, es sich zu eigen macht, es annimmt – und danach lebt und stirbt.

Wenn zum Beispiel Ödipus im *König Ödipus,* der unwissend das Verhängnis auslebt, die eigene Mutter geheiratet und den eigenen Vater erschlagen zu haben, sich die Augen aussticht, nachdem er Schicht um Schicht sein Verbrechen selbst aufgedeckt hat, dann kommt er irgendwann an den Punkt, an dem er, heimlich für sich, entdecken kann, daß er, wenn er die Sühne des Verbrechens so wunderbar auf sich nimmt, ja eigentlich auch das Verbrechen aus sich selbst und vielleicht doch weniger aus Verhängnis und Götterwillen begangen hat.

Denn wenn dem von seinen leiblichen Eltern ausgesetzten und von Zieheltern aufgezogenen Knaben prophezeit wurde, er werde den eigenen Vater erschlagen und die eigene Mutter heiraten — wieso erschlug er dann am Kreuzweg jenen älteren Herrn, der sich später als sein leiblicher Vater herausstellen sollte? Wieso schlug er zu? Wieso heiratete er in Theben die ältere Frau, die seine Mutter hätte sein können — und die es dann auch war? Wieso kroch er in ein Bett, in das er so offensichtlich nicht gehörte? Da zeigt Sophokles, dem als Aristokrat die Götter als Staatserhalter und Ordnungsmächte auf Erden viel wert waren (man konnte mit ihnen das Volk stark beeindrucken), daß die Götter wenig taugen, wenn es um die Triebe, die Lüste, den Wahnsinn, den Stolz, die Bestialität, das Empfinden in den Menschen selbst geht. Sophokles enthüllt im Prunk und Glanz der Rüstung der Götterordnung die horrende Einsamkeit der menschlichen Seele im blutigen, pochenden Puls: dann, wenn sie zuschlägt und schier zerreißt. Herzzerreißender, nackter, brutaler und merkwürdigerweise auch zarter als im *Aias* hat er das kaum sonst demonstriert. Er schickt den Aias mitten in den fünfziger Jahren, als Sophokles hoch in seinen Dreißigern war, in den wahnsinnigen Tanz. Es ist die Zeit, als Athen nach den Siegen über die Perser in den achtziger Jahren anfängt sich auszubreiten, fremde Völker zu unterjochen, sich zu überheben, Geschmack am Krieg als der Fortsetzung der Politik mit anderen Mitteln zu finden. Es ist auch die Zeit, als die Aristokraten beginnen, auf ihre Art auf die Demokratie zu pfeifen.

Das Wehgeschrei des Aias, der, aufgetaucht aus dem Blutrausch, erwacht vom Wahn, mit zerrauften Haaren und zerkratztem Gesicht aus dem Zelt stürzt, gellt schrecklich in zivilisierten Ohren. Wie er auf das Blut

ringsum, die abgehackten Hufe, die aufgeschlitzten Leiber starrt, die zerschundenen Kadaver sehen muß und
in all dem ja nur in einen Spiegel schaut, aus dem ihm
die Fratze des Todes entgegengrinst, die niemand sonst
mehr wahrnimmt im alltäglichen Schlachtgeschäft: das
ist die Musik des Schreckens, den niemand mehr be-
rechnen kann. Das ist das Gebrüll, das Weinen, das
Heulen des Ausbruchs aus aller Ordnung: »in Lauten,
wie ich sie nie zuvor von ihm vernommen hatte«, wie
Tekmessa, die Frau und Geliebte des Aias sagt, die ihn
am besten kennt, die seine Herztöne sonst belauscht
und nun Dinge hört, die aus dem Abgrund hervorgellen,
der Mensch heißt. Aber nur wer das Liebste kennt,
kennt auch das Böseste. Insofern müßte *Aias* eigentlich
Tekmessa heißen. Sie ist dem Kern des Dramas am nächsten. Die Bestie hat ihren Triumph gefeiert. Und die
Bestie erschrickt vor der Bestie. Es ist der Moment, den
Väter fürchten, die bisher immer nur gegen andere gesiegt haben: daß die Niederlage gegen sich selber, die die
größte Niederlage ist, die Söhne noch überleben könnte
und deren Hirn vergiften und neue Niederlagen kommender Generationen stiften könnte. Es ist der Moment,
in dem der Mensch »Basta!« zum Schicksal ruft und
einen Fluch, ein Erbteil austritt, gründlich, wie mit dem
Schwung einer kräftigen Ferse. Es ist der Moment, wo
der Mensch groß wird in seiner Scham und Scheußlich-
keit und Einsamkeit und Verlassenheit.

Aias nimmt seinen kleinen Sohn Eyrisakes beim
Schopfe und wünscht ihm »leichten Lufthauch«, un-
beschwertes Sichtummeln, die Zärtlichkeit der Mutter,
keinen allzu bewußten Verstand: »Mein Sohn, sei glücklicher, als je dein Vater war, doch sonst wie er!« Das
ist der Segenswunsch für ein schuldenfreies Erbe, un-
belastet von der Hypothek des Todes und, ungesagt,

auch des Krieges. Der Stärkste der Griechen, der Kriege-
rischste der Krieger denkt an seinen Sohn, Kind einer im
Krieg geraubten Sklavin, wie an einen Schmetterling,
der hinter dem Troß herflattern solle in schwereloser,
heiterer Luft ohne Fühlung zum Tschingderassabumm.
Es ist ein wunderbar ziviler Moment im Trojanischen
Krieg.

Dann geht die empfindsame Bestie hin, pflanzt das
Schwert, das ihr einst Hektor schenkte, in den Sand
drunten am Strand, grüßt noch einmal Sonne, Mond,
Sterne und Wolken und bittet sie um Grüße an die fernen Eltern daheim. »Dies ist das letzte Wort, das Aias
zu euch spricht. Was bleibt, will ich im Hades zu den
Toten sagen.« Dann stürzt er sich in sein im Sand auf-
gepflanztes Schwert.

Die Kadaver, die Aias metzelte, sind weggeräumt, der
Blutschlamm ist frisch umgepflügt, heller Sand darauf-
geschüttet. Nun prangt der Held als Leiche, aus der
unaufhörlich dunkles Blut strömt, als hätte Aias noch
sieben Leben in sich. Und da erst zwei Drittel des
Dramas vorbei sind, fängt Aias als Toter erst zu leben
an. Zu Lebzeiten hat er durch seinen Eigensinn ge-
stört. Als Toter ist er der wahre Skandal: das kadavrige
Monument einer Ungeheuerlichkeit, die den Tod aus
dem geschäftsmäßigen Ruder laufen ließ. Der tote Aias
ist den Feldherrn der Griechen fast noch peinlicher als
der lebende. Denn die Toten gelten viel in einem Krieg.
Sie lassen sich als Beispiele verwenden, in die Front
der im Geiste Mitkämpfenden einreihen; ihr Opfer, so
heißt es immer so schön, soll nicht umsonst gewesen
sein. Also müssen diejenigen, die dieses »nicht umsonst« viel kostet, weiterkämpfen. Ein Aias aber ist nicht
einzureihen. Ein Aias hat den Tod diskreditiert und den
Krieg blamiert. Menelaos und Agamemnon verweigern

ihm ein Begräbnis. Die wilden Tiere der Erde und des Himmels, Schakale und Geier, sollen ihn in ihren Mägen beerdigen.

Teukros, der Stiefbruder des Aias, wütet höhnisch und aufmüpfig gegen Menelaos und Agamemnon, zieht ihnen alle Gründe unter den Füßen weg, einem souveränen griechischen Fürsten, einem Aristokraten ein Begräbnis zu verweigern, dem niemand etwas zu befehlen gehabt hätte, der niemandem zu folgen gebraucht hätte, der sein eigener Herr gewesen sei und seine eigene Ordnung verköpert hätte. Und seinen eigenen Tod. Und seine eigene Schande. Je brillanter er formuliert, je leidenschaftlicher er argumentiert, je witziger er seinen Bruder rechtfertigt, desto bürokratischer, rechthaberischer raunzen die beiden Feldherrn-Brüder zurück. Im »Schluß-jetzt!«-Ton, im Herr-im-Haus-Standpunkt. Aber je mehr sie auf verletzten Gehorsam verweisen und auf die Unbotmäßigkeit des Toten, desto größer machen sie ihn. Menelaos zu Teukros: »Du nennst es Recht wohl, wenn mein Mörder Vorteil erntet?« – das schreit er, als sei er tot und als lebe Aias noch. Agamemnon: »Nicht die Riesen mit den breiten Schultern stehen unerschütterlich im Kampf, nein, immer setzen sich die Klugen durch!« – als stehe der Riese Aias jeden Moment von den Toten wieder auf. Während er die scheinbar unedle Herkunft des Teukros, Sohn einer Kriegsgefangenen, schmäht, gibt Teukros zurück, spuckt auf »das Weib« des Gehörnten, also auf den ganzen Kriegsgrund, und erzählt, was alle Welt weiß, aber alle Welt bisher immer mit Schaudern und in großen Dramen erzählt hat: »Du weißt doch ganz genau, wer deinen Vater zeugte: Der alte Pelops, ein Barbar aus Phrygien! Dein eigener Vater aber, Atreus, hat, das Schlimmste, dem Bruder dessen Kinder vorgesetzt zur

Mahlzeit! Und die gebar ein Weib aus Kreta, das dein Vater mit einem fremden Kerl ertappte und zur Strafe als Fraß den stummen Fischen vorzuwerfen wünschte!«

Es wird Klartext geredet. Der Mythos gilt nichts mehr, der Purpurmantel der Ideologien und der alten Geschichten ist zerschlissen, die Sache, um die es geht, steht abgenagt bis auf die Knochen da. Teukros gibt den Führern des Krieges keine Chance, auf irgend etwas anderes zu pochen als auf den nackten, bloßen Krieg, den sie wegen etwas führen, das ihnen gleichgültig sein muß. Sie sind irgendwann einmal zu Schlägern, Haudegen ohne Grund und Glauben und Boden geworden, zu Totenbeschwörern und Leuteverheizern, die die Hosen voll haben, wenn ein Toter daliegt, mit dem sie im Leben nicht fertig wurden. Tote Seelen, die sich in klapperige Kampfmaschinen zurückgezogen haben, die sie »Körper« nennen und die sie nach einer Ordnung bewegen, gegen die niemand verstoßen darf. Aus Nase und Mund des toten Aias aber rinnt unaufhörlich Blut. Wäre nicht Odysseus, der Kluge, der Listige, der Vorsichtige, gekommen und hätte nicht vernünftig geredet und auf die göttliche Ordnung verwiesen, die verlange, daß man auch den schlimmsten Feind beerdige, und hätte Odysseus diese göttliche Ordnung nicht durchgesetzt nach höherem Recht und Gesetz, dann wäre der tote Aias wohl nie von der Bildfläche verschwunden. Hätte da gelegen, geblutet und den Krieg unmöglich gemacht. Womöglich hätte mancher etwas dabei gefunden. So aber geht der Krieg weiter, Jahr um Jahr. Und keiner findet etwas dabei.

Pompe funèbre. Der kleine Sohn muß mithelfen, den Leichnam seines Vaters emporzuheben und zum Grabhügel zu tragen. Fast reichen seine Arme nicht hinauf; die Rüstung des Toten erreicht er nur mit den Finger-

spitzen. Über der Rüstung blitzen und glänzen Sonnen-
funken, und der Kleine hört noch einmal die letzten
Worte, die sein Vater zu ihm sprach: »Mein Sohn, sei
glücklicher, als je dein Vater war.« Und er fühlt eine
große Leichtigkeit, die ihn ins Leben hineinträgt, fort
vom Elend des Kriegs mit den alten Männern. Hin
zum Glück des Kriegs mit den jungen Frauen.

XXXVIII.

Don Juan oder Hans
im Höllenglück

er Krieg um Troja dauerte zehn Jahre. Die
Alten, die dort kämpften, sich gegenseitig
umbrachten und den Tod registrierten wie
saubere Akten, die auf beiden Seiten, der
griechischen wie der phrygischen, gleichmäßig und unentschieden anwuchsen, griffen am Ende
zur List, um dem ewigen Ende ein Ende zu machen.
Die einen bastelten ein riesiges Pferd aus Holz, in dessen
Bauch sie sich versteckten. Die anderen glaubten, die
Feinde seien abgezogen und schafften das Pferd als
Siegesbeute in die Stadt. Dort kletterten die einen im
Schutz der Nacht aus dem Pferd, mordeten alle anderen,
Frauen und Kinder zuerst, Greise, Soldaten, Krieger
zuletzt, und zündeten die Stadt an, legten sie in Schutt
und Asche. Es war das Feuerwerk der Väter, der große
tödliche Bluff am Anfang aller Geschichte. Die Väter
hatten die Welt kaputt gemacht. Jetzt blieb ihnen nur
noch, ihre Kinder aus der kaputten Welt entkommen
zu lassen, ihnen zur Flucht zu verhelfen. Und sei es die
Flucht in die schönen, schrecklichen Geschichten, die
sie von den Vätern erzählen konnten. Oder die Flucht
in die Legenden von den Vätern, mit denen die Kinder
sich trösten könnten. Oder die Flucht in den Mythos,
in dem die Menschen übermenschlich groß übermalt
überleben. So würde Troja langsam aber sicher zum

Gemälde, die Flammen zu Ölfarben. Das funktionierte nicht immer.

Jahrtausende später stand Troja immer noch in Flammen. »Feuer, Feuer! Ich verbrenne! / Ein Glutsturm verschlingt mein Hüttlein! / Laßt gellen die Feuerglocke, / Freunde! Meine Augen schütten / schon Wasser, schütten und schütten. / Lichterloh entflammt, verwandelt / sich meine dürftige Kate / zum zweiten Troja; denn Amor / zündet, seit es keine Trojas / mehr gibt, gern auch Hütten an.« Es ist der herzzerreißende Schrei, der aus zerrissenem Herzen kommt. Er gellt von den Lippen eines Fischermädchens über den Strand von Tarragona. Tisbea, die Fischerin, ist geschleift, genommen, zerstört, verbrannt wie eine Festung. Hinter der nächsten Düne sitzt ihr Eroberer auf einer Stute, die er am Vorabend vorsorglich hatte satteln lassen – und lacht voller Genuß. Die herzzerreißenden Schreie von Frauenmündern liebt er über alles. Wenn Frauen reden, mag er das nicht so sehr. Machen sie den Mund auf, verschließt er ihn mit einem Kuß. Öffnen sie ihm ein wenig nur ihre Seele, dringt er sofort in ihren Körper ein, zieht sich daraus wieder zurück und sprengt brüllend vor Lachen weiter zur nächsten. Als Lohn bittet er sich die Schreckens- oder Schmerzensschreie der Betrogenen aus. Es mögen im Laufe seiner jungen Jahre Dutzende gewesen sein. (Von einem seiner Nachfolger, einem Großhans, der nach Jahrhunderten noch etwas von seiner, des Klein- hänschens Seele hat, wird einmal dessen Diener zynisch singen: »Und in Spanien tausenddrei...«, aber da über- treibt er ein bißchen; Domestiken übertreiben immer gern.) Für diese Schmerzensschreie eigentlich lebt Don Juan nur. Seine Kameraden gaben ihm den Spitznamen »Hektor von Sevilla« und transferierten ihn damit sozu- sagen direkt von Troja nach Spanien. Als sei er der Held,

der Feldherr der Stadt in Kastilien. Er aber ist nur
eigentlich der kleine Hans. Sein Spitzname ist ein Väter-
name. Sein Jungenname ist Don Juan Tenorio. Don
Hänschen.

Hänschen ist unsagbar leicht, hat fast kein Gewicht.
Er ist so leicht, daß man Mühe hätte, sein Gesicht zu
erkennen. Es scheint kaum mehr als heiße Luft. Tisbea,
die kleine, hochgebildete Fischerin, hat es gleich geahnt, als sie den Tropfnassen im Schoß hält: »Ihr wirkt
wie ein Trojapferd, / mir vor die Füße gespült, / das
triefend Wasserbauch spielt, / und seid ein glutvoller
Herd. / Wenn Ihr soviel Hitze kriegt / als tropfnasser
Wassermann / – was stellt Ihr getrocknet an?« Hänschens Väter und Onkels und Könige hatten ihm, ganz
im trojanischen Stil, beigebracht, daß das Leben ein
Krieg sei, zu bestehen nur durch Kriegslist, durch
schnelles Finassieren, Taktieren, Ausweichen. Sie hatten
Kriege noch um eine Frau geführt. Er führt jetzt ganz
leicht, ganz spielerisch den Krieg gegen die Frauen. Er
tritt auf als das Kriegsspielzeug, er ist das trojanische
Pferd, das jeden Tag eine andere Form hat (da ist Hänschen ganz verwöhntes Kind, er braucht immer was
Neues), aber immer denselben Inhalt: ihn. Er aber ist
ganz leer.

Noch vorvorgestern war er unter der Maske des Herzogs Octavio, der unsterblich in die schöne Isabella
verliebt ist, ins Königsschloß von Neapel eingedrungen. Hänschen hatte dort Witterung aufgenommen. Er
löschte alle Kerzen im Gang vor dem Zimmer der
Schönen, drang ins Gemach und betörte im Schutz der
Dunkelheit Isabella mit der Stimme des Herzogs, ließ
ihr »was in den Schoß fallen«, nicht ohne ihr die Ehe,
ewige Treue und was sonst noch alles versprochen zu
haben. Als sie Licht machen wollte, da sie den Betrug

schmeckte, und zu aller Peinlichkeit auch noch der König dazutrat, war Don Juan sehr schnell verschwunden, lachend und feixend. Und horchte, ob da noch was kam. Richtig, da tönte er auch schon durch die Nacht: der Schmerzensschrei der Frau.

Hänschen ist ein Hans im Höllenglück. Der Hans im Märchen tauscht den Goldklumpen gegen eine Kuh, diese gegen ein Schwein, dieses gegen eine Gans, diese gegen einen Mühlstein, bis er gar nichts mehr hat. Don Juan tauscht nur die Masken, unter denen er den Frauen den trojanischen Hengst macht. Er verwischt dabei sein Gesicht so sehr, daß die Frauen in die blanke Lüge schauen, wenn sie ihm in die Augen blicken. Und er schaut auch nie in Frauengesichter, er sieht keine Augen, keine Münder, keine Wangen, keine Stirn, keinen Ausdruck, kein Begehren, kein Schmelzen, keine Hingabe, kein Sichöffnen, kein Strahlen. Er sieht immer nur in Gelegenheiten hinein, über die er lacht. Die Alten, die Väter, die Onkels, die Könige, die von seinen Schandtaten hören, ihn verbannen, ihn über Balkone entkommen lassen (»Das, mein Junge, war aber jetzt zum allerletzten Mal«), ihn dazu zwingen wollen, die eine oder die andere betrogene Dame zu heiraten, auch diese Väter haben keine Gesichter. Sie scheinen wie Akten so grau, wenn auch seufzende, gütige, etwas trottelige Akten. Wie schön kann Don Gonzalo de Ulloa, Großkomtur des Königs Alfonso von Kastilien, zum Beispiel von Lissabon schwärmen, das Weiße, Strahlende, Köstliche, Meergesegnete dieser Stadt, das Schwellende ihrer sandigen Brüste rühmen, die Glut ihrer Wirtschaft, die Wollust ihrer Seebeherrschung – und wie dürr sind seine Worte, wenn die Rede auf seine Tochter Doña Ana kommt. Wie beredt schwatzt der alte Don Diego Tenorio, der Vater des Don Juan, von der Ehre, wie wortkarg nur von seinem Sohn, seinem Fleisch und Blut. Früh schon muß sich Hänschen ins Spielgehäuse des trojanischen Pferdes geflüchtet haben, früh schon dem Ernst, den Schlachten, den Akten, den Intrigen, dem Hin und Her der Alten in ihrem ewigen Lirumlarum-Troja, ihrem lebenslangen Krieg entkommen sein. Und früh schon spürte er, daß er den Quark der Väter nicht loswurde. Er fand nur ein anderes Schlachtfeld.

Die Frauen »aufs Kreuz zu legen«, dazu treibt ihn »tödlicher Zwang«, eine unbezwingbare, böse Lust. »Die Geißel der Frauen«, wie ihn sein Diener Hasenfuß nennt, liebt nicht das Spiel mit der Liebe, er liebt die Fopperei, an deren Ende die Liebe zerstört ist. Sein Diener Hasenfuß nennt ihn den »Spottvögler von Sevilla«. Er genießt nicht die Körper, das Erglühen und Vergehen der Frauen in ihrer Liebe, er genießt es, diese Lust zu düpieren, zu veräppeln, niederzuziehen. Genauso wenig wie die Alten ein Interesse an der Frau hatten, um die sie Krieg führten, hat Don Juan Tenorio ein Interesse an den Frauen, gegen die er seinen Spaßkrieg führt. Die Alten hatten eine Moral, einen Zweck in ihrem Streben. Don Juan hat nur noch ein Geschäft: »Frei sei die Lust, frei sei der Tausch.« Er wählt die Marktwirtschaft der Liebe. Sein Krieg ist ein Stellungskrieg, der sich nach dem Angebot richtet. Und er allein ist immer: die Nachfrage.

Später, irgendwann, zum Beispiel bei Molière (*Don Juan,* 1665), bei Mozart und da Ponte (*Don Giovanni,* 1787), bei Grabbe (*Don Juan und Faust,* 1828), bei Horváth (*Don Juan kommt aus dem Krieg,* 1935), Max Frisch (*Don Juan oder die Liebe zur Geometrie,* 1952) und Jean Anouilh (*Ornifle oder Der erzürnte Himmel,* 1955) wird Don Juan dem Krieg entkommen, wird er eine

Legende, ein Mythos, eine Gestalt, die ganz in Rhetorik, Musik, Eros, Verführerkunst, Abenteurertum, Gewalt, Herrschsucht, Freibeutertum, Gotteslästerei, Rätsel-haftigkeit, auch Lächerlichkeit aufgehen wird: die große lüsterne Gegenfigur zu allem, was an Ordnung und Recht und Glauben besteht. Aber immer hört man bei ihm eine Tonart von Qual und Getriebenheit mit, das d-Moll des Himmelhundes, der zur Hölle fährt, auch wenn er als sexueller Großunternehmer und Revue-texter bei Anouilh nur vom Blitz getroffen wird, bei Horváth als Schneemann vereist oder bei Max Frisch sogar zum Ehemann verkommt, der langsam vergreist – die schlimmste Strafe für einen Don Juan: die Bürger-lichkeit.

Jetzt aber, 1617 in Spanien, wo er zum ersten Mal auftritt, als Ur-Don-Juan, ist er noch ganz Nur-Mann, rohes Geschlechtskerlchen, Kriegsspieler, Feldherr auf dem Venushügel. Er ist der Held einer Komödie, die der Mönch Gabriel Téllez schrieb, der, als er im Kloster der Mercedarier zum Dramatiker wurde, sich Tirso de Molina nannte. Tirso de Molina, aus Madrid gebür-tig, bereiste für seinen Orden die Welt, missionierte, predigte und schrieb über dreihundert Dramen. Er lebte von ungefähr 1570 bis 1648, vielleicht auch nur von 1583 bis 1648. Nichts faszinierte ihn so sehr wie die Masken, unter denen Menschen sich verstecken und unter denen sie ihren Charakter oder ihre vielen Charak-tere offenbaren. Es ist dies eine sehr katholische drama-tische Kunst, in der öffentlich auf der Bühne Beichte gehört wird. Die Maske ist zugleich das Kleid der Sünde, nicht der zu sein, der man sein könnte, und das Hilfsmittel des scheinheiligen Bekenntnisses, mehr zu scheinen, als man ist. Es ist die Beichte, an deren Ende keine Reue steht, nur die Enthüllung, höchstens das Geständnis, keine Vergebung der Sünden, nur die Gnade der Vorsehung, die zufällig so funktioniert, daß sich alles bestens fügt. Nichts ist im Grunde gut am Ende, alles nur oberflächlich in Ordnung gebracht. Die Oberfläche ist immer katholisch: Die Form heilt den Inhalt. Und dagegen sollen die Protestanten erst einmal anspielen.

In Tirso de Molinas *Don Gil von den grünen Hosen,* ebenfalls aus dem Jahr 1617, gibt es vier Don Gils in grünen Hosen, von denen keiner Don Gil ist, mindestens aber drei davon Frauen sind, die sich als Don Gil verkleidet haben, weil ein Mann namens Martin seiner Verlobten Juana untreu wurde und unter dem Namen Don Gil um Doña Ines wirbt. Aber Doña Ines wird von Juana in der Maske des Don Gil nun auch der Hof gemacht. Und in dieser Don-Gil-Maske flirtet Juana ebenfalls mit Clara, der Freundin der Ines, während sie, Gipfel der Maskenlust und der Lustmasken, mittels eines Briefchens bei Ines den Eindruck erweckt, Don Gil sei in Doña Elvira, also in die Frau verliebt, unter deren Namen sich Juana bei Ines als Freundin eingeführt hatte, um ihr in zwei Geschlechtern nahe zu sein. Die fast ins Unendliche zu vervielfachende Maske des nicht existierenden Mannes hilft den Frauen, sich durchzusetzen, ohne daß unter den vielen Masken erkennbar würde, welches Gesicht dabei mit abgegangen sein könnte, wenn die Masken dann fallen, oder welche Maske vielleicht das ehrlichere Gesicht war: das Frauengesicht unter der Männermaske oder das Männergesicht über der Frauenmaske. Aber das war nicht das Metier eines dramatischen Mönches, darüber wußte Shakespeare besser Bescheid, der eine Religion nicht kannte. Die doppelte Doppellüge führt einen Don Gil, den es nicht gibt, in ein Glück, das es geben muß: denn der

Himmel, den der dramatische Mönch über sich wußte, nickt dazu. In Tirso de Molinas *Spottvogel von Sevilla und seinem steinernen Abendgast* ist es zwar umgekehrt: Die Masken des Mannes, vervielfacht, führen in die Hölle. Aber auch hier nickt der Himmel dazu.

Das Schöne dabei ist, daß der Himmel hier dort liegt, wo er eigentlich auch hingehört: auf den Lippen der Frauen. Wie schön ruft Tisbea, die in Flammen stehende, die brennende Festung, die Glühende, die Troja-Frau, die alle Liebesannäherungen der Fischerbuben von sich wies, die ganz ohne Liebe leben wollte und sich nur dem Don Juan ergab in seiner Maske des trojanischen Liebhabers, wie schön ruft sie den Himmel an, redet vom Gott Amor, aber beschwört in Amor immer auch nur den Gott über allen Göttern. Und so redet sie auch von der »Todesmeile«. Aber Hänschen entgegnet im Knittelversmaß: »Das ist eine gute Weile.« In dieser Weile lauert er auf die Schreckensschreie von Frauenlippen, nicht auf den Himmel, der von ihnen kommen könnte. Darin, daß er nicht auf das Himmlische in den Frauen hört, liegt mehr sein Verbrechen als im Liebesbetrug. Hänschen ist herzenstaub, zieht sich eine neue Maske über und eilt zum nächsten Überfall.

Zwischendurch sieht man würdige Greise, den König, den Vater, den Komtur, beim Versuch, Ordnung zu schaffen: Don Juan werde, das verspricht der König dem Komtur Don Gonzalo, dessen Tochter Doña Ana heiraten; aber als der König erfährt, daß Don Juan die Herzogin Isabella verführt hat, soll Don Juan nun gleich die Isabella heiraten, dafür erhält dann Octavio die Doña Ana. Man stopft ein Loch, wo es sich gerade auftut, flickt Flecken im Akkord. Und immer steht Don Diego Tenorio, Don Juans Vater, dabei, ringt die Hände, grummelt Verzweiflungstiraden in seinen Bart und findet sich zum Erbarmen, geschlagen mit so einem Sohn, der aber, wohlgemerkt, ein Edelmann und als solcher nicht ganz schlecht sei – weswegen die Alten immer nach dem Hintertürchen suchen, durch das der Kleine entkommen kann. Das Hintertürchen ist entweder eine kleine Verbannung oder eine Heirat oder eine andere Heirat. Sie wirken wie die rührenden Nußknacker, die Schachfiguren in einem Kriegsspiel bewegen, die ihnen gar nicht mehr gehorchen. Sie denken immer: Zug gegen Zug. Don Juan aber denkt nur: Zug um Zug. Sein Feld liegt anderswo. Auch er stopft Löcher, auch er flickt Flecken, auch er spielt das Spiel der Alten – nur auf einer anderen Klaviatur. Sie sind dauernd unernst in ihrem Ernst. Don Juan ist dauernd ernst in seinem Unernst. Die Alten glauben mit tränenden Augen, es sei eine Sache der Ehre und der Liebe, in der es um alles gehe. Don Juan aber führt ihnen vor, daß er einen Krieg führt, in dem es ihm um nichts geht. Und wie er dieses Nichts genießt in seiner »Spottvögelei«, das ist seine Lust. Zeit und Ort spielen keine Rolle. Am liebsten ist ihm die Nacht (die Alten tapern immer im Tageslicht umher).

In der Nacht der Nächte, der Nacht der Schlacht mit Doña Ana, hat Don Juan sich vom Marqués de la Mota den roten Umhang ausgeliehen. Der Marqués liebt Doña Ana und schwärmt dem Don Juan von deren Schönheit und Biegsamkeit und Schmiegsamkeit vor. Don Juan fängt ein Briefchen ab, das Doña Ana dem Marqués zugedacht hatte und das die Stunde des nächtlichen Stelldicheins (elf Uhr) signalisiert, flüstert dem Marqués aber zu, die Doña erwarte ihn um Mitternacht. Der Marqués revanchiert sich für den scheinbar so selbstlosen Liebesbotendienst und nennt dem Hänschen ein paar gute Adressen im Hurenviertel von Sevilla,

dort, wo die tollen Portugiesinnen Dienst tun (»Hängt
Euch meinen Mantel um, / der ist dem Hürlein bekannt; / und dieses Feuergewand / erleichtert wohl Euer
Spiel«) und meint, Don Juan gehe zu losen Weibern,
während er mit Musikanten und unter Absingen melancholisch schmutziger Lieder selber noch ein wenig bei
den Nutten vorbeischaut. Was schon zeigt, daß es auch
den wahren und nicht nur den kriegführenden Liebhabern um die wahre Liebe nicht ging. Und nun, rasch,
ins Haus der Doña Ana, schnell das Licht gelöscht und
dem Mädchen ans Fleisch – und wieder der Schrei! Dies-
mal aber nicht danach, sondern davor. Kein Schreckensschrei, ein Empörungsschrei: »Nein du bist nicht der
Marqués! Betrüger!...Teufel, Menschentier, du lügst,
du lügst.« Und wieder das Gelächter im Flur, das höhnische Meckern, die Siegeslache des Don Juan, die ihm
auch beikam, wenn er keinen Sieg errang, sondern einfach eine schöne Gelegenheit zum Foppen schuf. Der
Vater in der Tür, den Degen gezogen: »Spring über diese
Klinge!« Doch Don Juan läßt den Komtur über seine
Klinge springen, wirft die Maske ab und verschwindet.
Da er aber in der Maske des Marqués auftrat, wird der
Marqués wegen Mordes verhaftet – von Don Diego, dem
Vater Don Juans, Oberschatzmeister des Königs (ach,
die guten Alten): »Man mache kurzen Prozeß.« Schon
als Don Juan im neapolitanischen Königsschloß nach
der Spottvögelei mit Isabella in der Maske des Herzogs
Octavio auftrat, wurde Octavio an Don Juans Stelle in
Haft genommen. Die Masken, die Don Juan benutzt,
ziehen nicht nur Schreckensschreie, sondern auch Gesichter nach. Er ist der Stellvertreter der Liebhaber bei
den Frauen; und die Liebhaber, die er vertrat, vertreten
ihn dann bei den Konsequenzen aus dem Liebesabenteuer. Don Juans Krieg kommt nicht ohne Hilfstruppen

aus. Zwischen Himmel und Hölle schunkelt höhnisch
die Komödie ein Tänzchen.

Don Juan ist, unbefriedigt vom Körper Doña Anas,
aber frisch gestärkt durch einen tödlichen Stich in die
Leber des Komturs, der Pointe seines Foppspiels, hoch
erhitzt auf der Flucht. Er sieht durch Büsche, hört
Humtata, Lachen, Singen, Hochrufe, eine Bauernhoch-
zeit. Noch schweißnaß vom Ritt nimmt er Platz, stößt
den Bräutigam zur Seite, greift (»Weg da«) nach den
besten Brocken auf dem Tisch und verspricht dem
Mädchen, das hier Braut ist, die Ehe, schwört heilige
Eide als Ehren- und Edelmann. Er schmeichelt dem
Vater der Braut, der einen Adeligen als Schwiegersohn
lieber hat als einen Bauern. Er belügt den Bräutigam,
der dem Adeligen glaubt, daß seine Braut lieber einen
Adeligen hätte als einen Bauern. Er protzt in der Maske
des Edelmanns und kriecht mit Aminta ins Bett (»Schau,
es ist ein Muß«), wo er von ihren Lippen wieder »Gott«
und »Tod« und »Rache« hören könnte, wenn nicht seine
Augen seine Ohren betäubten und er seinen Händen
mit den Augen folgte übers Schlachtfeld, wo er mit
fiebrigen Fingern Siege feiert und nur lauscht, bis der
erste Schreckensschrei kommt. Dann auf und davon und
zu Pferd und im brausenden lachenden Kopf doch noch
die vage Erinnerung daran, daß er unter seiner Maske
dem Mädchen geschworen hatte: »Wenn ich je mich dir /
gegenüber treulos zeige, / dann, so flehe ich zu Gott, /
soll er dafür sorgen, daß ich / heimtückisch und hinter-
rücks / getötet werde von einem Mann ... von der Hand
eines Toten. / Daß es die Hand eines Lebenden tue –
das verhüte Gott.« Aminta hatte darauf nur gelächelt:
»Nun also, nach diesem Schwur / bin ich deine Frau.«
Sie hatte auf Tod und Gott und den toten Mann, der
ihre Ehre rächen würde, vertraut. Und wenn er »Liebe«

sagt so leichthin und »Amor«, dann verschmilzt es in
ihrem Kopf und in ihrem Körper mit »Tod« und
»Gott« und »Rache« – und sie erschauert vor Süße und
Jenseitigem und Gehorsam. Wo der große Herr, dem
der Grund gehört und dessen Vater dem König am
nächsten steht, »Liebe« begehrt und »Gott« ins Spiel
bringt, muß was dran sein. Don Juan aber weiß, daß
tote Männer ihre Beerdigung haben müssen, aber nur
in ihren Waffen weiterleben. Kein Aias, kein Achill,
kein Hektor kommen aus ihren Gräbern hervor. Tot ist
tot. Bei Toten läßt es sich ebenso gut schwören, wie als
Edelmann sein Wort einer Bäuerin gegenüber brechen.
Die Toten sind Standbilder, stehengebliebene Masken
vergangenen Lebens, Marmorhüllen. Kriegerdenkmäler,
die den nächsten Feldzug nicht verhindern.

Kichernd zu Pferd, vom schnaufenden und angst-
vollen Diener Hasenfuß begleitet, Amintas Schreie im
Rücken, neueste Nachrichten in Sevilla: Heirat mit
Isabella ist königlicherseits befohlen, Ohrfeige für
Hasenfuß wegen dieser Nachricht, Nachtquartiersuche.
Nachtquartier gefunden: in einer Kirche, in der Gruft.
Es geht jetzt Schlag auf Schlag. Der Rhythmus wird
hastiger. In der Gruft das Grabmal des von Don Juan ermordeten Komturs. Hänschen lacht lauter. Er schnauft
auf. Er greift der Statue des Komturs, die der König
überm Grabmal hatte aufstellen lassen, an den Bart,
schaut in die marmorn gemeißelten Augen, berührt
die kalte steinerne Hand und hat zum ersten Mal im
Leben das Gefühl, in ein Gesicht zu schauen, ein Gesicht
überhaupt wahrzunehmen. Er konnte sich nicht daran
erinnern, wie sein Vater, sein Onkel, wie der König aus-
sahen. Zum ersten Mal sieht er einen Alten wirklich.
Er kann von dem Bart der Statue gar nicht genug
kriegen, krault, liebkost den behauenen Stein – und lädt

den Komtur zum Abendessen ein. Nachtmahl. Diener singen. Diener servieren. Es klopft. Der Steinerne Gast erscheint. Hasenfuß hat die Hosen voll, bibbert vor Angst, hat genug gegessen. Der Komtur ist eisig und höflich, nickt steif und lädt Don Juan nun seinerseits zum Abendessen ein: in die Gruft. Mit Handschlag. Don Juan wird es eisig heiß im Körper. Er weiß: Tot ist tot. Und wenn die Toten schon auferstehen, dann wäre es eine erbärmliche Angst, sich vor Toten zu ängstigen. Er geht zum zweiten Abendmahl, »damit Sevilla entsetzt / meine Tollkühnheit bestaune«. Es soll ein Spiel sein, weiterhin. Eine Corrida. Der Stier ist nicht mehr die Frau, die er erledigt mit genau abgezirkelten Bewegungen. Der Stier soll jetzt ein Toter sein, mit dem er zur Mutprobe geht: das Diner in der Gruft. Es geht um nichts als um die Show für die Stadt. Nur ist es jetzt nicht mehr er, der das Spiel spielt.

Hänschen glaubt nicht an den Tod: »Nur den Tag nenne ich schlecht, unheilvoll und unausstehlich, an dem ich kein Geld mehr habe; jeder andere macht mir Spaß.« Er ist Rationalist und Materialist. Hänschen hat furchtbar viel Vernunft. Das Spiel mit den vielen Masken hat sie ihn gelehrt. Vernünftig ist das, was da ist. Und da nur immer Masken da waren, waren die Masken vernünftig. Und da immer nur die Masken für die Frauen da waren, schien ihm das Spiel mit den Frauen vernünftig. Es gab für ihn keinen anderen vernünftigen Weg in der Welt als von der einen Frau zur anderen. Nie wurde Don Juan selber verführt. Nie erlebte er, wie eine Frau auf ihn zukam. Alleweil mußte er verführen, die Bewegung zu etwas hin ausführen, immer weiterhasten, weiterfechten im Liebes-Spielkampf. Sein Spiel war auch harte Arbeit. Auf einmal liegt da ein toter Mann am Weg, ein marmornes

Gespenst – und verführt nun ihn, bittet ihn, reicht ihm die Hand.

Hänschen ist es nun, der in Flammen steht wie kein Troja je zuvor. Glut um Glut. »Gering ist diese Hitzequal, verglichen / mit der Glut, die du gesucht hast«, flirtet der Komtur mit ihm. Und Don Juan beichtet: »Deine Tochter habe ich nicht entehrt, / sie hat mich zuvor durchschaut.« Da gibt ihm der Komtur Paroli: »Egal! Was zählt, ist die Absicht, die du hattest.« Es ist der Komfort-Gipfel der Sünde, in Gedanken zu sündigen. Und es ist der Luxus-Gipfel der Sünde, die Absicht zur Sünde zu haben, und es liegt für jeden vernünftigen Sünder schon ein wenig eine kleine heiße Hölle darin, es bei der Absicht bewenden lassen zu müssen und nicht richtig gesündigt zu haben. Er konnte, umwallt vom roten Mantel des Marqués, in Doña Anas Armen kaum eigentlich das Wort »Liebe« aussprechen, und schon schrie die Dame ja laut auf. Dabei war »Liebe« als Wort ihm so einerlei wie jedes andere Wort, wenn er nur damit zum Ziel kam. Vielleicht spürte Doña Ana dies und schrie deshalb gleich auf. War es die Angst vor der Glut, die Doña Ana schreien ließ? Und war die Glut, die Don Juan jetzt spürte, die höllische Summe aller himmlischen Gluten, die er aus Spaß, nur so, entfacht hatte mit seiner Frauenfopperei? War es sein Körper, der den Krieg gegen die Frauen nun auf einmal, wie in einem Fieberschub, abgelten mußte? Aber wieso dann dieses Lächeln auf dem weißen Marmorgesicht unter dem steinernen Barett mit der steinernen Straußenfeder? Wieso dieses kalkweiße Grinsen überm steinernen Hermelin? Wieso dieser andere? Wieso diese Verführung?

Bevor die Glut ihn übermannte; bevor von der Hand des Komturs, die die seine fest und marmorn umschlossen hielt, Feuerströme in seinen Körper schossen; bevor unter großem Getöse das Grabmal samt ihm und Don Gonzalo im Abgrund versank, aus dessen Chaos Hasenfuß dann komisch kriechend ans Licht kam, um dem König alles zu erzählen, der dann den Rest der Oberirdischen miteinander verheiraten konnte (Isabella mit Octavio, Doña Ana mit dem Marqués, Aminta mit Batricio, Tisbea mit einem Fischerburschen); bevor die Fahrt in die Hölle begann, an die er nicht glaubte, und der Himmel dazu nickte, an den er auch nicht glaubte, kam es Hans kurz noch in den Kopf, daß es eigentlich furchtbar schwer ist, »Ich liebe dich« zu sagen. Aber es war zu spät. Nur noch ein Schmerzensschrei von Don Juans Lippen. Ein Schrei, ihm wohlbekannt. Dann schwanden ihm die Sinne.

XXXIX.

Don Juan oder Hans im Zauberloch

s dauerte nur dreißig Sekunden. Ihm schien es, als seien es dreißig Jahre, kaum weniger, als er selber alt war. Ein halbes Leben für eine halbe Minute Bewußt-losigkeit. So lange war Hans Karl Graf Bühl im großen Krieg in Folge eines schweren Granat-einschlags an der russischen Front verschüttet. Es waren dreißig Sekunden in der Hölle, in der er sich sehr wohl fühlte. Er lag dort sehr bequem, fast in vornehmer Haltung, nicht ohne Grazie. Es war ihm, als sei es die ihm gemäße Lage, als sei ein großer Weltsekunden-zeiger, nicht unähnlich einem Arm Gottes, mit leichter Gebärde und sanftem Druck eine halbe Minute lang über sein Leben weggewischt und habe alles ausgelöscht, was in diesem Leben Sinn und Qual und Lust war und wofür man Worte brauchte, zum Beispiel »Liebe«. Vor dem Verschüttetsein, ja, da hatte er dieses »Unleid-liche, Sprunghafte, Entschlußlose«, wie es seine Schwe-ster nannte, Crescence Gräfin Freudenberg, so daß »man sich hat aufs Messer streiten müssen mit Seinen Freun-den, weil der eine Ihn einen Hypochonder nennt, der andere einen Spielverderber, der dritte einen Menschen, auf den man sich nicht verlassen kann«. Aber auch solch vernichtendes Urteil kam aus distanziertem, graziösem Munde, alle Attacke versehen mit der Deklination der Nobligkeit. Nach dem Verschüttetsein kam er in einer

laut Crescence »so ausgezeichneten Verfassung« zurück,
daß sich sogar seine Schwester restlos in ihn verliebte.
Crescence, ganz Dame der Gesellschaft und ganz Dame
der verknüpfenden Art, würde ihn auch mit jeder beliebigen Dame verheiratet haben, das heißt nicht mit
jeder beliebigen, freilich mit jeder, die er liebte, am
liebsten aber mit Helene von Altenwyl, die schon als
fünfzehnjähriges Mädchen und dann bis ins zweite,
dritte Kriegsjahr in ihn verliebt war, wofür Crescence
»erstens, zweitens und drittens« ihre untrüglichen
Anzeichen gehabt haben will. Und so würde ihm sein
Verschüttetsein gar nichts genutzt haben. Und das wär'
schon die ganze Komödie. Denn mit der Liebe wollte er
nachher nichts mehr zu schaffen haben. Der Don Juan
von Austria, der große Hans von Bühl, Kosename Kari,
wollte nur noch seine Ruhe. Denn sein Verschüttetsein
begriff er als Aufenthalt in einem Zauberloch. Danach
sollte nichts mehr so sein wie vorher.

Da Graf Bühl sehr gut aussah, da er einem alten
österreichischen Adelsgeschlecht angehörte, da er wohlhabend war, Besitzer mehrerer Schlösser und einiger
Palais in Wien, liefen ihm vor und im großen Kriege
die Frauen nach, und er ihnen, das heißt: Er lief nicht, er
hielt einfach mit eleganter, zierlich männlicher Gebärde
inne und ließ zu, daß sie ihn erreichen konnten. Er
wußte kaum, wie er von der einen zur anderen kam.
Überhaupt war ihm nichts so »odios«, nichts von so
»monstroser« (der Umlaut ist bürgerlich, der reine Laut
adelig) Rätselhaftigkeit, als wie man vom einen zum
anderen oder von der einen zu der anderen kommt, im
Leben, in der Liebe, in der Welt. Jeder Grund lag für
ihn so tief oder vielmehr so im Flachen, daß er es für
unanständig hielt, aus dem Grund eine Folge, aus A
ein B abzuleiten, wie nun erst bei den Frauen, die ihm,

ohne daß er viel dazutat, »terre à terre« dienlich waren, nachts barfuß und »mit die aufgelösten Haar« in seine Schlafzimmer huschten, drin in Wien und draußen in der Grünleiten. Wie zum Beispiel Antoinette von Hechingen, die süße Klette. Wenn der Fronturlaub ihrer Männer abgelaufen war und seiner noch dauerte.

Da mußte ja nun wohl auch geredet werden und Liebe von den Lippen gehen. Und er, der gerne ein ganz leichter Hans gewesen wäre, war, wenn es ums Liebe-Sagen ging, ein ziemlich schwerer Held. Er brachte es hinter sich. Aber es war ihm zuwider. Worte überhaupt, wenn sie mehr bedeuten sollten als eine gesellschaftliche Form, fielen ihm schwer. Wahrscheinlich deshalb, weil unaufhörlich Worte von ihm verlangt wurden. Er kam sich sehr komisch dabei vor. Sein Lächeln aber, das sich sein Gesicht sozusagen deswegen selbst aufsetzte, fanden alle, besonders die Frauen, bezaubernd. Er selbst fand, daß die Momente zunahmen, in denen er, halb amüsiert, halb erschreckt, entdeckte, daß er nicht mehr daran glauben konnte, daß er die Frauen verstand, daß er wisse, was Liebe sei, daß es irgend etwas in der Welt gebe, das seinen Empfindungen, und daß etwas in ihm sei, das den Empfindungen anderer Menschen entspreche. Und wenn er, was selten genug vorkam, wirklich etwas sagen wollte, dann wollte er es »ohne gêne« sagen, so wie es ihm wirklich ums Herz und um den Verstand war, wobei er sein Herz kaum kannte – und das führte dann zu den odiosesten Konfusionen, Mißverständnissen. War es zu viel Achtung oder zu viel Verachtung, die er den Menschen gegenüber empfand, wenn er fand, daß die Menschen zu kompliziert seien, als daß man ihnen etwas erklären könne, am allerwenigsten so etwas wie Liebe?

Die Menschen wurden ihm ungeheuer. Fast tat es ihm weh, ihnen im Sonnenlicht zu begegnen. Die Augen

brannten ihm, er bekam Stiche im Kopf, einen brennenden Schmerz vor lauter Staunen, was ein Mensch, eine
Frau alles sein konnte: Was er sah oder was er in Armen
hielt, das zerfloß vor ihm in tausend Seelenformen, von
denen er keine sich getraute festzuhalten oder auch nur
zu bestimmen. Je mehr er ihnen mit Worten, mit Händen, mit Streicheln oder mit Konversation entgegentrat,
desto mehr wurden sie ihm fragwürdig. Er würde am
liebsten als Einsiedler hinter einem Prisma gehaust und
voller Staunen und Respekt und, ja, Liebe, in die Welt
hinausgeschaut haben – und alles gelten gelassen haben
in unverstandener Vielfalt, wenn man ihn nur in Ruhe
gelassen hätte. Aber dann kamen wieder und immer
wieder die Frauen mit den aufgelösten Haaren und auf
ihren bloßen Füßen, wispernd, selig hauchend, mit ge-
rötetem Gesicht und umschlangen ihn und taten so,
als entsprächen sie ihm, als sei er ein Teil, das zu ihnen
passe. Und sein Charme, von dem er kaum etwas wußte,
ließ es zu, daß er den Eindruck vermittelte, er glaube
trotz besseren Wissens daran. So wurde er, von Frau zu
Frau, immer schwerer, immer schwermütiger.

Sein Land versank im Ersten Weltkrieg. Seine gesellschaftliche Klasse, der altösterreichische Adel, das
monokeltragende Abendland, starrte mit traurigen
schwarzen Augen ins Leere, lehnte sich in seinen Fauteuils zurück, krallte sich mit beringten Fingern an
die Macht, ließ die Vokale nach wie vor mit einem
Resthauch von Luft durch die Nase knautschen, pickte
die sinnlos gewordenen Worte »Vaterland«, »Kultur«,
»Herrscherhaus« wie von silbernen Tabletts auf, als seien
es die Krumen einer kostbaren Torte, und gab, wie
es ein wunderbarer feuilletonistischer Spötter namens
Anton Kuh bezeichnet hatte, jedem Satz, der vorkam,
eine »Parfuminjektion von Langeweile«. Und der große

Krieg schuf außer Millionen von Toten, Geschundenen, Verletzten, Zerstörten, verwüsteten Landschaften auch eine große Barriere, hinter der die Geschichten anders sein mußten, die man sich von vorher oder von nachher erzählte, hinter der auch die Vorher- und die Nachher-Empfindungen jeweils andere waren. Er war der große Riß, der die alte Welt von einer neuen trennte. Und was vorher war, hatte mit einer Zeitform, in der man nachher dachte, erzählte, redete und liebte, nichts mehr zu tun.

Freilich, schon vorher rieselte, bröckelte, zerfiel es. Die Tonleitern und Akkorde lösten sich auf, die Bilder verwischten in Klecksen, die Dichter gruben tief und fanden immer weniger, was noch zu Symbolen taugte. Wer wollte, konnte ein kostbar gebundenes Bändchen in die Hand nehmen und nachseufzen, was darin an wunderschönen Versuchen enthalten war, um eine Welt festzuhalten, sie zu retten in einem dauernden Übergang, wo die schönen Empfindungen von irgendwas in der Seele mit dem unschönen Draußen in einem Bild verfließen: der Frühlingswind, der durch kahle Alleen läuft und in dessen Wehn seltsame Dinge sind; der silbergraue Duft, der das Tal der Dämmerung erfüllt; Marmorstirn und Brunnenrand; die Lust und Müdigkeit der Glieder; die Hyazinthen an der dunklen Erde, die sich erinnern, daß hier geschehen werde, »was früher schon und öfter wohl geschah«; und das Zeug, aus dem wir sind »wie das zu Träumen«; und Träume – immer wieder der Traum, der Liebling der alten Epoche – schlagen »so die Augen auf wie kleine Kinder unter Kirschenbäumen«; von den nie geliebten Frauen zu schweigen, die zuweilen, natürlich im Traum, als kleine Mädchen uns entgegenkommen und »sind unsäglich rührend anzuschauen«; die dunklen Weiher, die im

Mondschein prangen; Adler und Pfau, Salböl und Frau;
Tor und Tod; Kaiser und Färberin; Mittelalter und
Rokoko; Maria Theresia und Jedermann.

Und da wurde von Hans Karl Graf Bühl verlangt,
bedeutend zu sein und zu meinen, was er sage. Und
die Frauen zu fixieren. Es war zu komisch. Manchmal
spielte er mit Selbstmordgedanken oder mit dem Gedanken an ein erlösendes Duell oder mit dem Gedanken
an Flucht. Aber dann kam ihm schon wieder eine »mit
die aufgelösten Haar« in die Quere. Und aus war's.
Und er mußte mit den Wölfinnen heulen und an den
Frühlingswind, den Traum, den Pfau, den Adler, an
Maria Theresia und den Jedermann und an die kahlen
Alleen und auch an all das andere glauben. Das heißt,
Hans Karl Graf Bühl mußte in solchen Momenten in
Frauenarmen an Hugo von Hofmannsthal glauben —
obwohl er oder gerade weil er eine Figur von ihm war.
Denn Hugo von Hofmannsthal gehörte ganz ins Vorher.
Aber im *Schwierigen,* mit dem Helden Hans Kari Graf
Bühl, schrieb er die schönste Komödie des Nachher,
wiewohl ganz im Stil des Vorher. Das trieb die süße
Tragikomik auf die Spitze.

Der Dichter Hugo von Hofmannsthal, Jahrgang
1874, war mit knapp sechzehn als Gymnasiast wie ein
Komet über der Wiener literarischen Kaffeehaus-Szene
aufgegangen, als er solche schönen, vergeblichen Bilder,
solche wundersamen, leicht übertriebenen, immer auch
leicht verkitschten Sehnsuchtsaquarelle in Gedicht- oder
wenig später in Versdramenform schuf, in denen er das
Alte, Kostbare, mythisch Geborgene im Neuen, Un-
geborgenen unversehrt, wiewohl verwandelt aufheben
wollte. Später, je mehr es in Richtung des Nachher
ging, wurde er etwas pompös, gründete mit Max Reinhardt 1920 die Salzburger Festspiele und erfand, weil die

wirklichen Nationen nach dem Ersten Weltkrieg so erbärmlich ausschauten, die »Kulturnation«. Er schrieb wunderbar wehmütige *(Rosenkavalier)* und klirrend geheimnisvolle *(Frau ohne Schatten)* und düster unter Blutschauern raunende *(Elektra)* Libretti zu Musik von Richard Strauss. Seine Worte, die er machte, wurden immer bedeutender und auch ein bißchen immer hohler. Er hatte eine herrliche Skepsis der Sprache gegenüber, aber die Sprache verführte ihn immer wieder golden auf blankem Versfuß und mit aufgelöstem Sinn. Je mehr er eine Repräsentationsfigur wurde, je mehr er in der Öffentlichkeit verlangt wurde, je mehr Licht um ihn war, desto lichtempfindlicher, nervöser, scheuer wurde er, desto »odioser« auch wurde ihm die Welt. Am liebsten existierte er in einer Art Schloß bei zugezogenen Vorhängen im Schlafrock zwischen kostbaren alten Möbeln. Er starb 1929 durch einen Gehirnschlag am Beerdigungstag seines Sohnes, der sich umgebracht hatte. Er war ein unglücklicher Mensch. In einem seiner unglücklichsten Jahre, 1918, als die alte Welt, die er in bleibende, schöne Bilder überführen wollte, nach einem Krieg wirklich unterging, erfand er seine glücklichste Figur: Hans Karl Graf Bühl, sein größtes, rührendstes und komischstes Geschöpf.

Denn nach den dreißig Sekunden, die Hans Karl Graf Bühl im großen Kriege verschüttet gewesen war im großen Zauberloch, geht er in glänzender Form und blendender Laune nach Hause. Er zieht dort die Vorhänge zu und denkt an nichts mehr, nicht mehr an die Frauen, nicht mehr an andere Menschen, an nichts, was ihn von der reinen Form abbringen könnte, in der er jetzt leben möchte, gerade weil diese reine Form, die aristokratische, untergegangen ist. Hans Kari Graf Bühl spielt sich selbst, indem er sich auf eine Bühne hinauf-

rettet, in der telefoniert, autogefahren, in den Club gegangen und geraucht wird – aber alles nur in einem
wunderbar spinnwebartigen Als ob. Hans Kari Graf
Bühl will die ihm einzig mögliche Konsequenz aus dem
großen Kriege ziehen: Er will ein eindeutiges Nachher,
einen Bruch mit dem Vorher, aber in den Formen des
Vorher, ein Gegenwartstheater in den Kulissen von
gestern, eine Ehrlichkeit unter Ehrfurcht. Und da vor
allem will er jede Art und auch jede Nuance von Verlogenheit, jedes Wigelwagel und Gewurschtel abschaffen, das ihn dazu verleiten könnte, wieder in Inhalte
hineinzuschlittern, für die ihm sowieso die Worte fehlen.
Er denkt in seinem Selbstspiel auch nicht mehr an das
merkwürdige Gefühl unter der Erde im Zauberloch, das
ihn überkam: nämlich verheiratet zu sein, für eine Frau
bestimmt zu sein, die peinlichste Vorstellung für einen
Don Juan. Das war ein schweres Phantom gewesen.
Jetzt soll ihm ganz leicht sein. Er wahrt brillant die
Formen, tut aber nichts mit Absicht.

Er ist die Absichtslosigkeit in Person, er hat, wie man
in seinen Kreisen sagt, überhaupt keine Prätention. Die
Welt soll draußen bleiben. Daß Krieg war, daß Revolution war, daß Hunger, Blut und Not war, soll man
nicht spüren. Man soll trotzdem spüren, daß alles vorbei
sei. Das ganze Leben vorher, alle Lieben, alle Frauen
sollen ausgewischt sein. Er wird Abschied nehmen
davon, wird ein letztes Mal Erklärungen abgeben, wird
Liebesbriefe zurückgeben, wird ein Gespräch überstehen
müssen mit der Dame, die zuletzt »mit die aufgelösten
Haar« ihn heimsuchte. Es soll kein ernstes, kein bedeutendes Wort fallen, obwohl die Lage ernst ist. Es soll
nur Formvollendetes fallen, im *bon ton* verpackt: Man
sei nicht nervös, man sei nervos, man sei nicht schikaniert, man sei chipotiert, man sei nicht erbittert, man sei

acharniert, man sei nicht verbunden, man sei attachiert.
Und ein Gespräch zwischen wem auch immer sei keine
Affäre, es sei nur eine Konversation.

Hans Kari Graf Bühl wartet auf den glücklichen Tag,
an dem das, was noch an ihm hängt oder sich an ihn
hängen will, von ihm abfalle. Manchmal, mittags, geht
er in den Zirkus den Clown Furlani anschauen, der mit
einer Nonchalance ohnegleichen, die vollkommen ohne
Anstrengung auskommt, Gegenstände auf der Nase oder
dem Kinn oder dem Kopfe balanciert, die normalerweise
von anderen Clowns auch balanciert und fallengelassen
werden. Aber Furlani läßt die schweren Gegenstände,
die Blumenvasen, die Kerzenständer und die Regen-
schirme aus purer Begeisterung und Seligkeit darüber
fallen, daß er sie so schön balancieren kann. Exakt so
will Hans Kari, Altösterreichs edelster Clown, das
Schwere nur noch balancieren, um es begeistert leicht
fallen zu lassen. Und im Falle Karis ist dies Schwere ja
eine ganze Welt.

Als der glückliche Tag endlich gekommen scheint, an
dem Hans Kari sich entschließen kann, ganz leicht zu
sein, hat Lukas, sein diskreter erster Diener, einen zweiten Diener engagiert, der das Telefon, die »indiskrete
Maschine«, in Hans Karis Arbeitszimmer durchstellt
und überhaupt »hier alles in die Hand« nehmen will.
An diesem Tag auch spricht Crescence, seine Schwester,
vor, die bei ihm Wohnung genommen hatte, und bittet
ihn, doch zur Soirée bei den Altenwyls zu gehen, um
bei Helene ein Wort für den Stani, Crescences Sohn,
einzulegen, damit Helene sich mit dem Stani verlobe.
Gleich darauf läßt Agathe sich melden, die Kammer-
jungfer der Toinette Hechingen, die ihn beschwört, doch
ja die gnädige Frau weiterzulieben wie damals »draußen
in der Grünleiten«. Stani kommt dazwischen, der den

Onkel Kari als Vorbild anbetet und mit ihm über Toinette sprechen will, die auch Stanis Geliebte gewesen war, wobei Stani jetzt der Ehe den Vorzug gibt und Toinette nicht in die Kategorie von Frau einordnet, »die man heiratet«. Es ruft dann auch noch Ado Hechingen an, der Ehemann von Toinette, mit dem Kari im Feld war und den er, den Gatten seiner Geliebten, als feinen Kerl kennen- und schätzengelernt hatte. Ado bittet Hans Kari inständig, mit Toinette über ihn zu reden und bei Toinette für den Ehemann sozusagen zu werben, ihn nach der Soirée bei den Altenwyls wissen zu lassen, telefonisch im Club, was der Ehemann zu erwarten habe: Seligkeit oder Verdammnis. Kari ist jedoch immer noch willens, den glücklichen Tag zu retten. Aber dann läßt Graf Neuhoff um ein Gespräch bitten, in dem er von seiner bevorstehenden Verlobung mit Helene Altenwyl umständlich formvollendet, aber ein bißchen zu ungeniert Mitteilung macht, in der Absicht, herauszufinden, wie Kari zu Helene stehe, was Kari anschließend Stani gegenüber so kommentiert: »Er ist geistreich, aber man hat kein gutes Gefühl dabei.« Und obwohl es sich Kari wie immer gerne bis zuletzt überlegt hätte, ob er nun zur Altenwylschen Soirée gehe oder nicht, und alle Welt ihn schon zwingt, da hinzugehen, und obwohl er zu dieser Soirée genau das an Schwerem, an Liebes-, Ehe- und Gesellschaftsgeschichten mitnehmen muß, was er nur noch balancieren wollte, um es fallen zu lassen, er es aber heute noch nicht fallen lassen darf, höchstens es so bereden will, daß es morgen dann gefallen wäre, obwohl ihn das alles eigentlich zutiefst deprimieren müßte – ist er trotzdem noch guten Mutes. Der glückliche Tag war noch nicht verloren. Er würde trotzdem leicht gewesen sein müssen, komme was da wolle. Hans Kari wollte die Komödiengeister hinter ihren altösterreichischen Fächern nicht diskret kichern hören, die sich über ihn als klassischen komischen Menschen amüsieren, dessen Komik darin liegt, daß er am laufenden Band von Störenfrieden unterbrochen wird, wobei jeder Störenfried den Interessen der jeweils anderen zuwiderhandelt, aber alle etwas von dem wollen, der gar nichts will: Hans Kari Graf Interruptus. Wie aus einer alten italienischen Komödie. Aber alles Unglück der Welt und alles Glück der Komödie liegen bekanntlich darin, daß es die Menschen nicht aushalten, zu Hause zu bleiben.

Bei Altenwyls dann Gott sei Dank auch zugezogene Vorhänge, ganz intime, abgeschlossene Welt, k.u.k.-Vorkriegsstimmung im kakanischen Nachkriegsösterreich. Bridge-Tische. Das Ganze in zartester Derangiertheit. Durchzogen von feinen Rissen. Angekratzter Lack. Kein reiner Akkord, keine unantastbare Form, keine gehobene Distinktion. Aber Hans Kari immer noch in Hochstimmung. Crescence lauert im Spielsalon auf Karis Verlobungsprotektion für ihren Sohn. Plaudereien. Der alte Altenwyl verteidigt die Kunst der Konversation, ordinärere adelige Damen schwärmen von moderner Wissenschaft, will sagen von Esoterik, von Geisterbeschwörerei, ein berühmter Mann, ob solcher Esoterik von einer Schwärmerin angegangen, fühlt sich verkannt; sein Kollege, ihm im Nachnamen nicht unähnlich, schreibe derartiges Zeugs, er nicht; Abgang mit eisiger Verbeugung. Graf Neuhoff greift nach Helene, spielt den Übermenschen, will die Frau unterwerfen »unter meinen Willen«. Helene peinlich berührt. Toinette Hechingen, umgeben von Edine, Nanni und Huberta, ihren Freundinnen, mit verheulten Augen auf Hans-Kari-Fang, legt Gefühlsleimruten aus. Dann aber Auftritt von Kari, dem Equilibristen, dem

Balanceur. Zuerst balanciert er Toinette, spricht mit ihr, jubelt über ihren Mann, den anständigsten Menschen von der Welt. Er legt ihr den Ehemann an genau das Herz, von dem er sagt, er selbst habe es einmal »so lieb gehabt«. Er lobt den Augenblick im Nachhinein noch nobel, in dem dies Herz ihm einst zufiel. Aber er meint mit »liebhaben« und »Augenblick« ja wohl mehr als nur dieses Herz. Er möchte darin gern ein Gefühl für etwas Großes, die Welt Umfassendes, Ungenaues untergebracht haben. Und indem er's ausspricht, verfluchte er sich auch schon heimlich, weil er etwas gesagt hat, was er eigentlich gar nicht sagen konnte: weil ihn dieses Tiefe, dieses Gefühlsmäßige ja eigentlich nichts mehr angehen sollte. Toinette dagegen versteht natürlich immer nur, daß dieses Umfassende halt sie umfassen möge, und sieht darin nichts weiter als Hans Kari, dessen Hände, Arme, Körper. So fällt sie Hans Kari, nachdem dieser sie so peinlich zu ihrem Ehemann hat hinüberbalancieren und dort fallen lassen hat wollen, dem Balanceur etwas laut und etwas weinend (»Er sagt mir ja adieu!«) vor die Füße. Erster Plumps.

Sodann balanciert Kari die Helene. Der Clown übernimmt sich. Denn hier balanciert er schon gefährlicher, balanciert ein Wort wie Ehe gleich mit, das er eigentlich gar nicht in den Mund nehmen wollte, und schwärmt Helene von der Ehe vor, die er sich für sie wünsche, vielleicht nicht die Ehe mit dem Stani, aber mit irgend einem. Und Helene (»Er sagt mir ja adieu!«) fühlt dieses Adieu, obwohl gar nichts war zwischen ihnen, und flieht. Zweiter Plumps.

Kari hat den Ado Hechingen dessen Ehefrau Toinette noch langweiliger erscheinen lassen, hat der Helene weh- statt dem Stani wohlgetan. Er spürt, daß der glückliche Tag perdü ist, daß das, was er balancieren wollte, in Scherben, nicht im Glück vor ihm liegt. Er flieht. Will in den Club. Aber er kehrt wieder. Wie er gerade wieder im Stiegenhaus erscheint, wo vorher noch Graf Neuhoff nach Toinette grabschte, die dieser wohl als Freiwild ansah, wobei das Freiwild ihm tapfer Paroli bot, wo kurz danach Stani und Hechingen sich ratlos austauschten, wie denn nun ihre Chancen im Hans-Kari-Protektionsspiel bei den jeweiligen Frauen stünden, da steht plötzlich Helene vor Kari. Sie spielt nun exakt die Rolle, die im Kriege das Verschüttetwerden für Hans Kari Graf Bühl gespielt hatte: die des Zeigers, der alles andere auswischt. Die eigentliche Szene auf der Treppe dauert auch ungefähr nur dreißig Sekunden. Helene, eine wunderbare Frau, tut so, als habe nicht er versucht, sie zu balancieren, als sei vielmehr sie es, die ihn, der vor ihr auf der Nase liege, nun auf sich nehme und ihn nun balanciere – ohne ihm die Chance zu geben, herunterzufallen.

Sie sagt, das, was ihn weggetrieben habe, sei sein besserer Wille gewesen – nämlich sie zu lieben. »Er hat dich umgedreht, wie du allein warst, und dich zu mir zurückgeführt.« Auch wenn er nicht zurückgekommen wäre, wäre sie ihm nachgegangen: eine Ungeheuerlichkeit, daß eine Frau einem Mann nachgeht – in der alten Welt, die hier nachgespielt wird. Und dann, die dreißig Sekunden sind fast schon um: »Jetzt weiß ich zwar nicht, ob du jemand wahrhaft liebhaben kannst – aber ich bin in dich verliebt, und ich will – aber das ist doch eine Enormität, daß Sie mich das sagen lassen!« – »Sie wollen von mir –« – »Von deinem Leben, von deiner Seele, von allem – meinen Teil!« Und dann, in den Bruchteilen der letzten Sekunde dieser zarten, hinreißenden Verschüttung, diesem Begrabenwerden in plötzlichem, wohlüberlegtem Gefühl, das ein Aufreißen

ist: »Ja, Sie können – wie sagt man das? –«, und sie weiß
genau wie man das sagt, »verführt werden und verführen. Alle haben Sie sie wahrhaft geliebt und alle
wieder im Stich gelassen. Die armen Frauen! Sie haben
halt nicht die Kraft gehabt für euch beide.« Das ist aus
dem Munde einer Frau von heute das Eingeständnis, daß
sie das Spiel aus der Welt von gestern nun mitzuspielen
bereit ist: Dort mußte die Frau noch die Kraft haben
»für beide«. Aber zugleich signalisiert sie, daß sie die
Kraft und er nun keine Chance mehr hat, in die alte
Welt zurückzutauchen – und sei es auch nur auf seinem
Privattheater. Das Spiel ist aus. Aber hatte Karis glücklicher Tag je begonnen? Hätte er das, wäre er spätestens
jetzt zu Ende. Denn die Ehe ist das Ende jeder glücklichen Komödie.

Nun muß die Liebe beginnen. Helene tröstet ihn:
»Die Liebe ist nicht süßlich« und: »Die Liebe schneidet
ins lebendige Fleisch«. Don Juan hat sich geschnitten.
Der Vorhang fällt im Leichtigkeitstheater des Hans Kari
Graf Bühl. Dafür gehen die Vorhänge vor den Fenstern
nun auf. Nun will die Welt herein und das Draußen und
das Licht. Die Augenschmerzen werden wiederkommen
und das Kopfweh auch (aber das ist ein anderes Drama).
Und die vielen, vielen Worte naturgemäß, angefangen
von »Würde Sie die Güte haben, mir den Honig zu
reichen?« oder »Hat Sie meinen Sockenhalter gesehen?«
bis hin zu »Ich adorier' Seinen Entschluß *au fond*,
zu verreisen«. Von »Ich liebe dich« natürlich ganz zu
schweigen. Es sind die Minuten der beiden, wo sie auszudrücken haben, wieviel sie voneinander wissen. »Wie
du mich kennst!«, staunt Hans Kari schon einmal im
dritten Akt, als Helene ihn so durch und durch ana-
lysiert und ihm seinen »Willen« zerlegt, als sei's ein
mürber Braten.

Wie lange wird es dauern, bis Hans Kari, der Worte
schon immer müde, sich nach der einen Stunde sehnt,
da sie nichts mehr voneinander wissen – jedenfalls nicht
das, was sich sagen läßt? Dann nimmt ihn Helene, die
Gute, die Kluge, die alles von ihm weiß, bei der Hand
und führt ihn an den Rand eines Platzes, irgendwohin,
wo kein Name hinreicht, nur das Licht. Vielleicht liegt
der Platz in der Wüste, womöglich in einer Oase. Kann
sein, daß in seiner Mitte die Statue eines großen lie-
genden Hundes sich zeigt, kann sein, daß linkerhand
zwei weißgestrichene flache Bungalows zu sehen sind.
Hinten eine Säule, an der ein Basketballkorb befestigt
ist. Oder der Platz ist umgeben von fensterlosen hohen
Häusern, an deren Firste Vogelnester kleben. Zwischen
den Häusern führen dunkle, geheimnisvolle Gassen ins
Nichts. Kein Ort, der ist, sondern ein Ort, der scheint.
In der Ferne blinkt das Meer. Hier macht man Urlaub
vom Leben. Hier ist der ideale Ort für die, die dem
Leben nur zuschauen wollen, es mit den Augen auf-
saugen, um es nicht mit ansehen zu müssen – damit
sie es nur träumen dürfen. Ein zutiefst österreichischer
Platz. Er schaut aus, als habe Helene diesen Platz ihrem
Hans Kari geschenkt. Zart legt sie ihren Zeigefinger
auf seine Lippen, als wolle sie diese verschließen: Pssst!
Und er drückt stumm einen kleinen Kuß auf ihren zierlichen Finger. Ein glücklicher Kuß. Denn wenigstens
diese eine Stunde wird und muß einmal ein Glück
sein, wunschlos, sprachlos. Kari, der so tief daran leidet,
Akteur sein, etwas tun oder etwas lassen zu müssen, der
die Bühne des Lebens so ungern betritt, bekommt hier
eine Kopfbühne geschenkt, auf der er allein der Regisseur ist, der Bilder und Geschichten zusammensetzt, die
nichts mehr erklären oder deuten, sondern alles wie von
selber verdichten. Die Piazza: eine Lichtung im Wörter-

land. Eine Erholung: für eine Stunde. Und das reicht denn auch. Manchmal weht der Wind ein Blatt über den Platz. Oder es ist ein Rauschen und Singen in der Luft. Es gehen Hunderte von Menschen über diesen Platz. Und jeder Mensch ein Wunder. Aber es fällt kein einziges Wort. Niemand spricht. Alles geht.

XL.

Pssst!

ann sein, daß der Dichter unter den vielen Leuten ist, die den Platz überqueren. Er hat seine Werke, seine empfindsamen Bücher unter den Arm geklemmt, darunter auch ein paar Theaterstücke, in denen die Menschen nach dem Erhabenen *(Über die Dörfer)*, Wesentlichen und Schönen *(Das Spiel vom Fragen)* streben und hinter die Dinge, die einfach nur da sind, zu kommen versuchen. Da stolpert der Dichter, jemand hat ihm eine Kokosnuß zwischen die Beine gerollt, seine Werke fallen ihm aus der Hand, der Wind weht sie gleich fort. Das ist eine komische, aber auch eigentlich sehr traurige Szene im Sommer 1993. In seinem langen, seidigen Haar und mit seiner kleinen Brille vor den sanften, fanatischen Augen sieht er aus wie der Dichter Peter Handke. Der Wind bauscht den leichten Staubmantel des Dichters und weht Herrn Handke fast hinaus. Der Wind ist der Hauptdarsteller. Er ist der große, unsichtbare Beweger. Der Platz ist nur die Bühne. Und der Dichter ist nur der erste, der sich auf den Platz wagt. Seine Werke, darunter auch Romane, in denen der Dichter nur durch Landschaften wandert und aufschreibt, was er sieht und fühlt *(Nachmittag eines Schriftstellers, Versuch über die Müdigkeit)*, darunter auch Schriften, in denen er das, was einfach so vorhanden ist auf der Welt, derart liebt, daß er sich auch

im Stande sieht, die Kriegsführer und Mörder zu lieben
und den Schnaps, den sie trinken, und das Müsli, das
sie mümmeln *(Gerechtigkeit für Serbien)* – alle diese
Werke, in denen der Dichter auch furchtbar vieles und
furchtbar viel Erhabenes schwätzt, bläst der Wind ihm
unterm Arm weg wie nichts vom Platz. Und auch
der Dichter, ein österreichischer Dichter wohlgemerkt,
zeigt dem Platz nun schon seinen immer kleiner werdenden Rücken. Man muß ihn jetzt vergessen. Auch ihm
scheint ein Finger auf den Mund gelegt. Nur ein Büchlein, vierundsechzig Seiten lang, ist liegengeblieben.
Mitten auf dem Platz. Vielleicht wird es bleiben. Denn
es schwätzt nicht. Es träumt. Es erzählt nicht von Worten, enthält keine Dialoge, keine Monologe. Es enthält
Vorstellungen, Hervorrufungen, Anweisungen, Schilde-
rungen derer, die auf den Platz kommen oder ihn verlassen. Es zeigt auf seinem Umschlag neben dem Titel
Die Stunde da wir nichts voneinander wußten drei Sand-
steinrelieffiguren aus dem Stift Griffen in Kärnten, wo
der Dichter übrigens 1944 geboren wurde. Die drei
Figuren sehen aus wie großäugige wilde Männer, die
irgend einer stillen, wilden Lust nachzugehen scheinen.
Es sind aber die Heiligen Drei Könige. Gleich werden
sie aus dem Buch treten, Gold, Weihrauch und Myrrhe
in Händen tragen, nach irgend einem Stern Ausschau
halten, den nur sie zu sehen vermögen, dann die Augen
schließen und den Platz überqueren. Dabei haben sie
sich als Jäger verkleidet, die das Herz von Schneewittchen in einem Glasschrein auf einem Wagen mit sich
führen. Kann sein, daß sie direkt aus einem Märchen
herkommen – oder auch nur aus einem Freilichttheater
draußen vor der imaginären Stadt; sie können einem
böse träumenden Kopf oder einer sich romantisch äng-
stigenden Seele entsprungen sein oder dem Hirn eines

phantastischen Kindes. Eine hochschwangere Frau versucht vergeblich, Briefmarken auf einen Brief zu kleben und stöckelt verzweifelt ins Aus. Wem hat sie geschrieben? Dem Vater ihres werdenden Kindes? Oder dem Arzt, der es nicht abtreiben wollte? Einer Ladenkette, die Babyausstattungen vertreibt? Einem alten Liebhaber? Oder ist sie gar nicht schwanger? Hat sie sich nur einen Ball untern Pullover gestopft? Wen will sie foppen? Papageno kommt mit dem Vogelkäfig auf dem Rücken und setzt die Flöte an die Lippen. Kommt er direkt von Mozart – oder nur aus dem deutschen Stadttheater? Ist er eine Charge oder ein Geist? Ein dicker Herr in Frack betritt die Szene, bekommt einen Herzanfall, stirbt ganz langsam, während ein junges Liebespaar ihm zuschaut. Die jungen Leute reißen sich die Kleider vom Leib und lieben sich, mitten auf dem Platz, im Stehen. Werden die jungen Leute vom Tod angemacht? Oder treiben sie es immer so? Hat der Tote im Moment seines Sterbens an die Liebe gedacht? Oder an gar nichts? Es ist gleichgültig für den, der fragt. Es ist nur gültig für den, der schaut. Er kann alles darin sehen – oder nichts. Der Schatten eines Flugzeugs streicht über die Piazza. Das Autowrack speit Moses, Äneas, Priamos aus, Moses holt die Bibel aus dem Kofferraum, während dem Kellner die Eiswürfel aus dem Eiskübel springen, der Platznarr hinter den Vorbeigehenden seine Kasperlegrimassen dreht und der Platzvermesser die Gegend vermißt und die gemessenen Werte in seine Tabelle einträgt. Ist das Autowrack der verborgene Eingang zur Unterwelt, die alte Gestalten ausspeit, Mythen in Marsch setzt und demonstriert, daß man das Unglaubliche ruhig glauben kann, weil es nur, wenn man es glaubt, wirklich wird? Oder ist das Wrack einfach das Verdeck eines Theaterfundus, aus

dem wunderbare Statisten sich bedienen? Je mehr die
Augen aufgehen, je mehr die Bühne im Kopf sich dreht,
desto mehr verschwinden die Fragen. Das Spiel vom Fragen hört auf. Das Spiel vom Sehen treibt seine Scherze.
Ein Spielzeugauto tänzelt, ferngesteuert von lüsterner
Hand, herein, geht einer hochbeinigen Schönen um die
Füße, stößt sie in eine Seitengasse – und kehrt surrend
und triumphal aufheulend zurück, den Büstenhalter der
Schönen hinter sich herschleppend. Man ist entzückt.
Ein wundersamer Alter schreitet langsam vorbei, eine
brennende Kerze auf dem Kopf. Es ist, als trage er eine
ganze Heilige Kirche mit sich. Ein Basketballspieler
kann seinen Ball im Netz hoch an der Säule droben nur
unterbringen, wenn er hinaufklettert. Wir feuern ihn
an. Der Wind weht, es rauscht. Uns wird wohlig. Der
Platz ist wie leergefegt. Es ist, als sei alles nur ein Spuk,
eine Einbildung gewesen: Reizbilder hinter halb geschlossenen Augen. Irgendwann tanzen Flamingos auf
einem Bein durch die Szene, fliegt ein Elefant in seiner
ganzen Schwere elegante, leichteste Achter-Schleifen in
der flirrenden Luft über dem Platz. Wir schweben mit.
Doch dann tobt an einer Liane Tarzan herein, trippelt
Charly Chaplin stöckchenschleudernd in die Kreuz und
in die Quere, eine Frau mit offener Bluse umarmt ihren
Liebsten und steigt dann in einen Gully hinab, zwei
Herren in eiligen Schritten begegnen sich, drehen sich
nacheinander um, tun so, als ob sie sich kennen müßten,
eilen weiter, drehen sich wieder um, tun ein zweites Mal
so, als ob sie sich kennen müßten. Wunderbar. Schön.
Aber schon wieder vorbei. Eine Festspielgesellschaft in
Pelz und Seide quert das Areal. Turner und Jogger tra-
ben herein. Eine einsame Dame räkelt sich auf einem
Dach und starrt sehnsüchtig hinunter, als habe sie alle
Liebesgeschichten, von denen sie träumt, nie erleben

dürfen. Der Platznarr hat Weiberröcke angezogen und schwänzelt einer Party-Dame hinterher, die einen Palmzweig trägt. Wir foppen mit. Hie und da donnert es. Dann tritt Dionysos auf, der Gott des Theaters, der Herrscher des Rausches, mampft Weinlaub und verzieht das Gesicht zur Lachgrimasse. Wir lachen mit. Eine Zirkustruppe schlägt Purzelbaum. Wir purzeln mit. Eine Bagage von Professoren ficht mit Stöcken gegen sich und gegen die Luft. Ein Nachen erscheint, hergerudert vom Meer oder hergetragen aus der Wüste, vermummte Gestalten entsteigen ihm, eine große, wandernde Gesellschaft baut sich zur Pyramide auf, ein Alter freut sich über die Geburt eines Kindes, eine Schwangere kost ihren Liebsten hinterm Einkaufswagen. Ein Mann schleicht sich von hinten an eine Schönheit heran, legt ihr die Hände um die Augen. Ein Beliebiger geht an einem Beliebigen vorbei. Ein Kellner raucht. Ein Murmeltierpfiff. Ein Adlerschrei. Ein Blitz. Ein Zeitungsblatt weht vorbei. Abraham schleppt Isaak zum Opferaltar. Ein Sarg wird transportiert, eine Stalin-Statue abgeschleppt, Schüsse fallen, Soldaten stürmen den Platz, Rokoko-Larven kichern, der Tod sitzt in einer Schaukel, eine Picknickgruppe tauscht mit einer Flüchtlingsgruppe die Kleider. Eine Papierrolle brennt. Die Sonne sinkt. Es wird Abend über der Piazza. Genug. Genug. Die Augen werden müde. War da was? Es waren ganze Welten und ganze Gegenwelten und ganze Nichtigkeiten. Liebes- und Todesgeschichten, Bibel- und Sportberichte, Alltags- und Sonntagsstaaten, Wahnsinns- und Tragödienschnipsel, Kriegs- und Komödiensplitter, Sex und Verbrechen, Heil und Sieg, Untergang und Verklärung. Oder von allem das Gegenteil oder nur ein Witz. Vielleicht wird die Schwangere hinter ihrem Einkaufswagen ihren Liebsten hinter der nächsten

Ecke schon wieder verfluchen. Vielleicht hat die hoch-
beinige Schöne dem Spielzeugauto ihren Büstenhalter
gleichgültig auf die Antenne geworfen, weil er ihr zu
eng geworden war. Vielleicht läßt der Alte, der sich über
das Neugeborene so freute, den kleinen Wurm hinter
der Szene links liegen. Vielleicht dudelt Papageno lieber
Jazz statt Mozart. Der Basketballspieler – kriegt er nicht
lässig die Kugel ins Netz? Und ist der Frackmensch
mit dem Herzinfarkt nicht längst im Krankenhaus?
Und die zwei jungen Stehsexmacher im Angesicht des
Todes – sind sie Liebende oder nur Mitspieler in einem
Pornofilm, die rasch noch trainieren? Hat Äneas seinen
Vater Priamos nicht im Café deponiert? Und ist Moses
nicht eine ziemliche Schmierencharge, der die zehn Gebote im Internet abruft? Aber der Hund? Ja, der Hund
in der Mitte mit dem langen Schakalmaul, der aussieht,
als komme er direkt aus dem ägyptischen unterirdischen
Reich, wo er den Toten die Zunge löst, damit sie ihr
Leben erzählen, dieser Hund scheint den Bildern, die
sich hier ereignen, den lebenden und den toten, so viele
Zungen zu lösen, daß sie immer auch lügen können,
wenn sie die Wahrheit versprechen und die Wahrheit
sagen dürfen, wenn sie zu lügen scheinen. Und das
könnte ewig und drei Tage so weitergehen, dieses Kommen und Gehen und Auftauchen und Verschwinden und
dazu nur Möwengeschrei, Sirenengeheul, Rauschen und
Summen und Klirren und hie und da ferne Musik. Aber
kein Wort fällt. Und weil sonst immer so viel gesagt
und geschwätzt und kommentiert und erzählt wird, ist
dieses stumme Verweh-Spiel in seiner unaufhörlichen
wortlosen, wunschlosen Bewegung eine hübsche kleine
Erholung gewesen. Man war ganz unter Menschen, ohne
mit ihnen zu tun zu haben. Aber damit ist nun auf
ein Mal Schluß. Das vierundsechzigseitige Büchlein des

Dichters, dem alle diese flüchtigen Bilder und fliehen-
den Personen und raschen Szenen entstiegen, ist jetzt
auch vom Winde verweht. Als sei es gar nie dagewesen:
Traumschaum.

Die Statue des uralten, märchenhaften Hundes ist verschwunden, sie war sowieso im Traumtext des Büchleins
mehr versteckt als verlangt, aber wunderbar passend.
Das Licht wechselt, die Wellen scheinen heftiger an die
Gestade des Platzes zu schlagen. Der Platz, der so viel
Zeit und so unterschiedliche Zeiten verschlungen und
wieder ausgespien hat, wird jetzt selber von der Zeit
verschlungen. An der Stelle, wo vorher der ägyptische
Hund stand, ist nun die Statue eines freundlichen
Herrn im Dreispitz zu sehen, der sich lächelnd auf
seinen Stock stützt und die Gegend kritisch zu betrachten scheint. Die Statue steht auf einem hohen, wulst-
verzierten Sockel. Sie stellt den Komödiendichter Carlo
Goldoni dar, der herrlich hierher paßt. Zu seinen Füßen
ist einer sitzen geblieben: auf einem Diwan mit unter-
geschlagenen Beinen. Er raucht eine Wasserpfeife, zwir-
belt seinen Schnurrbart, trägt einen Fez, unter dem er
sich den Kopf kratzt. War er übriggeblieben aus einer
exotischen Janitscharengruppe, die auch einmal kurz
über den Platz trabte im Geschwindschritt und die
Oboen an die Mäuler gerissen hatte, ohne einen Ton
zu spielen? Dieser Türke jedoch schien kein Traum.
Eher selbst ein Träumer. Kein Mitspieler auf dem Platz,
sondern ein Ausschauhalter. Wahrscheinlich hat er den
Papageno vorübertänzeln gesehen und gedacht: Hier bin
ich richtig. Hier ist das Glück. Er ist nicht ruhig in
seinem ruhigen Sitz. Er ist hoch angespannt, lächelt
selig, lauscht, ob er Musik hört, trillernde Frauenstim-
men, schaut neugierig umher, ob er irgendwo schöne,
singende Frauen sieht. Und dann fällt ein Wort aus

seinem Munde, als sei es das süßeste, größte Wort der
Welt: »Oper!« Der Türke will eine Oper errichten. Er
ist verrückt nach Theater. Und Signor Goldoni lächelt
auf seinem Sockel verständnisvoll auf ihn herab. Beide
zusammen, der Türke und Goldoni, sind das Traumpaar
der Saison 1759/60.

XLI.

Das Irrenhaus zur Seligkeit

Wenn Ali ans Theater dachte, wurde er schier wahnsinnig. Was für ein herrliches Wort, das es in seiner Sprache gar nicht gab, das sie sich entlehnen mußte: Tiyatro! Es klingt so fremd, so verboten, so hart-süß und doch so weit. Als gehe ein Himmel auf. Schon als er ein Kind war und durch Türritzen oder Fensterspalten, manchmal auch durch Schlüssellöcher spickte und dort in kurzen, rätselhaften Ausschnitten sah, was die Menschen an Tollheiten, an Langeweile, an Liebe, an Haß, an Gier und an Komischem ihm und nur ihm vorzuspielen schienen, obwohl sie nicht spielten (aber wer weiß, ob sie's nicht doch taten), sondern so taten, als ob sie ernst machten, schon damals, Allah!, war sein größter Wunsch, Menschen dazu zu verführen, nur für ihn zu spielen. Denn dann, so dachte, so fühlte er, gehörten sie ihm. Je schöner diese Menschen waren, je wunderbarer sie spielten, je zauberhafter sie sangen, desto größer würde seine Liebe sein.

Also mußte das Theater eine Frau sein. Nur in Frauen konnte man sich richtig verlieben, nur in Frauen konnte man sich bis zum Irrsinn verlieren, nur bei Frauen wußte man nie, wo das Spiel aufhörte. Es sollte nie, nie aufhören! Wenn Ali vom Theater träumte, träumte er von Frauen. Er sah sie tanzen, sah ihre Körper wogen und hörte vor allem ihre Stimmen, wie sie sich von einem

398

Ton in mittlerer Höhe aufschwangen, kurz einen Halb-
ton streiften in leichtem Triller, dann in einer strahlenden Skala bis ganz hoch hinaufklettern in Schleifen
und Nudeln und Girlanden – und dort oben, hart wie
Metall und biegsam wie Bambus ans Paradies klopften,
es aufstießen und darin die Königinnen waren. Es gab
in der Türkei das uralte Schattenspiel mit Narreteien
und Teufeleien und die derbe, szenische Volksbelusti-
gung, nahe der Straße und den Plätzen. Aber das himmlische Theater gab es nicht. Man mußte es, wenn
man es wollte, sich erkämpfen oder importieren. Man
mußte es stehlen: zuerst mit dem Herzen, dann mit den
Augen, dann mit List, schließlich mit Geld. Und es
nach Smyrna bringen, in die Hafenstadt, deren Namen
so nach Duft, Geheimnis und dem Parfum des kissen-
weichen, die Sinne betäubenden Labyrinths roch (auch
wenn sie fast nur nach Fisch stank), daß Smyrna un-
bedingt ein Theater brauchte. Es sollte ein Ort sein, wo
er, Ali, den zauberischen Orient noch einmal triumphal
überzaubern wollte mit Tönen und Frauen und Szenen
und Tänzen und einer Musik, wie die Welt sie noch nie
gehört hatte!

Ali schnaufte tief. Hier war er gelandet, an diesem
merkwürdigen Platz, vor dem sein Schiff nun vor Anker
lag. Hier würde er das Theater finden, das Glück, die
Liebe, den Himmel! Denn hier ist Theatralien, das
Zauberland, wo es Wunder und Weihen zu kaufen gibt.
Das gelbgesichtige, kleine dünne Männchen namens
Nibio freilich, das aus wässrigen Augen zu ihm auf-
schaute, lauter Bücklinge machte, sich Opernagent
nannte und ihm versprach, binnen weniger Stunden eine
Prima donna, eine Secunda donna, einen Tenor, einen
Basso cantante, einen Basso buffo und einen Buffo se-
condo zu besorgen und all dies zu günstigen Preisen –

dieses Kerlchen würde er in der Pfeife rauchen, und kein
Kringel würde von ihm in die Luft steigen, so dünn, so
unerheblich kam Nibio dem Türken vor. Und was der
Bursche für Hände hatte, dünn, schmal und langfingrig.
Nibio sah aus, als könne er jederzeit mit einer Kasse
durchgehen. Na ja: Opernagent. Ein unmögliches Wort.
Klingt nicht nach Geheimnis, höchstens nach Geheimdienst. Er wollte keinen Agenten, er wollte jemanden,
der ihm Wunder schuf, Zauber, Tollheit, Seligkeit, ach,
alles, was Tiyatro ist. Ali schnaubte ungehalten. Seine
Gier duldete keinen Aufschub und duldete vor allem
keine Ablenkung: Basso cantante – was soll ihm das?
An Tanten dachte er zuletzt, wenn er ans Theater dachte.
Prima donna – was soll der Unfug? Er wollte eine Frau,
»ein lieb' Frau«, wie er Nibio gegenüber radebrechte,
er wollte eine Frau, die so sang, daß ihm die Sinne
vergehen sollten, keine Prima donna. Dieses »Prima
donna« klang so hochnäsig, so geschäftsmäßig. Zwar
würde er Geld geben für seine Oper, viel Geld. Das
schon. Aber ein Geschäft sollte sie erst in zweiter Linie
sein, in erster Linie sollte sie ein Paradies sein. Nicht das
Paradies für die Rechtgläubigen, deren Religion einen
Gott kannte, nein, das Paradies für die Ungläubigen,
deren Gott Tiyatro heißt und deren Räusche toller und
schöner sein sollten als alle Ekstasen des Glaubens.

Was aber wollte dann dieser affektierte, schrille Kerl
in der violetten Perücke, der vor ihm, Ali, dem größten Theaterträumer der Welt, aufmarschierte wie ein
Pfau und behauptete, daß er, Ali, der größte Theater-
frauenliebhaber, auf ihn, den Pfau, nur gewartet haben
könnte? Auf jenen Kerl mit der hohen Stimme, der,
Carluccio mit Namen, sich einen Falsettisten nannte?
Auf jenen Un-Mann, der mit der Stimme einer Frau,
besser, will sagen schlechter: mit der Stimme einer Katze

vom hohen C faselte? Und wohl Frauenrollen singen
wollte? Auf jene Schwuchtel sollte er, Ali, gewartet
haben, die mit angeschwärzten Zähnen und rotunter-
laufenen Augen auf einer Gage so um die Tausend bestand und überhaupt nur immer Geld, Geld, Geld zu
meinen schien, auch wenn sie von Kunst, Kunst, Kunst
schwadronierte? Als Ali knurrte: »Smyrna dick nit kennenlernen will mit hohem C und Hirn kaputt. Wenn
aber ick will wieder gehen in Türkei, ich dick mitnehm
nach Istanbul, in Serail von Sultan.« Was den Falsettisten, diesen präpotenten Eunuchen, keineswegs ab-
schreckte; er hechelte weiter nach Geld, Geld, Geld.
Außerdem hörte er wohl, was beim Falettisten die
meiste Musik machte: dessen Magen. Dieser knurrte
und murrte und jaulte. Hatte seit Tagen nichts mehr zu
verdauen gehabt. Ali wollte Kunst, und man schickte
ihm Hungerleider.

Was sollte ihm, der nur Liebe, Glück und Oper
wollte, jene in ein wuchtiges Korsett gezwängte, wild-
katzenartige ältere Dame namens Tognina, angeblich
eine venezianische Sängerin, die mit wogendem Busen
und rollenden Augen auf ihn zustürmte, ihn anröhrte,
ihm um den Bart ging, ihn vom Diwan schubste und
sofort verlangte: »Ich muß die Prima donna sein!«? Was
war das für eine Frau, die gleich von ihrer Gage redete
und schrie: »Die Noten segeln durchs Theater, und alle
gehen in Deckung!«? Er wollte den Himmel im Theater, keinen Krieg. Und jene dürre Geis mit dem spitzen
Kinn und der kleinen Nase, die ihr Mündchen verzog,
sich als Annina, eine bolognesische Sängerin, vorstellte,
erst so tat, als könne sie vor lauter Bescheidenheit kein
Wässerchen trüben, aber dann auch mit der Prima
donna herausrückte und von »mindestens vierhundert«
säuselte? War das die Kunst? Und wie mies sie, offenbar

die Jüngere, von der Älteren, der Tognina redete! Und
auch die beiden Damen trugen ihre Unverschämtheiten
mit Magenbegleitung vor, mit Knurren und Furzen
und Hungerkoloraturen. Ja, und Madame Lucrezia, die
florentinische Sängerin mit dem Raubvogelgesicht, die
schier zerfloß vor Demut. Aber sie hatte den Grafen
Lasca im Schlepptau dabei, den »Freund aller Sänger«,
der allen Sängern alles versprach und nichts gab, keinen Groschen, nicht einmal ein Schälchen Kaffee. Der
Lucrezia, die ihn am besten von allen singenden Weibern
hofierte, schien er die Prima donna (dieses verfluchte
Rollenfach!) versprochen zu haben – auf seine, des gut-
mütigen Türken Kosten ... Und Ali spürte mit brennender Scham, wie er anfing, vom Theater und von
der Oper und von den Sängern zu denken: verächtlich.
Sie lagen ihm zu Füßen. Sie krochen vor ihm auf dem
Bauch. Und einmal unterstand sich dieses Monstrum
von Tognina sogar, ihn in die große Zehe zu zwicken
und seinen Fuß schüttelnd zu liebkosen, als sei es seine
Hand. Der Falsettist jaulte dazu, und Pasqualino, einer,
der sich Tenor nannte, gockelte auf und ab und lieferte
der Tognina die Stichworte, obwohl er mit der Annina
flirtete. Ali ertappte sich dabei, daß er die Oper, die
Kunst und das Theater zu verfluchen begann und er-
schrak sehr über sich. Er wollte Menschen dazu bringen,
ein Haus des Zaubers und der Wunder und des Glücks
mit ihm zusammen zu bewohnen. Und was er hier ge-
boten bekam, war der Entwurf zu einem Irrenhaus.

Der Komödiendichter Carlo Goldoni, 1707 im ba-
rocken Venedig geboren, 1793 im revolutionären Paris
gestorben, gelernter Jurist, erst Theaterverrückter, dann
Theaterdirektor, daneben immer Theaterdichter, Kenner
der Künstler, der von seinem schön erhöhten Sockel-
standpunkt mit leicht giftiger Lust auf Alis Verzweif-

lung hinunterschaute, hatte in rund hundertvierzig
Komödien den Menschen auf dem Theater die Masken
abgenommen. Bis Goldoni kam, trugen sie die Masken
der Commedia dell'arte. Hinter den Masken spielten sie
nur festgelegte, schematische Typen in immer ähnlichen
Liebes- und Geld- und Intrigensituationen, zum Bei-
spiel den Doktor, den Harlekin, die Colombine, den
Capitano, den Brighella, den Pulcinella. Die Masken
gaben ihnen Halt, Witz, Schablone, Sicherheit. Jede
Maske ein Deckel auf einem Abgrund. Jetzt, ohne die
Masken aus Holz und Leinwand, zeigten sie ihre nackten
Gesichter, ihre blanken Seelen, ihre offenen Herzen.
Und auf diesen malten sich nun ganz andere Masken:
Grimassen, Gesichtszüge, die den Abgrund nicht mehr
verdecken, die vielmehr direkt aus ihm zu kommen
scheinen. Ali, Goldonis Kopf entsprungen, blickt in
die Masken der Habgier, der Eitelkeit, der Niedertracht,
des Hochmuts – und vor allem: der Dummheit, gepaart
mit Stolz. Lauter Hochstapler, Bramarbasse, Glücks-
ritter auf dürren Gäulen, Lügner.

Erbärmlich der Dreikampf der drei Furien Lucrezia,
Annina und Tognina: ihre versteckten, bösen Sticheleien,
ihr Getue, ihr scheinbares Zurückweichen, um hinten
herum wieder vorpreschen zu können, ihr Schmeicheln
und Beiseitefauchen, ihr Scharmuzieren mit dem Grafen
und Nibio, so daß im allgemeinen Gewurl die Lucrezia
die Prima, die Tognina die Seconda und die Annina
die Tertia donna abgeben wollten – in seiner, Alis, Oper,
dort, in Smyrna, im Tiyatro, seinem Paradies. Sie würden es schänden. Am schändlichsten wohl, das fühlte
Ali, und es stieg Säuernis in ihm auf, der Auftritt von
Signor Maccario. Ein fettleibiger, rotgesichtiger Mann,
Dienergesinnung unter Herrenallüren. Er trug eine
Menge von Büchern unter dem Arm, die er sofort fallen

ließ, weil er sich tief und schamlos vor Ali verbeugte. Er
nannte sich großspurig Theaterdichter, versprach aber
jeder der Damen eine Bombenrolle, die er ihr »auf den
Leib« schreiben wollte. Er wirkte auf Ali mehr wie ein
Theaterschneider als ein Theaterdichter. Denn Maccario
gab sofort zu, wie er arbeitete: Er modelte alte Stücke,
die er im Dutzend billiger mit sich schleppte, zu neuen
Opern um. Daher rührten wohl auch die Tintenkleckse
hinter seinem Ohr unter der zerzausten, schmuddeligen
Perücke. Maccario, die wandelnde, nackte Enttäuschung
jedes Theatertraums, brabbelte (apropos: Er brauche als
Gage auch mindestens so um die Tausend!) von Maschi-
nisten,Technikern, Billeteuren, Garderobieren, Kostüm-
schneidern, Schustern, Zimmerleuten, Musikern. Ohne
die – und natürlich ohne ihn selbst – könne kein Mensch
eine Oper einrichten, weder in Smyrna noch sonstwo.

Als dann der Falsettist wieder wie zehn Eunuchen
zusammen zu winseln begann; als Tognina ihren Busen
wogen, Annina ihre Wimpern klappen, Lucrezia ihre
Nüsterchen beben ließ; als alle von Geld, von Spesen,
von Soloauftritten, von Prima donna schwatzten; als
Annina dem Türken ins Ohr flüsterte: »Na, Sie werden
ja sehen, was Sie davon haben, wenn Sie dieses Aas
engagieren« (und sie meinte Lucrezia); als Ali immer
nur Geld, Geld, Geld hörte, und die ganze Bagage einschließlich dieses melancholischen, süffisant lächelnden
Grafen Lasca ihm vorkam wie eine Gesellschaft von
lauter Marktschreiern – da war es dem Liebhaber des
Theaters, als falle er in ein großes, schwarzes Loch. Und
er wollte nur noch: weg. Sein Theater lag in seinen Wünschen, seinen Träumen, seinen Sehnsüchten. Es lag nicht
in diesen Theaterleuten. Alis Theater würde nie funktionieren. Aber es war die Seligkeit und würde immer die
Seligkeit bleiben. Signor Goldonis Statue freilich auf

ihrem erhöhten Standpunkt schien noch eine Spur ironi-
scher zu lächeln. Könnten Statuen seufzen, sie hätte jetzt
geseufzt.

Am nächsten Morgen versammelten sie sich am Pier,
alle gestiefelt, gespornt und hungrig: der Dichter, der
Agent, der Tenor, der Falsettist, die Prima, die Seconda,
die Tertia donna. Sie wollten zu Schiff nach Smyrna, dem
dicken, dummen Türken die Operntöne beibringen.
Geld im Kopf und noch mehr Geld im Gefühl. Also
starrten sie ziemlich zutraulich auf den Sack voller Geld,
den der Türke ihnen zurückgelassen hatte. Er selbst war
längst übers Meer davon in sein Tiyatro, das sie nie erreichen würden. Als sie sich von ihrer Verwunderung
noch kaum erholt hatten, trieb eine Flasche, gut zu-
gekorkt und mit Lack versiegelt, an die Kaimauer,
schlug im trägen Hin und Her der Wellen an die Hafen-
befestigung, ohne zu zerbrechen. Der Falsettist, der
Neugierigste und auch Durstigste der Truppe, fischte sie
mit viel Mühe und Geschnaufe heraus, weil er dachte,
sie enthalte mindestens Alkoholisches. Als er sie ins
Morgenlicht hielt, rief er jedoch enttäuscht: »Nur eine
Flaschenpost.« Die anderen traten hinzu. Man entkorkte
die Bouteille, schüttelte das zusammengerollte Briefchen heraus und las die krakelige, in fremder Schrift
verfaßte Botschaft: »Behaltet euer Theater für euch!«
Unterschrieben war sie mit »Ali«.

Sie zuckten nur mit den Achseln und balgten sich
ohne weiteres Bedauern um die Penunzen, die ihnen
der Graf Lasca aber sogleich wegnahm. Seine Erlaucht
schlug vor, sie könnten mit diesem Geld ein eigenes
Theater aufmachen. Es wird nicht im Himmel sein. Es
wird in der Stadt sein. Es wird funktionieren. Aber es
wird die Hölle sein.

XLII.

Behaltet euren Himmel für euch

n den alten Zeiten, als das Wünschen noch geholfen hat, wurden die Wünsche in Flaschen
gesteckt, die Flaschen fest versiegelt und ins
Regal gestellt. Denn man hatte große Angst vor
dem Geist, der in den Wünschen steckte. Er
konnte sich ausdehnen, zum Riesen werden, zum form-
losen Ungeheuer, das Verwüstungen und Verheerungen
anstellte, sich um Regale nicht mehr kümmerte, ja
Türrahmen durchbrach, gar Hausdächer mit seinem
Buckel wegschubste und frei ins Land hinausschnaubte.
Da war er besser unter Kork und Siegellack aufgehoben,
eng zusammengepreßt, manchmal so eng, daß man den
Geist hinterm Glas der Flasche wie in der Form einer
kostbaren, kringeligen Versteinerung oder als verästeltes
Präparat einer vertrockneten Pflanze erkennen konnte.
Die einzige Chance für den Geist in der Flasche bestand
darin, daß man die Flasche ins Meer warf und sie so
auf Reisen schickte. Wenn sie an ein fremdes Gestade
gespült wurde, mußte der Flaschengeist warten, bis ihn
jemand Fremder fand und dieser Fremde ein Gehör und
ein Herz für den Geist besaß, der, »Laß mich raus! Laß
mich raus!«, in der Flasche herumspektakelte – je ver-
steinerter oder vertrockneter, desto lauter.

Der junge Engländer Robert Hot, schon der Name
klang im Englischen heiß, Sohn von Lord Hot, mußte
sich zwanzig Jahre lang alles versagen, was die Wünsche

ihm befahlen, was die Triebe ihm als verlockend aus-
malten, was die Natur ihm ans Herz legte. Er sah die
Bienen, die Sperber, die Adler und was dieses Gevögel
alles trieb. Und er? Er hat ein »Pflanzenleben gelebt«,
ein Steinleben, »bloß um die törichten Wünsche meines
Vaters auszuführen« – denn es war nicht so, daß die
in Flaschen gesperrten und in Regalen abgelegten
Wünsche die ganze Welt wunschlos gemacht hätten; im
Gegenteil. Die Wünsche der restlichen Welt, vor allem
die Wünsche der Väter, richteten sich auf die Regale,
von wo herunter sie bei Bedarf die Flaschen, die ihre
Söhne waren, nehmen und irgendwo in Stellung bringen konnten. Der junge Robert Hot sollte ein Pair in
England werden, sollte die Tochter von Lord Hamilton
heiraten, Kinder zeugen, Güter erwerben und ver-
mehren. Der Alte wollte den Jungen »zu den öffentlichen Geschäften gebrauchen«. Deshalb drückte sein
Vater den Kork besonders tief in den Flaschenhals
hinein, versiegelte ihn besonders sorgfältig. Der Vater
liebte seinen Sohn nicht, der Vater hatte etwas mit
seinem Sohn vor. Der Junge war ein Posten auf der
Lebensrechnung des Alten. Deshalb hatte Robert »alle
sterbliche Schönheit hintan gesetzt, und wie ein Schul-
meister mir den Kopf zerbrochen; ohne Haar auf dem
Kinn wie ein Greis gelebt, über nichts als Büchern und
leblosen, wesenlosen Dingen wie ein abgezogner Spiri-
tus in einer Flasche, der in sich selbst verraucht.« Es
würde nun alles darauf ankommen, an welchem Gestade
die Flaschenpost namens Robert landete, und wer den
Geist aus der Flasche ließ.

So kam das Jahr 1775/76, die Saison der Befreiung
der Flaschengeister in Europa. Später wird man diese
Saison »Sturm und Drang« nennen. Überall warteten die
Gestade darauf, daß eine Flaschenpost angeschwemmt

würde, die einen wilden, ins Freie drängenden Geist
enthielte. Die Zeit für Robert Hot war gekommen.
Er war kaum viel älter als der Dramatiker, der ihn erfand und ihn sich wie einen tragischen Bruder von der
Seele schrieb: Jakob Michael Reinhold Lenz, 1751 in
Leßwegen als Sohn eines offenbar sehr strengen, sehr
auf Regal, Lack und Kork und Trieb- und Wunsch-
unterdrückung achtenden livländischen Pfarrers. Der
gedrückte, vor Wut und Lust bebende Lenz landete
nach einem abgebrochenen Königsberger Theologie-
studium in Straßburg an den Gestaden des jungen
Genie-Deutschland, wo Goethe ihn auflas, freimachte
und den Wünschen des jungen Lenz Nahrung gab,
aber doch ein wenig Angst vor diesem Stürmer und
Dränger hatte, der das regellose Genie- und Geist-
und Freiheits- und Drang-Spiel nicht als Spiel begriff,
sondern immer Ernst machte, nie wußte, wann Schluß
war. Goethe wußte immer, wann Schluß war. Wenn
andere noch auf der Stelle tobten, war der junge, sen-
sible, ungerührte Frankfurter längst weiter. So ließ er
Liebschaften, Leidenschaften, Augenblicke locker hinter
sich, sagte nie: Verweile doch, du bist so schön!, auch
nicht zu den schönsten Augenblicksmädchen. Lenz dagegen, der wilde, stürmische Lenz, war der geborene
Verweiler.

Lenz hätte gerne ganze Welten angehalten und
Augenblicke der Begeisterung ins Ewige hinein verlängert. Er hängte sich an Goethe wie an einen Liebhaber, auch noch, als dieser kaum siebenundzwanzig-
jährig nach Weimar in Herzogsdienste ging, wo Lenz
sich an adelige Damen heranmachte, »Eseleyen« beging
und den wilden, bösen Buben im schmuddeligen Haar
gab, während Goethe längst die Erwachsenenperücke
übergestreift hatte. Lenz, dessen »Ehrgeiz es von jeher

war, geliebt zu werden«, wurde nie richtig geliebt,
weder von seinem Freund Goethe noch von Frau von
Stein, der Freundin von Goethe, nicht von Herder, nicht
von Wieland, auch nicht von den Damen der höheren
Stände, in die er sich regelmäßig verknallte und die er
mit Grimassen und zuckenden Gebärden auf der Prome-
nade in Weimar grüßte. Lenz fand keine Welt, in die er
gepaßt hätte. Also mußte er die Welt auf seinen eigenen
Kopf nehmen, was seinen Kopf zerbrach. Sein Kopf war
zu leicht für die Welt – oder die Welt zu schwer für
seinen Kopf. Der Ungebärdige wurde aus Weimar aus-
gewiesen. Geistig umnachtet, lebte er bei Pfarrer Ober-
lin in Steintal am Oberrhein, wurde 1779 nach Riga,
ins Heimische, gebracht, was für ihn nur wieder eine
andere, fremde Welt war. 1792 fand man ihn tot in
Moskau. Er starb dort auf der Straße wie ein Hund.

Die Welt, die Lenz nicht ertrug, war lieblos. Die
Figuren, die Lenz sich ausdachte und erträumte, sind
verrückt nach Liebe, müssen auf sie aber verzichten.
Sie rasen ins Leere, treiben die aberwitzigsten Kalku-
lationen, was sie sich alles antun könnten, um die Väter
zu strafen oder zur Liebe zu zwingen. Der Tod ist ihnen
so nahe wie die Lust. Bis auf Robert Hot, eine der glück-
lichsten, leichtesten Schöpfungen von Lenz, scheitern
sie am beiden: an der Liebe und am Tod. Sie dürfen
nicht einmal vor Liebe sterben. Ihr Aberwitz liegt in
ihrer Revolte gegen die Väter: Die Revolte führt sie in
die Arme der Väter zurück, in denen sie sich zerstört und
zerstümmelt kuscheln in ewiger Katastrophenwärme.
Nur Robert ist die Ausnahme, der gute, der listige, der
wilde Robert, der Robert-Guck-in-den-Himmel.

Robert hat furchtbar unglückliche dramatische Brüder. Lenz ließ zum Beispiel 1774 in seinem berühm-
testen Stück, *Der Hofmeister oder Die Vorteile der Privat-*

erziehung, einen jungen bürgerlichen Mann namens
Läuffer, der einen Hofmeister, also Privatlehrer darstellt,
ein adeliges Mädchen schwängern, darauf zum Messer
greifen und – sich entmannen. Weg mit dem Lustorgan!
Läuffer reißt das aus, mit dem er glaubt, am meisten
gesündigt zu haben. Läuffer agiert parterre. Robert hingegen, der Virtuos' der oberen Regionen, müßte sich,
hätte er wie Läuffer handeln wollen, den Kopf abreißen,
denn Robert, der viel tollere Flaschengeist, sündigt mit
seinem Lieblingsorgan: dem Hirn. Läuffers Mädchen
stürzt sich in den Teich, wird aber von ihrem Vater her-
ausgezogen. Geborgen in den Armen einer väterlichen
Figur, des Schulmeisters Wenzeslaus, der die Pfeife am
Abend, den Salat am Mittag und das Glas Wasser aus
dem Brunnen als höchste Güter liebt, kriecht der wilde,
triebhafte junge Läuffer, endlich ruhig, endlich trieblos,
zu Kreuze, das die Väter errichtet haben. So übermäch-
tig scheinen die Väter, daß die Söhne nicht einmal vor
ihnen zu sterben sich getrauen, sondern kastriert in
Vaters Obhut überleben müssen. Es umflackert sie in
ihrer kalten, demütigen Wut ein heißes Selbstvernich-
tungsfeuer. Aber ihr Kopf leuchtet im Widerschein
dieses Feuers denn doch im herrlichen Eigensinn. Noch
in der Misere eines Aufstandes, der am Ende sich ins
eigene Fleisch schneidet, strahlt ihr Wesen ein irrsinniges Zutrauen zu sich selber aus: unter Tränen und
Schmerzen ein ungeheurer Stolz; unter der Demütigung
eine irre Hochmögenheit. Der Flaschengeist des Hof-
meisters Läuffer strandet in der deutschen Provinz, wo
die Wünsche und Triebe sowieso keine Sache der Wirklichkeit, mehr eine Sache der Phantasie sind.

Der Flaschengeist von Robert Hot, des todtraurigen
Helden im *Engländer,* einer »dramatischen Phantasey«
von Jakob Michael Reinhold Lenz, wird an die Küste

von Italien gespült. In Italien, in Turin, der piemonte-
sischen Hauptstadt, trifft Robert auf Armida, Prinzessin von Carignan, auf die unerreichbare hohe Frau,
die Roberts Wünsche explodieren, den Korken knallen,
den Lack sprengen läßt. Sobald Roberts Geist jede Be-
grenzung hinter sich gelassen hat, verläßt er das, was die
anderen Lenzschen Geister immer unter ihren Füßen
haben, in dem sie waten und das sie durchpflügen: die
Erde. Robert schwebt, hebt sich empor, scheint gar keine
Füße mehr zu haben, nur einen nebelartigen Schweif, auf
dem er zwei, drei Meter über dem Erdboden umher-
zutoben meint. Robert gehört in die Kategorie der Luft-
geister, die auf eigene Rechnung spuken. Sein Eigensinn
wirkt wie eine sprühende Rakete. Robert ist eigentlich
kein junger Mann. Robert ist mehr ein junges Feuerwerk.

Der Vorhang geht auf – und schon explodiert Robert.
Er schießt sofort. Robert hatte bisher einmal auf einer
Redoute (einem Hofball) mit Armida getanzt, als »alles
um sie lachte, und gaukelte, und glänzte, die roten
Bänder an ihrem Kopfschmucke von ihren Wangen die
Röte stahlen, die Diamanten aus ihren Augen das Feuer
bettelten, und alles um sie her verlosch, und man, wie
bei einer göttlichen Erscheinung für die ganze Natur,
die Sinne verlor, und nur sie und ihre Reize aus der
weit verschwunden Schöpfung übrig behielt.« Armida
gehört allen und keinem. Armida gehört nicht zur Welt.
Sie scheint eine Zauberin, eine Hexe, die hinter dicken
Mauern in einem schönen Schloß wohnt. Nicht sie
war es, die den Geist aus der Flasche (»Laß mich raus!
Laß mich raus!«) befreite. Der Geist der Wünsche des
Robert Hot hat sich mit einem Knall selber befreit,
weit weg von England, vom Vater, vom Schwiegervater
in spe, von den Alten. Robert ist ein Selbsthelfer, der,

einmal befreit, einmal losgelassen, sofort eine ganze Welt in den Bann seiner Kometenbahn zieht, ohne zu fragen, ob das der Welt paßt oder nicht. Man kann den Robert nicht verstehen. Man muß ihm, dem Seligen, ein bißchen selig lächelnd hinterherstarren mit in den Nacken gelegtem Kopf. Man kann ihn lieben, wie man einen Luftikus liebt, dem seine Luftgeisterei auf den Tod ernst ist. Robert ist eine Art von Musik, ein rasch hingepfeffertes Motiv, das nie den Ton findet, der es zur Auflösung brächte: ewig schwebend, ewig bebend.

Robert hat Armida nie danach gefragt, ob sie seine Welt sein möchte. Er hat es so bestimmt. Basta. Er könnte das Motto schon wie eingebrannt im Kopf gehabt haben, das Goethe sehr viel später, sehr viel ruhiger einem Mädchen im *Wilhelm Meister* auf die Lippen legte: Was geht es dich an, wenn ich dich liebe! Man kann nicht sagen, daß Robert dabei das Leben entdeckt, daß er in die Welt hinaustobt. Er starrt sofort, ohne die Erde zu berühren, in den Himmel hinauf, den er sich selber baut und in den er in großen, glühenden Lettern »Armida« malt, obwohl oder gerade weil diese unerreichbar in ihrem Schloß sitzt und mit ihm nichts zu tun hat, jedenfalls sehr viel weniger als die vielen schneeweißen Brüste, die vielen blutroten Lippen, die vielen weichen Glieder all der vielen anderen Mädchen, die ihn, wie er erstaunt feststellt, »zum Fressen gern« haben, und in deren Armen und Betten er sich ja wohl verlieren und dort sein Stein- und Pflanzen- und auch Flaschenleben ganz und gar vergessen und es den Bienen, Sperbern und Adlern gleichtun könnte.

Seine »Phantasey«, sein Eigenkopf jedoch treiben ihn in ein höheres Theater der Wünsche und Begierden. Sie treiben ihn unter die Soldaten in der Garnison in Turin, bei denen er sich verdingt. Der Soldaten-Stand ist

ein »heiliger Stand«, er steht bei Robert wie natürlich
übrigens auch bei Lenz in hohem Ansehen: Soldaten
sind die Anti-Bürger; Soldatsein ist losgelöstes Sohn-
sein, die Aufsicht führt das Reglement, nicht der Vater;
es schmeckt nach Bande, nicht nach Familienbande;
Soldaten dürfen Mädchen verführen, sie sich nehmen,
sie verlassen, sie zur Hure machen (das hat Lenz in den
Soldaten von 1775 dramatisiert), ohne bestraft zu werden, es sei denn, es findet sich ein Rächer der Ehre der
Mädchen, der den Verführer, aber sich dann gleich mit
vergiftet. Aber das interessiert Robert nicht. Weil ihn
das Leben nicht interessiert. Ihn interessiert die Uniform als das Kostüm, das ihn für seinen Himmel frei-
stellt: Urlaub bis zum Sterben. Denn Robert interessiert
an seiner Liebe und seinem Himmel namens Armida sofort nur das eine: der Tod. Würde er den Tod erreichen,
hätte er die Väter überlistet, die ihre Söhne immer nur
zum einen zwingen – zum Überleben. In Musketier-
uniform steht Robert Hot nun Wache, wo keine Wache
gebraucht wird, unterm Fenster von Armida im Schloß.

Was tut er da in höchster Befriedigung? Er schießt
sein Gewehr ab. Ganz allein. Armida erscheint perplex
und ein wenig schlaftrunken im Fenster: »Wer spricht
dort mit mir?« Es spricht mit ihr ein Trunkener, der
vom Tod redet, vom Himmel, den er sucht, der vor
seinem Sterben sie noch einmal zu sehen wünsche, um
ihr zu sagen, daß er nur für sie sterbe. Gerne würde er
ein bißchen heraufkommen, um ihr seine Geschichte zu
erzählen, die Geschichte seines Lebens in der Flasche, in
die sein Vater ihn hineingepreßt hat und der er entflohen
ist, aber nur so lange, bis morgen sein Vater wieder
auftauchen und ihn von den Soldaten loskaufen und
wieder in die Flasche zurückstecken wird: damit er ein
englisches Regal ziere – Hochzeit mit Lady Hamilton

inklusive. Zwischen den Sätzen starrt er in ihre schwarzen Augen, hört auf ihren »süßen Seufzer«, den er mit
seinen Lippen aufzufangen vermeint und der »ihren
Busen mir so göttlich weiß entgegen hebt«. Ein Be-
rauschter verleibt sich sein Rauschmittel ein: eine
Frauengestalt, die er nur in seiner Phantasie genießt.
Sie selber schließt das Fenster, verwirrt, als habe sie ein
böser Traum heimgesucht, oder als habe sie sich bei
einer Schlafwandelei ertappt, die sie in eine unmögliche, jedenfalls unschickliche Situation brachte. Robert
schwebt, taumelt, rast. Armida dagegen spreizt den
kleinen Finger und wahrt die Formen. Weiter entfernt
voneinander waren selten: ein Himmel und dessen
Göttin.

Für diesen Himmel, der nur in seinem Kopf glüht,
geht Robert sogar ins Gefängnis. Auf Anruf der Wache
und der Frage, warum er geschossen habe, antwortet
Robert Hot, er sei ein Deserteur, er habe sich soeben
selbst verhaftet. Das kann auch heißen, daß er sich
soeben selbst beglückt hat, jenseits des Reglements, das
zwar die Verführung von Bürgermädchen, aber keine
Gewehrentladungen unter Fenstern von hohen Frauen
vorsieht. Im Gefängnis singt Robert einen Choral, den
er sich selber auf der Geige begleitet: »O Wollust, zu
vergehen! / Ich sterbe sonder Furcht und Graus, / Ich
habe sie gesehen. Brust und Gedanke voll von ihr: /
So komm, o Tod! ich geige dir; / So komm, o Tod!
und tanze mir.« Der Knast ist die Kirche, der Choral
die Liturgie zum Totenamt, zur Seelenmesse. Armida
erscheint, dramatisch schicklich verkleidet als junger
Mann, und bringt ihm seine Begnadigung, die sie
beim König aus Mitleid für seine Verrücktheit für
ihn erbeten hat: keine Todesstrafe, sondern lebensläng-
liche Festungshaft. Er bittet sie um den Tod, denn im

»höchsten Genuß aufhören, heißt tausendfach genießen.
Gönnen Sie mir dieses Glück, Prinzessin, lassen Sie mich
den Tod aus diesen Händen nehmen, von denen er mir
allein Wohltat ist. Ich will meinen entfliehenden Atem
in diese Hände zurückgeben, die ihn schon lange gefesselt hatten, die zu berühren, meine scheidende Seele
schon tausendmal auf meinen Lippen geschwebt ist.«
Es ist nur von ihm die Rede. Der befreite Flaschengeist
genießt nur sich selber. Ein Gegenüber, eine Geliebte,
eine Frau erkennt er nicht. Er spielt sein Eigenspiel mit
allen Trümpfen, die er den anderen aus den Händen
nimmt. Als Liebesobjekte oder als Gegner sind sie ihm
eigentlich gar nicht wichtig. Robert ist sich selbst sein
liebster Liebender und sich selbst sein liebster Feind.

Armida schenkt ihm ein Medaillon mit ihrem Bild:
»Versüßen Sie sich die Einsamkeit damit; und bilden
Sie sich ein, daß das Urbild von diesem Gemälde vielleicht nicht so fühllos bei Ihren Leiden würde gewesen
sein, als es dieser ungetreue Schatten von ihm sein
wird.« Sie gibt, ganz Dame, ganz Verständnis für einen
Verrückten, ihr Bild nicht seiner Liebe, sondern seiner
Einbildungskraft, deren Gewalt sie erkennt und die sie
vielleicht auch ein klein wenig bewundert. Mehr nicht.
Damit hat sie genug getan. Denn Armida ist wie alle
Zauberinnen sehr klug. Sie hat sofort gespürt, daß der
junge Mann nur an sich selber interessiert ist. Soll er
sehen, wie er's treibt.

Es ist ein Spiel über mehrere Bande, und eine davon,
vielleicht die wichtigste, sind die Väter. Die Väter
kommen doppelt ins Spiel: als Lord Hot und als Lord
Hamilton, Papa und Schwiegerpapa. Man bringt ihm
die endgültige Befreiung aus der Festungshaft, die er
aus der Hand seines Vaters ablehnt, denn in England,
in Freiheit und in den Armen der Lady Hamilton, bleibe

er Armida nicht so nahe wie in der Turiner Festung. Er will sich wohlfühlen im Theater seines Unglücks, er braucht die Nähe der Qual, er benötigt die Bühne der Einbildung, nicht das Parkett des Lebens. Die Väter aber organisieren ihm Bälle, Lustpartien, Maskeraden, Ablenkungen, schicken ihm Mädchen, Konfekt, Ärzte, kurzum: lauter Abgesandte des Lebens auf dieser Erde. Die Väter machen listig Männchen vor dem Sohn. Und Jakob Michael Reinhold Lenz genießt es als Dramatiker sehr, daß die Väter, die er da erfindet, seinem Robert so aus der Hand fressen, daß sie auf einmal so lieb, so einsichtig, so tröstend sich geben, obwohl sie so gemein bleiben, wie sie immer waren. Sie machen den Flaschenhals, durch den sie Robert wieder hineinbefördern wollen ins Geregelte, durchaus weiter, komfortabler. Aber Robert bastelt an seinem eigenen Himmel, in den er, einmal aus der Flasche befreit, hinaufgeschaut hat und den er sich nun unbeirrbar möbliert.

Dabei versichert er sich geradezu selbstverquält, daß in der Wirklichkeit da draußen sein Spiel keinerlei Chance hat, daß er sich mit seiner »Phantasey« bescheiden muß. In der Verkleidung eines savoyardischen Straßenmusikanten, eine mit Murmeltierfell bespannte Trommel in der Hand, spielt, trällert und seufzt er noch ein zweites Mal unter Armidas Fenster. Man wirft ihm wie einem gewöhnlichen Leierkastenmann aus irgend einem Stock einen Groschen herunter – in leeres, weißes Papier gewickelt. Kein Gruß, keine Botschaft. Nur ein Trinkgeld. Er aber sagt: »Es ist eben so gut.« Dieses »Es ist eben so gut«, in dem das eine für das andere gilt, gehört zu Roberts lachender Misere wie zur Misere von Lenz und auch ein bißchen zur Misere von Deutschland: daß die Schönheit und die Erbärmlichkeit einer »Phantasey« die Schönheit und die Erbärmlichkeit einer Wirklichkeit nie erreichen, sondern die Wirklichkeit gleich übertrumpfen und links überholen – um in Wolkenkuckucksheim anzukommen.

Als man auf Veranlassung Lord Hamiltons, des alten, mit allen Tricks gewaschenen Fuchses aus dem englischen Oberhaus, dem jungen Robert die gefälschte Nachricht zukommen läßt, Armida habe sich verehelicht, will Robert sich aus dem Fenster stürzen. Hamilton, der nicht so gern einen Schwiegersohn verliert, läßt den Jungen ins Bett binden und schickt zur Krankenbetreuung eine der schönsten Huren von ganz Turin, von deren Wangen, Augen, Haaren und Brüsten der alte Lord schwärmt, als seien es unbezahlbare Juwelen. Sie soll den jungen Schwärmer und Himmelsbauer aus Wolkenkuckucksheim hinunter ins Leben, auf die Erde, am besten in die alles erlösenden Federn eines Lotterbettes führen. Lord Hamilton, eine Art später Goethe, unterschätzt wie alle Realisten die Kraft einer »Phantasey«. Tognina, die Dienerin der Liebe, weiß schon, wie man der »knotigen Keule« eines jungen Mannes begegnet: Man schmückt sie mit Blumen, die sie sich von der Brust, vom Haar und vom Leibe pflückt. Das mit den Blumen hat sie übrigens aus der Oper *Die Scythen oder Der Sieg des Liebesgottes,* in deren Premiere letzten Abend ihr alle Roués von Turin zu Füßen lagen. Und wie Tognina, tausend Mal schöner als alle venezianischen Sängerinnen Goldonis, die auch Tognina heißen, zehntausend Mal liebreizender als alle Armidas, ihren Arm um Roberts Nacken schlingt, wie sie ihm ihre Lippen nahebringt, wie sich ihr Leib ihm entgegenbiegt, wie sie alle die Sachen so inszeniert, wie Robert sie auf alten Gemälden wohl schon gesehen, aber in dieser Frische noch nicht erlebt hat, wie sie ihm das präsentiert, was er nicht kennt, weil er nur von einer Frau schwärmt, aber mit einer Frau so wenig anfangen kann wie mit der Wirklichkeit – da sticht er zu. Es ist seine letzte Chance, dem Leben zu entkommen und ganz in seinem eigenen Theater eingeschlossen zu bleiben. Hätte er nur einen Quadratzentimeter von Togninas Haut berührt – wer weiß, wie alles ausgegangen wäre. Wahrscheinlich hätte er überleben müssen.

So aber entreißt er der hinreißenden Buhlschwester eine kleine Schere, mit der er vorgab, das Band zu durchschneiden, das Armidas Bild an seinem Halse hielt – und treibt sich den winzigen Stahl zielbewußt in die Luftröhre. Und so schneidet er sich den Strom ab, der ihn mit der Welt noch verband. Der Arzt ist hilflos, die Väter ringen die Hände oder bringen ihre Interessen auf den Punkt, an dem sie der Autor mit grimmigem Behagen bloßstellt: »Besser ihn tot beweint, als ihn wahnwitzig herum geschleppt«, höhnt Lord Hamilton, während Lord Hot zu spät zu weinen beginnt: »Du hast mich um meinen Sohn gebracht, Hamilton – Dein waren alle diese Anschläge!« Doch Lord Hamilton ist längst hinaus. Der Autor läßt sich die Verzweiflung des leiblichen Vaters, den er hier weinen und klagen läßt, so sehr auf der Zunge zergehen, daß er am liebsten mitweinen würde, wenn nicht der Genuß des Triumphes des jungen Lord Hot noch größer und schöner wäre.

Robert setzt den Schlußstein in seinem Himmel, den er mit zierlicher, fanatischer Titanenwucht sich zusammenbaute. Im Wundfieber, das die Vorstufe des Todes ist, bilanziert er Soll und Haben seiner Architektur, die auf dies »eine Gesicht« gründete, das er mit ins Jenseits nehmen muß, da es ihm im Diesseits versagt blieb: »So viel Augen haben nach mir gefunkelt! so viel Busen nach mir sich ausgedehnt! ich hätte so viel Vergnügen haben können – nein, das ist nicht dankbar.«

In den Delirien der letzten Vernunft stellt sein Eigensinn den Verlust an Wünschbarem, an Lebenslust, an
Liebe, an Frauen, an schönen Möglichkeiten, dem einen
tollen Wunsch in Rechnung, der ihn ganz ausfüllte und
den er jetzt nicht verfluchen, nur ein bißchen kontra-
stieren will, um ihn um so strahlender dastehen zu
sehen: Armida. Aber Armida blieb ganz nur Wunsch,
Gespinst, »Phantasey«. Dieser Wunsch will nicht Erfüllung, will nur Recht behalten: »Nun – nun – nun –
meine Armida! jetzt gilt es dir zu beweisen, wer unter
uns beiden Recht hat – jetzt –jetzt – Laß meinen Vater
sagen! laß die ganze Welt sagen.«

Wäre Armida in diesem Moment anwesend gewesen,
sie hätte sich wohl gerührt, aber auch fassungslos abgewandt: Dies Häufchen englischen Himmelsbauer
hätte die Italienerin, die in diesem Himmel die Göttin
spielen soll, nie verstanden. Noch in der Stunde seines
Sieges, also seines Todes, gehorcht der Sohn dem Vater,
über den er triumphieren wollte, so sehr, daß er ihn
zum Schiedsrichter, ja fast zum Sachverständigen über
die Perfektion seines Himmelbaus einsetzt, in dem eine
Göttin thront, die er gegen den Gott der Väter setzt.
Wenn Armida nur eine Marotte von Robert war, dann
ist diese teuer bezahlt. Wenn sie ein Himmel für ihn
ist, dann konnte sie gar nicht teuer genug sein: denn
Roberts Himmel war nichts als Roberts Kopf. Den hat
er durchgesetzt. Und dazu mußte sterben, dazu durfte
er nicht überleben.

Dem Beichtvater, auch er ein Vater, der dritte, der
sich um ihn bemüht, sprach zum Todwunden vom »Irrdischen«. Er rollte nicht einfach nur gewohnheitsmäßig
das ›R‹, der Beichtvater wollte, daß das Wort schon
etwas von dem verlauten sollte, was es an Irrsal und
Wirrsal auf Erden gab. Robert mußte unter Fiebern und

Schmerzen fast lachen. Er hatte das »Irrdische« ebenso empfunden wie dieser Beichtvater, wobei der Beichtvater nicht so aussah, als ob er dem »Irrdischen« allzu abgeneigt sei. Robert dagegen war dem »Irrdischen« so sehr abgeneigt, daß er sich über es erhob und über ihm verglühte wie ein in den Himmel verliebter Sternenstaub. Der Beichtvater stellte ihm den Himmel, den Himmel des Beichtvaters und der Väter überhaupt, als einen göttlichen, alles andere überstrahlenden Glanz vor, der es nicht rechtfertige, etwas »Irrdisches« wie Armida, und sei es auch nur in der Form des Gedächtnisses »zu Ihrer Marter auf ewig« dort oben im Jenseits behalten zu wollen (denn das hatte Robert als Bedingung für seinen Eintritt in den Himmel der Väter gestellt). Nun aber dreht sich Robert zur Wand, sagt, auf den Lippen das Lächeln dieser ewigen Marter: »Behaltet euren Himmel für euch.«

Die Väter bleiben zurück. Sie sortieren ihre Flaschen, Korken und Propfen, bauen ihre Regale um, mischen ihre Trümpfe. Und spielen Karten.

XLIII.

Jetz muß sich mit Glanz erausgebisse wern

chwaden von Tabakrauch über der Szene. Es stinkt nach Bier und nach Schweiß. Die Väter haben sich verbunkert. Obwohl sie spüren: Es zieht. Ihr Bunker ist die Sprache. Ihre Sprüche sind ihre feste Burg, in der sich kein Gott mehr versteckt, sondern sich ein verdrehter Sinn in Wahrheit verkehrt: »Ich will net hawwe, was recht is, des wisse-Se«, spricht der rechtliche Mensch. Wenn sie das Blatt auf die Tische hauen, knallt es wie Schüsse. Es klingt merkwürdig, mit welchen Worten sie Karten spielen. Man kann sie nicht verstehen. »Mer sinn geschwolle Freindche.« Das heißt übersetzt: Wir sind in Verlegenheit, Freunde. Oder: »Eraus mit de wilde Katze!« Das heißt, man solle jetzt bitte die gefährlicheren Karten ausspielen. Oder: »Nor eraus! E Katt odder e Scheit Holz!« Was meint, daß dringend aufs Ausspielen einer Karte gewartet wird, während »kabutt odder en Ranze« bedeutet, daß alles aufs Spiel gesetzt werden muß. »Un jetz! Gewwe-Se Obacht, meine Herrn! Von oben herab, sprach Bonabatt! Drumb, Drumb, Drumb! und do ist noch e ganzer Hut voll Drimb! Ganjeh. Vier Madador und die Bremjeh! Geriwwelt! Drei Batze à Person! Kitt, Herr Spirwes! Lisettche, noch e halb Scheppche!« Wobei »Bonabatt« den Napoleon Bonaparte meint, »ganjeh« das französische »gagné« (gewonnen) ist, »Madador« wie »Drumb« einen Trumpf und

»Bremjeh« die Premiers bedeutet, die ersten fünf Stiche des Solospielers, ohne daß der Gegner zum Stich kommt. Aber das ist für die Fußnoten.

Man muß den Herren, die da spielen, nicht so sehr aufs Maul schauen, man muß ihre Augen beobachten, übernächtigte, wässrige, entzündete Augen, muß ihre durchgewetzten Ellenbogen, ihr speckiges Haar, ihre durchgelaufenen Schuhe betrachten, muß gleichzeitig registrieren, wie groß sie tun, wie gemütlich, wie gesittet, muß horchen, wie abfällig sie beim Wein sitzend über käsfressende und schnapstrinkende Handlanger herziehen – um zu spüren: Die Herrn Bennelbächer, Spirwes, Knerz und Datterich stehen auf der Kippe, vielleicht gar auf der Rutsche. Auf jeden Fall stehen sie am Rand. Man gibt ihnen keinen Kredit. Sie müssen bar bezahlen. Geld, das sie sich gegenseitig beim Spiel abnehmen, wird sofort in Wein oder in einen kalten Hammelbraten investiert. Sie leben vom Spiel. Es ist ihre einzige Einnahmequelle. Sie sind eine Spur zu aufgedreht, zu aggressiv, zu laut, als daß man ihnen in dieser Morgenstunde im Wirtshaus nicht anmerkte, daß sie vor irgend etwas Angst haben. Dieses Etwas kann der Nachmittag oder auch der nächste Tag sein. Denn mit etwas anderem als mit Spielen können sie den Tag nicht füllen. So stoßen sie jeden Tag von neuem ins Leere vor. Vier Musketiere im Dienste des Vakuums.

Im Vakuum redet man Darmstädterisch. Eine Weltsprache wie das Wienerische oder das Schwäbische oder das Sächsische oder das Walisische. Die Weltsprache des Kleinbürgers: eine Musik, die überall begriffen wird, ohne verstanden werden zu müssen. Meisterhaft in allen Stimmen und Engführungen und Kontrapunkten im Jahr 1841 komponiert von Ernst Elias Niebergall (1815 bis 1843), einem zarten Gesellen, der Ohren hatte, zu-

zuhören, einem aus Darmstadt gebürtigen studierten
Theologen und Hauslehrer, der im Biedermeier, in
der dumpfen Luft zwischen stickigen Universitäten,
sentimentalen Gedanken, unterdrücktem politischem
Gebrodel, bemalten Tapeten, geringelten Löckchen und
allgegenwärtigen Spitzeln aufwuchs und jung starb. Er
schrieb empfindsame Erzählungen und 1837 die kon-
ventionelle Darmstädter Lokalposse *Des Burschen Heimkehr oder Der tolle Hund,* um seine Gießener Universitäts-
schulden zu bezahlen. In Gießen wurde Niebergall,
Mitglied der Burschenschaft Palatia, wegen politischer
Aktivitäten denunziert und durfte sich drei Jahre lang
nicht zur theologischen Prüfung melden.

Die Musik des Biedermeier spielt drinnen zu Geburt,
Hochzeit und Tod, nicht draußen zum Weltgeschehen.
Hier, im »Datterich«, einer Lokalposse, die eine große
Komödie ist, die zufällig im Darmstädter Dialekt ver-
faßt daherkommt, spielt die Musik auf der Kippe von
drinnen nach draußen. Sie spielt zu einem privaten
Überlebenskampf, der weltweit gilt.

Der Lichtstrahl, der durch den engen Spalt zwischen
den schmutzigen Wirtshausfenstervorhängen fällt, trifft
einen wilden Universalkopf. Auf dem Kopf eine Perücke,
darunter die Augen unruhig. Überm Hammelbraten,
der zwischen »zwee Drimb« hastig mit der rechten
Hand verzehrt wird (»Lasse-Se sich net stehrn, meine
Freinde, des Spiel erleid't kah Stehrung dorch mei Esse;
des geht bei mir all wie e Uhrwerk«) und über der
Ordnung der Karten in der linken Hand wandern diese
Augen wie in einer unaufhörlichen Panoramabewegung
den Horizont ab. Sie sind wie Schlangenaugen. Sie gehören dem Datterich. Der Name täuscht in seiner loka-
len Färbung. »Datterich« meint lustig lautmalerisch
einen vom Alkohol zerrütteten Menschen, dem die

423

Hände schon zittern, wenn er geistige Getränke auch nur von weitem sieht. Datterich klingt viel zu gemütlich. Denn Datterichs Augen suchen nach Opfern. Es geht nach Fressen und Gefressenwerden. Der Datterich wurde schon gefressen, verdaut und ausgespien: aus dem Amt als Kanzleigehilfe entlassen, weil er so viel trank. Jetzt ist er »Particulier«, das heißt Rentner, das heißt ohne Mittel. Jetzt muß er fressen, wen er kriegen kann.

Er hat zwar Schlangenaugen, aber eine Chamäleonhaut. Sein Kampfmittel ist die Anpassung. Er würde gegen Windmühlen anrennen, wenn es unter den Windmühlen etwas zu trinken oder etwas zu gewinnen gäbe. Er würde ein Gebetbuch verschlingen, wenn Frommsein ihn weiterbrächte, das heißt: ihm das Überleben in den nächsten Tagen sicherte. Er würde lügen, betrügen, schwadronieren: Hauptsache leben. Er hat was vom Tartuffe, vom Don Qixote, von Till Eulenspiegel, aber er hat es nicht aus Lust, er hat's auf Leben oder Tod, Sein oder Nichtsein. Bennelbächer und Spirwes und Knerz sitzen zwar auch am Rande der bürgerlichen Welt. Die Handwerkermeister mit Namen wie Bengler (Schuster) oder Dummbach (Dreher) oder Steifschächter (Schneider) oder Knippelius (Metzger) sehen auf sie mit Verachtung herab, auf die »siwwe Sieße«, auf die Herumtreiber und Wirtshaushocker. Aber diese sitzen wenigstens noch am Rande – und dort sitzen sie gut. Spirwes in seiner Art des sprachlichen Hinnehmens und vollkommenen Passivseins (»Worum soll dann net do gebliwwe wern?«) hat sich eine Maske der Gleichgültigkeit aufmontiert, die ihn vor den Zumutungen der Welt schützen soll, dort, wo die Welt an den Rand heranreicht, den er bewohnt. Bennelbächer hat Frau und Kinder, die hie und da nach ihm rufen: »Vaddache, du sollst doch hahm kumme, hot die Mudda gesogt, des

Esse deht ganz kalt wern.« Auch Knerz spürt ab und zu den Ruf des Lebens: »Ich glaab, ich bin ääwwe geruffe worn.« Nur der Datterich gehört schon weiter weg.

Er ist verstoßen aus dem Kreis der Väter. Er gehört in die Sphäre der ungezogenen alten Kinder. Jeder darf ihn schlagen, hauen (»haage«). Für ihn gelten nicht die Gesetze des Rechts und der körperlichen Unversehrtheit. Er hat keine Rechte mehr. Er hat alle Rechte verloren. Und der ehrwürdige Bürger Bengler, der Schuhmachermeister, demonstriert dies vor aller lachenden Augen: Er verprügelt den Datterich, der ihm das Geld für neue Stiefel zu lange schuldig bleibt, derart, daß dieser einen gebrochenen Handknochen davonträgt. Und selbst als Bennelbächer sich bei Knerz darüber beschwert, daß der Datterich ihm 36 Kreutzer schuldig blieb, rät Knerz ihm ungerührt, er solle den Datterich einfach »haage«. Der Datterich ist unter den abgesunkenen Spießgesellen am Rande derjenige, den man schon über den Rand geschubst hat. Dort hängt er und hangelt sich entlang und schaut, was er kriegen kann. Was er nicht auf seinen Kopf nimmt, was ihm sein Eigensinn und Selbsterhaltungstrieb nicht diktieren, das bringt ihn um. Darum sein Motto: »Es muß sich mit Glanz erausgebisse wern.« Die Welt um ihn herum trägt die Spuren seiner Zähne.

Aus dem Mief des deutschen Biedermeier, aus der gemütsverpackten Atmosphäre einer großherzoglichen Residenzstadt mit 26000 Einwohnern erwächst ein Wesen, das den Kampf seiner Art ums Überleben vorführt, ohne unterzugehen: Datterich, der erste komische Darwinist des neunzehnten Jahrhunderts. An Lisette, der Kellnerin, probiert er seine Beißlust aus, scharmutziert und foppt sie, klappert mit den Schlüsseln in der Tasche, um ihr vorzutäschen, er klimpere da mit Geld und hat keine Schwierigkeiten, sie um 46 Kreutzer zu prellen, die sie dann aus »eigenem Sack« bezahlen muß. Doch das sind Geplänkel.

Der blasse, weiche, seufzende Kerl, das Bübchen mit einer Visage wie gespiene Milch, das Weichei aus der Bürgersphäre, »wos etz uffkreizt« – das ist für den Datterich der Ernstfall. Jetzt erst gilt's der Kampfkunst. Der Bürger Schmidt, Drehergeselle, der Schwierigkeiten hat, in Darmstadt vom Gemeinderat als Meister anerkannt (»recibirt«) zu werden, wird dem Datterich zum Meisterfraß, zur Nahrungsquelle, der sich der Fresser anzupassen hat, um sie »zu melke«. Datterich, das Chamäleon, läßt erst seine Zunge ein wenig spielen und schnappt dann zu, macht sich an Schmidt heran, verspricht ihm den Meisterbrief, will ihn mit seiner Base verkuppeln, macht ihm Marie, Schmidts derzeitige Verlobte, madig, schwätzt ihm das zweite Paar Stiefel ab, das Schmidt sein eigen nennt, läßt ihn einen Schoppen um den anderen bezahlen, nimmt ihn aus wie eine Gans. Vor allem nimmt er ihn seelisch aus. Er melkt nicht nur den Geldbeutel, er melkt auch das Gemüt des dankbaren Trottels.

Datterich erzählt dem Drehergesellen, der unglücklich liebt, weil er das Marieche erst heiraten kann, wenn er Meister ist, die große, tolle Lüge, stellt ihm das bombastische Theater auf Leben und Tod vor: Er, Datterich, beleidigt von einem Baron (»eem Bareenche«), der ihm das geliebte Mädchen wegschnappte; er, Datterich, den Baron gefordert auf Pistolen; der Baron trifft beinahe; er, Datterich, trifft nicht, weil eine Schmeißfliege auf dem Visier seiner Pistole sitzt, sich »pomadig die Fieß putzt« und den Schützen am Zielen und Treffen hindert. Der Bürger Schmidt glaubt's – er ist überrumpelt von so viel Dramatik. Bürger glauben dem Theater immer mehr als dem Leben. Datterichs Lügentheater ist sein erstes und bestes Mittel im Kampf ums Überleben. Als er zerlumpt, verlaust, mit kurrendem Magen und pelziger Zunge in seinem Bett liegt und den Schuhmachermeister Bengler die Treppe heraufpoltern hört, der Schulden eintreiben wird, spielt Datterich den Verrückten, den wahnsinnig Gewordenen, der Halluzinationen hat und im Bengler die ferne Geliebte wiederzuerkennen glaubt. Er spielt so perfekt, daß Bengler, der den Ochsenziemer bei sich hat und einen Gesunden jederzeit halb zu Tode prügeln würde, die natürliche Scheu des Bürgers vor dem Wahnsinnigen (ja selbst vor dem Schauspieler eines Wahnsinnigen) zeigt und wieder abzieht.

Bengler kriegt davon rote Backen, Schmidt kriegt glänzende Augen. Wenn Datterich die Bürger angreift und sie anmacht, dann sind sie wie kurz auf Urlaub, werden in Geschichten und Szenen hineinversetzt, die ihnen merkwürdig vorkommen, denen sie aber wehrlos ausgeliefert sind. Der Datterich ist wie ein süßes Gift, das in ihren Köpfen wirkt und sie ein bißchen benebelt und berauscht: Theatergift. Lügenkunstgift. Der Datterich schnippt mit den Fingern – und das Käuzchen schreit, der Mond scheint, die Nachtigallen schlagen: Schmidt wird zum Rendezvous mit Eve, der Base des Datterichs geschleppt; Marie kommt in Evchens Kleid, ohrfeigt den Datterich und den Schmidt. Die Bürger schlagen zu, und ihre früh emanzipierten Frauen schlagen ihnen nach.

Diese Ohrfeige ist das Gegengift. Sie ist der Schlag ins Kontor, das Züchtigungsmittel aus der Wirklichkeit für Abweichler ins Datterichsche, Asoziale, Urlauberische. Schmidt war in Gefahr, er saß schon oben auf der Rutsche, ohne daß er es merkte. Jetzt flüchtet er

sofort aufheulend unter Maries Fittiche und schmäht
den Datterich in kleinlichem Gefluche: dieser schlechte
Mensch habe ihn guten Menschen zum Schlechten verführt. Wie jeder Renegat steigt er triefend vor Reue
und auf Knien rutschend aus dem Abgrund empor, der
ihm vorher noch als Vorzimmer zum Glück erschien.
Datterich revanchiert sich mit abgründigem Theater:
einer Forderung zum Duell, das er mit kugellosen Zünd-
hütchenpistolen so zu manipulieren gedenkt, daß der
geforderte Schmidt, froh übers Leben, das ihm Datterich
großzügig schenken würde, dem Retter um den Hals
fallen und sich von diesem weiter ausnehmen lassen
müsse. Datterich phantasiert einen Betrug, der in ein
pathetisches Freundschaftsfest mit realen Zinsen mün-
den könnte. Datterich spielt immer mit der bestmög-
lichen Wendung seiner Lebensgeschichte, auch wenn
sie in schlimmstmöglichen Kostümen auftritt: Seine
Phantasie ist seiner Misere immer einen durchtriebenen
Hüpfer voraus.

Die Gegenseite jedoch, der erbärmlich wohlanstän-
dige und soziale Feind des Asozialen, begeht ein Verbrechen im weißen Kragen: Man greift zur Vortäuschung
einer Straftat. Marie und der Metzger Knippelius, der
Held übrigens aus Niebergalls Posse *Des Burschen
Heimkehr oder Der tolle Hund,* legen einen gefälschten
Erpresserbrief auf Dummbachs Treppe, der die Polizei-
diener zum Datterich führt, der im Herrngarten auf seinen Duellanten Schmidt wartet. Schmidt jedoch kriecht
in der Zwischenzeit in den Schoß der Familie Dummbach zurück und dort reumütig zu Kreuze. Er läßt sich
freiwillig noch ein paar Mal ohrfeigen von seiner zukünftigen Frau. Den Pantoffel, mit dem Marie ihn triumphal
in den Staub drückt, küßt er demütig. Seine ganze Kraft
und seinen übriggebliebenen Reue-Schneid benötigt er,

den Datterich großspurig die Treppe hinunterzuwerfen.
Datterich, ganz perfektes Chamäleon, bleibt hier, was
er in allen anderen Situationen und Kämpfen geblieben
ist, immer »artig«, ja »ruhig«, alleweil »höflich«.

Datterich wurde soeben aus dem Polizeiverhör entlassen, in das er unschuldig aufgrund eines ihm unter-
schobenen Erpresserbriefs geriet. Er trägt die Schwären
der Körperverletzung durch Bengler noch am Leib.
So macht er Aufwartung bei Dummbachs. So fliegt er
hinaus – nicht ohne den versammelten Anständigen
und Gewissensguten die Meinung gesagt, sie in ihrer
Beschränktheit bloßgestellt zu haben. Datterichs Waffe
ist das Wort, sein Recht die Pointe, mit der er zum
Beispiel den selbstzufriedenen und über seine Intrige
grinsenden Metzger Knippelius abschlachtet: »Fohrn-
Se nor gedroost fort, weibliches Rindvieh von ehrwer-
digem Alter zu schlachte: an meiner Rekommandation
soll's Ihne, auf Ehr, net fehle.« Er wirft mit Sprüchen
nach seinen Gegnern. Diese ziehen die Tür hinter ihm
zu. Die anständigen Leute, die das Recht gegenüber
einem Rechtlosen beliebig brechen, sind wieder unter
sich. Man wird Hochzeit feiern, unter sich bleiben. Das
Gift Datterich scheint ausgeschwitzt. Datterich muß
weiter, wieder hinaus an den Rand und über den Rand
hinaus, sich vorsichtig weiterhangeln, bis er wieder jemanden findet, den er melken kann, um zu überleben.

Das Leben im Zentrum geht leblos weiter. Marie, die
den Metzger Knippelius mehr als nur verwandtschaft-
lich geküßt hat zum Dank für seinen hübschen Einfall
mit dem Erpresserbrief, wird ihren Mann (»Kall«)
Schmidt unter der Fuchtel haben und ihn in allem
kleinhalten, vor allem im Fleischlichen. Schmidt wird
wohl nichts anderes übrigbleiben, als zu einem griesgrä-
migen, still verzweifelten Bordellgänger zu mutieren.

Herr Dummbach, der Vater von Marie, der Herr mit dem sprechenden Familiennamen, wird Zeitungsnachrichten aus Portugal, Amerika, Irland, Frankreich und der Türkei wahl- und besinnungslos in sich hineinfressen und sie sinnlos plappernd wiedergeben, als sei die abenteuerliche, große, gefährliche Welt spurlos durch ihn hindurchgegangen wie durch ein Sieb, das nur Angst vor den Türken hat: »Die Franzose vagrehßern sich uf Unkoste annerer unsivelisierder Nazione in Afrika, um de Russe de Wähk nooch dem Kaukasus obzuschneide ... in Pordegal hat mer neierdings Insurgente entdeckt ... Während dem Des vorgeht, sitzt der Suldan in seim Diwan un lacht ins Feistche. Der baßt blos druf, bis sich ganz Eiroba an de Kepp hot: dann kimmt er. Mir erläwe's net, awwer Sie wern sähe, daß ich recht hob: in fufzig Johr sinn mehr all Derke!«

Dabei wäre der Datterich das ungleich spannendere Abenteuer als alle Sultane der Türkei. Aber die Angst davor, in »fufzig Johr« womöglich alle Datteriche zu sein, abgesunken, hinausgedrängt, aufs nackte Überleben verwiesen, diese tief drinnen rumorende, aber uneingestandene Kleinbürgerangst vor dem Abrutschen und dem Hinunterfallen wird betäubt mit der Angst vor dem, was ungefährlich weit weg hinten in der Türkei liegt. Die Bürger verjagen den Datterich aus Furcht vor dem, was in ihnen schlimmer als beim Datterich »datterich«. Der Datterich ist ihr naher, möglicher Verwandter, der ihnen als brüderliche Grimasse entgegenschaute, wenn sie richtig in den Spiegel sähen. Er ist nicht ihr ferner Gegensatz. Er ist ihre nahe Möglichkeit. Von ihm könnten sie lernen, das auszuhalten, was eigentlich gar nicht auszuhalten ist: das unmögliche Leben. Mit unendlicher Anmut, Frechheit und Grazie. Und Glanz. Und Arroganz.

Denn Arroganz ist übersetzt nichts anderes als: Hochmögenheit. Und Hochmögenheit ist die Anmaßung, das Ungemessene zu wagen. Sie ist immer ein Wurf – wider das, was läuft. So kann man sich an jeden Felsen schmieden lassen. Und allen Göttern trotzen.

XLIV.

Arroganz tut not

enn so fing alles an, und alles, was bisher geschah mit den Menschen, den Sorgenkindern des Lebens, liegt in diesem Gesicht gegründet von Urzeiten her, in diesem Augenaufschlag, in einem Blick, der den Himmel durchdringt und dort höhnisch hinauflacht. Eine Provokation sondergleichen. Ein grell-weiß geschminktes Gesicht, Augen und Mund höhnisch-edel betont, die Nase eine hochgetragene Unverschämtheit. Dieses Gesicht wird ein mokantes Lächeln nie verlieren. Es wird strahlen. Es wird sich kaum von der »entmenschten Steinwand« wegdrehen können, an die der Mann, der zum Gesicht gehört, »mit unlösbarem Eisen« gefesselt ist, wo er »entfernt sein wird vom Stimmklang und vom Anblick / Aller Wesen. Dastehend in nichts als dem Brand der Sonne... / Schlaflos, mit unbeugbarem Knie«. Die beiden Arme werden von eisernen Klammern umfaßt, die in den Fels getrieben sind. Durch die Brust ist ihm ein spitzer Stahlkeil getrieben, der den Rumpf des Mannes mit dem Felsen verschmiedet. Um seine Hüften sind Eisenreifen geklemmt. Die Schenkel stecken in scharfen Ringen, die Knöchel umfaßt »das Eisen mit Wucht«. Doch der Kerl grinst. Ein grobes, langes Leinengewand, bespritzt mit Blut und Dreck, trägt er in Schalform, elegant über die rechte Schulter geworfen, als kleidete ihn dazu ein Frack und als ginge er gleich ins »Maxim« und stünde nicht hier über

schwarz-bizarr erstarrten Lavamassen, die ausschauen wie
giftig sich um die Erde windende Gesteinsschlangen.
Zwischen den gewaltigen Felsbrocken um ihn herum,
zerspellt nach einer offenbar elementaren Explosion,
funkelt's dunkelrot. Es schmeckt noch nach Eruption
und Vulkanischem »im Grenzland der Erde, / Am Sky-
thischen Saum, in der wesenlosen Ödnis«, am Ende der
absolut unbewohnbaren Welt. Aber der Mensch blickt
höhnischen Augs auf die ungenießbaren Brocken herab
wie auf die Hors d'œuvres einer Mahlzeit, die er allein
ganz auszulöffeln vermag.

Eine ganze Welt ist zerhauen, etwas Altes zerstört
worden, wobei dieses Alte wiederum das Alte, das vor
ihm lag, auch schon zerstört hatte. Zeus hat seinen
Vater Kronos gestürzt, wie schon Kronos seinen Vater
Uranus gestürzt hatte. Lauter Vatermorde in bitterem
Ernst. Weltkatastrophen. Untergänge alter Rassen und
Gesellschaften. Aufstiege der Emporkömmlinge. Wieder
Untergänge. Neue Aufstiege. Und immer ging es um
das Wichtigste: die Macht. Die Allmacht. Jener an den
Felsen gefesselte Mann aber, ein Vetter des zur Zeit
höchsten Gottes Zeus, der gerade eben mal herrscht, wie
es ihm paßt, jener lächelnde Herr mit seiner höhnischen
Visage hatte sich in diesem ganzen Ernst-Getue einen
Spaß gemacht, den er auf seinen eigenen Kopf nahm,
ohne die Rechnung mit irgendwem zu machen. Er hatte
dem Zeus geholfen, die Titanen und mit den Titanen
den Zeusvater Kronos zu stürzen, der die unangenehme
Angewohnheit hatte, seine Kinder kurz nach der Geburt
zu verspeisen. Zeus entkam dem nur, weil seine Mutter
sich kurz vor der Entbindung versteckte. Prometheus
aber, »Sohn der rechtdenkenden Themis«, jener Mann
am Felsen, spielte das Spiel der söhnefressenden Väter
und der vätermordenden Söhne auf Himmelshöhen und

433

in Höllenschlünden ein gutes Weilchen mit – so lange, bis es ihm genug schien. Denn der ewige Kreislauf des Fressens und Gefressenwerdens langweilte ihn. Wo Onkel und Vettern immer nur schnaubten und tobten und nur ihre Regeln gelten ließen, da erfand er neue. Die alten Welten, die eine auf die andere folgten und sich dann jeweils »neu« nannten, interessierten ihn nicht. Er schuf eine eigene.

Den Titanen hatte er, bevor er Zeus gegen sie unterstützte, geraten und gut zugeredet, sie möchten erkennen, daß »nicht mit Gewalt und nicht mit Körperkraft, / Nur mit Durchtriebenheit gesiegt und geherrscht werden könnte«. Er selber war ja ein Titan, wie übrigens ja Zeus auch. Aber die Titanen schnaubten nur verächtlich. Und sitzen jetzt im »tiefschwarzen Loch des Tartaros«, entmachtet. Zeus, der Himmlische, der sich jetzt von allen »der Vater« nennen läßt, worüber sein Vetter sehr lachen muß, herrscht nun auch nicht mit Durchtriebenheit, also mit Verstand und Gefühl, sondern »im Wahn« und »gegen jedes Recht«. Ein selbst ernannter Diktator, der das »vormals Gewaltige aus dem Blick« entfernte, die Irdischen, die Menschen also, »in den Hades verbannen«, das Geschlecht der »Eintägigen« ausrotten wollte, die bei seinem Vater Kronos noch mit am Tisch der Götter sitzen durften.

Prometheus dagegen hat aus einer Laune heraus, mit einem göttlichen Lächeln auf den Lippen (denn er ist ein Halbgott) – und um dieses Lächelns willen vor allem wollen wir ihn lieben – den Göttern das Feuer gestohlen, es den Menschen gebracht, die Eintagswesen da drunten dazu gebracht, »ihren Tod nicht mehr vorauszusehen«, also nicht dumpf zu beharren, sondern aufs scheinbar Ewige zu hoffen, ihnen die »blinde Hoffnung«, das herrlichste Lebenselixier, geschenkt. Nicht daß er dies tat,

macht ihn so bemerkenswert, sondern die Haltung ist
es, in der er dies tat: diese Lässigkeit, diese Eleganz,
diese Selbstverständlichkeit. Außerdem, dessen rühmt
er sich blasiert und obenhin, hat er den Eintägigen die
Schriftkunde, Heilkunde, Schiffahrt, Rechtsordnung,
Religion, die Usancen der Götterverehrung und des
Opferns, Ackerbau und Viehzucht, Literatur, Bergbau
gebracht und gezeigt. Er stellte sie auf sich selbst und
gab ihnen die Erde in die Hand. So zog er sie ab vom
Himmel, in den er hinauflächelte und dieses Bonmot
machte: »Jede irdische Kunst: Prometheus!« Und da
er voraussah, was in der Zukunft liegt, wußte er auch,
was mit ihm geschehen würde, daß er »Myriaden von
Leiden« werde erdulden müssen, daß er von Zeus an den
Felsen geschmiedet würde, daß jeden Tag ein »Himmel-
hund«, der Adler des Zeus, vorbeikommen und ihm »die
Leber abweiden«, Fleisch vom »schwarzen Lappen« ihm
abhacken würde. Aber Prometheus lächelt und sagt zu
alledem nur »Aber was sage ich?« und: dies müsse ertragen werden »ganz leicht, in der Erkenntnis seiner Wucht
und Unausweichlichkeit«, wobei der süffisante Akzent
auf »Erkenntnis« liegt – ein Wort, das er, während die
Schergen des Zeus ihn an den »sturmeskalten Fels«
schmieden, abschmeckt wie die Nuance eines Cocktails,
der niemandem zukommt als ihm.

Dieses Lächeln des Prometheus strahlte zum ersten
Mal 457 vor Christus auf die Athener hinab, die in ihrem
Staatstheater gerade erst vom Dramatiker Aischylos,
einem Angehörigen des reichen Adels, in der *Orestie* (458
vor Christus) vorgeführt bekommen hatten, wie eine
endlose Kette der Blutrache zerbrochen wird durch das
Schwurgericht der Bürger von Athen, in dessen Reihen
die Göttin Athene mitstimmt. Sie spricht den Muttermörder Orest frei. Die Erinnyen, die Rachegeister, die

den Mord an der Mutter, an einer Blutsverwandten, höher einschätzen als den Mord der Mutter am Vater, der nur einen Ehepartner aus fremdem Blut betrifft, klagen über das »neue Gesetz« und die neue Zeit. Das heißt: das bürgerliche Recht wird an die Götter gebunden, wodurch im Umkehrschluß die Götter auch ans bürgerliche Recht gebunden sind. Als die Erinnyen in ihren Tier- und Furienmasken zum Gotterbarmen um die alte Blutrache und das Mutterrecht heulten, sollen einem bösen Gerücht zufolge Frauen unter den Zuschauern Mißgeburten erlitten haben, einige sogar vor Schreck zu Tode gekommen sein. Es kam aus anderem Grund zum Skandal. Man warf dem aristokratischen Aischylos, der als Konservativer zwar viel von der Harmonie zwischen den Göttern und den Menschen hielt und immer auf eine Balance achtete, aber zuviel von den Menschen verstand, um sie nicht vor den Göttern in Schutz zu nehmen, vor, er habe die Balance mißachtet, das Staats-, also das Göttertheater entweiht.

Im *Prometheus* vom folgenden Jahr demonstrierte der alt und verbittert gewordene Dramatiker, der auf dem Sprung stand, sich nach Sizilien ins Exil zurückzuziehen, was ein Gott, der sich auf die Seite der Menschen stellt und so zum ersten Menschen unter den Göttern wird, vom Gotteswesen hält. Der Aristokrat Aischylos führt nicht den Rebellen vor, der die Ordnung umstürzt. Er zeigt den Athenern den göttlichen Aristokraten, der als einer von ihnen den göttlichen Herrschenden die ganz andere Welt entgegensetzt: der erste, der nicht mehr seinen Glauben, nur noch seinen Verstand gebraucht. Der erste Ketzer, der erste Kopf, der alles, noch die bitterste Rache, das schlimmste Leiden, auf seinen Eigen-Sinn nimmt – und lächelnd einen Gott abschafft, indem er ihn in seinem Kopf aufhebt und jedes Sichfügen ablehnt. Eine ungeheure, arrogante Tat, die eigentlich nur aus einem Gedanken besteht und seitdem das Denken so gefährlich gemacht hat. Was gedacht werden kann, kann auch gemacht werden, irgendwann. Prometheus hat den Menschen nicht nur das Feuer gebracht, sondern auch das Ausdenken. Er, noch selbst ein Gott, tritt auf als solch ein Mensch, von dem die Menschen seitdem immer träumen, daß sie so sein müßten wie er.

Als der Schmied Hephaistos, ein schlapper Gewissenswurm, und der Büttel Kratos, ein dumpfer Bürokrat, beide so eine Art von Athenern, den Prometheus langsam, fast betulich zum Felsen geleiteten und sich zu streiten anfingen über die Gerechtigkeit des Zeus, als Hephaistos schließlich Skrupel befielen, ob es recht sei, dies »hochfahrende Kind« an den Felsen zu schmieden, da hatte Prometheus nur die härene Tunika ein Gran eleganter noch über die Schulter gerafft, war aufreizend langsam zu seinem Platz am Felsen geschlendert und hatte die Arme ausgebreitet, ganz leicht, als seien es Flügel: Meine Herrn, ich bin so weit. Ein Élegant der Schmerzen, ein Dandy des Leidens.

Der Herr am Felsen genießt auch die Inszenierung des Schreckens, den er erduldet. Das ist der Preis für seine selbstverschuldete Mündigkeit und Gottesferne: So singt er höhnisch seine Arien am Felsen gegen den Sturmwind, erzählt dreimal die Geschichte der Ursache seiner Qualen und Strafen und spielt, gefesselt, ein tolles Spiel. Dem Okeanos, einem Boten des Zeus, der ihm rät, sich doch zu mäßigen und um Fürsprache zu betteln, rät er höhnisch, zu verschwinden. Der kuhhörnigen Io, der Tochter des Inachos, die von Zeus als Geliebte begehrt, von der Gattin des Zeus aber darauf in ein Rindvieh verwandelt wurde, ewig von einer gnadenlos zustechenden Bremse um die Welt gejagt, erzählt und singt Prometheus von einer Zukunft, die ihm und ihr schön und ungeheuer vorkommt: Einer ihrer Nachkommen wird den Zeus erledigen, den Herrschergott verjagen, das zur endgültigen Tat machen, was bei Prometheus noch Gedanke, Entwurf ist. Io aber muß die schöne Arroganz und Widersetzlichkeit des Prometheus noch lernen, das entmenschte, von der Bremse gepeinigte Menschenmädchen das Aufbegehren noch üben. Und das Lächeln auch.

Dem Hermes, dem Götterboten, einem mediokren Laufburschen und Spion, der nur horchen will, was Prometheus über die Zukunft und das Schicksal des Zeus weiß, lacht er ins Gesicht, das sich in seiner ganzen Blödigkeit und Harthörigkeit zeigt, nichts mehr aufnimmt, nichts begreift, nur noch glotzend funktioniert: der Splitter einer untergangenen Welt. Die Töchter des Okeanos jedoch, die Meermädchen, die ihm die ganze Zeit zugehört haben, die seinem Singen, seinen Erzählungen gelauscht haben, drängen sich hin zu Prometheus. Unter Blitz, Donner und berstenden Felsen unterm Gekreisch und Gegirr des Adlers, der nach der Leber des Gefesselten hackt, genießen die Mädchen selig, was sie nie vorher kannten. Es ist die plötzlich aufkeimende Lust auf die Worte, die Töne, die Grimassen, das Lächeln des göttlichen Menschen dort am Felsen. Er erzählt, er singt, er spielt. Und so schafft er ihnen eine Welt voller Tollheiten, Wunder, Szenen, Figuren und Geheimnisse, die keinen Gott mehr brauchen. Sie brauchen nur noch den Kopf des Erzählers. Die Frauen werden ihn nie verlassen, ihm ewig zuhören, mit ihm leiden. Und mit ihm genießen. Ach.

VERZEICHNIS
DER DRAMATIKER

INHALTSVERZEICHNIS

Gerhard Stadelmaier, geboren 1950 in Stuttgart, ist der fürs Theater zuständige Redakteur und Theaterkritiker im Feuilleton der ›Frankfurter Allgemeinen Zeitung‹. Sein Buch »Lessing auf der Bühne. Ein Klassiker im Theateralltag« erschien 1980. Seine »Letzte Vorstellung. Eine Führung durchs deutsche Theater« kam 1993 als einhundertfünfter Band der *Anderen Bibliothek* heraus.

TRAUMTHEATER. Vierundvierzig Lieblingsstücke von Gerhard Stadelmaier ist im April 1997 als
einhundertachtundvierzigster Band der *Anderen Bibliothek* im Eichborn Verlag, Frankfurt am Main, erschienen.
Das Lektorat lag in den Händen von Andrea Jung-Mack.

❦

Dieses Buch wurde in der Korpus Garamond von Wil-
fried Schmidberger in Nördlingen gesetzt und bei der
Fuldaer Verlagsanstalt auf holz- und säurefreies matt-
geglättetes 100 g/m^2 Bücherpapier der Papierfabrik
Niefern gedruckt. Den Einband besorgte die Buch-
binderei G. Lachenmaier in Reutlingen. Ausstattung
und Typographie von Franz Greno.

❦

1. bis 8. Tausend, April 1997. – Von diesem Band der
Anderen Bibliothek gibt es eine handgebundene Leder-
ausgabe mit den Nummern 1 bis 999; die folgenden
Exemplare der limitierten Erstausgabe werden ab 1001
numeriert. Dieses Buch trägt die Nummer:

3174